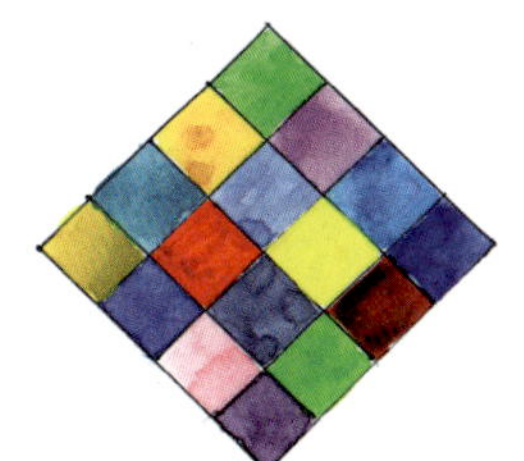

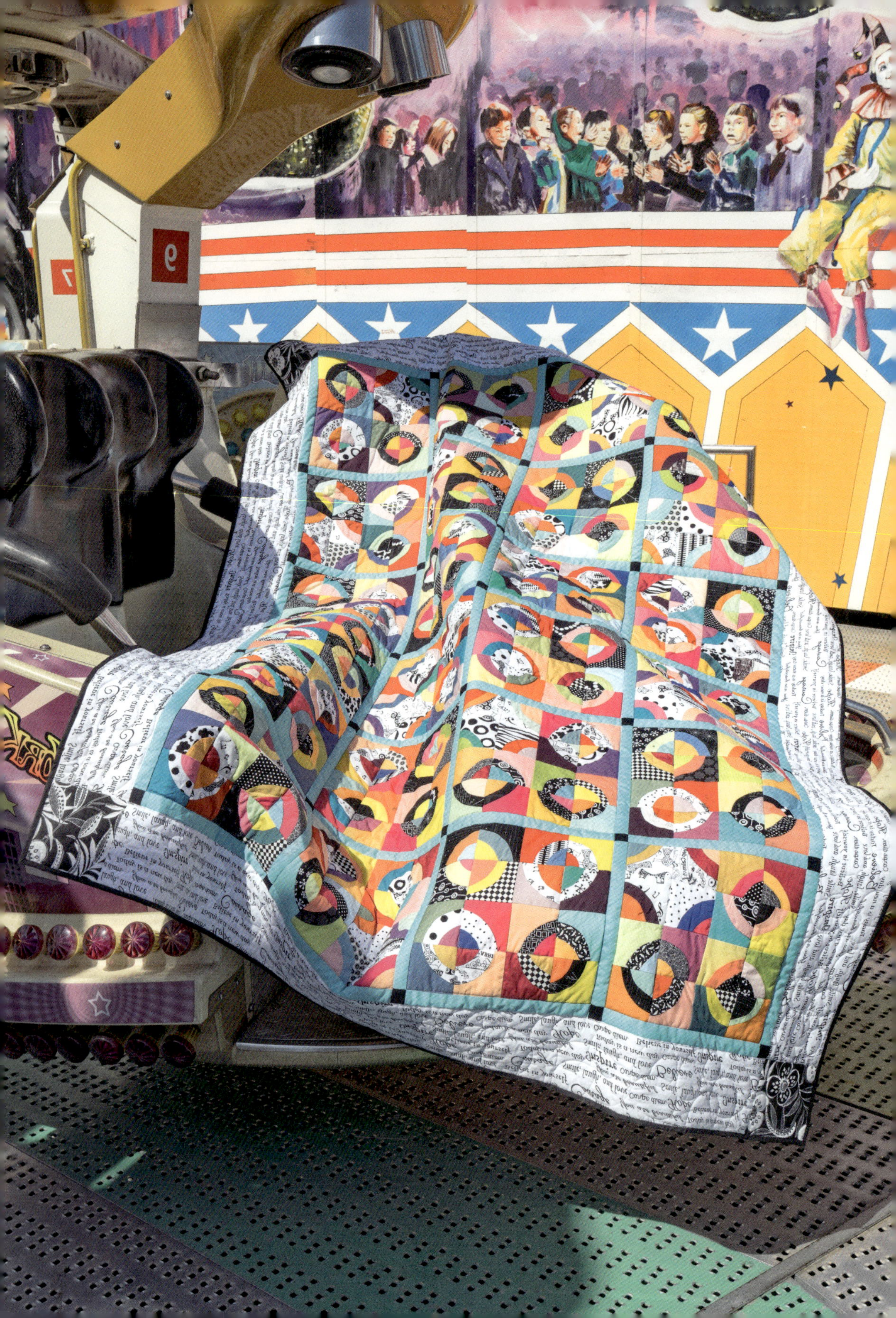

Bernadette Mayr

Patchwork Classixx

Traditionelle Muster in freier Schneidetechnik

In Zusammenarbeit mit
Gundula Manson und Irmgard Stängl

Fotos von Sabine Münch

MaroVerlag

Inhaltsverzeichnis

Einleitung

Patchworkthemen, die Raum für kreative Ideen lassen, sind für meine eigenen Entwürfe und zur Anleitung in meinen Wochenendkursen besonders interessant. Beim Durchblättern eines dicken Buches mit einer Sammlung von mehreren Tausend traditionellen Patchworkblöcken ging mir ein Licht auf: Viele dieser Muster lassen sich problemlos in freier Schneidetechnik umsetzen und erhalten dadurch Schwung und Lebendigkeit. In diesem Buch stelle ich einige dieser Blöcke vor und zeige Schritt für Schritt, wie sie in meiner Technik zu arbeiten sind. Das macht Spaß und die Ergebnisse sind überzeugend. Sie halten also einerseits ein ideales »Anfängerbuch« in Händen, fortgeschrittene Patchworkerinnen andererseits können die Ideen direkt als Sprungbrett in die Welt der persönlichen Gestaltung nutzen.

Nicht alle traditionellen Muster sind für das freie Schneiden geeignet. Beispielsweise würde ich diese Technik nicht bei einem »Lone Star« anwenden. Ein frei gestalteter »Wedding-Ring« hingegen ergibt wunderbare »Windspiele« und findet sich in diesem Buch. Wer hätte das gedacht. Denn als ich vor etwa 40 Jahren mit Patchwork begann, meldete ich mich, in völliger Fehleinschätzung meiner Fähigkeiten, zum Kurs »Double Wedding Ring« an. Ich brachte als Stoff Liberty-Batist mit – er war viel zu fein für eine Anfängerin. Ich nähte mehr schlecht als recht ein paar Bögen, nichts passte, die Teile landeten zuhause in der Kiste mit der Aufschrift »Angefangenes«. Nach Jahren trennte ich mich von dem misslungenen Versuch. Einen traditionellen Wedding-Ring möchte ich auch heute nicht nähen. Ich bin wohl immer noch zu ungeduldig dafür.

Einige große Projekte aus diesem Buch haben meine Restekisten mit den Aufschriften »Reste« und »Streifen« wieder etwas geleert, zum Beispiel die Quilts Wassertropfen und Lasagne Spezial. Die Kisten sind zwar immer noch nicht völlig leer, aber es ist merklich mehr Platz darin. Immer wenn ich einen Quilt in Streifentechnik fertigstelle, bleiben zusammengesetzte Einheiten übrig. Die warten in einer extra Kiste mit der Aufschrift »Streifenpatchwork« auf ihr neues Leben. Die hellblauen Streifen in einigen Quilts und in den bunten Kissen stammen von einer Arbeit, die ich vor 25 (!) Jahren genäht habe. Es sind in diesen Werken also Überbleibsel von längst vergangenen Projekten verarbeitet. Ich kenne jeden einzelnen der Stoffe noch sehr gut. Nun gingen sie noch einmal durch meine Hände und ich freute mich an der Erinnerung.

Eine besondere Idee ist, einen schwarzweiß gestreiften Schrägstreifen in die Naht eines Viertelkreises mit einzunähen. Der Quilt »Ritterspiele« ist ein Beispiel dafür. Schon warten im hinteren Regal meines kreativen Gedächtnisspeichers mehrere Variationen davon, die alle noch genäht werden möchten. Ein »New York Beauty« vielleicht?

Gebt mir Zeit, Geduld und Stoff! Und dann zeige ich Ihnen meine nächsten Ergebnisse – und freue mich auf Ihre.

Bernadette Mayr, im Herbst 2021

Ohne ein Team …

ginge alles nur halb so gut. Wir sind mit Geduld, Fleiß und Sorgfalt dabei – beim Zuschneiden, Nähen, Bügeln, Auftrennen, Nahtzugaben einzwicken, Arrangieren, Zusammennähen und so weiter. Und das nicht nur wegen der Resultate, sondern weil das Tun viel Freude bringt.

Irmgard Stängl und Gundula Manson

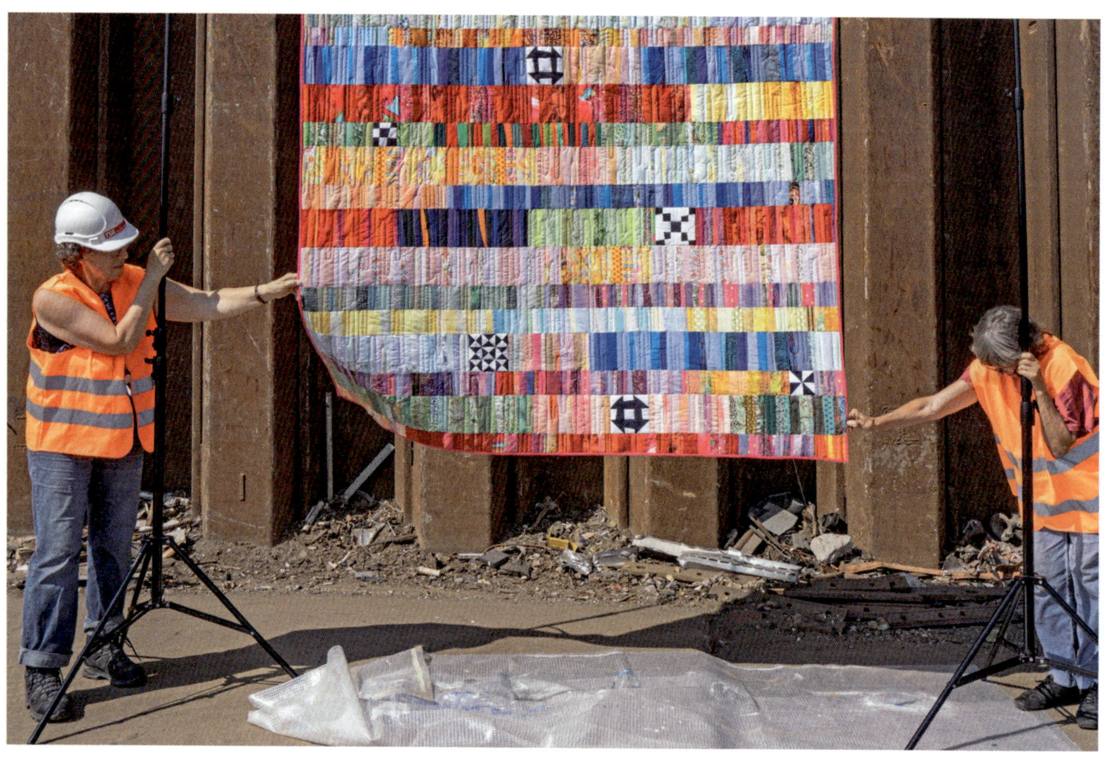

Allgemeines zu Material und Technik

MATERIAL

Arbeitsgerät

Arbeiten Sie mit einer normalen Haushaltsnähmaschine, einer Schneidematte (mindestens 50 × 60 cm groß), einem Rollschneider (z. B. 4,5 cm Durchmesser) und mit dem üblichen Nähzubehör wie Nähnadeln, Fäden, Stecknadeln, Scheren, Markierstifte, Kreiderädchen etc. Außerdem sind eine Entwurfswand oder ein großes Tuch nützlich, um Zwischenergebnisse anzustecken. Zum Bügeln empfiehlt sich ein Dampfbügeleisen oder eine Sprühvorrichtung, um die Stoffe zu befeuchten.

Lineale

Lineale benötigen Sie zum Zuschneiden gleich großer Blöcke, regelmäßiger Streifen, von Randstreifen und als Hilfe beim Zuschneiden vieler gleicher Streifen und Stoffteile sowie zum Begradigen von Außenkanten. Halten Sie ein langes Quiltlineal 15 × 60 cm sowie ein Quadratlineal von 20 × 20 cm bereit.

Stoffmengen

Die Berechnungen beziehen sich immer auf eine Stoffbreite von 110 cm. Falls von breiteren Stoffbahnen ausgegangen wird, ist dies extra angegeben. Wenn Sie Stoff kaufen, ohne ein bestimmtes Projekt im Auge zu haben, empfehle ich pro Farbe je ein langes Quarter: Ein Long-Quarter entspricht einem 25 cm breiten Stoffstreifen, der von Webkante zu Webkante quer vom Ballen geschnitten wird. Ein fettes Quarter (Fat-Quarter) entsteht, wenn ein halber Meter vom Ballen geschnittener Stoff entlang des Stoffbruchs einmal geteilt wird. So entsteht in etwa eine Fläche von $0{,}5m^2$.

Bei den Quilts sind Stoffmengen für den Fall angegeben, dass Sie dafür extra Stoff einkaufen wollen. Bedenken Sie, dass Sie beim freien Arbeiten oft mehr Stoff benötigen als bei den traditionellen Techniken, denn immer wieder müssen überstehende Kanten abgeschnitten, zu große Teile verkleinert oder Lücken aufgefüllt werden.

Vlies

Alle beschriebenen Quilts, egal ob für Bett, Sofa oder Wand, und die Kissen sind mit mitteldickem Polyestervlies wattiert. Daneben sind verschiedene Mischfaservliese erhältlich. Naturfaservliese bestehen aus Baumwolle, Wolle, Seide oder Bambus.

Garne

Nähen Sie bunte Stoffe mit Garnen in neutralen Farbtönen wie grau, beige oder braun. Bei weißen und schwarzen Quilts nehmen Sie einen weißen oder schwarzen Faden. Das Garn für eine Applikation sollte die Farbe des Stoffes haben, der beim Festnähen oben liegt. Arbeiten Sie stets mit Garn guter Qualität.

Markierungsstifte

Manchmal benötigen Sie Hilfslinien und Markierungen. Ich benutze bei hellen Stoffen einen wasserlöslichen Stift, den man mit Wasser wegsprühen kann, oder einen Frixion-Stift, der sich wegbügeln lässt. Für dunkle Stoffe nehme ich feine weiße Kreidestifte oder ein Kreiderädchen.

TECHNIK

Freies Schneiden

Beim freien Schneiden arbeiten Sie ohne Lineal und Schablonen. Orientieren Sie sich an den Rasterlinien der Schneideunterlage und verlassen Sie sich auf Ihr Augenmaß. Benutzen Sie das erste zugeschnittene Teil als Maß- und Formvorlage. Dass sich beim Zusammennähen die Teile und Nähte verschieben, ist normal. Schneiden Sie überstehende Stoffteile ab oder vergrößern Sie zu kleine Teile, indem Sie einen Stoff annähen. Wie viel Stoff in den Nahtzugaben verschwindet, werden Sie schnell lernen abzuschätzen.

Beim Zuschneiden vieler Streifen oder Quadrate legen Sie das Lineal an der gewünschten Zentimetermarkierung an, seien Sie aber großzügig. Sie brauchen nicht genau zu messen, denn es kommt nicht auf den Millimeter an.

Bei den meisten Projekten ist vorgesehen, alle Blöcke auf die gleiche Größe zu bringen. In diesem Fall verwenden Sie ein geeignetes Lineal und schneiden exakt zu.

Bügeln

Bei frei geschnittenen und genähten Stoffen dürfen Sie ziehen, zerren, befeuchten und auch das Bügeleisen heftig hin- und herschieben. Haben Sie keine Angst, einen Block zu verziehen, denn er wird sowieso noch zurechtgeschnitten. Bügeln Sie die befeuchteten Stoffe zuerst von links, um die Nahtzugaben zu ordnen, dann noch einmal von rechts, um die Nähte platt zu bügeln. Ziehen Sie die Stoffkanten etwas vom Bügeleisen weg, um keine Falten zu bekommen. Bügeln Sie die Nahtzugaben gemeinsam zu einer Seite hin.

Wenn Sie die Blöcke der Quiltfläche zusammennähen, folgen Sie beim Bügeln den Regeln zum Legen der Nahtzugaben aus Lektion 12. Befeuchten Sie die Nähte und stellen Sie das Bügeleisen von der linken Stoffseite her auf die Nähte, damit die Nahtzugaben in die richtige Richtung weisen. Bügeln Sie danach zusätzlich von rechts. Bei Randstreifen die Nahtzugaben nach außen bügeln.

Handgefärbte und dunkle Batikstoffe sicherheitshalber trocken bügeln, da leicht Farbe ausläuft.

Arbeiten nach Nähplan

Bei einigen Quilts ist ein Nähplan angegeben. Er gibt eine Übersicht über die Lage der einzelnen Stoffteile und soll das Zusammensetzen erleichtern. Der Nähplan ist grundsätzlich als Vorschlag anzusehen. Wenn sich bei Ihrer Arbeit eine andere Reihenfolge ergibt, so folgen Sie dieser. Bedenken Sie, dass sich auf Grund der ungefähren Angaben und durch Ihre persönliche Arbeitsweise jederzeit Maße und Reihenfolgen ändern können. Berücksichtigen Sie dies bei der Arbeit und lassen Sie sich nicht aus der Ruhe bringen.

Quilten

Die Quilts in diesem Buch habe ich mit meiner APQS-Longarmmaschine gequiltet. Die für die Projekte vorgeschlagenen Quiltmuster gelten teilweise auch für das Handquilten und das Quilten mit einer Haushaltsnähmaschine.

HINWEIS

Die Grundlagen zum freien Schneiden und Nähen, Applizieren, Montieren, Quilten und Einsetzen eines Reißverschlusses finden Sie im 4. Kapitel »Lektionen«. In den Anleitungen der einzelnen Projekte stehen Hinweise zu den entsprechenden Lektionskapiteln.

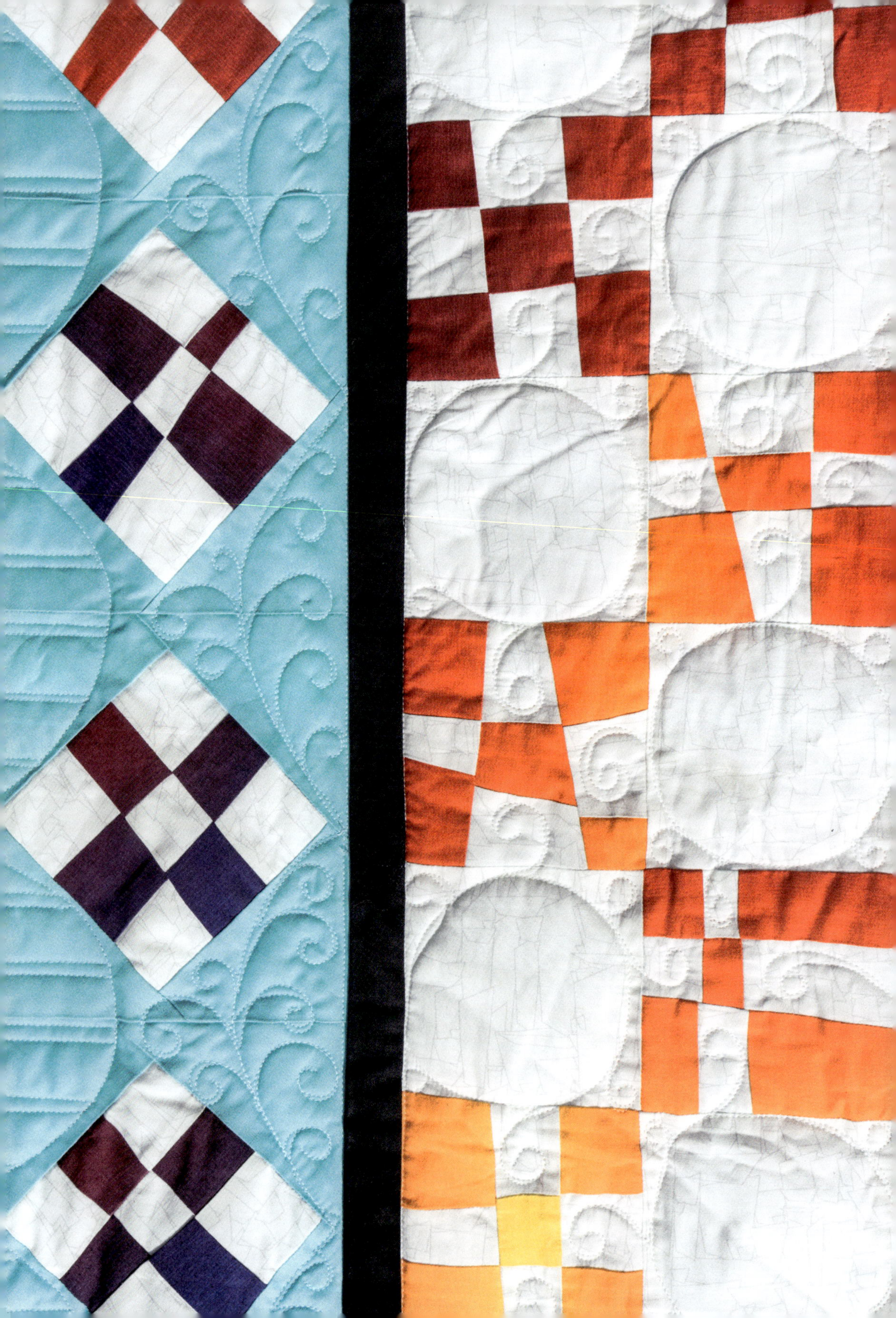

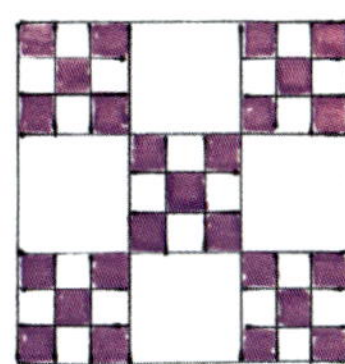

Neunerblöcke

176 × 157 cm
mit: Neunerblock / Nine Patch und: Aufgestelltes Quadrat im Quadrat / Diamond in a Square

Das klassische Muster dieses Quilts ist »Single Irish Chain« – die einfache irische Kette, die aus Neunerblöcken gebildet wird. Der Hingucker ist der Farbverlauf, der durch einen entsprechenden Stoff mit Verlaufsfärbung entsteht. Es gibt viele Stoffe mit schönen Farbverläufen zu kaufen.

MATERIAL

Stoffe

- 2,5 m eines Stoffes mit Farbverlauf, hier von Gelb bis dunklem Lila, für die Neunerblöcke
- 3,5 m Weiß mit kleinem, unauffälligem Muster (oder Wäschestoff) für die Neunerblöcke und einfarbigen Blöcke dazwischen
- 1,6 m Türkis, uni, für den äußeren Randstreifen
- 0,35 m Schwarz (oder sehr dunkles Blau), uni, für den inneren Randstreifen

Sonstiges

- 170 × 190 cm Rückseitenstoff
- 170 × 190 cm Volumenvlies
- weißes und hellblaues Quiltgarn
- 7 m schwarzer Schrägstreifen

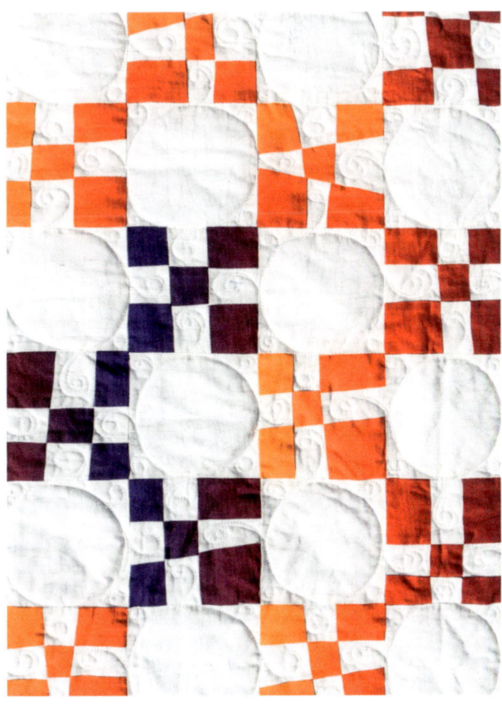

Zuschneiden

98 Quadrate weiß, ca. 15 × 15 cm
98 Quadrate farbig, ca. 15 × 15 cm
97 Quadrate weiß, hier exakt 11 × 11 cm
76 Quadrate türkis, 13 × 13 cm

98 Neunerblöcke A / 98 Neunerblöcke B

→ Lektion 1 / Lektion 4

Schneiden Sie den weißen und den farbigen Stoff zu je 98 Quadraten von ca. 15 × 15 cm zu. Legen Sie je ein weißes und ein farbiges Quadrat aufeinander, beide mit der rechten Seite nach oben weisend. Nähen Sie Neunerblöcke, wie in Lektion 4 beschrieben. Block A hat eine farbige Mitte und farbige Ecken, Block B hat eine weiße Mitte und weiße Ecken. Schließen Sie die Nähte und drücken Sie die Nahtzugaben jeweils zum dunklen Stoff hin. Achten Sie darauf, bei jedem Block-Set die Schneiderichtung leicht zu ändern, um die gewünschte Unregelmäßigkeit zu erhalten. Bügeln Sie alle Blöcke und schneiden Sie sie auf ein gemeinsames Maß zu, hier sind dies exakt 11 × 11 cm.
Nähen Sie 98 Blöcke A und, durch die Schneidetechnik bedingt, auch 98 Blöcke B.

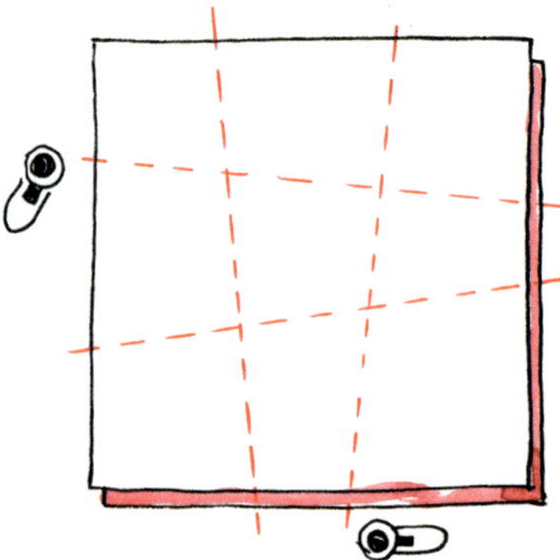

Zwei Quadrate von 15 × 15 cm mit den rechten Seiten nach oben aufeinander legen. Je zwei leicht schräge Schnitte längs und quer durch beide Lagen führen.

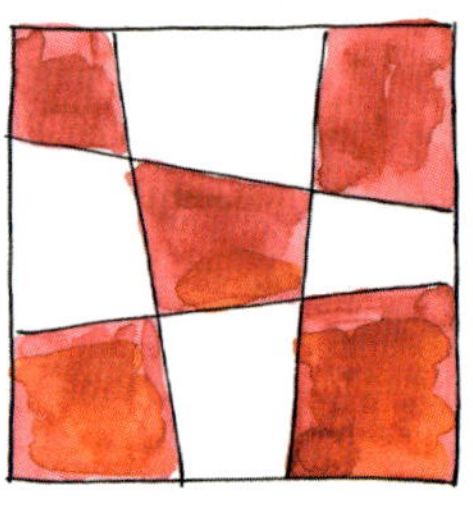

Farben tauschen für Block A (farbige Ecken). 98 Blöcke A nähen.

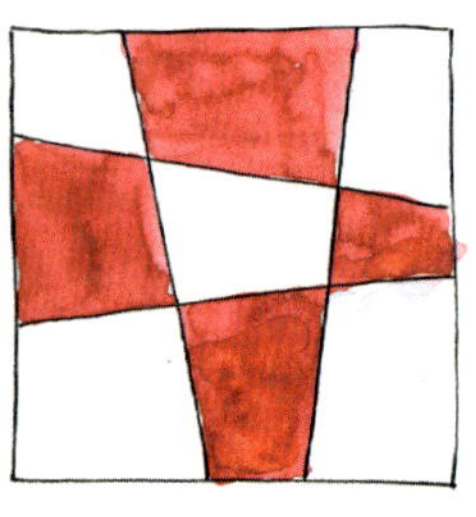

Farben tauschen für Block B (weiße Ecken). 98 Blöcke B nähen.

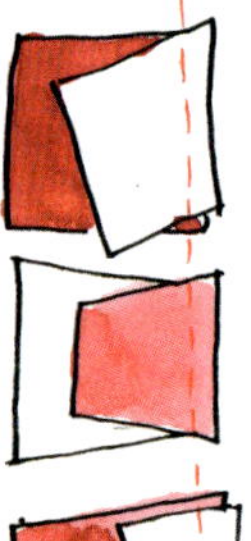

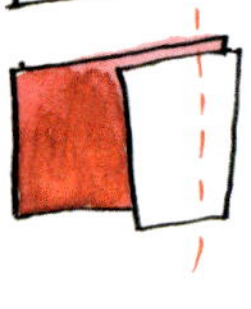

Zuerst die mittleren Teile rechts auf rechts über die linken legen. An der rechten Kante entlang nähen, ohne die Fäden dazwischen abzuschneiden. Auffalten.

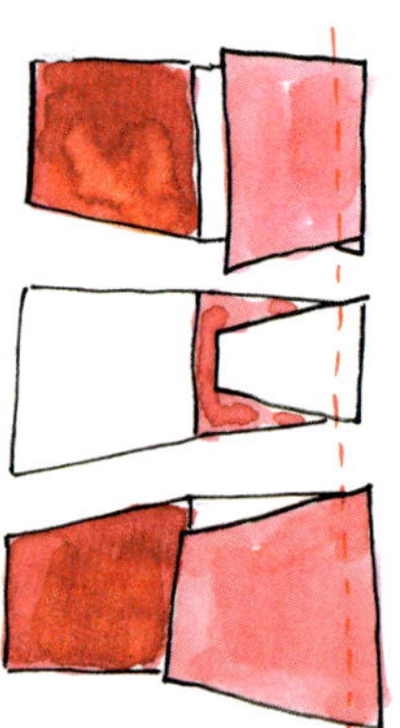

Dann die rechten Teile rechts auf rechts über die mittleren legen. An der rechten Kante entlang nähen, ohne die Fäden dazwischen abzuschneiden. Auffalten.

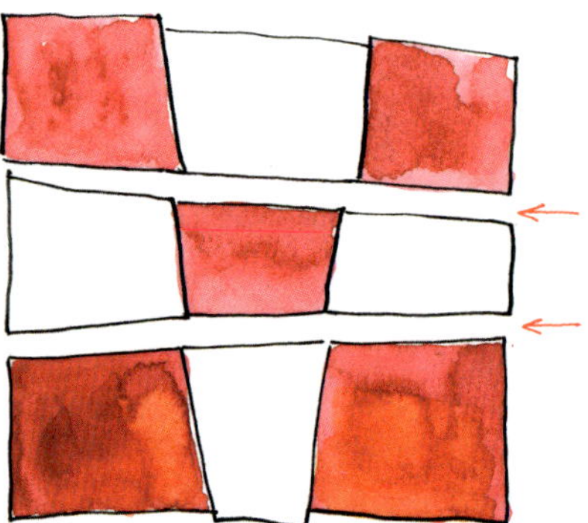

Die Quernähte schließen. Block bügeln.

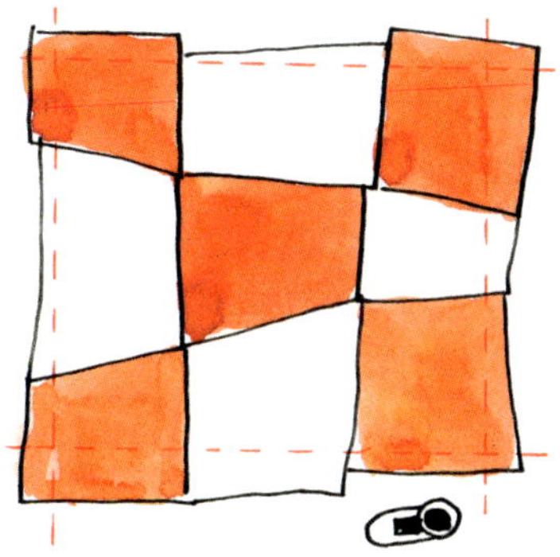

Blöcke auf ein gemeinsames Maß exakt zuschneiden, hier 11 × 11 cm.

Nähplan und Farbverteilung

Für das Mittelteil verwenden Sie 98 Blöcke A und 97 weiße Quadrate von exakt 11 × 11 cm (Maß der zugeschnittenen Blöcke A). Sortieren Sie die Farben der Neunerblöcke von hell nach dunkel. Beginnen Sie die oberste Reihe mit sieben hellen Blöcken A und legen Sie 6 weiße Quadrate im Wechsel dazwischen. Die zweite Reihe beginnt mit einem weißen Quadrat, gefolgt von sechs Blöcken A und weißen Quadraten, im Wechsel angeordnet. Legen Sie 15 Querreihen. Die letzte Reihe hat die gleiche Folge wie Reihe 1 und besteht aus den dunkelsten Neunerblöcken. Wir haben zur Abwechslung fünf der dunklen Blöcke wie ein »Fenster« in den hellen Bereich gesetzt. Übernehmen Sie die vorgeschlagene Anordnung oder finden Sie eine eigene, die Ihnen gefällt. Nähen Sie die Mittelfläche zusammen, wie in Lektion 4 beschrieben. Bügeln Sie das Mittelteil.

TIPP

Sie werden 60 Blöcke B übrighaben. Arbeiten Sie diese als Reihen in einen anderen Quilt ein. Ein Beispiel hierfür finden Sie auf Seite 108, im Reihen-Sampler. Oder nähen Sie dekorative Kissenhüllen daraus.

Randbordüre

Verwenden Sie 38 der Blöcke B für die Randbordüre. Schneiden Sie den türkisfarbenen Stoff zu 76 Quadraten von 13 × 13 cm. Nutzen Sie dafür das Lineal, Sie brauchen aber nicht millimetergenau zu messen. Teilen Sie jedes Quadrat einmal diagonal in je zwei Dreiecke. Fügen Sie jeweils vier dieser Dreiecke an die Seitenkanten der 38 Blöcke B. Nähen Sie zuerst die beiden gegenüberliegenden Dreiecke an und bügeln Sie sie nach außen. Schneiden Sie die überstehenden Spitzen in Verlängerung der Seitenkante des Neunerblocks ab. Dann nähen Sie die beiden verbleibenden Ecken an. Bügeln Sie die Blöcke und schneiden Sie sie auf exakt 17 × 17 cm zu.

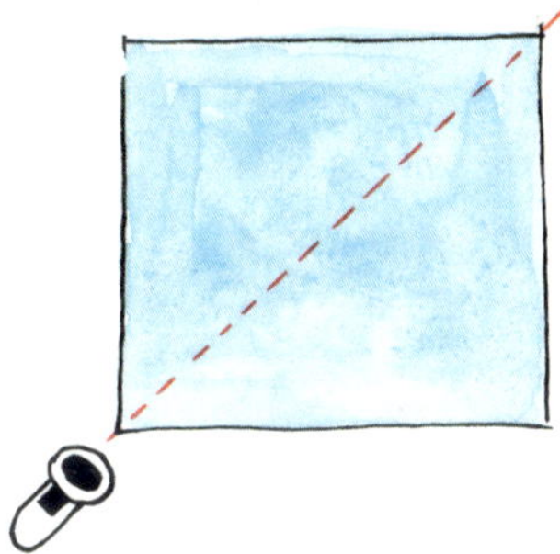

Quadrate von 13 × 13 cm einmal diagonal teilen.

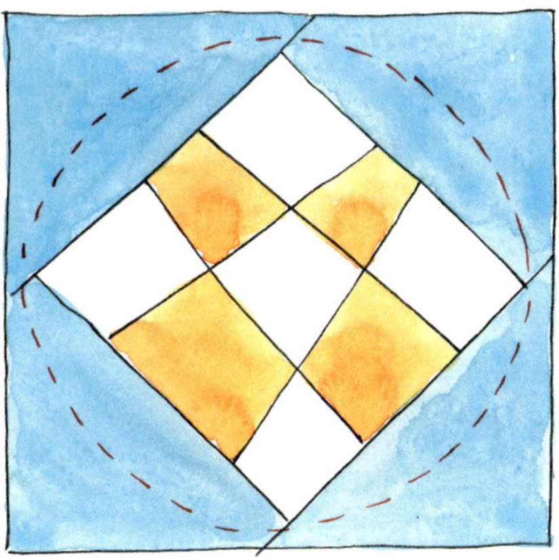

An Block B zuerst zwei Dreiecke an gegenüberliegende Kanten nähen, dann die nächsten beiden Dreiecke an die anderen Kanten.
Die rotgestrichelte Linie zeigt einen Quiltvorschlag.

Ränder

→ Lektion 13

1. Randstreifen: Schwarz, 4 cm Schneidebreite, verläuft über die gesamte Quiltbreite und -länge, auch seitlich über die 2. Randbordüre hinweg.
2. Randstreifen: Je 8 Randblöcke B für oben und unten, je 9 Randblöcke B für rechts und links.
Es kann sein, dass Sie die Nahtzugaben etwas knapper oder breiter nähen müssen, um auf die exakte Breite und Länge zu kommen. Dazu kommt je ein Eckstein mit Neunerblock im Maß der Randbreite (hier exakt 17 × 17 cm).

Nähplan und Farbverteilung

Achten Sie auf die Farbverteilung der Randblöcke. Die dunklen sollen entlang der hellen Farben des Mittelteils verlaufen, die etwas helleren entlang der dunklen Blöcke des Mittelteils. Als Ecksteine wählten wir zwei helle Blöcke für die oberen Ecken und zwei dunkle Blöcke für die unteren.

Ränder annähen

Nähen Sie an die beiden Seitenkanten des Mittelteils je einen schwarzen Streifen. Fügen Sie die beiden Randstreifen aus je 9 Blöcken für die Seiten an. Nähen Sie je einen 4 cm breiten Streifen an die kurzen Enden der oberen und unteren Reihe aus je 8 Blöcken und fügen Sie dann die Ecksteine an. Danach nähen Sie an Ober- und Unterkante des Quilts je einen schwarzen Streifen. Nähen Sie an die kurzen Enden der oberen und unteren Randbordüre zuerst je einen 4 cm breiten schwarzen Streifen und fügen Sie dann die Ecksteine an. Setzen Sie die vorbereiteten Bordüren für Ober- und Unterkante an. Achten Sie darauf, dass sich die schwarzen Streifen am Eckstein exakt kreuzen. Bügeln Sie die Nahtzugaben immer zum schwarzen Streifen hin.

Quilten

→ Lektionen 14 / 15

Montieren Sie Rückseite, Volumenvlies und gebügelte Oberseite aufeinander. Quilten Sie entweder von Hand oder mit der Nähmaschine Kreise in die weißen Felder sowie Bögen in das Türkis der Randstreifen.
Mit der Longarm-Quiltmaschine können Sie um die weißen Kreise zusätzlich kleine Kringel in die Ecken und in die weißen Felder der Neunerblöcke arbeiten, sowie Kringel und / oder Klaviertasten entlang der Bögen in den türkisfarbenen Dreiecken.

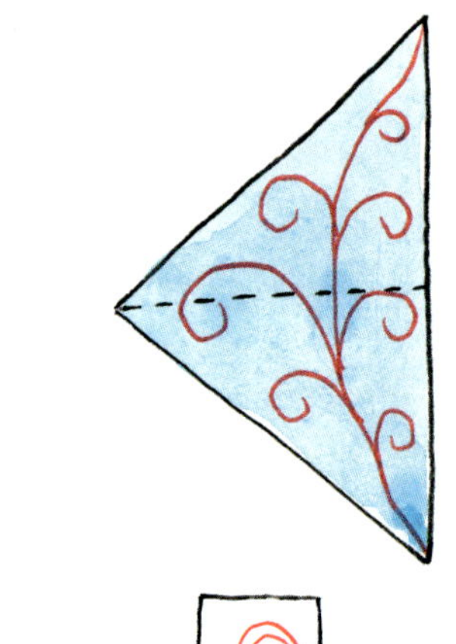

Quiltvorschlag für das Randdreieck.

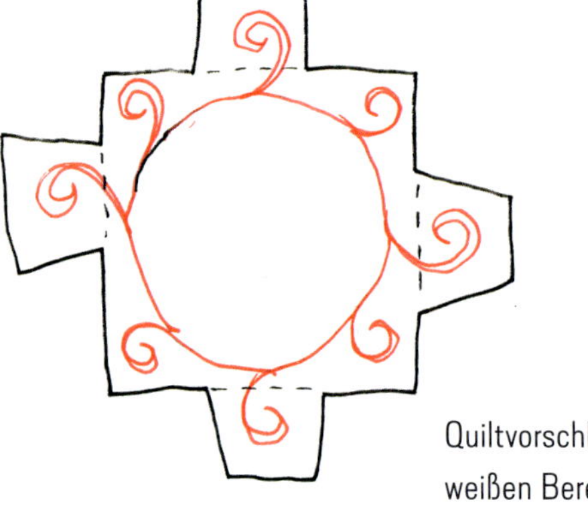

Quiltvorschlag im weißen Bereich der Neunerblöcke.

Einfassung

→ Lektion 16

Fassen Sie den Quilt mit einem schwarzen Schrägstreifen ein.

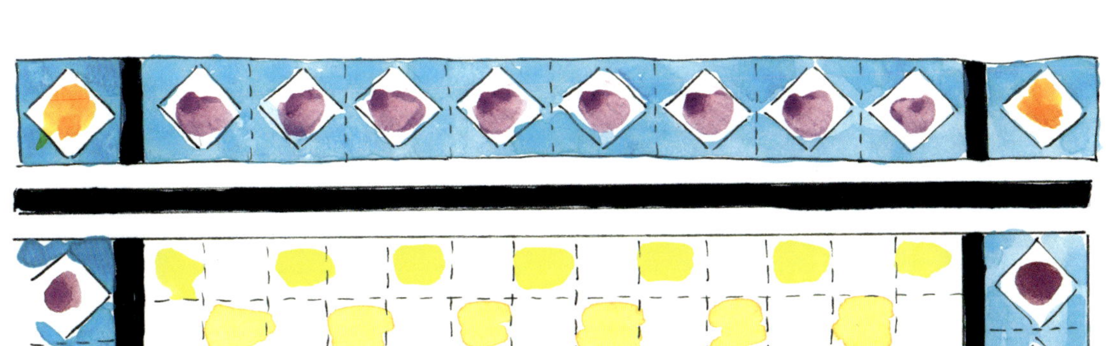

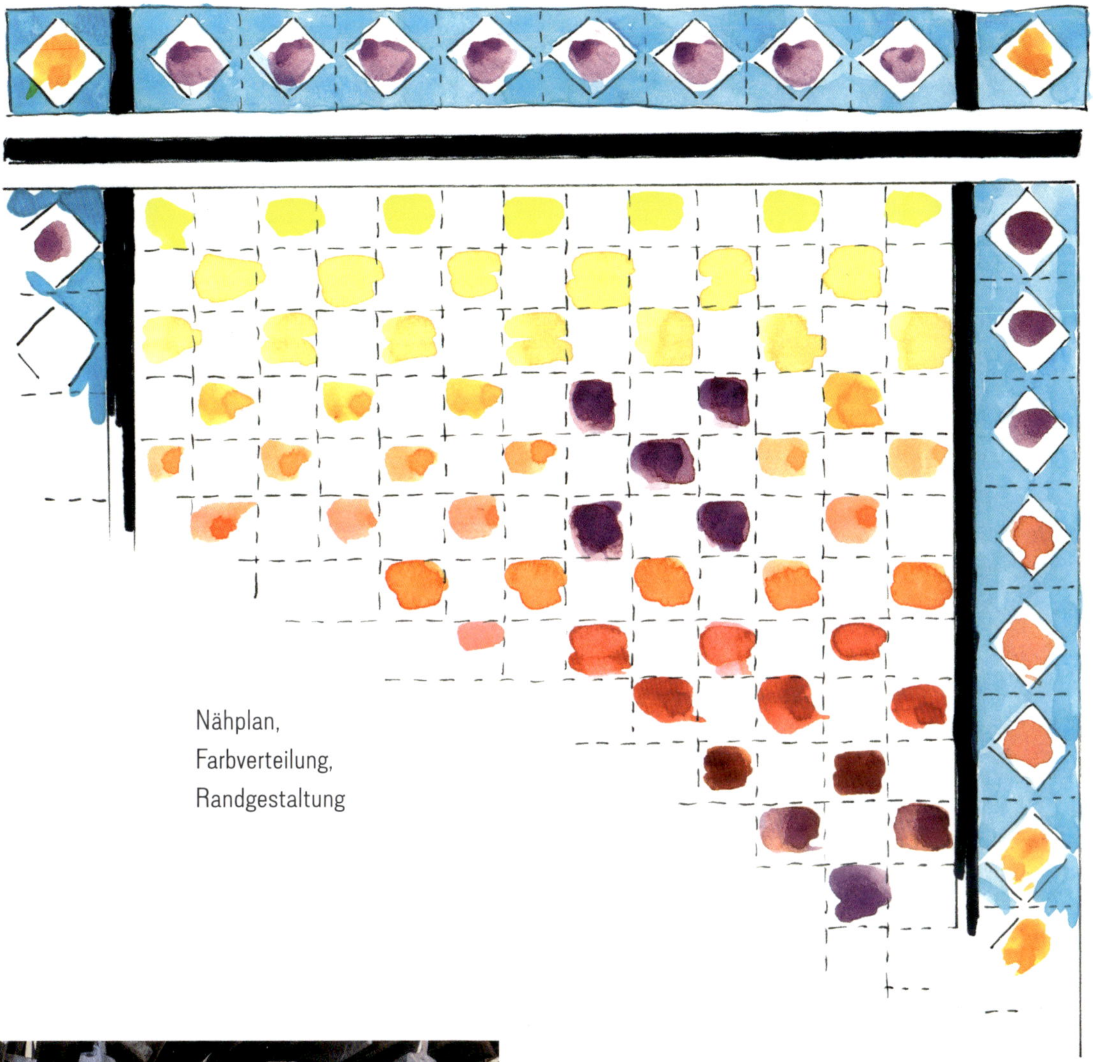

Nähplan,
Farbverteilung,
Randgestaltung

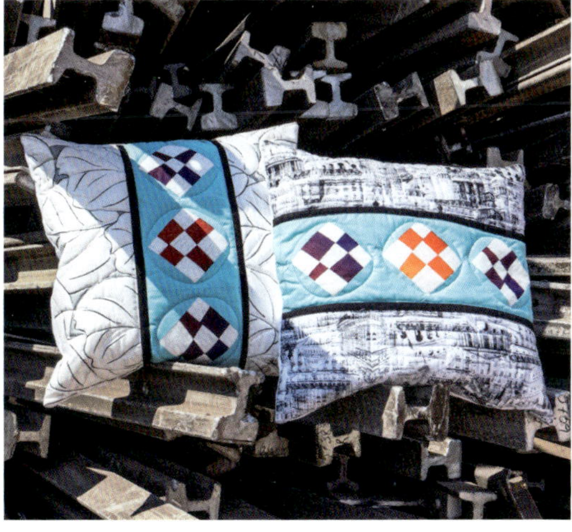

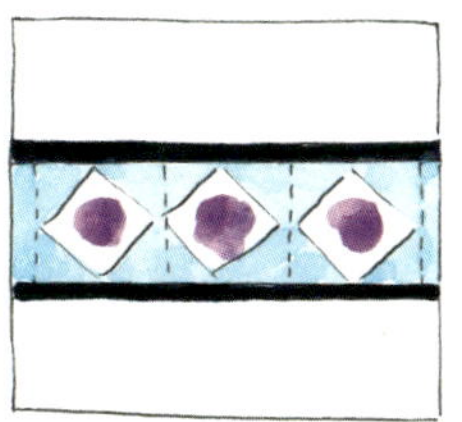

Kissen aus drei Blöcken B nebeneinander in Reihe gesetzt. Daran oben und unten ein schwarzer Streifen (3 cm Schneidebreite). Groß gemusterter schwarz-weißer Stoff vervollständigt die Fläche.

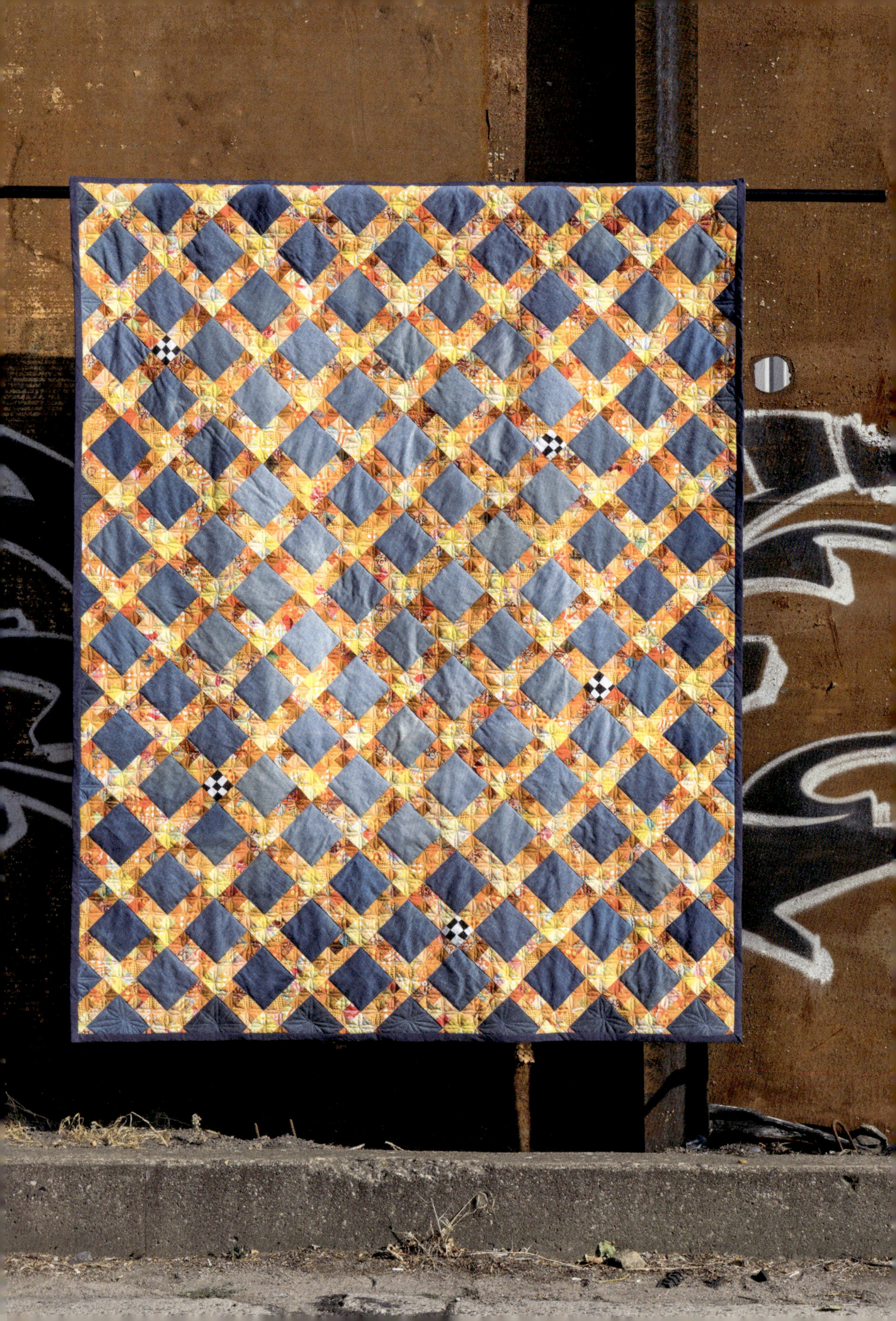

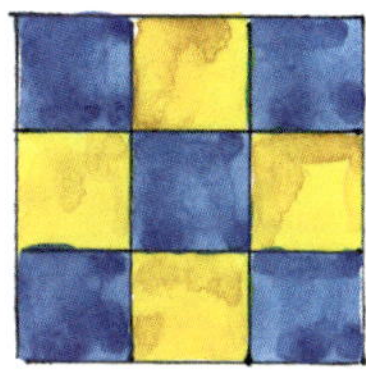

Herbstblau

240 × 190 cm
mit: Viererblock / Four Patch
und: Neunerblock / Nine Patch

Indigoblau und Herbstfarben bilden eine schöne Einheit. Es treffen sich die Komplementärfarben Blau und Orange. Fünf schwarzweiße Akzente in Form von Neunerblöcken beleben die Fläche. Wenn Sie mit Jeans arbeiten und an die Kanten einen normalen weichen Baumwollstoff setzen, bilden sich beim Zusammennähen der Blöcke keine dicken Nahtkreuzungen.

MATERIAL

Stoffe

- insgesamt 2,3 m verschiedene orange-braune Stoffe (dunklere Farbgruppe), uni und gemustert, entweder 22 Streifen von 10 cm Breite oder ausreichend Reste von mindestens 10 × 10 cm
- insgesamt 2,3 m verschiedene orange-gelbe Stoffe (mittlere Farbgruppe), uni und gemustert, entweder 22 Streifen von 10 cm Breite oder ausreichend Reste von mindestens 10 × 10 cm
- insgesamt 1,2 m verschiedene gelbe Stoffe (helle Farbgruppe), entweder 11 Streifen von 10 cm Breite oder Reste von mindestens 10 × 10 cm
- 10 – 12 Jeans in Erwachsenengröße oder 1,8 m Jeansstoff vom Ballen (bei 140 cm Stoffbreite)
- 0,12 m Reinweiß für die Akzente
- 0,12 m Schwarz, uni, für die Akzente

Sonstiges

- evtl. Pappe, Schere, Lineal (für eine Schablone)
- 260 × 210 cm Rückseitenstoff
- 260 × 210 cm Volumenvlies
- blaues und orangefarbenes Quiltgarn
- 8,8 m dunkelblauer extrabreiter Schrägstreifen

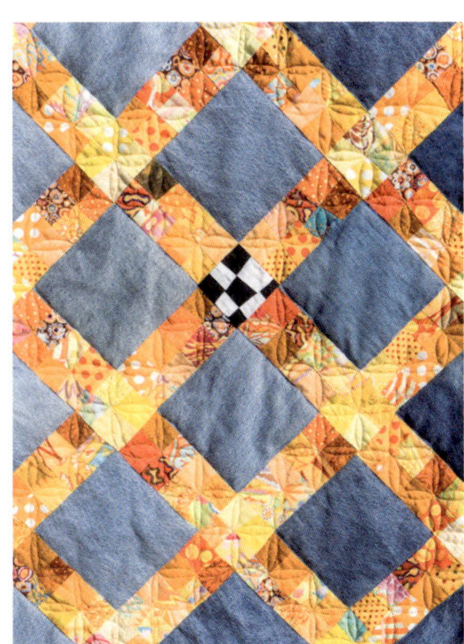

560 Viererblöcke

→ Lektionen 1 / 3

Schneiden Sie die orange-gelben Stoffe zu Quadraten von ca. 10 × 10 cm. Sortieren Sie sie nach den Farbgruppen hell, mittel und dunkel. Pro Farbgruppe benötigen Sie mindestens 6 verschiedene Farben, je mehr, desto besser. Sie brauchen ca. 112 Quadrate hell, 224 Quadrate mittel und 224 Quadrate dunkel.

Legen Sie pro Farbgruppe vier verschiedene Quadrate aufeinander, alle mit der rechten Seite nach oben weisend. Durchschneiden Sie die vier Stofflagen längs und quer, führen Sie die Schnitte leicht schräg, wie abgebildet aus. Sortieren Sie die Teile (Lektion 3). In jedem Viererblock sollen vier verschiedene Farben liegen.
Nähen Sie die Blöcke und schneiden Sie sie auf ein gemeinsames Maß zu, hier exakt 8 × 8 cm.

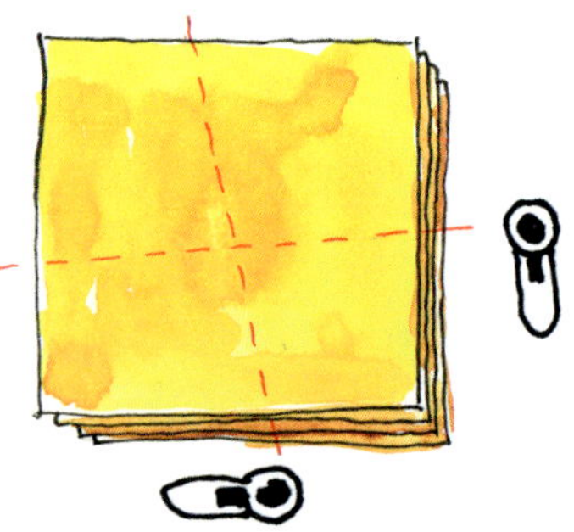

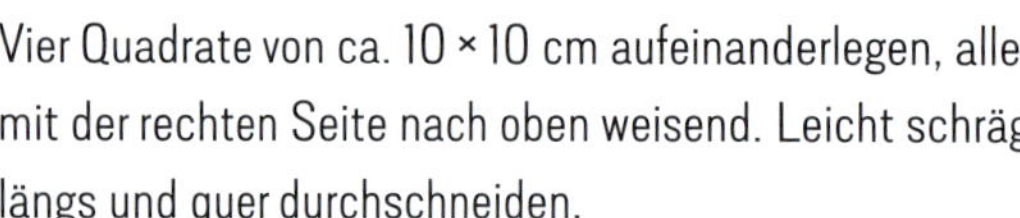

Vier Quadrate von ca. 10 × 10 cm aufeinanderlegen, alle mit der rechten Seite nach oben weisend. Leicht schräg längs und quer durchschneiden.

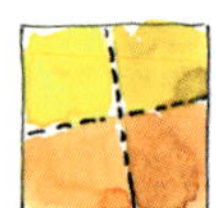
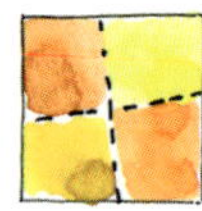
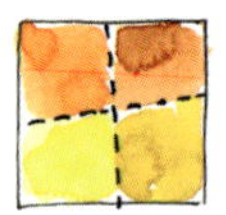
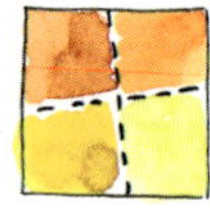

Die entstandenen Teile zu vier Viererblöcken sortieren. In jedem Block liegen vier verschiedene Stoffe. Viererblöcke nähen, auf genau 8 × 8 cm zuschneiden.

TIPP

Vielleicht müssen Sie mit knapper Nahtzugabe nähen, um das Maß von 8 × 8 cm zu erhalten. Probieren Sie es aus.

Nähen Sie als erstes einen dunklen und einen mittleren Viererblock aneinander, bügeln Sie das Paar und messen Sie die entstandene Länge. Diese Länge entspricht dem Maß für die Jeansquadrate. Hier sind es 14,5 cm.

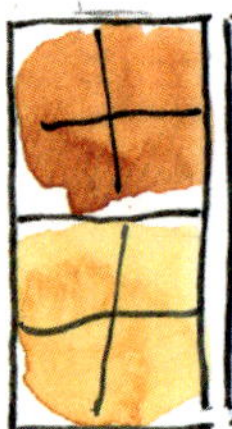
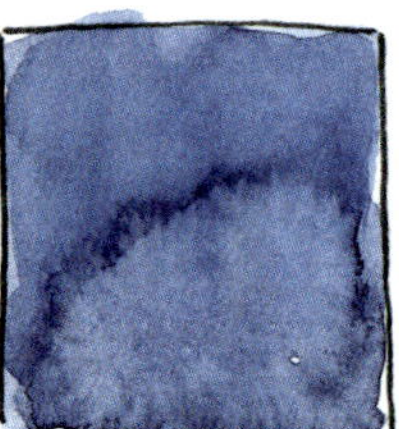

Drei Farbgruppen nähen: dunkel, mittel und hell. Einen mittleren und einen dunklen Viererblock aneinandersetzen. Das Maß der Längskante ist die Zuschneidegröße für die Jeansquadrate.

112 Quadrate aus alten Jeans

Entfernen Sie von den Jeans die Nähte, Taschen und Bünde. Stellen Sie aus Pappe oder einem anderen Schablonenmaterial eine Quadratschablone in dem zuvor ermittelten Maß her (hier 14,5 × 14,5 cm). Zeichnen Sie die Quadrate auf die linke Seite der Jeansstoffe und schneiden Sie sie mit der Schere aus. Wenn Sie die Auswahl haben, verwenden Sie hellere, mittlere und dunkle Jeansfarben.

112 Blöcke A

Beginnen Sie nun mit den Blöcken. Nähen Sie je einen dunklen und einen mittleren Viererblock zu 216 Zweiergruppen. Setzen Sie an eine Kante der Jeansquadrate eine solche Zweiergruppe.

Fügen Sie an die restlichen Zweiergruppen einen hellen Viererblock, jeweils an die Kante des mittleren Viererblocks. Nähen Sie dann die Dreiergruppe an die Jeansblöcke, der helle Viererblock liegt an der Ecke, wie abgebildet. Die Nahtzugaben vom Jeansquadrat weg nach außen bügeln. Der Block A misst jetzt recht genau 20 × 20 cm.

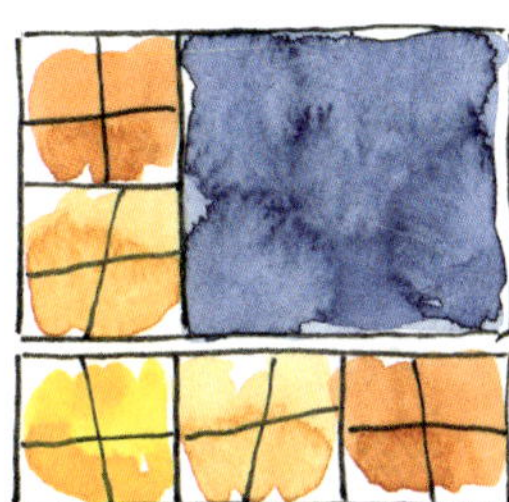

Block A: An jedes Jeansquadrat zuerst eine Zweiergruppe (dunkel und mittel) annähen, dann die Dreiergruppe (dunkel, mittel und hell) anfügen.

30 Randdreiecke B, C, D und E

Suchen Sie 15 fertige Blöcke A aus sehr dunklem Jeansstoff heraus. Diese sind für den Rand gedacht. Teilen Sie 7 dieser dunklen Blöcke quer diagonal von Ecke zu Ecke. Sie erhalten die 7 Dreiecke B für die Unterkante des Quilts und 7 Dreiecke C für die Oberkante. Teilen Sie 8 der Blöcke A längs diagonal von Ecke zu Ecke. Sie erhalten 8 Dreiecke D für die rechte Außenkante und 8 Dreiecke E für die linke Außenkante.

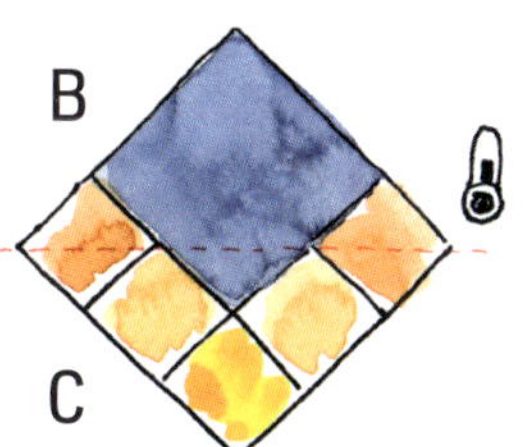

Sieben Blöcke quer halbieren für die Halbblöcke B und C an Ober- und Unterkante.

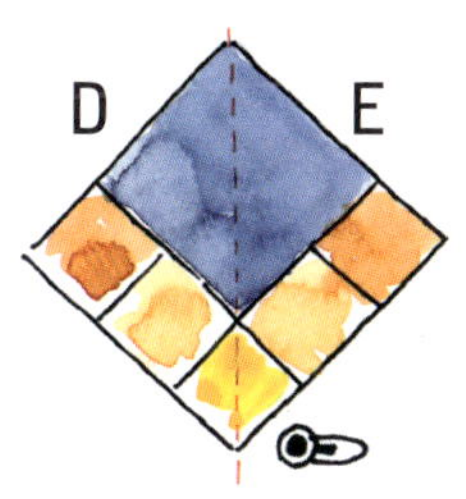

Acht Blöcke längs halbieren für die Halbblöcke D und E an die Seitenkanten.

5 schwarzweiße Neunerblöcke

Nähen Sie aus schwarzen und weißen Quadraten von ca. 12 × 12 cm sechs Neunerblöcke, wie in Lektion 4 beschrieben. Schneiden Sie sie auf exakt 8 × 8 cm zu. Verteilen Sie fünf dieser Blöcke auf der Quiltfläche. Trennen Sie an diesen Stellen einen gelben Viererblock heraus und ersetzen Sie ihn durch einen Akzentblock.

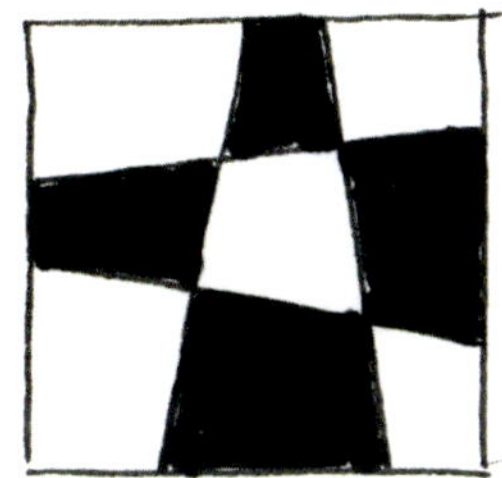

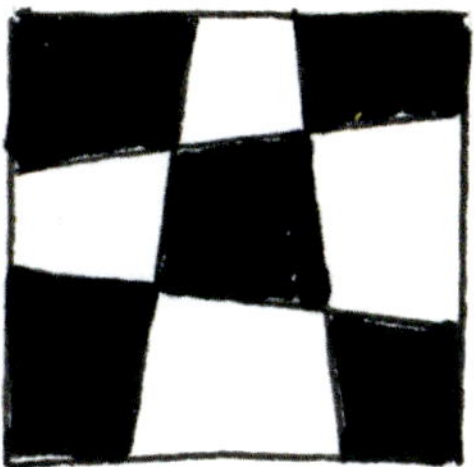

Sechs schwarzweiße Neunerblöcke nähen, fünf davon auf der Quiltfläche verteilen und einnähen.

Quiltfläche zusammennähen

→ Lektion 12

Stecken Sie die Blöcke A an Ihre Entwurfswand oder legen Sie sie auf einer großen Bodenfläche aus. Sortieren Sie die hellen Jeansfarben zur Mitte hin, die dunkleren nach außen. Beginnen Sie mit einer Reihe von sieben Dreiecken C, die langen Kanten weisen nach oben. Beginnen Sie die nachfolgende Reihe links mit einem Dreieck D und enden Sie rechts mit einem Dreieck E. Fügen Sie die Blöcke mit den (mittel-)dunklen Jeans in die Lücken dazwischen. Ordnen Sie alle Reihen an und stecken Sie die halben Blöcke an die Ränder. Die unterste Reihe sind die Dreiecke B.

Nähen Sie die Fläche in diagonalen Zweierreihen zusammen, wie in Lektion 12 beschrieben. Denken Sie rechtzeitig an das Annähen der Randdreiecke.

Quilten

→ Lektionen 14 / 15

Montieren Sie Rückseite, Volumenvlies und gebügelte Oberseite aufeinander. Quilten Sie entweder von Hand oder mit der Nähmaschine. Aufgrund der diagonalen Anordnung liegen alle Außenkanten des Quilts im diagonalen Fadenlauf und werden deshalb schnell wellig. Es ist daher ratsam, die Jeansdreiecke der Außenkanten etwas dichter zu quilten.

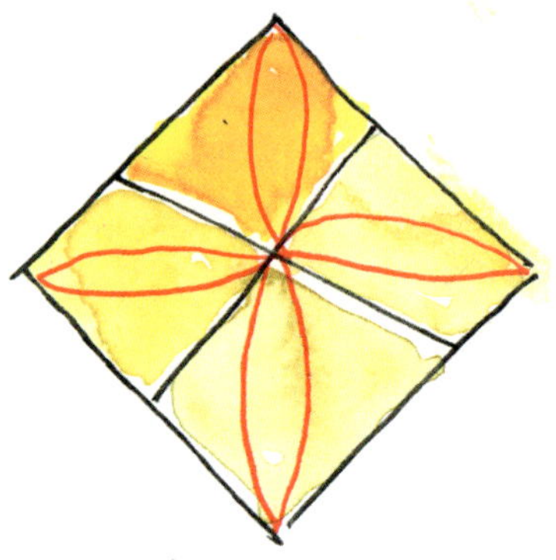

Quiltvorschlag für einen Viererblock

Mit der Longarm-Quiltmaschine können Sie auf die gelben Viererblöcke ein Orangenschalenmuster quilten. Durch die unterschiedlichen Größen und die verschobenen Mittelnähte erhält das Muster die gewünschte Unregelmäßigkeit. Quilten Sie an den Außenkanten jedes Jeansquadrats entlang. Bearbeiten Sie die äußeren dreieckigen Jeansteile, die je nach Position unterschiedliche Größen haben, mit schlanken Blütenblättern, die auf die Mitte der Außenkante oder auf einen exzentrischen Mittelpunkt zulaufen.

Einfassung

→ Lektion 16

Fassen Sie den Quilt mit einem extrabreiten, dunkelblauen Schrägstreifen ein.

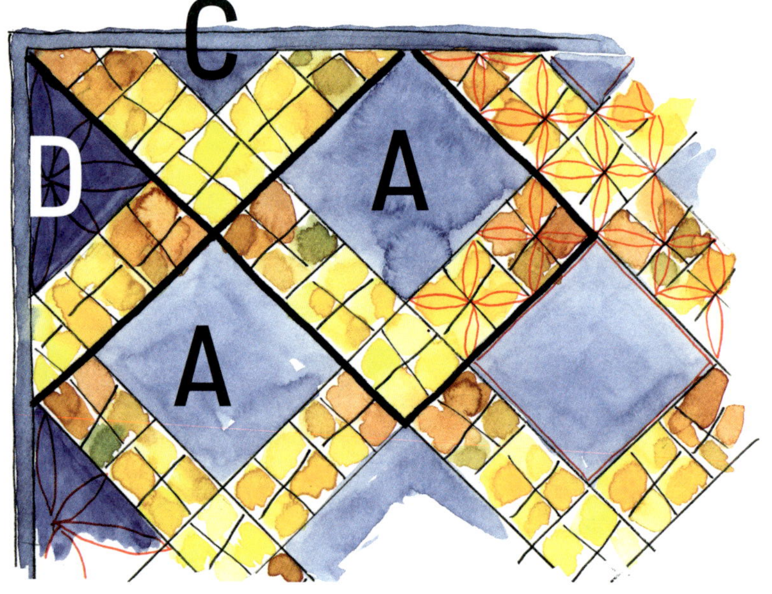

Diagonale Anordnung der Blöcke A. Blöcke C an die Oberkante, Blöcke D an die linke Quiltkante legen. Quiltvorschlag und Randgestaltung.

Tipp: Die »Fadenmaus«

TIPP

Das Nähen mit der »Fadenmaus« ist ähnlich dem Kettennähen. Es lohnt sich bei vielen kurzen Nähten (die haben Sie fast immer), und/oder wenn Sie mit einer Maschine ohne automatischen Fadenabschneider arbeiten.

Nehmen Sie ein doppelt gelegtes Stoffstück, das ca. 6 × 6 cm groß ist. Nähen Sie als erstes gerade über die »Maus« bis kurz vor die untere Kante. Dann schieben Sie das Patchwork-Stoffpaar, das als nächstes an die Reihe kommt, unter das Nähfüßchen. Schieben Sie alle weiteren Stoffpaare nach. Schneiden Sie die verbindenden Fäden nicht ab (!). Nähen Sie weiter und stoppen Sie kurz vor dem unteren Ende des letzten Stoffpaars. Befreien Sie jetzt die »Maus«, indem Sie die Zwischenfäden durchschneiden. Schieben Sie die »Maus« direkt im Anschluss an das letzte Stoffpaar unter das Füßchen und nähen Sie bis kurz vor die untere Kante. Nun schneiden Sie die Zwischenfäden zwischen unterstem Stoffpaar und »Maus« ab. Das Nähfüßchen ruht auf der »Maus«.

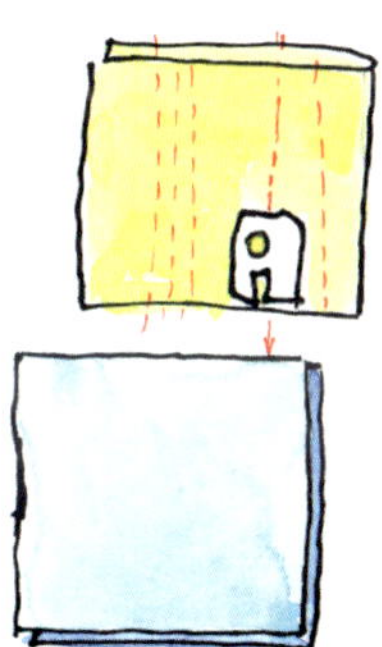

Über die »Maus« (gelb) bis an die untere Kante nähen, nächstes Stoffpaar (blau) anschieben und direkt weiter nähen.

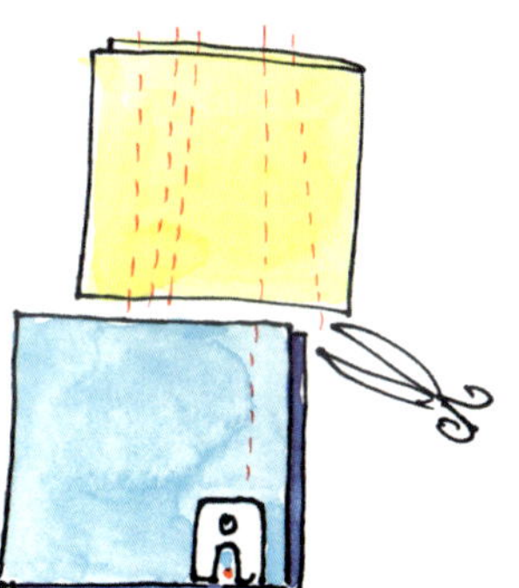

Auf dem Stoffpaar bis an die untere Kante nähen. »Maus« hinter dem Nähfüßchen losschneiden.

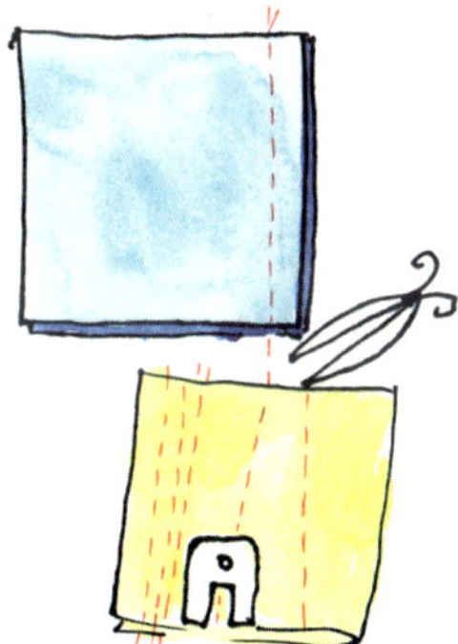

»Maus« unter das Nähfüßchen schieben und darauf bis an die untere Kante weiternähen. Dann das Stoffpaar hinter dem Nähfüßchen abschneiden.

Vorteile der »Fadenmaus«:

Die Fadenenden sind immer kurz abgeschnitten (das Schönste daran!). Sie brauchen das Nähfüßchen nicht anzuheben, denn Sie nähen immer über eine doppelte Stofflage, so wie beim Kettennähen. Es schlüpft nie der Faden durch die Stichplatte nach unten. Wenn an einem Naht-Anfang etwas »hakt«, haben Sie etwas, woran Sie ziehen können. Ein stets abgesenktes Nähfüßchen schont die Feder im Inneren der Maschine. Sie sparen Garn!

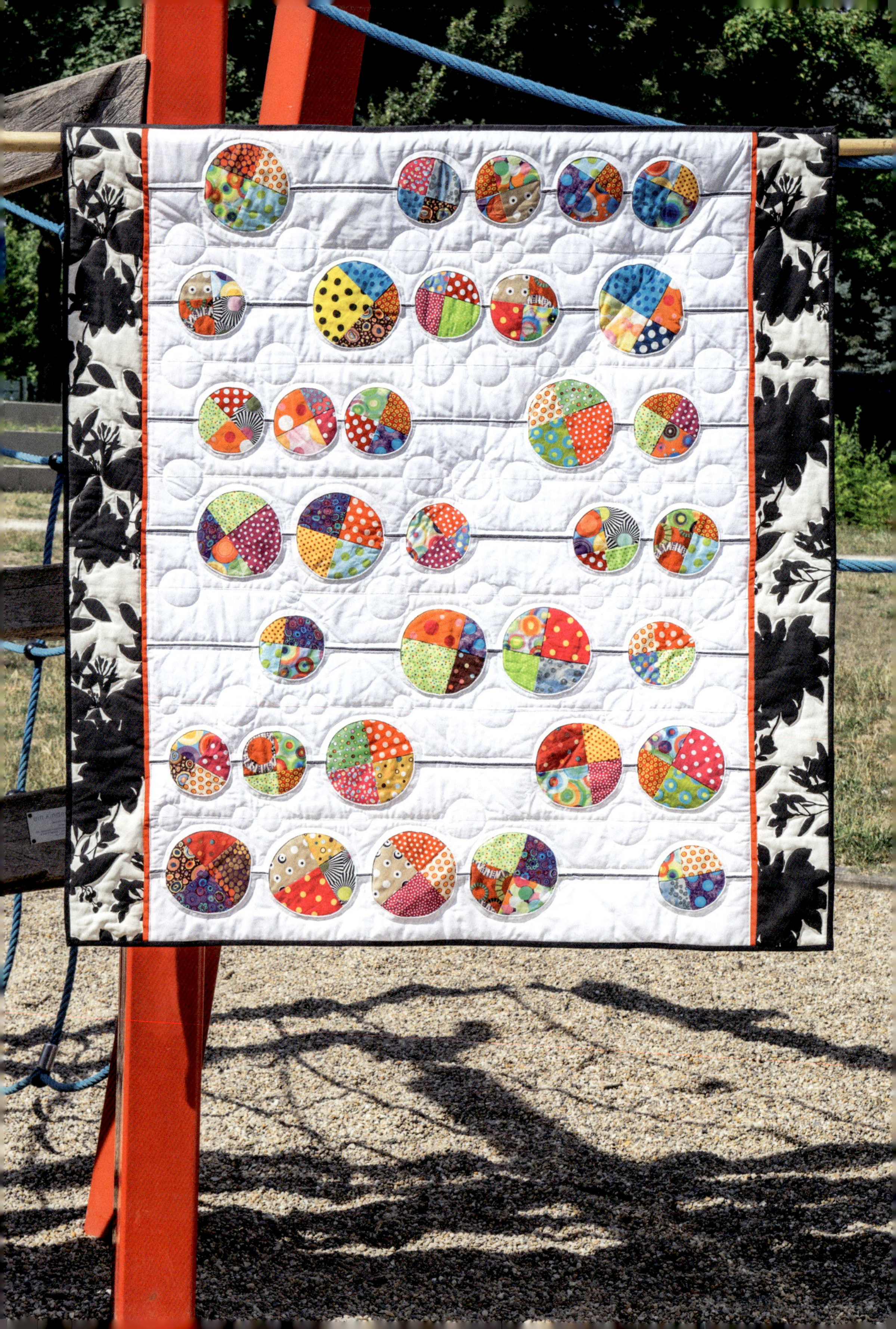

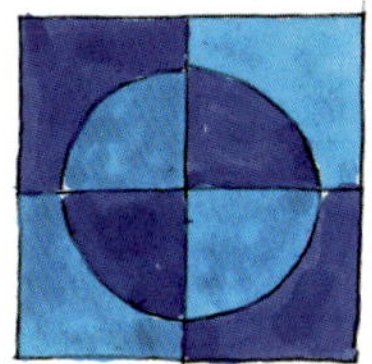

Zählmaschine

125 × 115 cm
mit: Zuckerdose / Sugar Bowl

Eine Rechenmaschine wie aus der Steinzeit. So richtig rechnen lässt sich damit ja nicht, aber vielleicht das Zählen lernen, Farben erkennen und Groß und Klein unterscheiden?
Der klassische Patchworkblock, der sich darin versteckt, ist die »Zuckerdose«. Das Motiv wird gerne in Samplerquilts eingearbeitet, denn Anfängerinnen können daran lernen, Bögen zu nähen. Hier wird die Zuckerdose zu einer bunten Perle auf dem Draht der Zählmaschine, ohne dass eine Kurvennaht nötig ist.

MATERIAL

Stoffe

- 1,4 m Reinweiß oder Bettwäschestoff für die Fläche
- 0,2 m Dunkelgrau, uni, für die Drähte
- 1,5 m Gesamtmenge (oder 140 Quadrate von ca. 10 × 10 cm), viele verschiedene bunte Stoffe, gerne gepunktet, keiner davon mit weißem Hintergrund, für die Kugeln
- 1,5 m weicher weißer Stoff oder Bettwäschestoff für die Paspelöffnungen
- 0,1 m leuchtendes Rot, uni oder leicht gemustert, für den inneren Rand rechts und links
- 0,45 m Schwarzweiß, groß gemustert, für die Ränder rechts und links

Sonstiges

- festes Papier, Zirkel und Schere für Kreise aus Pappe (Kugel-Schablonen) oder zwei Gläser, Ø 12 cm und 8 cm
- Garnrollen als Schablonen für die gequilteten Kreise, Ø 6 cm und 4 cm
- wasser- oder hitzelöslicher Stift
- 130 × 150 cm Rückseitenstoff
- 130 × 150 cm Volumenvlies
- weißes Quiltgarn
- 5 m schwarzer Schrägstreifen für die Einfassung

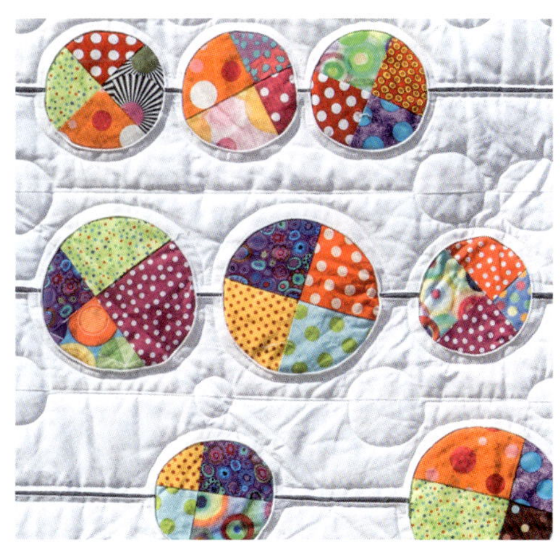

Streifeneinheiten nähen

→ Lektion 1

Schneiden Sie den weißen Stoff von Webkante zu Webkante zu 12 Streifen von je 10 cm Breite und zu zwei Streifen von 12 cm Breite (das werden der oberste und der unterste Streifen). Für den »Draht« benötigen Sie 7 schmale dunkle Streifen von 2 cm Breite. Benutzen Sie zum Zuschneiden jeweils das Lineal und schneiden Sie gerade zu. Nähen Sie jeweils zwischen zwei weiße Streifen einen dunkelgrauen Streifen. Beginnen Sie oben: »Draht« zwischen Streifen 1 und Streifen 2, den nächsten zwischen Streifen 3 und Streifen 4 usw. nähen. Der dunkle Streifen soll im fertigen Teil nur ca. 3 – 4 mm breit zu sehen sein. Bügeln Sie die Nahtzugaben zum weißen Stoff hin.

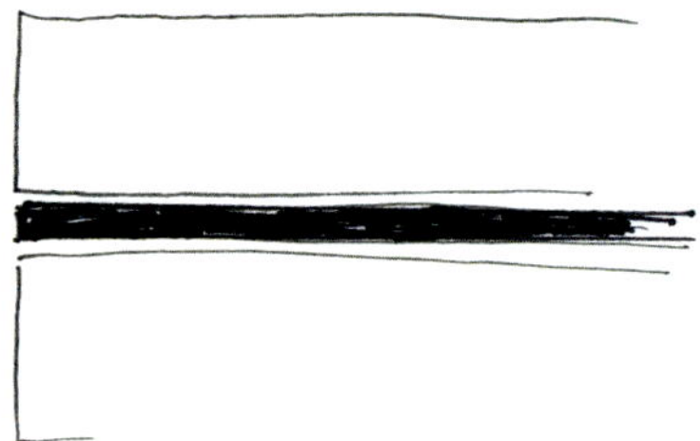

Zwischen je zwei weiße Streifen einen schmalen dunklen Streifen einsetzen, 2 cm Schneidebreite.

Schablonen für die Kugeln

Basteln Sie mit Hilfe von Zirkel und Schere zwei Kreisschablonen aus Pappe. Es ist nützlich, auf der Papierschablone die Mittellinie einzuzeichnen. Sie benötigen einen Kreis mit 12 cm Durchmesser für die großen Kugeln und einen mit 8 cm Durchmesser für die kleinen.

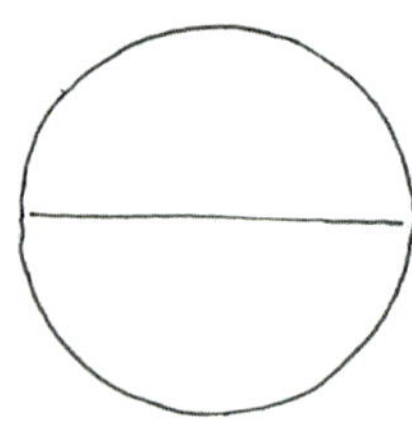

12 cm und 8 cm große Kreisschablonen aus Pappe herstellen. Mittellinie auf der Schablone einzeichnen.

Planung

Stecken Sie die sieben Streifen an Ihre Entwurfswand. Wenden Sie die vorbereiteten Streifen, so dass die Nahtzugaben oben liegen. Zeichnen Sie mit hitzelöslichem oder einem anderen geeigneten Stift und in unregelmäßigen Abständen 15 große Kreise auf die »Drähte«. Legen Sie dabei die Mittellinie direkt auf die dunkelgrauen Linien. Halten Sie rechts und links zur Seitenkante jeweils ca. 10 cm Abstand. Lassen Sie zwischen den Kugeln mindestens 2 cm frei, damit dort die Nahtzugaben von zwei benachbarten Kugeln Platz haben. Zeichnen Sie auch die Positionen der 19 kleinen Kugeln ein.

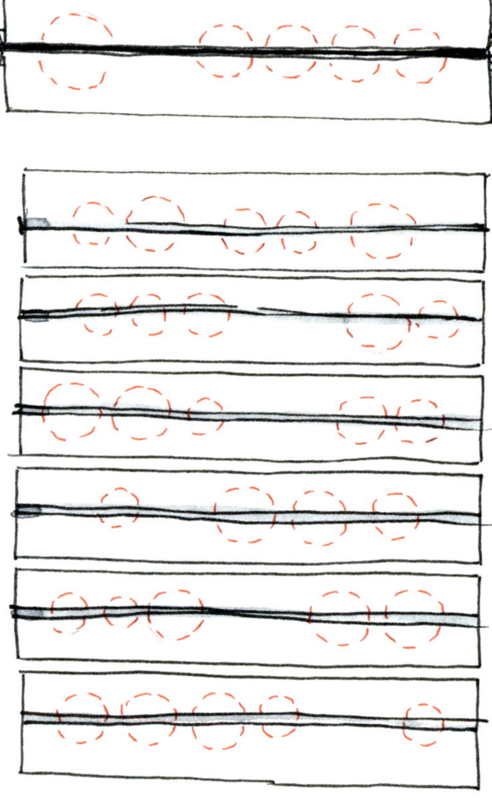

Auf die Rückseiten der sieben dunkelgrauen Draht-Streifen die Kreise für die Kugeln aufzeichnen.

Bunte Kugeln vorbereiten

→ Lektion 3

Schneiden Sie aus den Punktestoffen für 15 große Kugeln 60 Quadrate von ca. 10 × 10 cm. Setzen Sie immer vier verschiedene Stoffe zu Viererblöcken zusammen, die Nahtkreuzung in der Mitte sollte sich genau treffen.

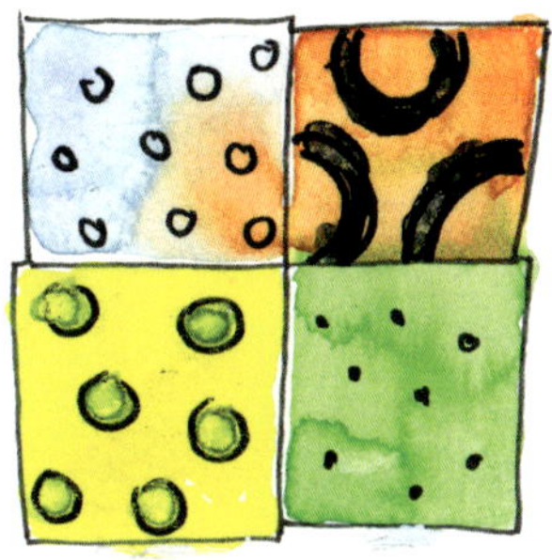

Viererblöcke für 15 große Kugeln aus ca. 10 × 10 cm großen Quadraten.

Schneiden Sie aus den Punktestoffen für die kleinen Kugeln 76 Quadrate von ca. 8 × 8 cm. Setzen Sie auch hier immer vier verschiedene Farben zu Viererblöcken zusammen. Nähen Sie insgesamt 19 Blöcke für kleine bunte Kugeln.

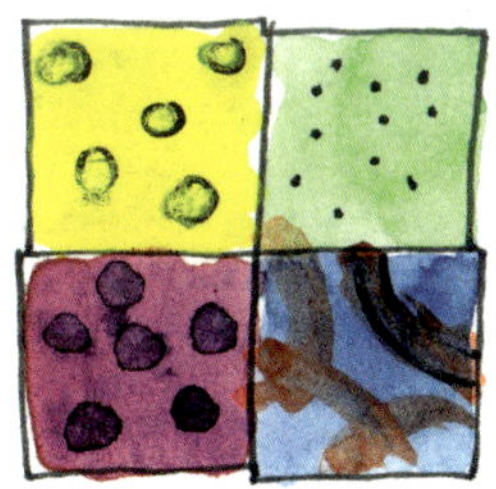

Viererblöcke für 19 kleine Kugeln aus ca. 8 × 8 cm großen Quadraten.

15 große Kugeln einsetzen

→ Lektion 10

Schneiden Sie 15 Quadrate von ca. 20 × 20 cm aus weichem weißem Stoff zu und stecken Sie je einen davon direkt unter einen vorgezeichneten Kreis auf die rechte Stoffseite. Nähen Sie von der Rückseite her auf dem Kreisumriss entlang und schneiden Sie die innen liegenden beiden Stoffschichten bis auf ca. 5 mm an die Naht heran aus. Nach dem Einzwicken der Nahtzugaben ziehen Sie den Paspelstoff durch das Loch zur Rückseite hin. Drücken Sie die Kante glatt.

Stecken Sie eine bunte (große) Kugeleinheit von der linken Seite her hinter die Öffnung. Nutzen Sie dafür die Viererblöcke, die Sie aus den 10 × 10 cm großen Quadraten hergestellt haben. Setzen Sie die Kugeln unregelmäßig ein, also die Nahtkreuzungen weder genau waagrecht noch genau mittig ausgerichtet.

Nähen Sie auf der Vorderseite der Arbeit knappkantig mit weißem Garn rund um den Kreis. Schneiden Sie auf der Rückseite die beiden überstehenden Stoffe zurück, den bunten kürzer als den weißen, damit die farbigen Stoffe nicht zur Vorderseite durchschimmern. Nähen Sie jede Zählkugel einzeln komplett fertig. Schneiden Sie die Nahtzugaben zurück, bevor Sie die benachbarte Kugel arbeiten.

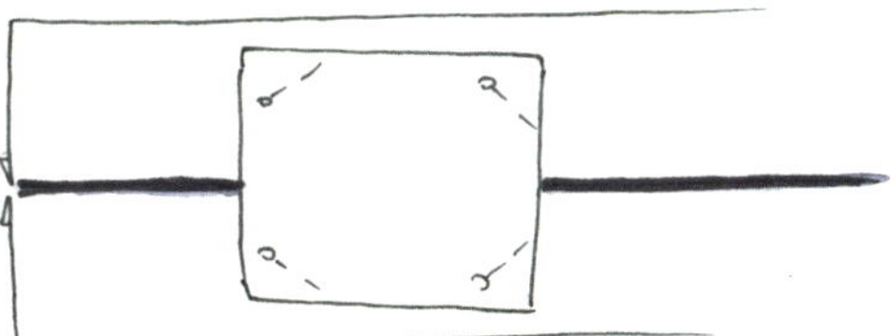

Jede Kugel einzeln einnähen: Auf die Vorderseite jeweils ein weißes Quadrat von ca. 20 × 20 cm (große Kugel) oder von ca. 15 × 15 cm (kleine Kugel) stecken.

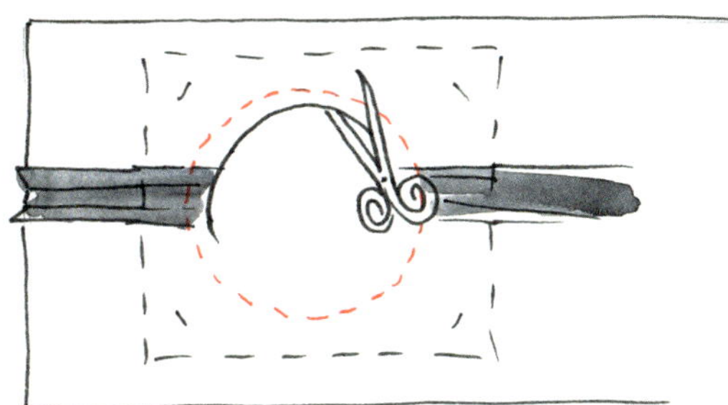

Von der Rückseite (!) her auf einer vorgezeichneten Kreislinie entlang nähen. Innerhalb des Kreises beide Stofflagen ausschneiden.

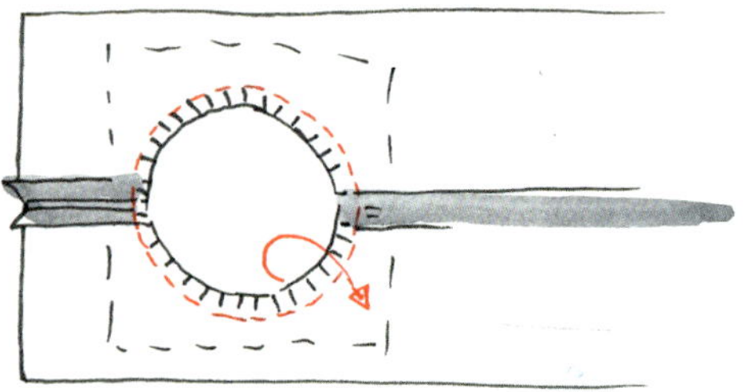

Nahtzugaben einzwicken. Weißen Paspelstoff durch das Loch zur Rückseite ziehen. Kante glattdrücken. Nicht bügeln, falls Sie einen hitzelöslichen Stift benutzt haben.

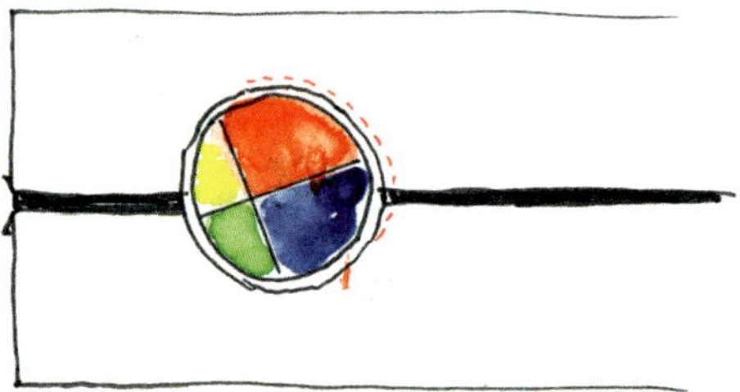

Zusammengesetzten Viererblock aus Punktestoffen hinter die Öffnung stecken und von rechts mit weißem Garn knappkantig einnähen. Hinten überstehende Stoffe zurückschneiden.

19 kleine Kugeln einsetzen

Nähen Sie 19 kleine Kugeln ein, wie bei den großen beschrieben. Lassen Sie mindestens 2 cm Abstand zwischen benachbarten Kugeln. Benutzen Sie die Viererblöcke aus den 8 × 8 cm großen Quadraten. Nähen Sie auch hier jede Kugel komplett fertig und schneiden Sie die Nahtzugaben zurück, bevor Sie die benachbarte Kugel arbeiten.

Quiltoberseite nähen

Nähen Sie die fertigen Streifen untereinander zur Fläche zusammen. Bügeln Sie und schneiden Sie die Außenkanten gerade.

Ränder

→ Lektion 13

Innerer Rand: Rot, 2,5 cm Schneidebreite, rechts und links annähen.
Äußerer Rand: Schwarzweiß, groß gemustert, 13 cm Schneidebreite, rechts und links annähen.

Quilten

→ Lektion 14 / 15

Montieren Sie Rückseite, Volumenvlies und die gebügelte Oberseite aufeinander. Quilten Sie in ca. 5 mm breitem Abstand an jedem Draht und jeder Kugel entlang. Quilten Sie auf den quer laufenden Zwischennähten ebenfalls Draht und etwas kleinere Kugeln. Die Kreisformen übertragen Sie mit Hilfe von großen und kleinen Garnrollen (Durchmesser 6 cm und 4 cm) als Schablonen. Auf dem Rand können Sie den Konturen der weißen oder schwarzen Motivflächen folgen.

Einfassung

→ Lektion 16

Fassen Sie den Quilt mit einem schmalen schwarzen Schrägstreifen ein und nähen Sie einen Aufhängetunnel an die rückwärtige Oberkante.

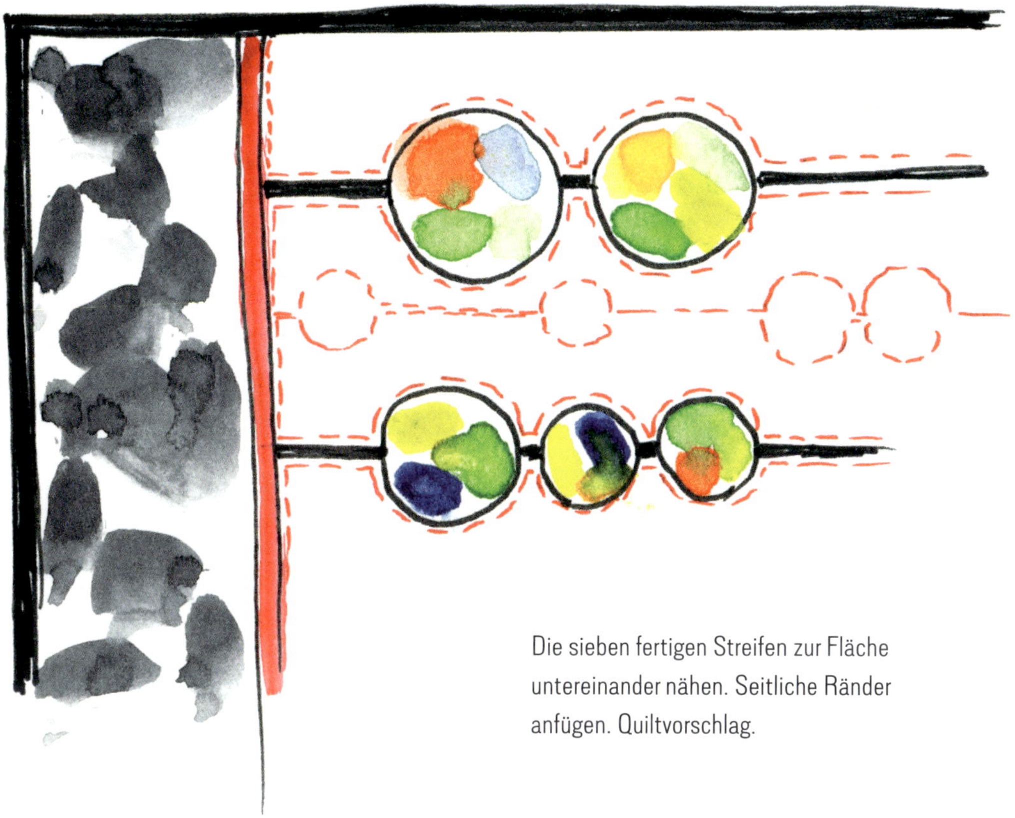

Die sieben fertigen Streifen zur Fläche untereinander nähen. Seitliche Ränder anfügen. Quiltvorschlag.

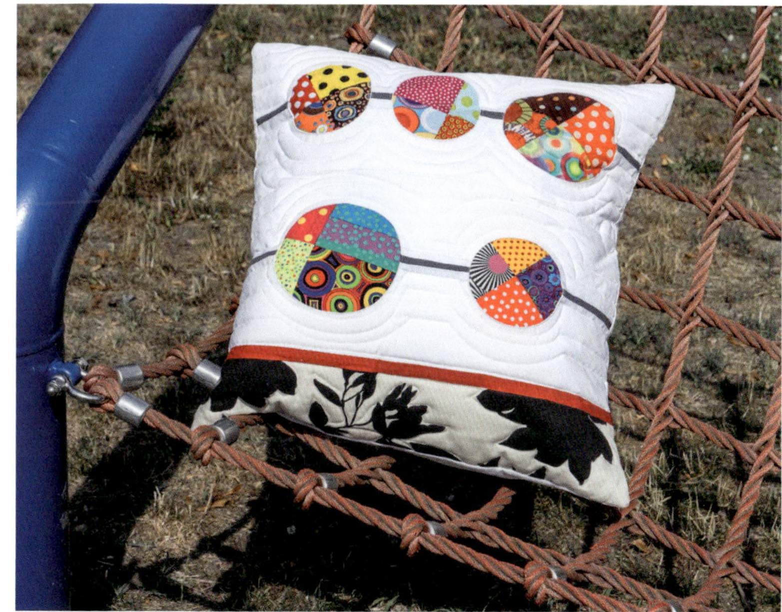

Aus den Elementen für die Zählmaschine lassen sich wunderschön farbenfrohe Kissen zaubern.

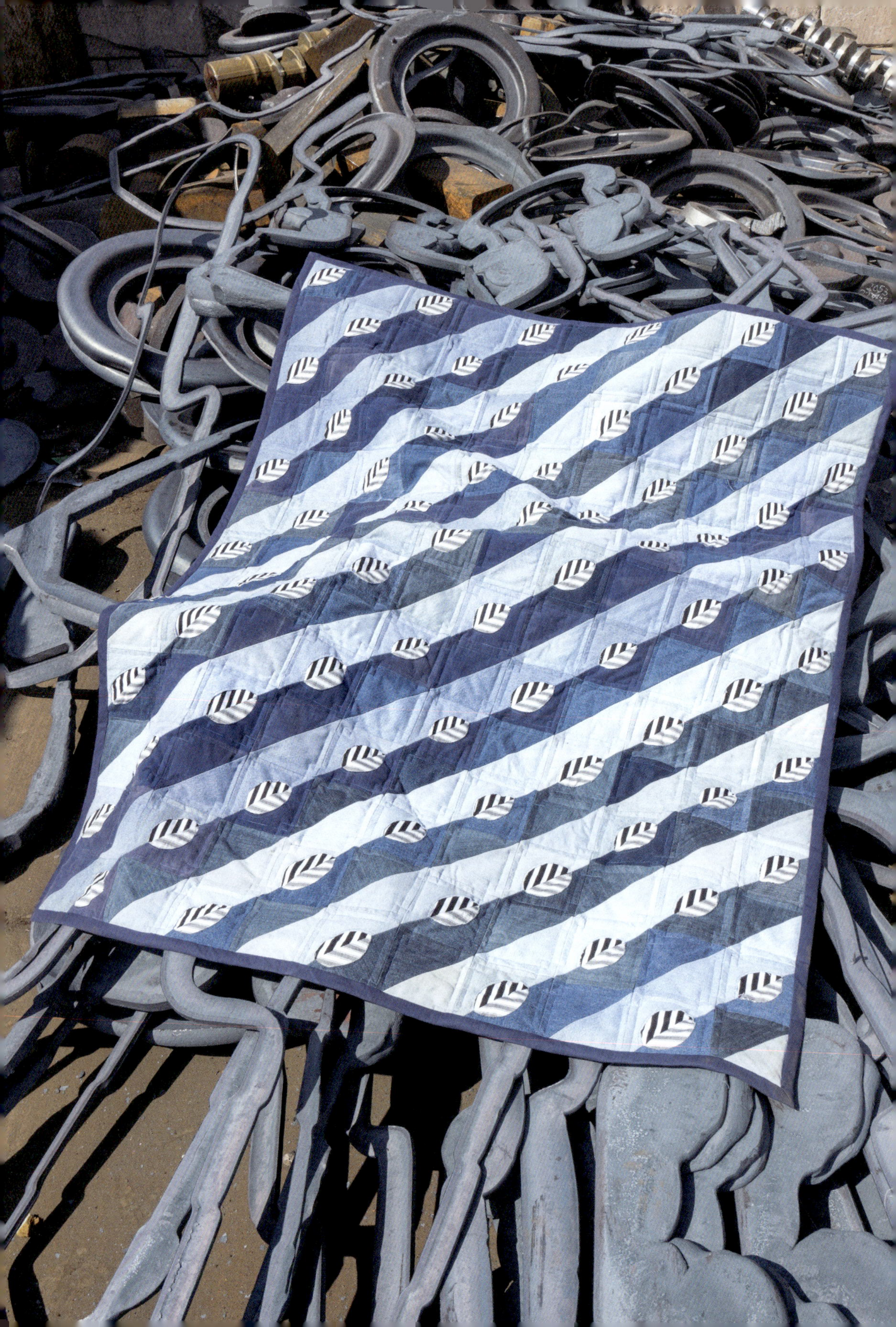

Jeans und Federn

183 × 140 cm
mit: Gerade Furche / Straight Furrow

Jeansblau und schwarzweiße Details wirken ausgesprochen edel. Diese Kombination wende ich gerne an. Wenn an Nahtkreuzungen Jeansstoffe aufeinander treffen, führt dies zu sehr dicken Stellen. Dort können Sie nicht quilten und müssen einen Umweg finden. Schon beim Zusammennähen der Fläche machen die Kreuzungen Mühe. Spät bekam ich den Tipp, die Knubbel mit dem Hammer weich zu klopfen. Vielleicht hätte es geholfen.

MATERIAL

Stoffe

- 2,2 m Gesamtmenge Jeansstoff hell (bei 140 cm Stoffbreite)
- 2,2 m Gesamtmenge Jeansstoff dunkel (bei 140 cm Stoffbreite) oder 8 – 10 Jeans in Erwachsenengröße, helle und dunkle
- 1 m Schwarzweiß gestreift für die Blätter
- 1 m Grauweiß gestreift, möglichst Webstreifen, für die Blätter

Sonstiges

- feste Pappe und Schere oder ein Dreieckslineal
- Filzstift oder Kugelschreiber zum Vorzeichnen auf Jeans
- 200 × 160 cm Rückseitenstoff
- 200 × 160 cm Volumenvlies
- blaues Quiltgarn
- 6,7 m dunkelblauer breiter Schrägstreifen für die Einfassung

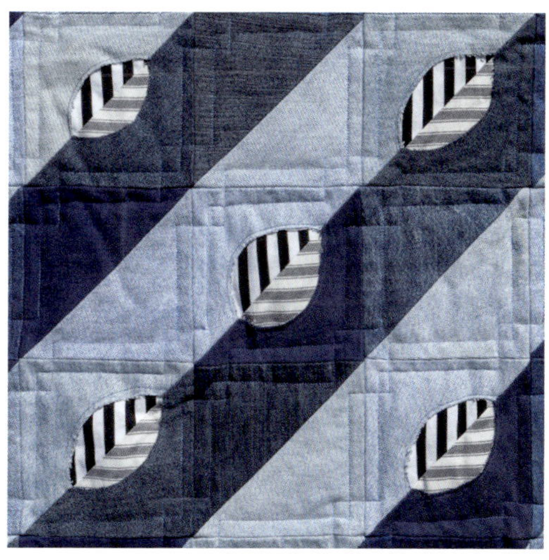

154 helle und 154 dunkle Jeans-Dreiecke zuschneiden

Stellen Sie eine dreieckige Pappschablone her. Zeichnen Sie ein rechtwinkliges Dreieck von 16 cm Seitenlänge, die lange Seite misst 23 cm. Schneiden Sie das Dreieck aus. Alternativ verwenden Sie ein Dreieckslineal in passender Größe.

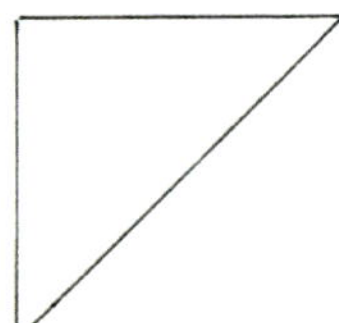

Rechtwinklige Dreiecksschablone aus Pappe mit 16 cm Seitenlänge herstellen oder geeignetes Dreieckslineal nutzen.

Entfernen Sie von den Jeans die Nähte, Taschen, Bünde und Verschlüsse. Zeichnen Sie den Umriss der Dreiecke platzsparend auf die linke Stoffseite der Jeansteile. Schneiden Sie diese mit der Schere aus. Sortieren Sie die Dreiecke nach den Farbgruppen hell und dunkel.
Jeansstoff als Meterware müssen Sie vorwaschen. Schneiden Sie dann Quadrate von 16 × 16 cm zu und teilen Sie jedes einmal diagonal von Ecke zu Ecke.
Sie brauchen 154 helle und 154 dunkle Dreiecke.

154 zweifarbige Quadrate nähen

Nähen Sie immer je ein helles und ein dunkles Dreieck an ihren langen Kanten rechts auf rechts mit 1 cm Nahtzugabe zusammen. Bügeln Sie die Nahtzugaben auseinander. Schneiden Sie die überstehenden Spitzen der Nahtzugaben ab.

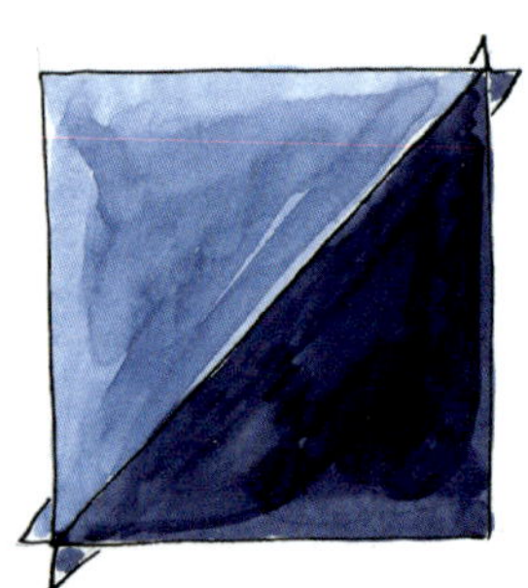

Helles und dunkles Jeansdreieck aneinandernähen.

Anordnung finden

Stecken Sie alle gebügelten Blöcke an Ihre Entwurfswand. Hier haben wir die Anordnung »gerade Furche« gewählt, bei der sich immer gleichfarbige Dreiecke begegnen und eine Diagonale bilden. Jede zweite Furche wird aus hellen Stoffen, die anderen aus den dunkleren geformt. Es liegen 11 Quadrate quer und 14 Quadrate längs.

Gestreifte Blätter

Nehmen Sie den schwarzweiß gestreiften Stoff und schneiden Sie ca. 6,5 – 7 cm breite Streifen im 45°-Winkel diagonal aus dem Stoff. Schneiden Sie gleichbreite Streifen aus dem grauweiß gestreiften Stoff. Legen Sie die beiden Stoffstreifen so nebeneinander, dass die Linien schräg aufeinander zulaufen. Ein gewebter Streifenstoff lässt sich wenden und wird auf jeden Fall zum anderen Streifen passen. Andernfalls müssen Sie die beiden Streifensorten in der jeweiligen Gegenrichtung zuschneiden. Ein Test vorab ist zu empfehlen.

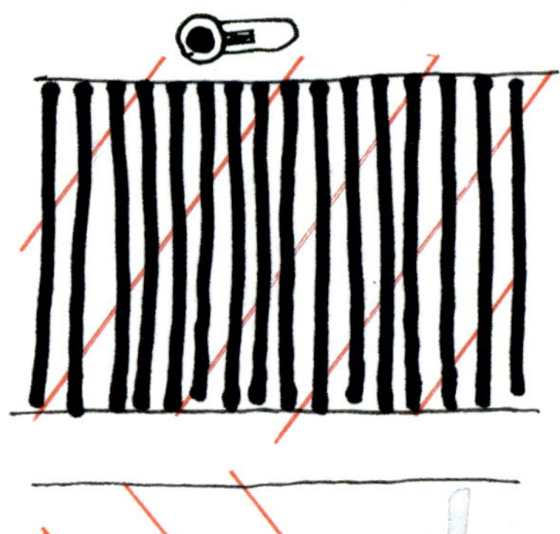

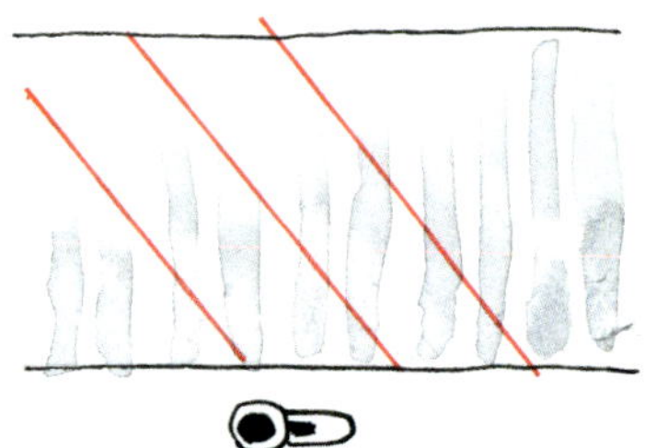

Aus schwarzweißem und grauweiß gestreiftem Stoff je ca. 7 cm breite Streifen schneiden.

Setzen Sie die beiden Streifen an den Längskanten aneinander. Beachten Sie, dass die Streifen immer in die gleiche Richtung weisen. Hier liegt der grauweiße Streifen rechts, die Streifenlinien zeigen von der Mitte schräg nach rechts oben. Bügeln Sie die Nahtzugaben auseinander.

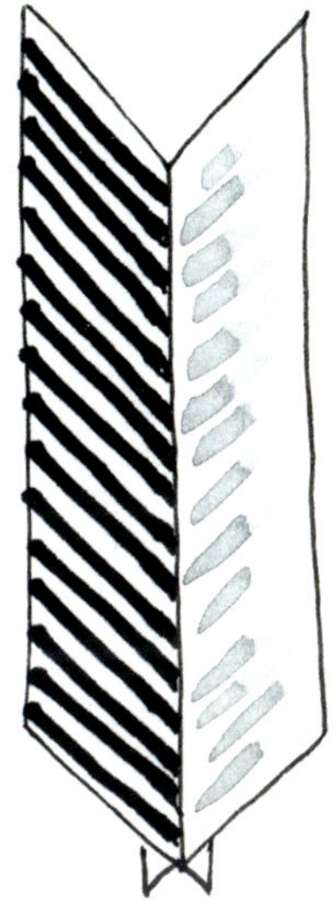

Streifen an den Längskanten aneinandernähen.

77 Blätter einsetzen

Nehmen Sie jeden zweiten Block pro Reihe von der Entwurfswand. Falten Sie das zusammengesetzte Jeansquadrat entlang der Naht rechts auf rechts. Schneiden Sie mit der Schere aus der Diagonalnaht einen flachen Halbkreis aus. Der Halbkreis misst ca. 9 – 10 cm in der Länge und ist ca. 3 cm hoch. Falten Sie den Block wieder auf. Stecken Sie eine zusammengesetzte schwarzweiße Streifeneinheit hinter die Öffnung. Die Mittelnähte beider Teile sollen exakt in einer Linie verlaufen, die Streifen beginnen an der unteren Mitte und führen nach beiden Seiten schräg nach oben. Steppen Sie im Abstand von ca. 2 – 3 mm an der Jeanskante entlang. Die Kanten werden nicht versäubert und dürfen im Laufe des Gebrauchs ausfransen.

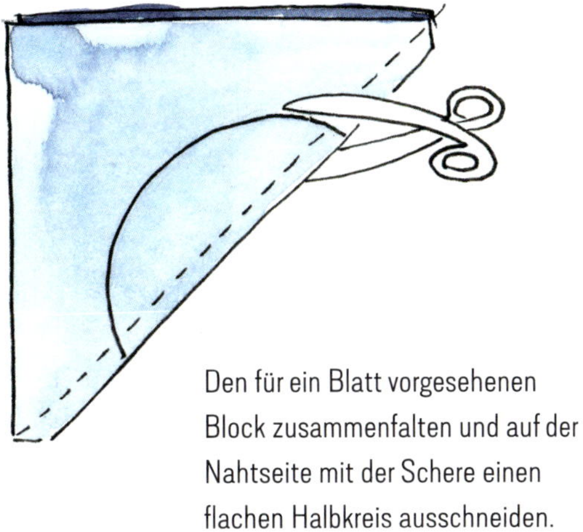

Den für ein Blatt vorgesehenen Block zusammenfalten und auf der Nahtseite mit der Schere einen flachen Halbkreis ausschneiden.

Schneiden Sie die gestreiften Stoffe auf der Rückseite bis auf Nahtzugabenbreite zurück. Sie brauchen 77 Blätter-Blöcke. Ordnen Sie die einzelnen Blöcke sofort nach der Fertigstellung wieder an die Entwurfswand zurück.

Quiltoberseite nähen

→ Lektion 12

Nähen Sie die Fläche zusammen, wie in Lektion 12 beschrieben.

TIPP

Bügeln Sie die Nahtzugaben mit Hilfe eines feuchten Bügeltuches auseinander. Bügeln Sie zuerst die einzelnen Nähte zwischen den Doppelreihen, dann schließen Sie die Quernähte und bügeln Sie diese ebenfalls auseinander. Das Bügeln ist sehr mühsam (so seufzte meine Freundin Gundula), belohnt Sie aber mit Nahtkreuzungen, die einigermaßen gut zu nähen sind.

Quilten

→ Lektionen 14 / 15

Montieren Sie Rückseite, Volumenvlies und gebügelte Oberseite aufeinander. Die Linien in Rot und Grün auf der Abbildung unten zeigen das Quiltmuster, das in zwei Arbeitsgängen gearbeitet wird: Quilten Sie entweder von Hand oder mit der Nähmaschine im Abstand von ca. 1 cm zuerst in einer Zickzacklinie (siehe rote Linie) rechts entlang der Nähte. Umgehen Sie die dicken Nahtkreuzungen und führen Sie die zweite Zickzacklinie (siehe grüne Linie) in der Gegenrichtung links entlang der Nähte. Wir raten zum Vorzeichnen mit Kreidestift.

Einfassung

→ Lektion 16

Fassen Sie den Quilt mit einem breiten dunkelblauen Schrägstreifen ein.

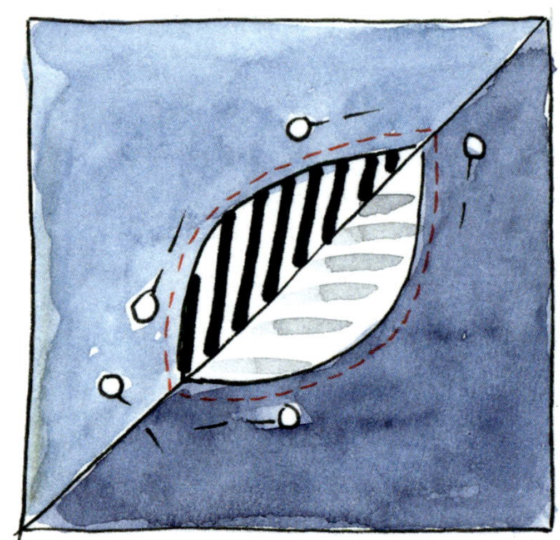

Block auffalten und das gestreifte Blatt hinter die Öffnung stecken. In ca. 2–3 mm Abstand um die Öffnung steppen.

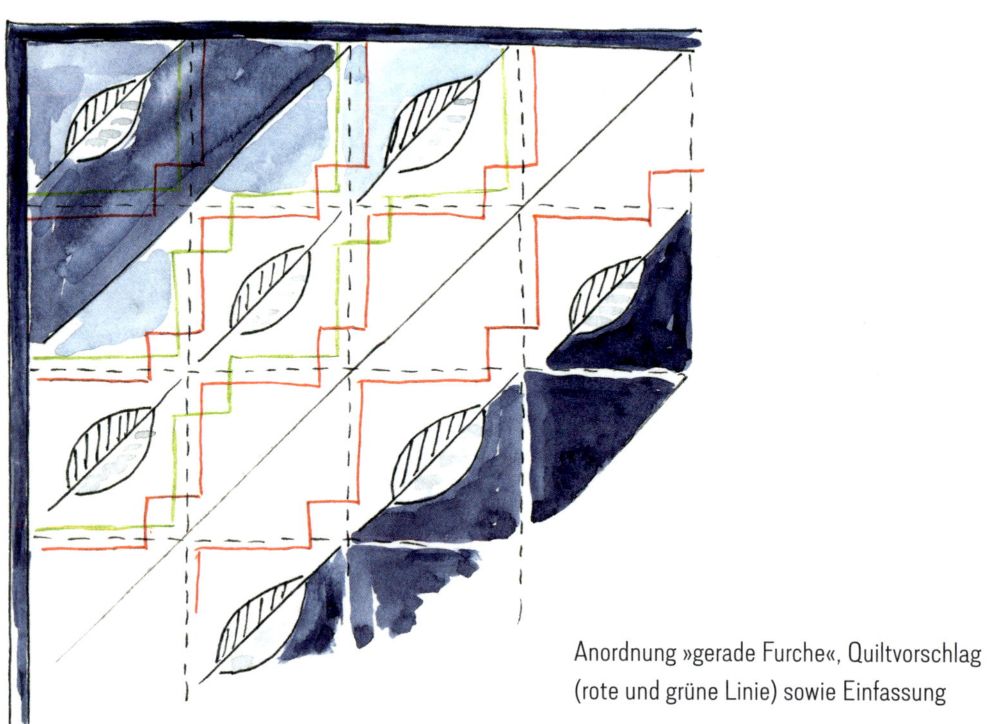

Anordnung »gerade Furche«, Quiltvorschlag (rote und grüne Linie) sowie Einfassung

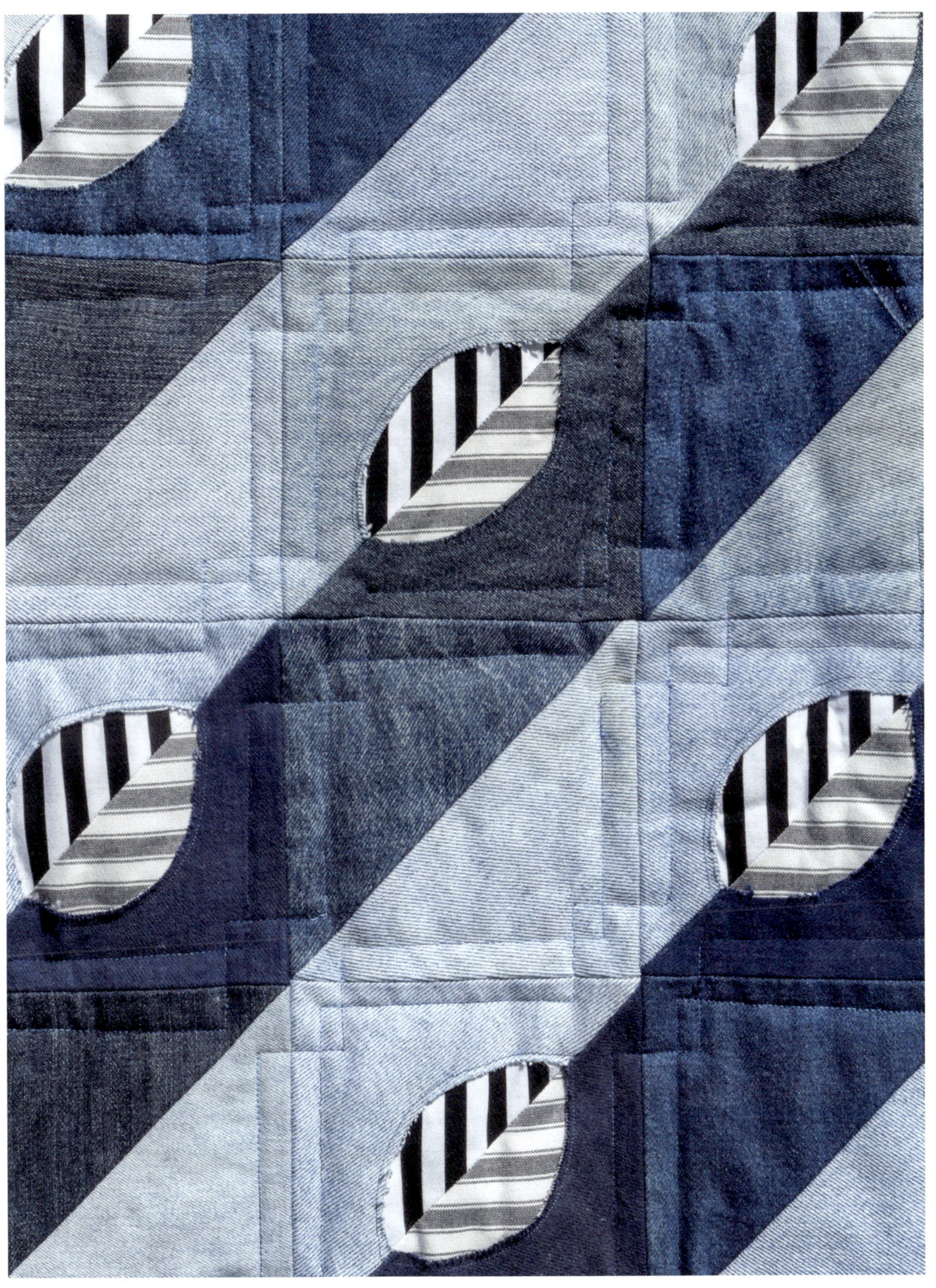

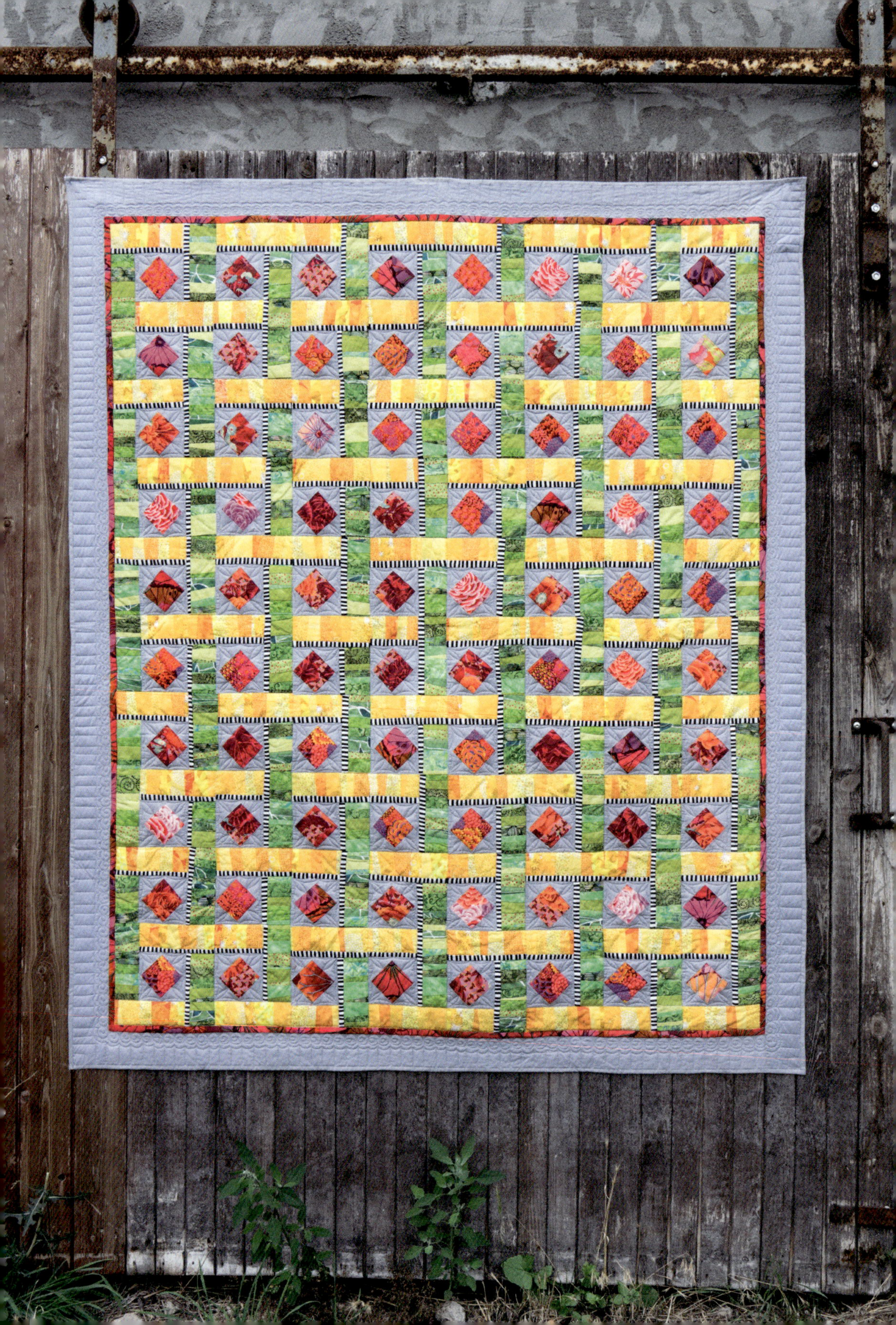

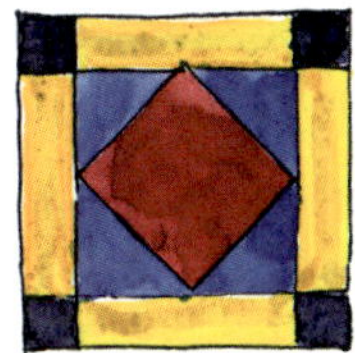

Frühlingsstimmung

185 × 155 cm
mit: Aufgestelltes Quadrat im Quadrat / Diamond in a Square und: Korbgeflecht / Basket Weave

Manche Muster wirken kompliziert, sind aber nicht schwierig zu nähen. Sie brauchen zwei verschiedene Blöcke und einige abweichende für den linken und unteren Rand. Bei richtiger Anordnung verflechten sich die grünen und gelben Streifen zu einem Gitter. Frühlingsstimmung kommt auf durch die Farben Grün, Rot und Gelb.

MATERIAL

Stoffe

- je 0,25 m von 10 verschiedenen kräftigen Gelbtönen
- je 0,25 m von 10 verschiedenen leuchtenden Grüntönen
- 0,9 m verschiedene rote Blumenstoffe für die Blockmitten und den inneren Rand
- 2,4 m Hellgrau, uni, für die Mitte und den äußeren Rand
- 0,5 m schwarzweiß gestreifter Stoff, Streifenbreite ca. 5 mm, für Akzente

Sonstiges

- 200 × 170 cm Rückseitenstoff
- 200 × 170 cm Volumenvlies
- graues Quiltgarn
- 7 m grauer Schrägstreifen

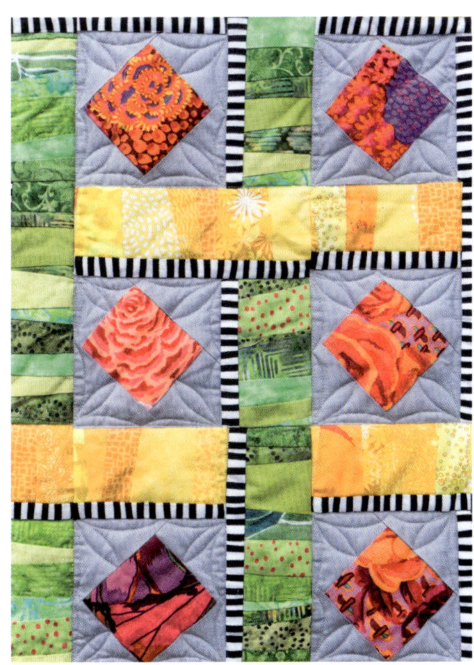

80 Mittelteile

→ Lektion 1

Schneiden Sie die Blumenstoffe zu 80 Quadraten sowie das Uni-Grau zu 160 Quadraten von 8 × 8 cm. Teilen Sie die grauen Quadrate jeweils diagonal, um 320 Dreiecke zu erhalten.

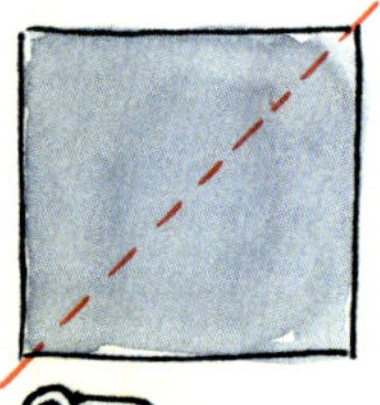

Graue Quadrate von ca. 8 × 8 cm einmal diagonal teilen.

Nähen Sie an die Außenkanten der Blumenquadrate jeweils mit seiner langen Kante ein graues Dreieck. Setzen Sie zuerst die beiden gegenüberliegenden Dreiecke an, bügeln Sie die Nahtzugaben zur Mitte hin und schneiden Sie die überstehenden Ecken zurück. Dann fügen Sie die beiden anderen Dreiecke an. Bügeln Sie die Nahtzugaben nach außen. Schneiden Sie den Block auf exakt 12 × 12 cm zu. Nähen Sie 80 Mittelteile.

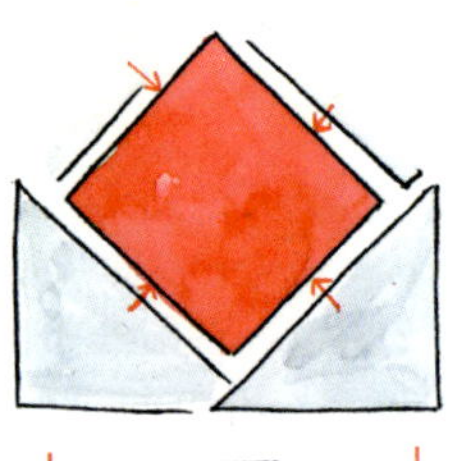

An jede Kante der 8 × 8 cm großen roten Quadrate ein graues Dreieck anfügen.

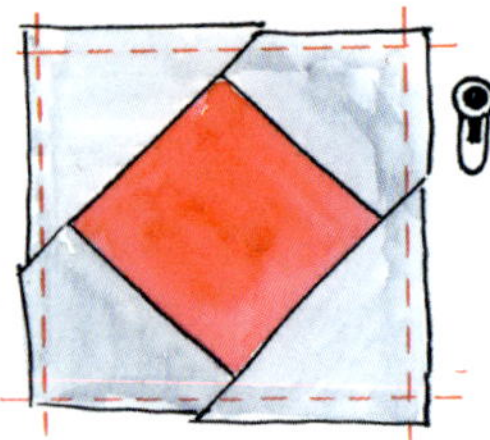

Blöcke bügeln und exakt auf 12 × 12 cm zuschneiden.
80 Mittelteile nähen.

Akzentstreifen

Schneiden Sie den schwarzweiß gestreiften Stoff von Webkante zu Webkante in 2,5 cm breite Streifen.

Gelbe und grüne Streifeneinheiten

Legen Sie die gelben bzw. die grünen Stoffe aufeinander (bis zu 6 Schichten). Schneiden Sie von der 25 cm kurzen Kante der Stoffe unterschiedlich breite Streifen von 3 bis 6 cm ab. Die Streifen dürfen auch ein wenig keilförmig sein. Mischen Sie die Streifen pro Farbgruppe und setzen Sie sie an ihren Längskanten zu einer Streifeneinheit aneinander. Wenn Sie keilförmige Streifen geschnitten haben, setzen Sie das breite Ende neben das schmale und umgekehrt. Es sollten keine zwei gleichen Stoffe nebeneinander liegen. Arbeiten Sie zuerst Zweiergruppen, dann Vierergruppen, dann Achtergruppen usw. bis eine Gesamtbreite von ca. 40 – 50 cm erreicht ist. Bügeln Sie alle Nahtzugaben in eine Richtung. Schneiden Sie eine Längskante gerade und dann drei Streifenbänder von exakt 7 cm Höhe ab. Bereiten Sie einen größeren Vorrat dieser Einheiten vor und nähen Sie nach Belieben einige zu einem langen Streifen aneinander. Später anfallende Reste können Sie wieder aneinandersetzen und weiterverwenden.

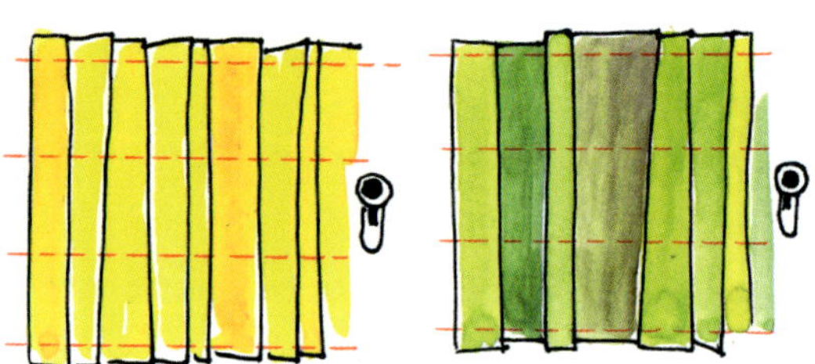

Gelbe und grüne Streifen von 25 cm Länge und ca. 3 – 6 cm Breite zuschneiden und an den Längskanten zu je einer Streifeneinheit aneinandernähen. Bügeln und eine Längskante begradigen.
Dann von jeder Streifeneinheit je 3 Streifen von 7 cm Breite abschneiden.

Blöcke nähen

Nähen Sie die Akzentstreifen sowie die gelben und grünen Streifenbänder in der unten angegebenen Reihenfolge an das Mittelteil. Lassen Sie beim Annähen die Enden der Streifenbänder jeweils ca. 2 cm über das Mittelteil hinausragen. Erst nachdem Sie das Streifenband nach außen gefaltet und gebügelt haben, schneiden Sie die Enden in Verlängerung der Kante des Mittelteils ab. Bügeln Sie die Nahtzugaben immer zum Akzentstreifen hin, wo sie sich überlappen.
Es gibt die Blöcke A und B. Ein angefügtes »L« bezeichnet die (erste) linke Längsreihe, ein angefügtes »U« die unterste Querreihe.

35 × Block A

Vier Blöcke A beiseite legen für AU.

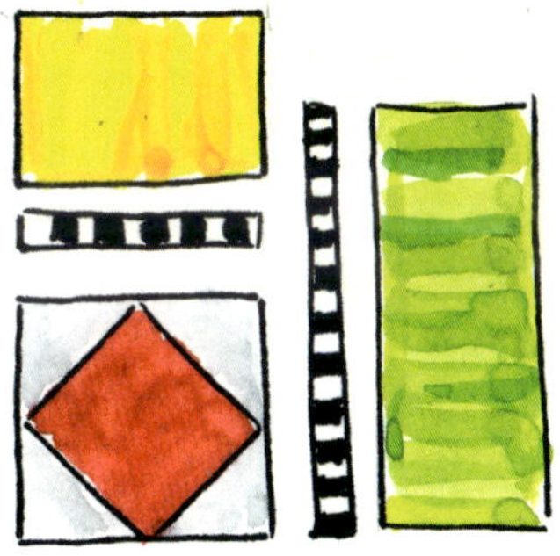

1. Akzentstreifen oben an das Mittelteil
2. gelber Streifen oben an den Akzentstreifen
3. Akzentstreifen rechts an das Mittelteil
4. grüner Streifen rechts an das Mittelteil

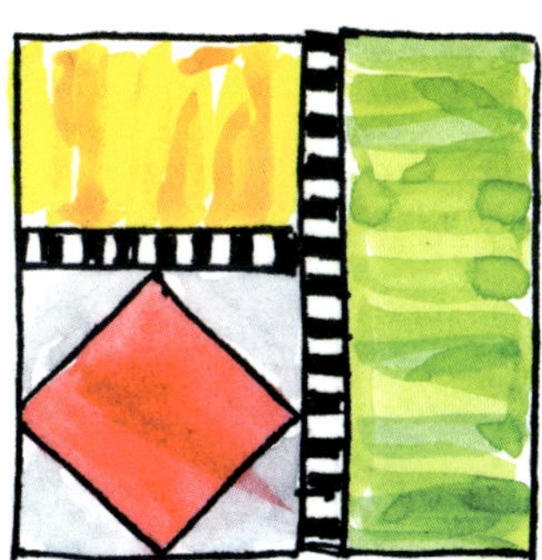

Block A exakt zuschneiden (18 × 18 cm)

37 × Block B

5 Blöcke B beiseite legen für 4 × BL und 1 × BLU.

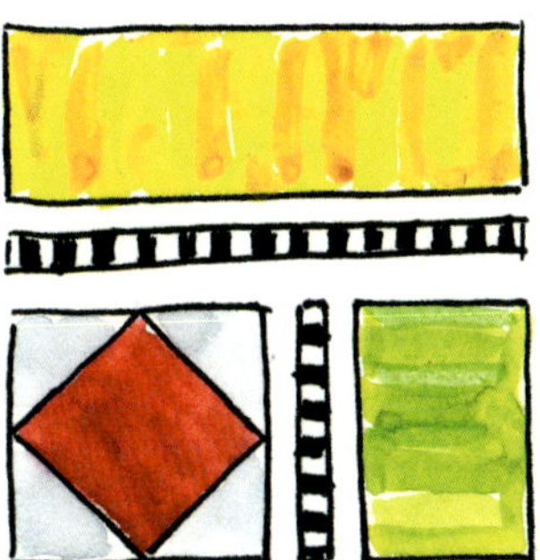

1. Akzentstreifen rechts an das Mittelteil
2. grüner Streifen rechts an den Akzentstreifen
3. Akzentstreifen oben an das Mittelteil
4. gelber Streifen oben an den Akzentstreifen

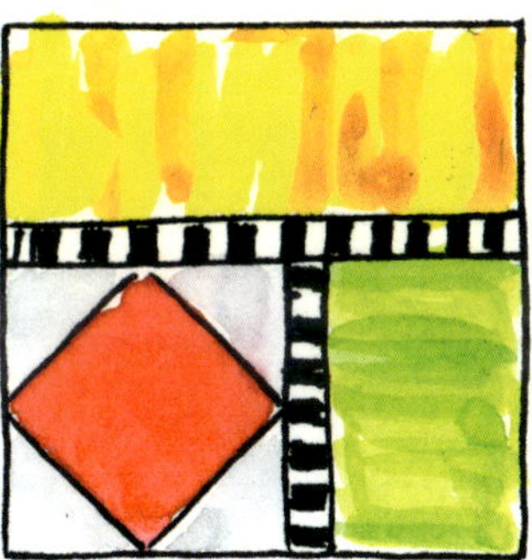

Block B exakt zuschneiden (18 × 18 cm)

Schneiden Sie jeden Block bei Bedarf auf exakt 18 × 18 cm zurecht.

Beim fertigen Quilt sollen an Ober- und Unterkante die gelben Streifen dominieren, an den Seiten die grünen Streifen. Daher müssen die Blöcke der linken Kante und der Unterkante anders genäht werden als die einfachen Blöcke A und B in der Quiltfläche. Nähen Sie die Blöcke AL und BL für die linke (erste) Längsreihe. Der Eckblock unten links wird einzeln genäht (BLU). Nähen Sie für die Unterkante des Quilts die Blöcke AU und BU.

5 × Block AL (linke Längsreihe)

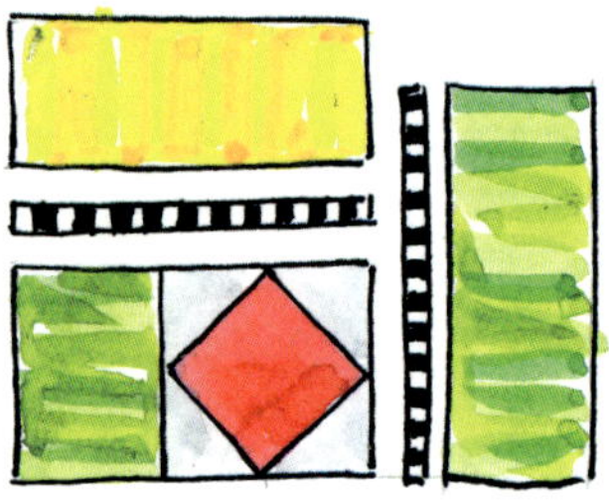

1. grüner Streifen links an das Mittelteil
2. Akzentstreifen oben an das Mittelteil
3. gelber Streifen oben an den Akzentstreifen
4. Akzentstreifen rechts an das Mittelteil
5. grüner Streifen rechts an den Akzentstreifen

4 × Block BL (linke Längsreihe)

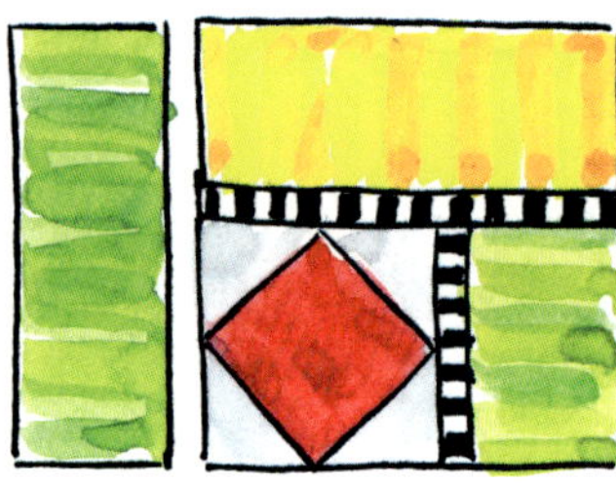

Grüner Streifen links an einen fertigen Block B.

1 × Eckblock BLU (links unten)

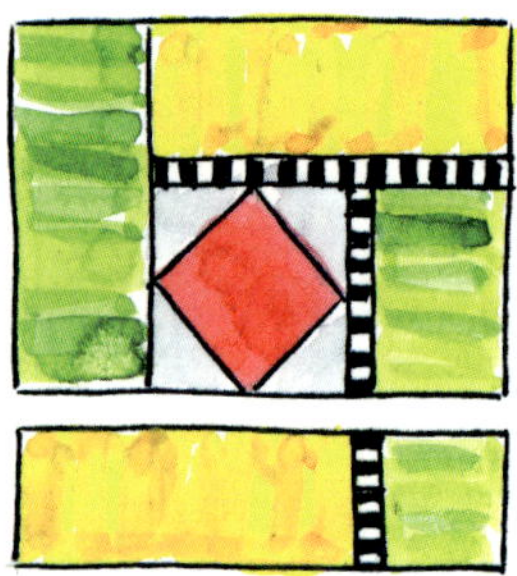

1. Fertigen Block BL bereitlegen
2. Akzentstreifen rechts an die kurze Kante eines ca. 20 cm langen gelben Streifens
3. Grün (ca. 7 cm lang) rechts an den Akzentstreifen, die grünen Streifen laufen quer
4. diesen zusammengesetzten Streifen an die Unterkante des Blocks BL nähen

4 × Block AU (untere Querreihe)

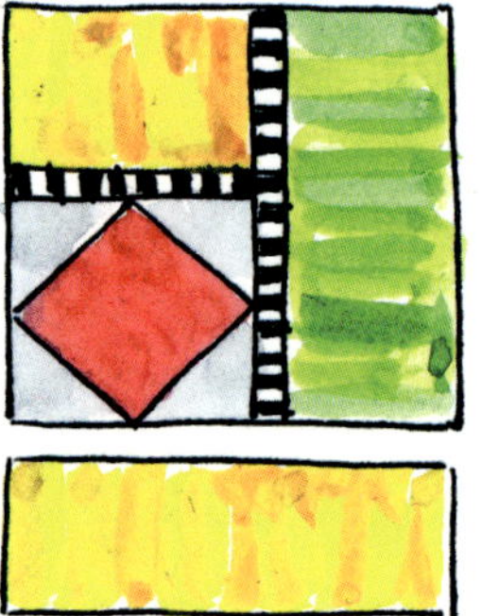

Gelber Streifen unten an einen fertigen Block A.

3 × Block BU (untere Querreihe)

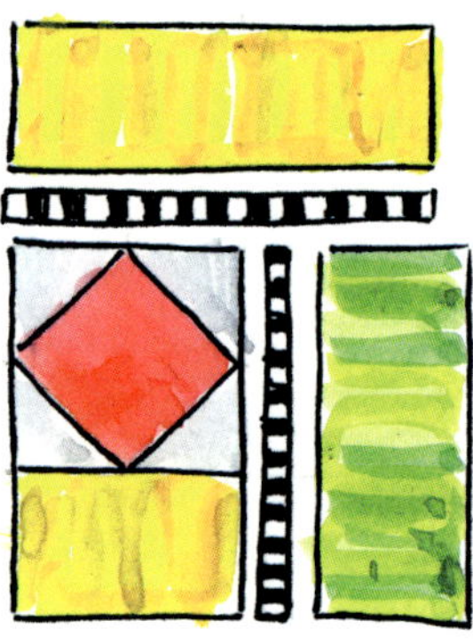

1. gelber Streifen unten an das Mittelteil
2. Akzentstreifen rechts an das Mittelteil
3. grüner Streifen rechts an den Akzentstreifen
4. Akzentstreifen oben an das Mittelteil
5. gelber Streifen oben an den Akzentstreifen

Anordnung

Beginnen Sie die oberste Reihe mit Block AL und ordnen Sie die Blöcke B und A im Wechsel daneben an, der letzte Block ist ein A. Die Querreihen bestehen aus acht Blöcken. Die zweite Querreihe beginnt mit Block BL. Sortieren Sie die Blöcke A und B im Wechsel. Legen Sie zehn Querreihen und beginnen Sie jeweils mit Block AL bzw. BL. Die unterste Reihe beginnt links mit dem Eckblock BLU. Fügen Sie die Blöcke AU und BU im Wechsel an.

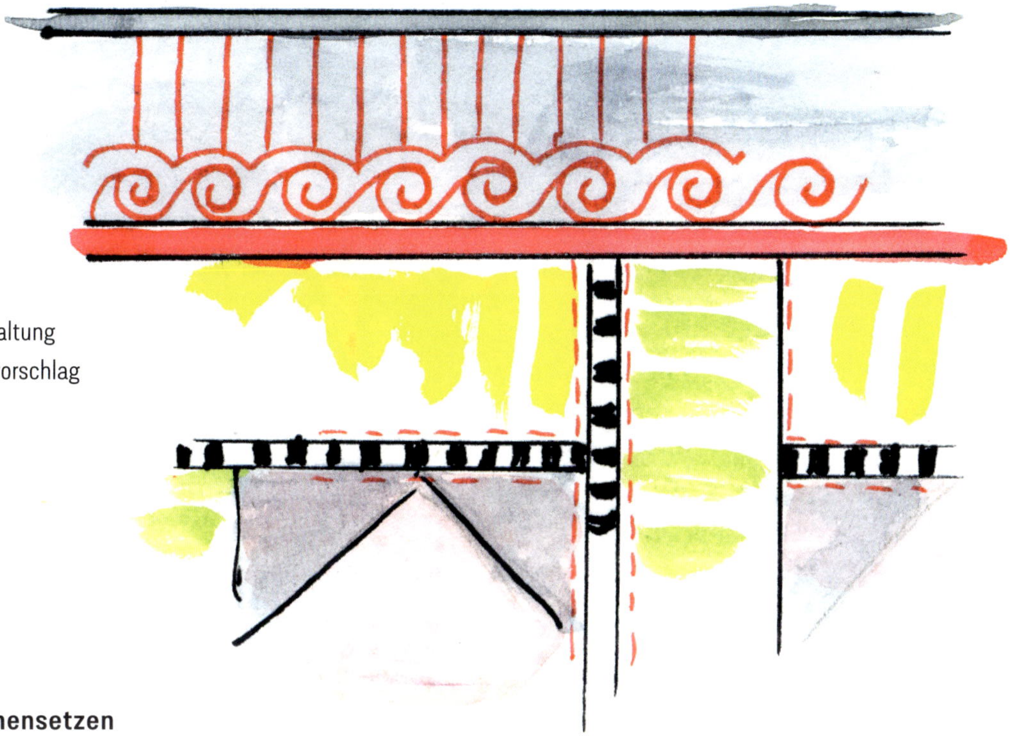

Randgestaltung
und Quiltvorschlag

Zusammensetzen

→ Lektion 12

Nähen Sie das Mittelteil zusammen, wie in Lektion 12 beschrieben.

Ränder

→ Lektion 13

1. Rand: Rot, Zuschnitt 3 cm, gerade Ecken
2. Rand: Grau, Zuschnitt 10 cm, gerade Ecken

Quilten

→ Lektionen 14 / 15

Montieren Sie Rückseite, Volumenvlies und gebügelte Oberseite aufeinander. Quilten Sie entweder von Hand oder mit der Nähmaschine einmal um das rote Quadrat, sowie in passendem Gelb und Grün dicht rechts und links entlang der Akzentstreifen.

Mit der Longarm-Quiltmaschine können Sie um die Mittelquadrate und schmale Blätter auf das Grau quilten sowie entlang der kurzen Kanten der gelben und grünen Streifen, um das Geflecht zu betonen. Quilten Sie eine schmale Bordüre auf dem grauen Rand. Enden Sie nach außen mit parallel laufenden »Klaviertasten«.

Einfassung

→ Lektion 16

Fassen Sie den Quilt mit einem grauen Schrägstreifen ein.

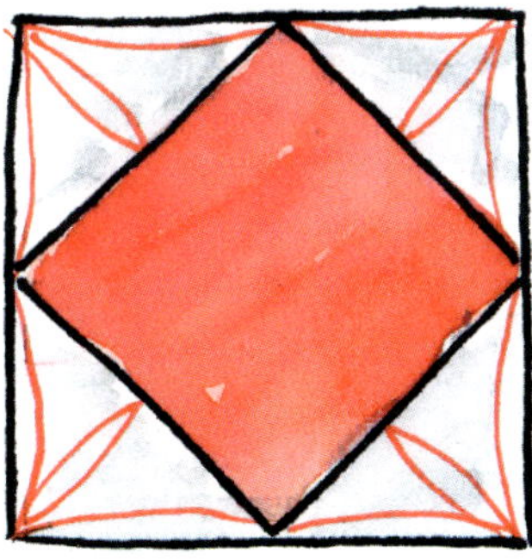

Quiltvorschlag für
das Mittelquadrat

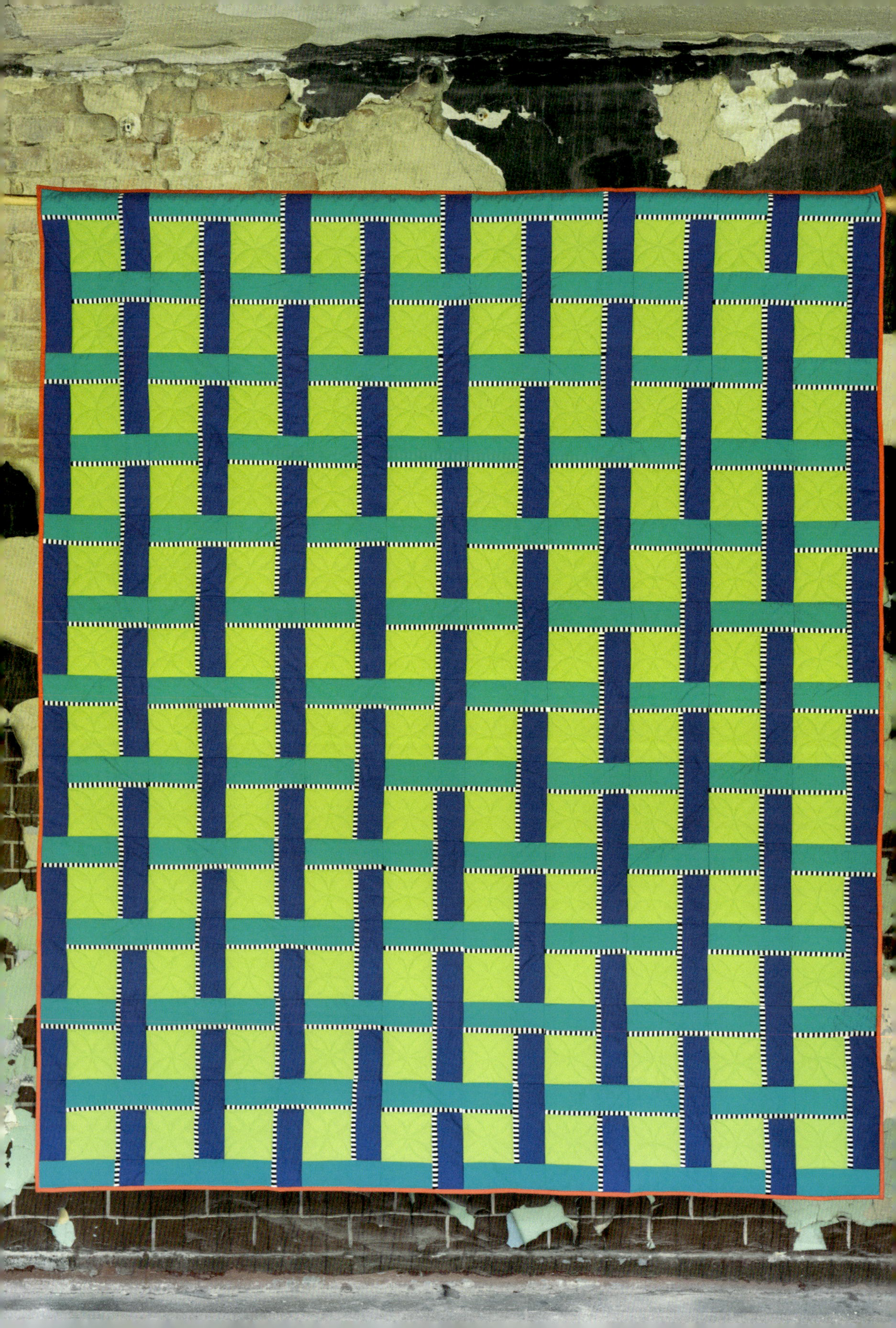

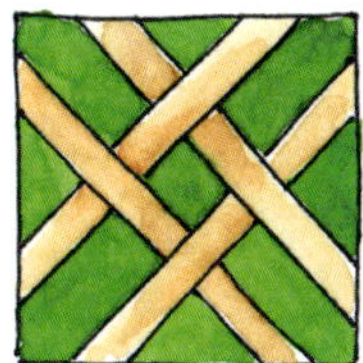

Irisch Grün

200 × 166 cm
mit: Geflecht / Basket Weave

Ich arbeite gern mit kräftigen Farben und habe hier kühles Blau und Türkis mit knalligem Frühlingsgrün kombiniert. Der Akzent in Form eines auffallenden Streifenstoffes gibt dem Quilt Pfiff. Dieser Quilt ist auch in Herbst-, Sommer- oder Winterfarben gut vorstellbar. »Irisch Grün« ist im Aufbau dem Quilt »Frühlingsstimmung« ähnlich, macht aber weniger Arbeit.

MATERIAL

Stoffe

- 2,5 m Türkis für die Querstreifen
- 2,5 m Dunkelblau für die Längsstreifen
- 2 m Giftgrün für die Mittelquadrate
- 0,5 m schwarzweiß gestreifter Stoff für die Akzente

Sonstiges

- 220 × 190 cm Rückseitenstoff
- 220 × 190 cm Volumenvlies
- Quiltgarn in Giftgrün, Türkis und Blau
- 7,6 m roter Schrägstreifen

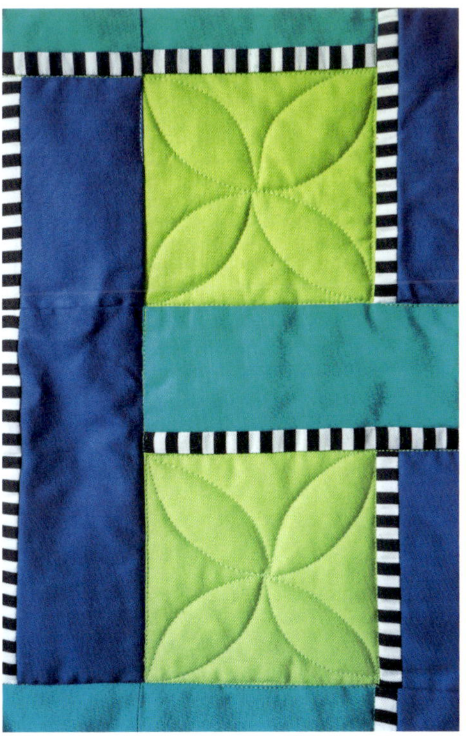

Zuschneiden

→ Lektion 1

Schneiden Sie aus dem grünen Stoff 120 Quadrate von 12 × 12 cm zu, den schwarzweiß gestreiften Stoff in Streifen von 2,5 cm Breite, den türkisfarbenen und den blauen Stoff zu Streifen von 7 cm Breite.

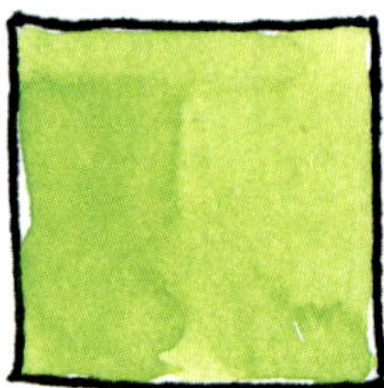

Mittelquadrate von 12 × 12 cm zuschneiden.

Blöcke nähen

Es gibt die Blöcke A und B. Ein angefügtes L bezeichnet die (erste) linke Längsreihe, ein angefügtes U bezeichnet die unterste Querreihe.

Legen Sie zwei bis drei Streifen Türkis und Blau für die Blöcke AL, BL, AU, BU und BLU beiseite. Nähen Sie je einen Akzentstreifen an die restlichen Streifen in Türkis und in Blau.

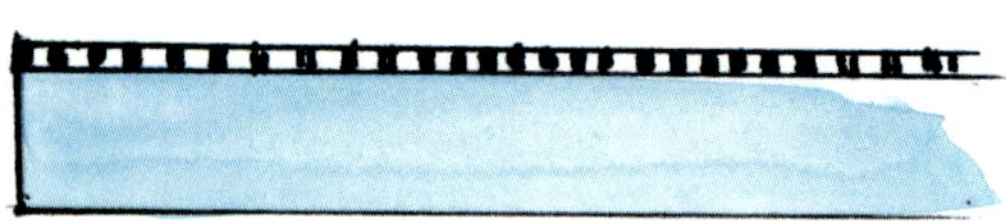

2,5 cm breite Akzentstreifen an die 7 cm breiten türkisfarbenen Streifen nähen.

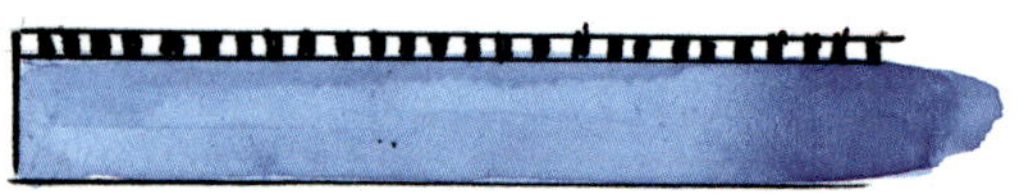

2,5 cm breite Akzentstreifen an die 7 cm breiten blauen Streifen nähen.

Nähen Sie die Streifen in der unten angegebenen Reihenfolge um das Mittelquadrat. Der Akzentstreifen weist jeweils zum Mittelquadrat hin. Arbeiten Sie in der rationellen Kettennähtechnik, indem Sie das Mittelquadrat rechts auf rechts nacheinander auf den betreffenden Streifen nähen. Lassen Sie dabei jeweils eine Lücke von ca. 1 cm. Schneiden Sie den Streifen zwischen den Quadraten ab. Falten Sie den angenähten Streifen auf und bügeln Sie die Nahtzugaben zum Akzentstreifen hin. Dort werden sie sich etwas überlappen. Schneiden Sie die Enden in Verlängerung der Kante des Mittelteils ab. So behält der Block eine Form und kleine Ungenauigkeiten sind ausgeglichen.

Nähen Sie:
54 × Block A

1. Türkis mit Akzentstreifen oben an das Mittelquadrat
2. Blau mit Akzentstreifen rechts an das Mittelquadrat

5 Blöcke A für die Blöcke AU beiseite legen.

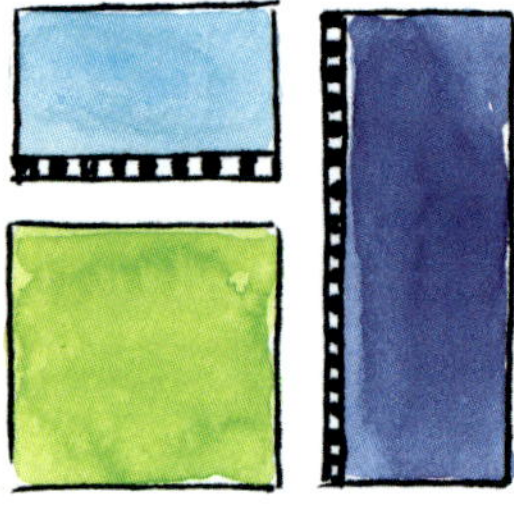

Block A, Nähplan

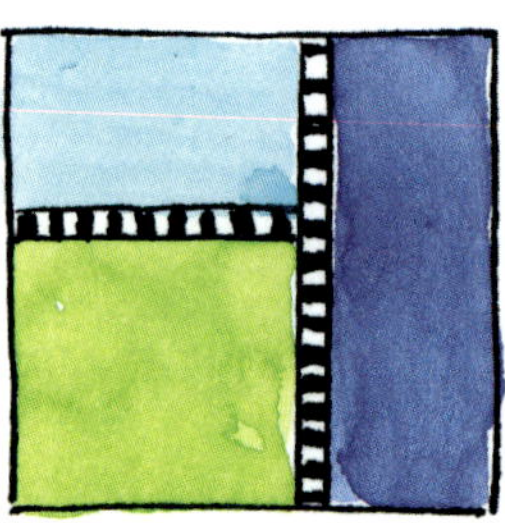

54 × Block A nähen.

56 × Block B

1. Blau mit Akzentstreifen rechts an das Mittelquadrat
2. Türkis mit Akzentstreifen oben an das Mittelquadrat

6 Blöcke B für BLU und BU beiseite legen.

Die Blöcke haben nun eine Größe von etwas mehr als 18 × 18 cm. Schneiden Sie jeden Block mit Hilfe eines Quadratlineals auf exakt 18 × 18 cm zu. Beim fertigen Quilt sollen an Ober- und Unterkante die türkisfarbenen Streifen liegen, an den beiden Seiten die dunkelblauen. Daher müssen die Blöcke der linken Kante und untersten Reihe anders genäht werden als die Blöcke A und B in der Quiltfläche.

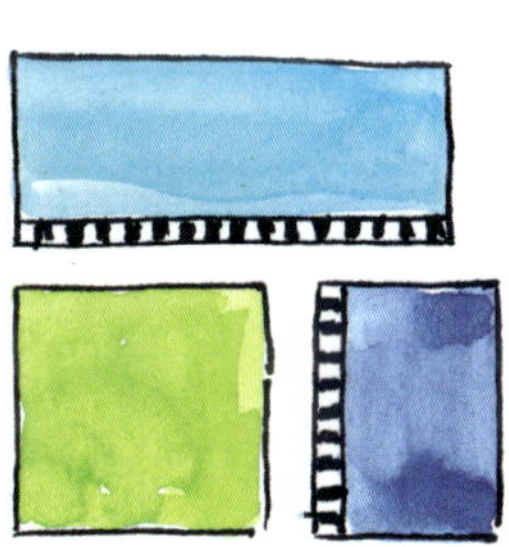

Block B, Nähplan

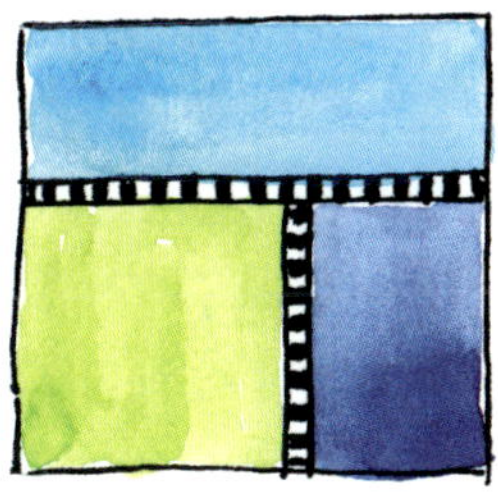

56 × Block B nähen.

6 × Block AL (linke Längsreihe)

1. Blau links an das Mittelquadrat
2. Türkis mit Akzentstreifen oben an das Mittelquadrat
3. Blau mit Akzentstreifen rechts an das Mittelquadrat

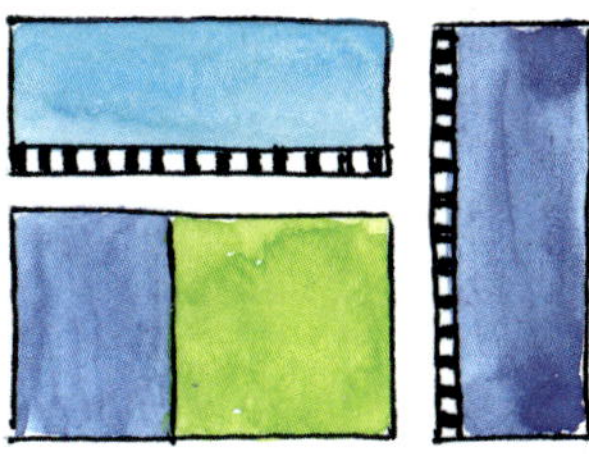

Block AL, Nähplan

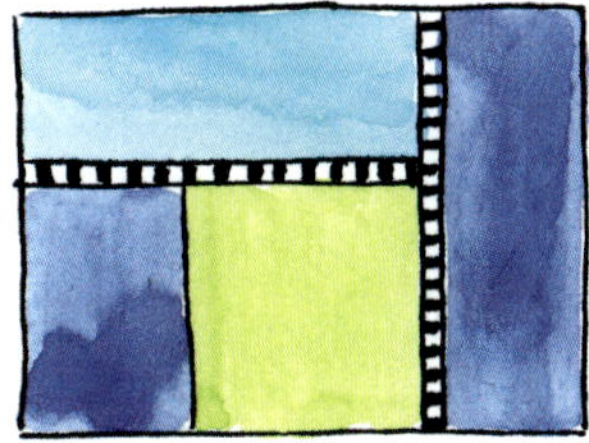

6 × Block AL

6 × Block BL (linke Längsreihe)

Blau links an einen fertigen Block B.
Einen Block BL für BLU beiseite legen.

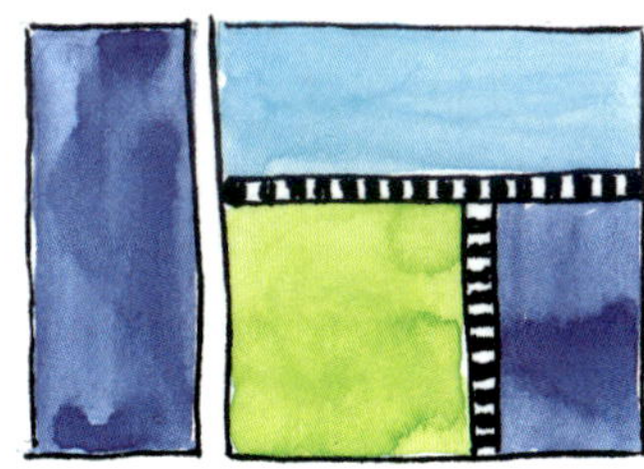

6 × Block BL (6 Blöcke B ergänzen)

1 × Eckblock BLU (links unten)

Der Eckblock unten links wird einzeln genäht. Zuerst Blau mit Akzentstreifen an ein kurzes Ende eines ca. 20 cm langen Streifens in Türkis anfügen. Dann diesen zusammengesetzten Streifen an die Unterkante eines fertigen Blocks BL nähen, die Akzentstreifen beider Teile sollten aufeinandertreffen. Überstehende Enden zurückschneiden.

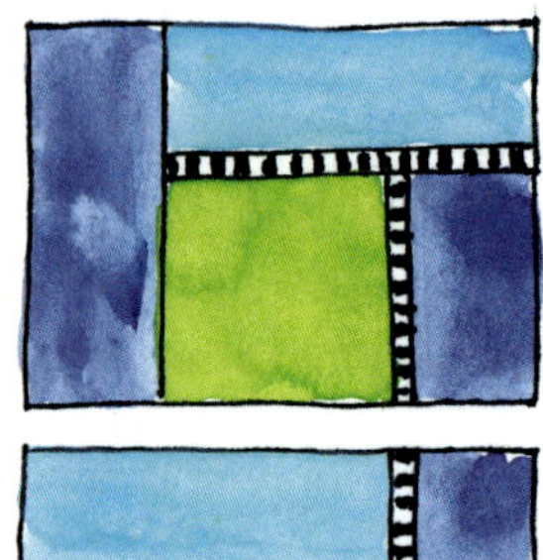

1 × Block BLU (1 Block BL ergänzen)

Nähen Sie nun für die Unterkante des Quilts (Abkürzung U) die Blöcke AU und BU.

5 × Block AU (untere Reihe)

Türkis an die Unterkante eines fertigen Blocks A

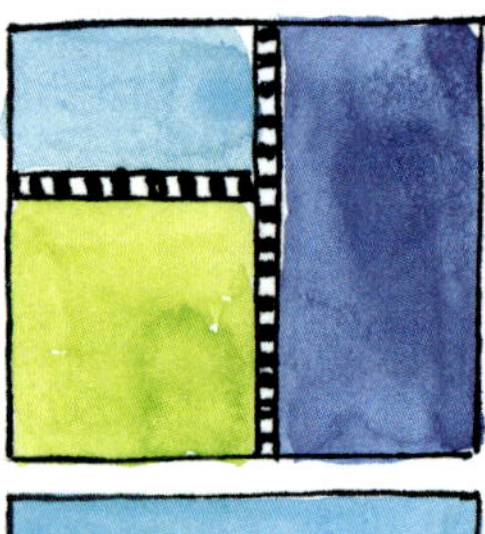

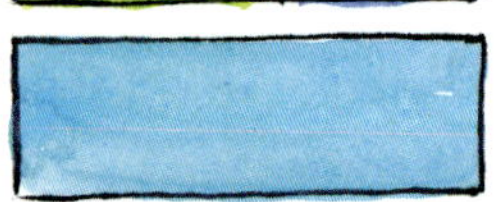

6 × Block AU (6 Blöcke A ergänzen).

4 × Block BU (untere Reihe)

1. Türkis unten an das Mittelquadrat
2. Blau mit Akzentstreifen rechts an das Mittelteil
3. Türkis mit Akzentstreifen oben an das Mittelteil

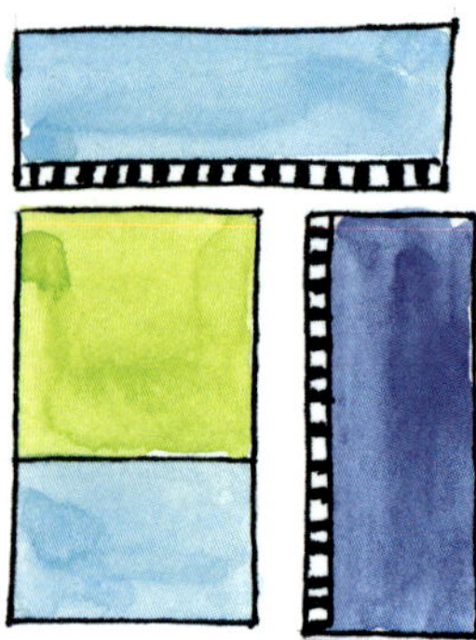

5 × Block BU

Zusammensetzen

→ Lektion 12

Beginnen Sie die oberste Reihe mit Block AL und ordnen Sie die Blöcke B und A im Wechsel daneben, der letzte Block ist ein B. Die Querreihen bestehen hier aus 10 Blöcken. Die zweite Querreihe beginnt mit Block BL. Sortieren Sie die Blöcke A und B im Wechsel daneben, der letzte Block ist ein A. Legen Sie 11 Querreihen und beginnen Sie jeweils mit Block AL bzw. BL. Die 12. Reihe, die unterste, beginnt mit dem Eckblock BLU. Fügen Sie die Blöcke AU und BU im Wechsel nebeneinander. Der letzte ist ein AU. Nähen Sie die Blöcke zur Quiltfläche zusammen wie in Lektion 12 beschrieben.

Quilten

→ Lektion 14 / 15

Montieren Sie Rückseite, Volumenvlies und die gebügelte Oberseite aufeinander. Quilten Sie von Hand oder mit der Maschine jeweils an beiden Seiten der Streifen entlang. Arbeiten Sie eine vierblättrige Kreuzblüte in jedes Mittelquadrat. Benutzen Sie Quiltgarn in der jeweiligen Farbe.

Einfassung

→ Lektion 16

Fassen Sie den Quilt mit einem tomatenroten Schrägstreifen ein.

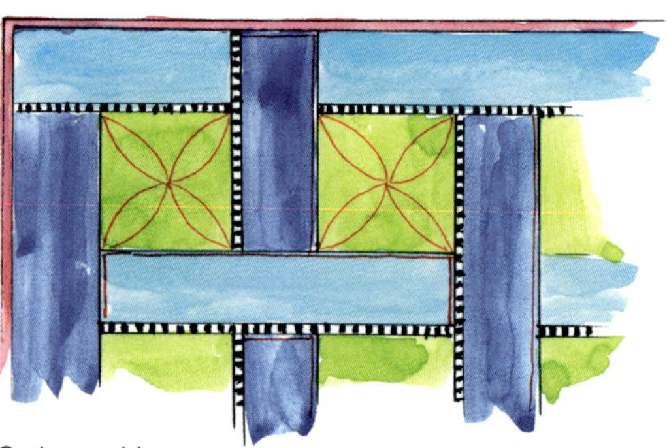

Quiltvorschlag

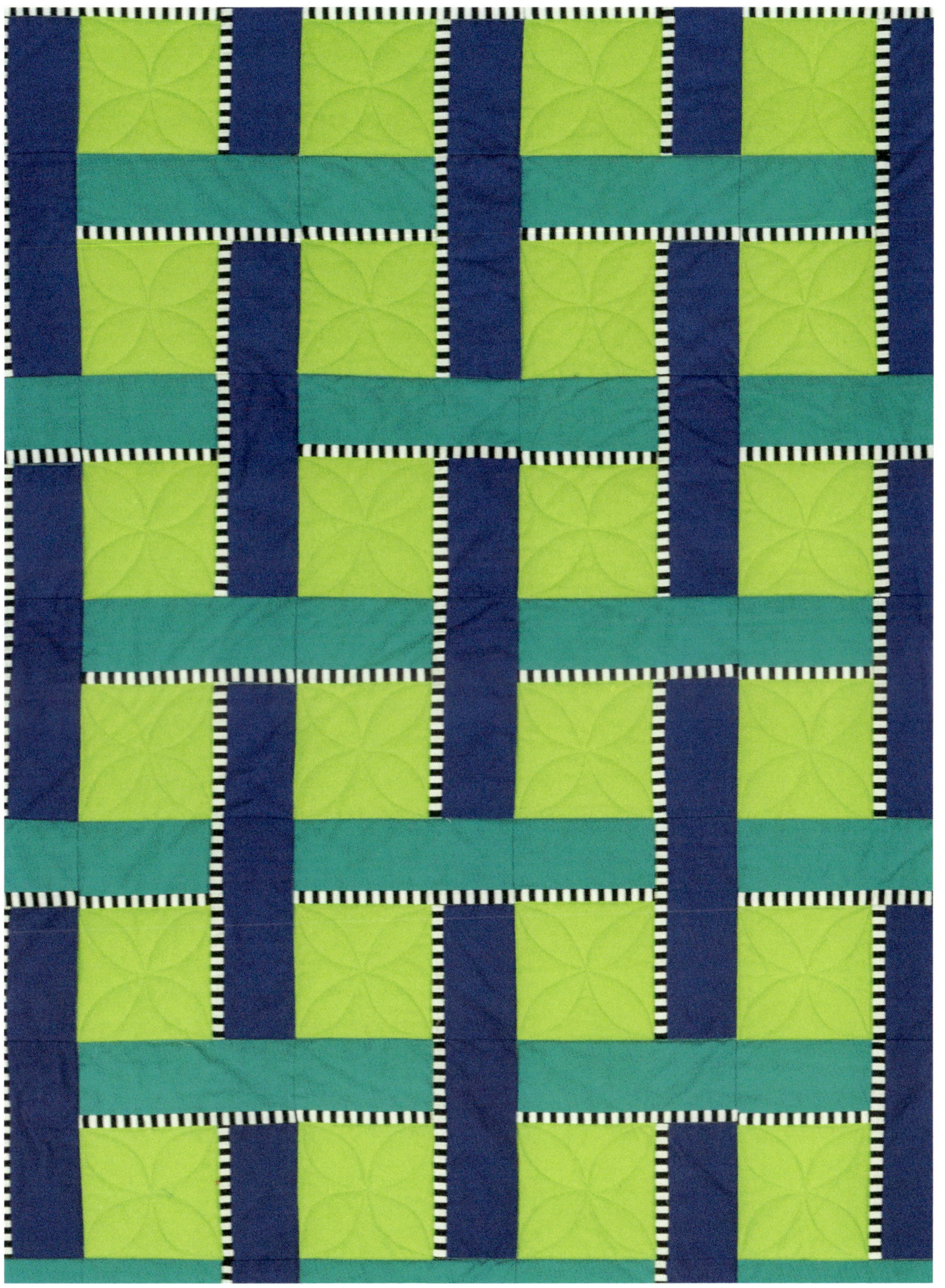

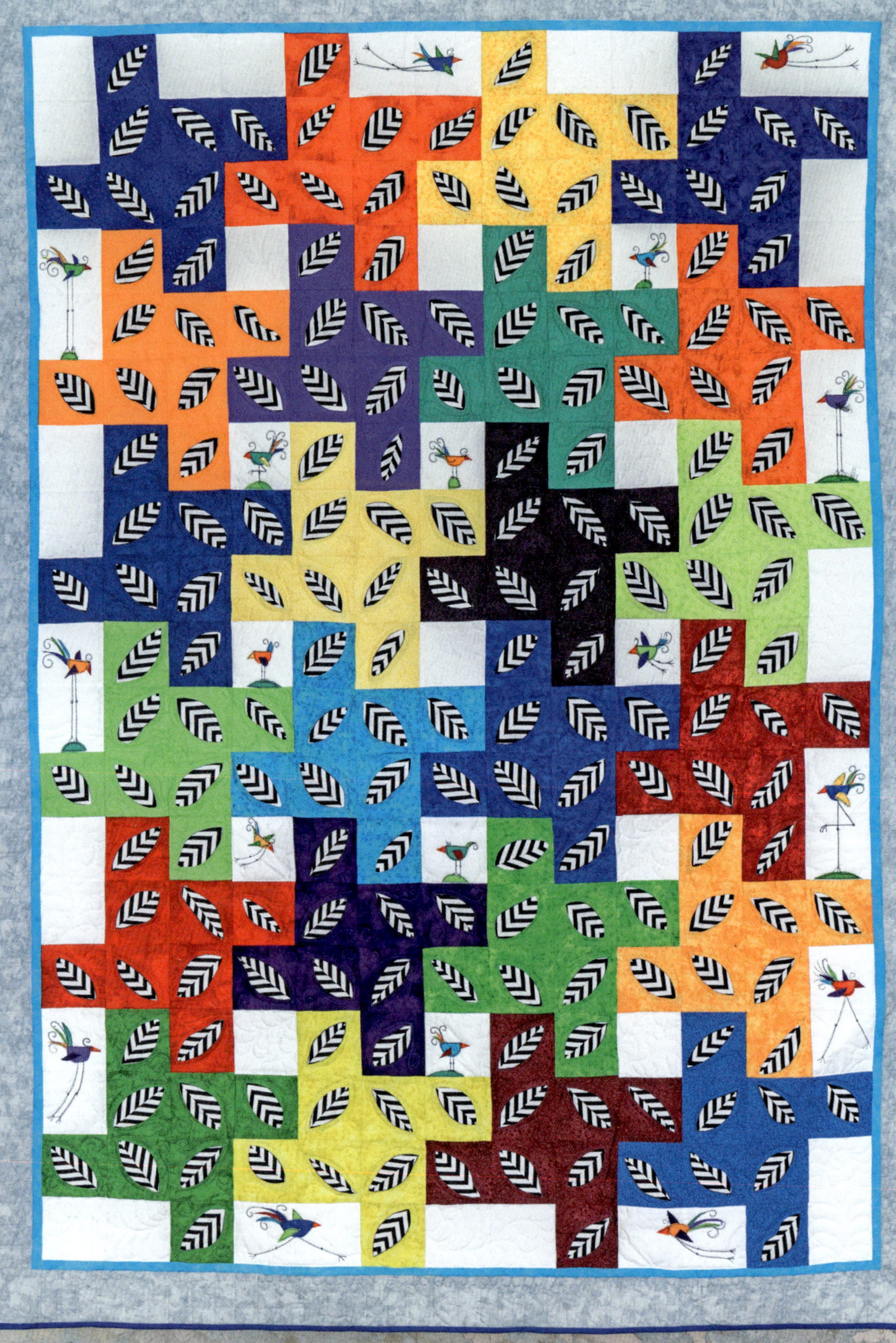

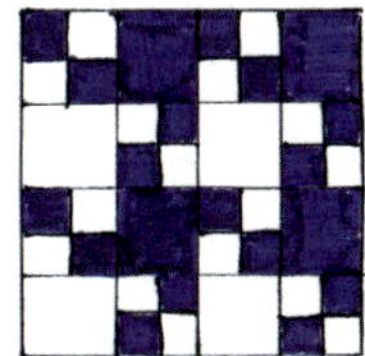

Gartenvögel

195 × 138 cm
mit: Verzahnte Quadrate / Interlocked Squares

Wo Federn umherfliegen, müssen doch Vögel sein. Um die bei der Paspeltechnik abfallenden bunten Stoffreste zu verwerten, haben wir lustige Gartenvögel appliziert. Auch kleine Blumen und Blüten wären passend.

MATERIAL

Stoffe

- je 0,12 m von 24 verschiedenen Farben (3 m Gesamtmenge) für die Quadrate
- 1,7 m schwarzweiß gestreifter Stoff, Streifenbreite ca. 5 mm, für die Federn
- 2 m Grau bis Schwarz (Reste aufbrauchen) für die Paspeln
- 1,1 m Weiß für die Quadrate (teilweise mit Applikationen)
- 0,2 m Türkis für den inneren Randstreifen
- 0,6 m Grau für den äußeren Randstreifen

Sonstiges

- 215 × 160 cm Rückseitenstoff
- 215 × 160 cm Volumenvlies
- zweiseitig haftendes Klebevlies
- Backpapier
- wasser- oder hitzelöslicher Markierstift
- schwarzer feiner Permanentstift
- Quiltgarn in Grau, Weiß und in den Farben der Federblöcke
- 6,8 m dunkelblauer Schrägstreifen für die Einfassung

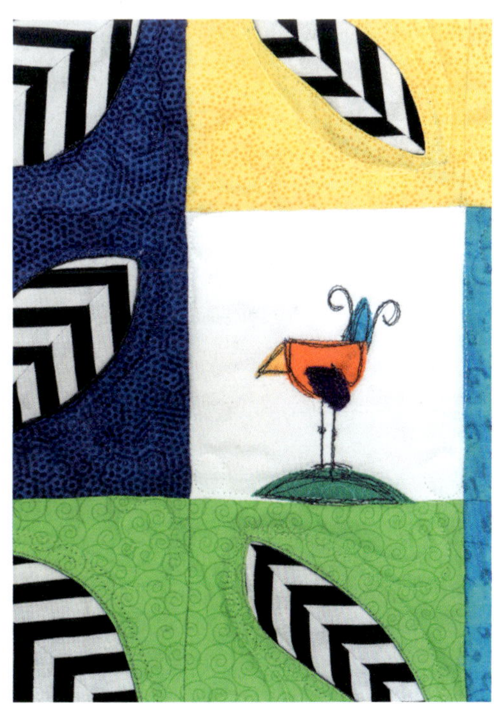

Zuschneiden

→ Lektion 1

Schneiden Sie die 24 verschiedenen farbigen Stoffe zu Quadraten von 12 × 12 cm (ergibt 8 Quadrate pro Farbe), dazu kommen 192 Quadrate von ca. 11 × 11 cm für die Paspeln sowie 55 Quadrate in Weiß, die exakt auf 12 × 12 cm zugeschnitten werden.

192 Federblöcke in Paspeltechnik

→ Lektion 10

Legen Sie den grauen/schwarzen Paspelstoff rechts auf rechts auf ein farbiges Quadrat. Zeichnen Sie eine ovale Form, die an beiden Enden spitz zuläuft. Leichte Unregelmäßigkeiten ergeben interessante Federformen.

Nähen Sie blattförmige Öffnungen, wie in Lektion 10 beschrieben. Bügeln Sie sie. Legen Sie die ausgeschnittenen farbigen Teile beiseite.

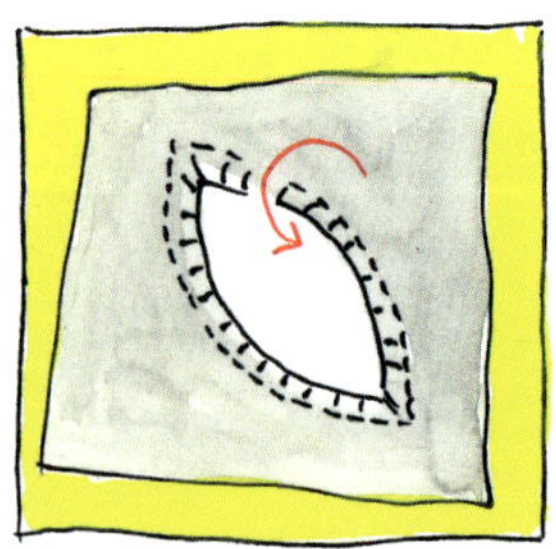

TIPP

Das Nähen mit hellem Faden erleichtert das genaue Einschneiden der Nahtzugaben. Es hat aber den Nachteil, dass nach dem Wenden an den Spitzen der Federform ein heller Faden zur Oberseite gezogen wird. Diesen können Sie mit schwarzem Permanentstift vorsichtig nachfärben.

Gestreifte Federn

Lassen Sie den gestreiften Stoff so gefaltet liegen, wie er vom Ballen kommt. Schneiden Sie im 45°-Winkel Streifen von ca. 4 cm Breite ab. Schneiden Sie den Falz mit der Schere auf. Lassen Sie die Streifenpaare aufeinander liegen.

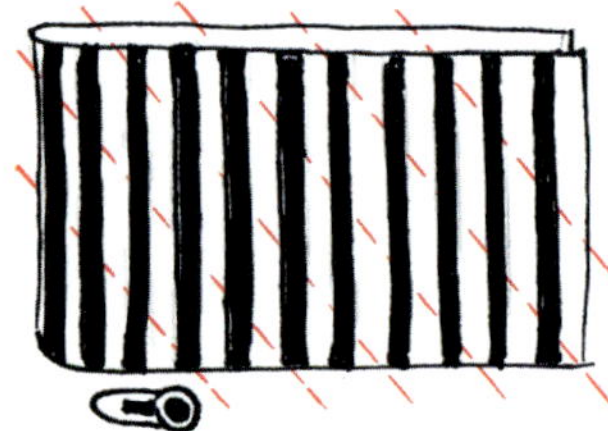

Gestreiften Stoff, doppelt gelegt, in Diagonalstreifen schneiden (ca. 4 cm breit).

Nähen Sie je zwei zusammengehörige Streifen rechts auf rechts an der langen Kante zusammen. Die schwarzen bzw. weißen Streifen müssen nicht zwingend aufeinandertreffen. Bügeln Sie die Nahtzugabe der Mittelnaht sorgfältig auseinander.

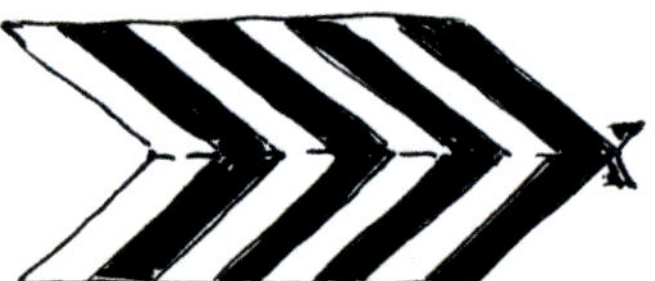

Je zwei gegenläufige Streifen an der langen Kante zusammennähen. Nahtzugabe auseinander bügeln.

Legen Sie hinter jede Paspelöffnung einen zusammengesetzten Federstreifen. Steppen Sie mit farbgleichem Faden knappkantig rundum.

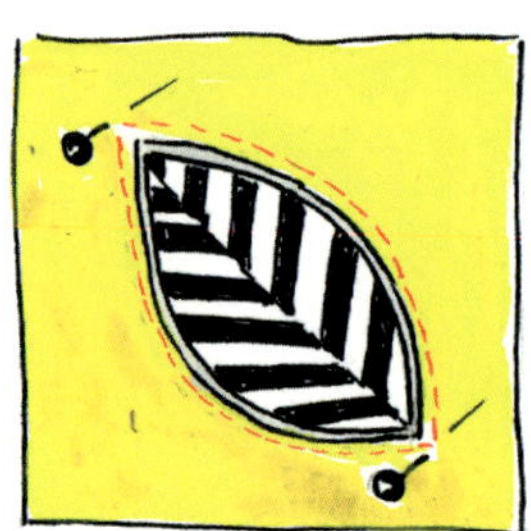

Zusammengenähten Streifen hinter die Öffnung stecken und mit farbgleichem Faden knappkantig rundum nähen. Auf der Rückseite überstehenden Stoff zurückschneiden.

Schneiden Sie von der Rückseite her alle überstehenden Stoffkanten von Paspel und Federstoff bis auf Nahtzugabenbreite zurück. Prüfen Sie das Maß der Blöcke und schneiden Sie sie, wenn nötig, auf exakt 12 × 12 cm nach. Nähen Sie je 8 Federblöcke pro Farbe.

TIPP
Sollten Sie beim Zurückschneiden der Nahtzugaben versehentlich in den Oberstoff geschnitten haben (ist uns dreimal passiert) können Sie den Schnitt von der Rückseite her mit einem farblich passendem Stoffstück und Klebevlies reparieren.

Anordnung

Wir haben eine Anordnung gewählt, für die je 8 Quadrate benötigt werden. Verteilen Sie die Farben gleichmäßig und ordnen Sie die Federn so an, dass sie die Mitte kreisförmig umlaufen und dann jeweils nach außen zeigen. Füllen Sie die Lücken zwischen den Mustern und am Rand mit den weißen Quadraten von 12 × 12 cm.

Vogel-Applikationen

→ Lektion 11

Wählen Sie einige der weißen Quadrate der Mitte und einige Doppelquadrate vom Rand, um sie mit kleinen Vögeln zu schmücken.

TIPP
Longarm-Quilterinnen setzen zuerst die Quiltfläche zusammen und kleben die Piepmätze erst danach auf.

Applizieren Sie kleine Vögel und ein paar dazu passende Küken wie in Lektion 11 beschrieben. Benutzen Sie dafür die ovalen Formen, die Sie beim Wenden der Stoffe für die Federn ausgeschnitten und beiseite gelegt haben. Umnähen Sie die aufgeklebten Stoffteile mit dunklem Garn, um sie zu befestigen, und sticken / quilten Sie Beine, Kopffedern und Schwanzfederkringel dazu. Legen Sie dafür etwas Stickvlies unter die Arbeit. Longarm-Quilterinnen erledigen diese Stickarbeit später als Quiltlinien durch alle Lagen.

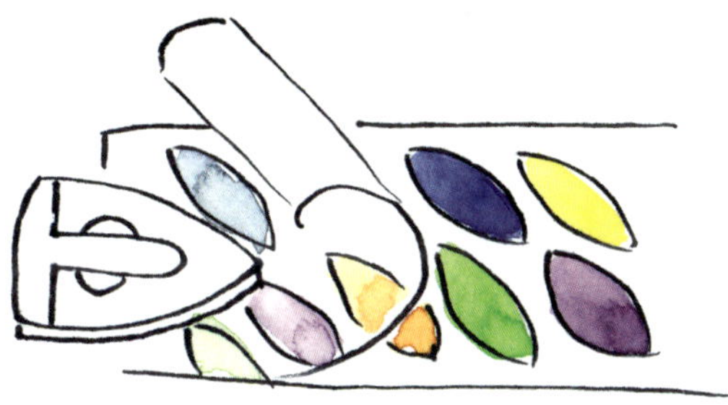

Ausgeschnittene Formen mit der linken Seite nach unten auf die Klebeseite des Klebevlies' bügeln (Backpapier auflegen). Formen ausschneiden und für die Applikationen verwenden.

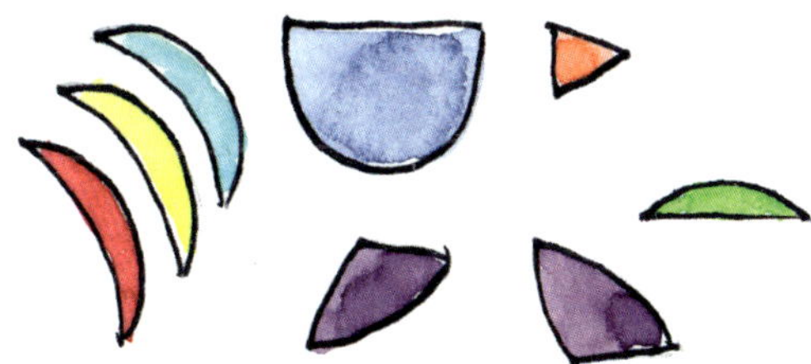

Pro Vogel 1 Körper, 2 Flügel, 1 Schnabel, 3 Schwanzfedern und evtl. 1 Hügel ausschneiden. Trägerpapier von der Rückseite entfernen und die Formen auf die weißen Stoffe bügeln. Jetzt oder später an den Konturen entlang festnähen und die langen Beine und Federkringel sticken /quilten. Die »Knie« der überlangen Beine besonders betonen.

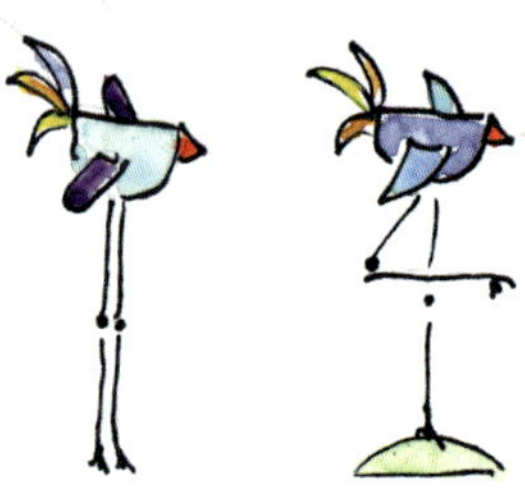
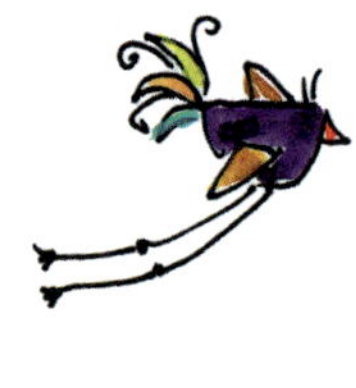
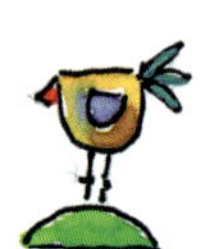

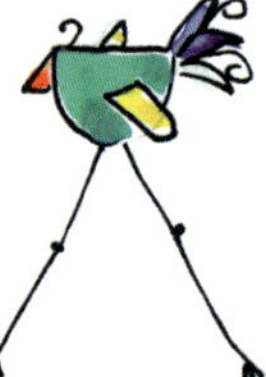

Vorschläge für die Vögelchen

Ränder

→ Lektion 13

Wählen Sie für den inneren Randstreifen eine Farbe, die in der Mitte des Quilts liegt und nicht den Rand berührt. Hier ist es Türkis. Die einzige Farbe, die nicht im Quilt vorkommt, ist Grau. Dies waren die Entscheidungshilfen für die Farben der Randstreifen.

1. Randstreifen:
Türkis, 3 cm Schneidebreite, gerade Ecken
2. Randstreifen:
Grau, 10 cm Schneidebreite, gerade Ecken

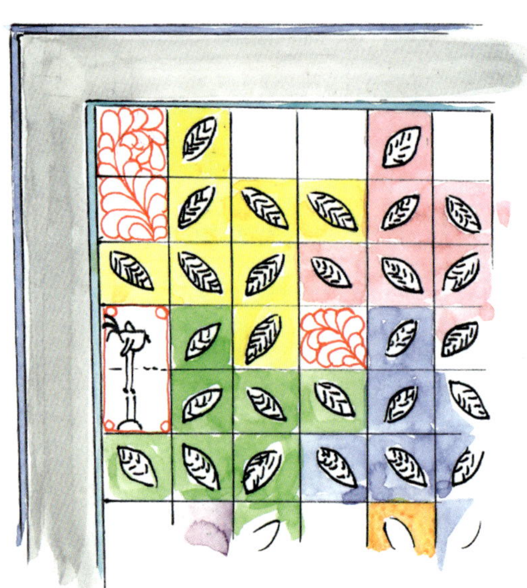

Randgestaltung und Quiltvorschlag

Quilten

→ Lektion 14 / 15

Montieren Sie Rückseite, Volumenvlies und gebügelte Oberseite aufeinander. Quilten Sie einmal um jede Feder und vom unteren Ende der Feder ausgehend je einen Kringel nach rechts und nach links. Quilten Sie im grauen Rand nach außen führende Linien in ca. 3 cm breiten Abständen und dazwischen Dreiergruppen von »Vogelbeeren«. Setzen Sie in die leeren weißen Felder kleine Federmuster und umranden Sie die Felder mit den Vögeln je einmal, wobei Sie auch hier in jede Ecke eine Vogelbeere quilten.

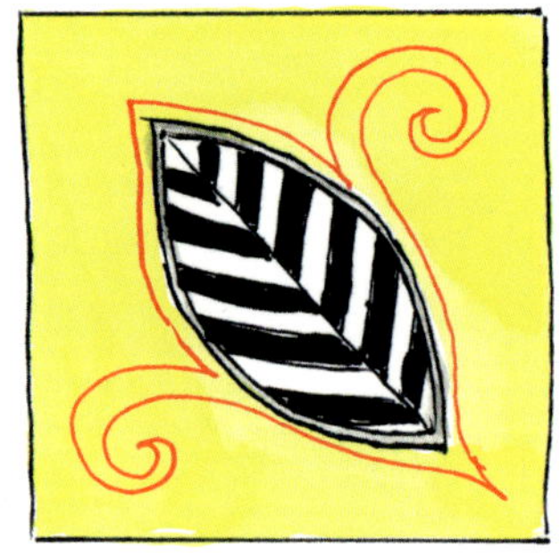

Quiltvorschlag für einen Federblock.

Einfassung

→ Lektion 16

Fassen Sie den Quilt mit einem dunkelblauen Schrägstreifen ein.

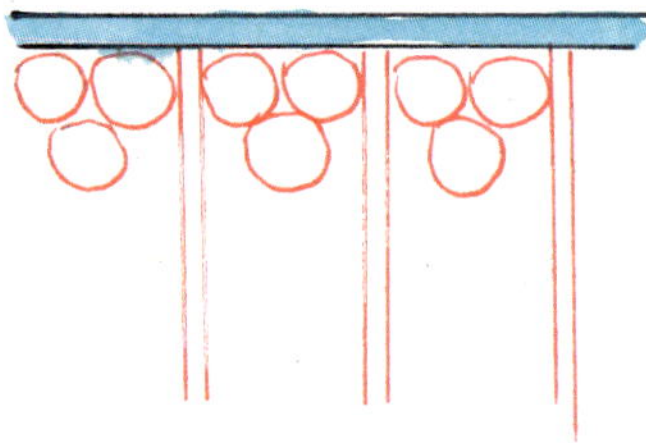

Quiltvorschlag »Vogelbeeren« für den grauen Rand.

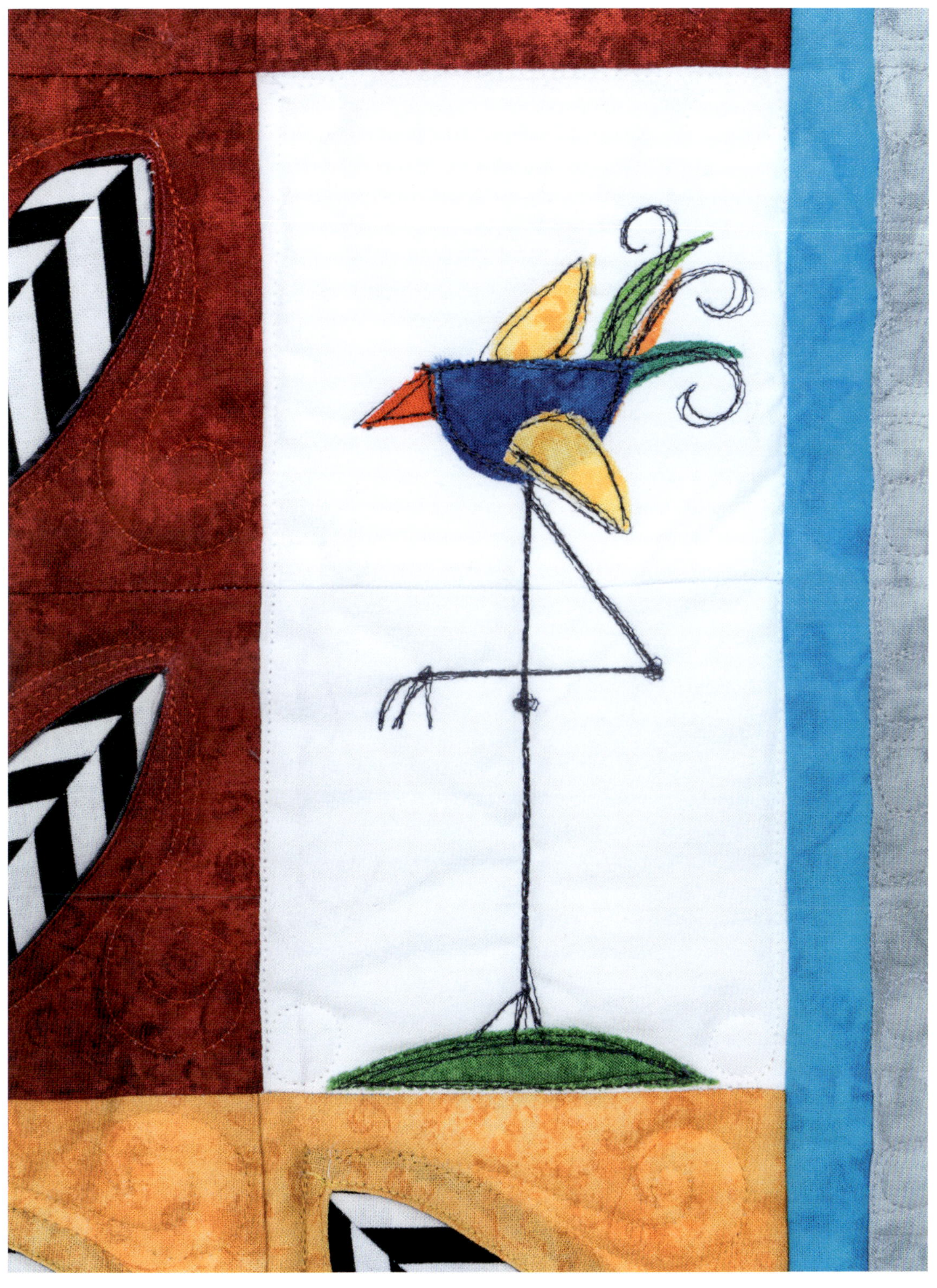

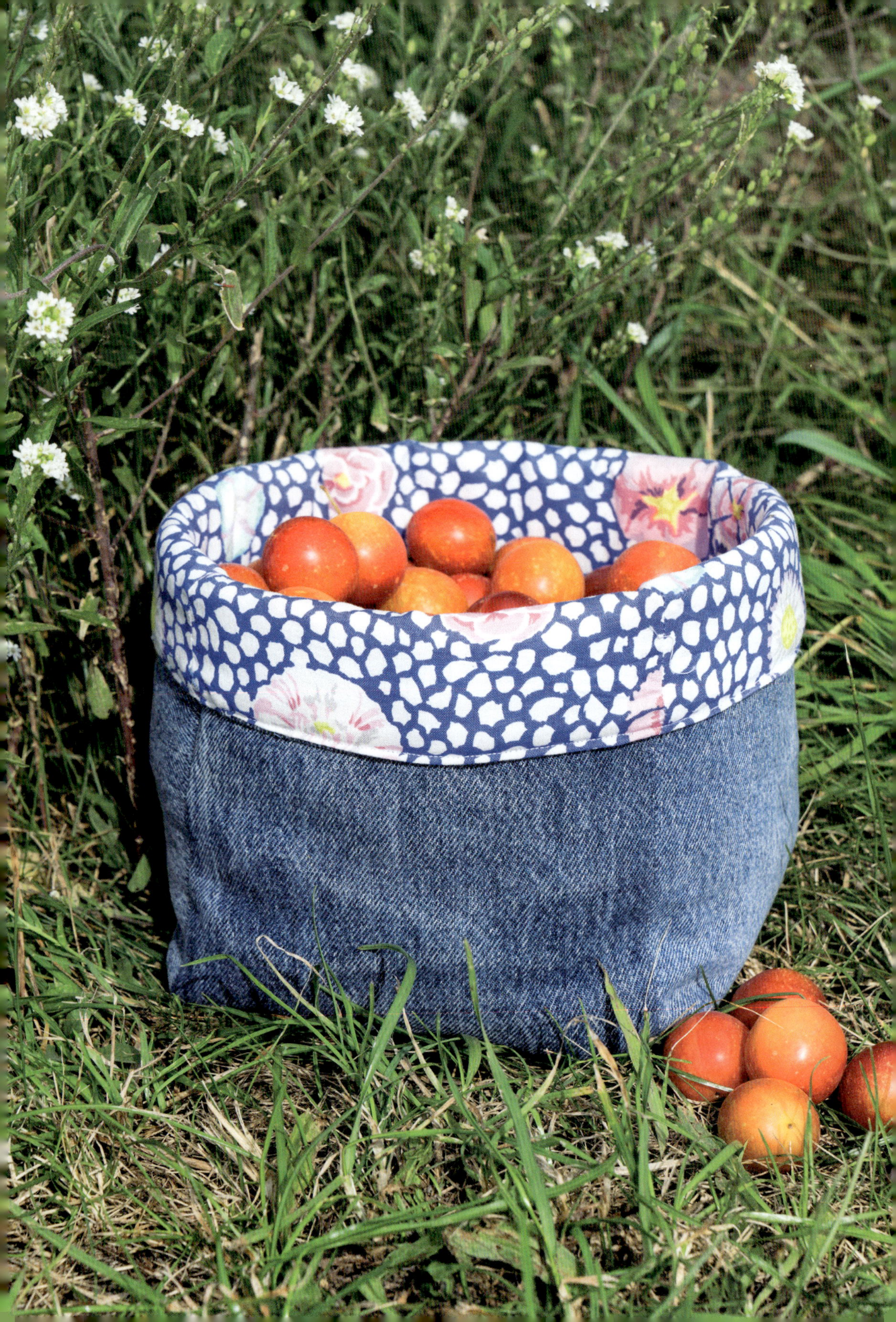

Stoffkörbchen

ca. 16 cm hoch, ca. 20 cm Durchmesser

Ein hübsches Jeanskörbchen erfüllt vielerlei Zwecke. Hier hilft es beim Einsammeln von saftigen Ringlotten, kann aber auch Frühstücksbrötchen oder Nüsse enthalten oder anderweitig genutzt werden. Eingebügeltes Volumenvlies sorgt dafür, dass das Körbchen seine Form behält. Die Zuschneideform besteht aus vier Einzelteilen, damit die Hosenbeine alter Jeans optimal genutzt werden. Wichtig ist ein dekorativer Futterstoff, dann ist das Körbchen der Renner auf dem Weihnachsbazar. Wundern Sie sich nicht, wenn sich Kinder das Körbchen als Hut aufsetzen. Warum auch nicht?

MATERIAL

Stoffe

- eine Blue-Jeans (Erwachsenengröße) oder 0,3 m Jeansstoff
- 0,3 m bunter Futterstoff, Baumwolle
- 0,6 m aufbügelbares dünnes Volumenvlies zur Verstärkung

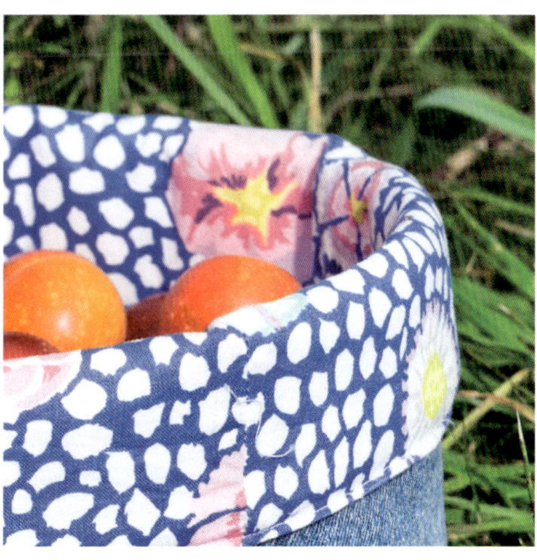

Schablone

Falten Sie ein A4-Blatt Papier der Länge nach zur Mitte. Klappen Sie die beiden oberen Ecken nach innen, so dass sie an der gefalteten Mittellinie anliegen. Schneiden Sie diese Ecken für eine Häuschenform ab. Falten Sie das Häuschen noch einmal in Längsrichtung und schneiden Sie von den seitlichen Kanten 1 cm am. Dadurch wird die Schablone 2 cm schmaler. Falten Sie das Häuschen wieder auf. Dies ist Ihre Zuschneideschablone.

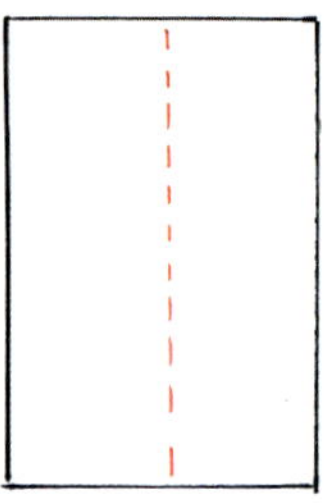

Ein A4-Blatt der Länge nach falten.

Beide oberen Ecken zur Mitte falten und abschneiden.

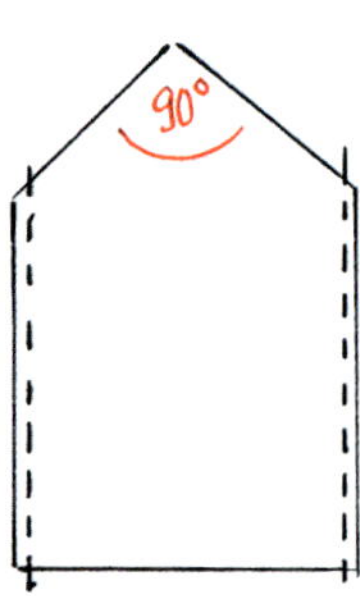

An den Seiten 1 cm abschneiden. Fertig.

TIPP

Auf diese Weise stellen Sie auch Papierschablonen für kleinere, größere oder flachere Körbchen her, um andere Stoffreste oder Kinderjeans zu Körbchen zu verarbeiten. Wichtig bei jeder Schablone ist, dass die Giebelspitze einen Winkel von 90° aufweist.

Zuschneiden

Legen Sie die hausförmige Schablone auf die Hosenbeine einer alten Jeans. Geben Sie beim Zuschneiden rundum 1 cm Nahtzugabe hinzu und schneiden Sie die Form vier Mal aus. Schneiden Sie die gleiche Form vier Mal aus buntem Futterstoff aus, wieder plus Nahtzugabe. Nun brauchen Sie die Form noch 8 × aus aufbügelbarem Vlies ohne Nahtzugabe. Dadurch bleiben beim Zusammennähen die Nähte frei vom Vlies.

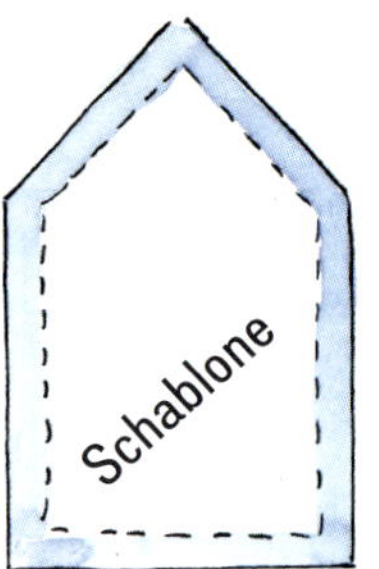

Jeansstoff: 4 × ausschneiden

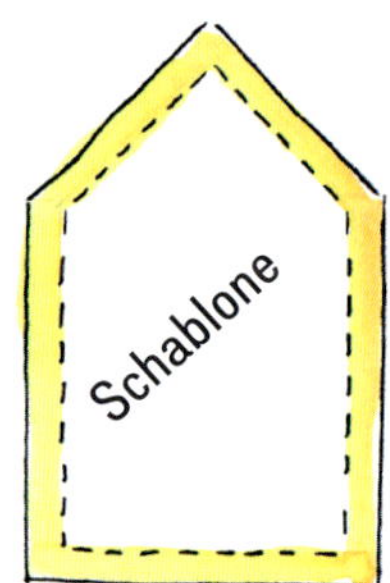

Futterstoff: 4 × ausschneiden

Verstärken

Bügeln Sie je ein Vliesteil mittig auf die linke Seite der Futter- und der Jeansstoffe. Die Nahtzugaben bleiben frei.

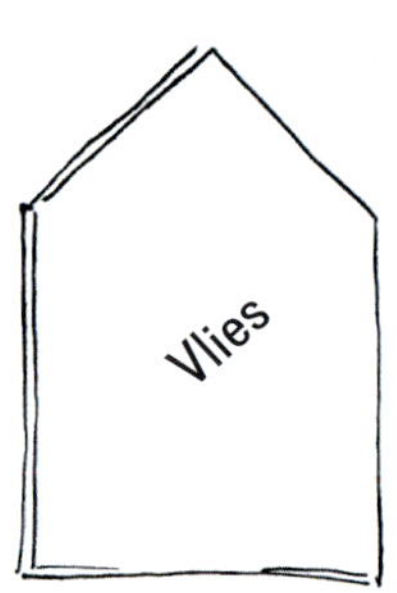

Aufbügelbares Vlies: 8 × ohne Nahtzugabe ausschneiden.

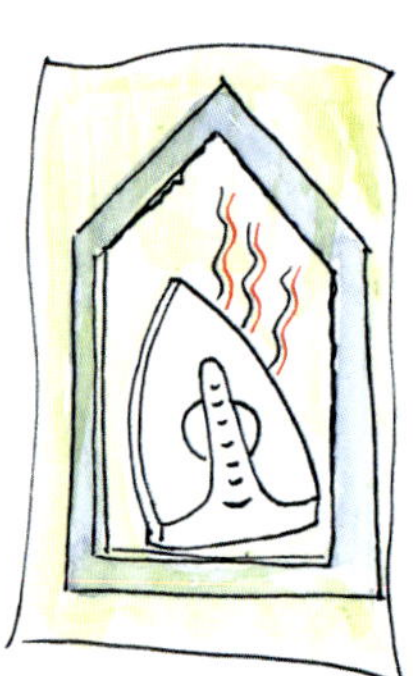

Auf die linke Stoffseite aller Teile das Vlies bügeln. Bügeltuch auflegen.

TIPP
Haben Sie Geduld beim Aufbügeln des Vlieses. Legen Sie ein feuchtes Tuch darüber und halten Sie das Bügeleisen 15 Sekunden lang auf jeder Stelle. Dadurch schmelzen die Klebepunkte des Vlieses und verbinden sich mit dem Stoff.

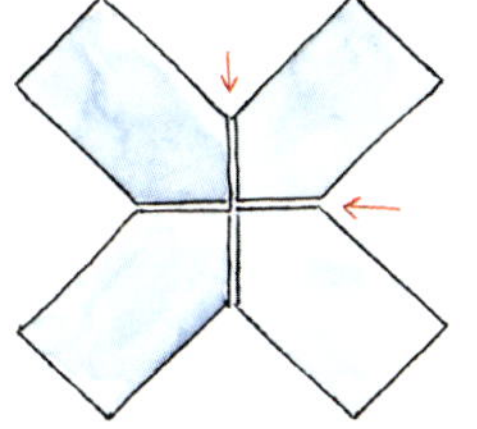

Teile kreuzförmig auf die Arbeitsfläche legen. Zuerst die Bodennähte schließen (rote Pfeile).

Zusammensetzen

Legen Sie die Teile kreuzförmig auf Ihre Arbeitsfläche, die Spitzen treffen aufeinander. Schließen Sie zuerst die Bodennähte, die Stoffe liegen dabei rechts auf rechts. Nähen Sie dabei nicht über die seitlichen Nahtzugaben hinweg. Drücken Sie die Nahtzugaben auseinander.

Nun falten Sie die Seitenkanten rechts auf rechts aufeinander und nähen Sie sie ab der Boden-Ecke bis zum oberen Rand. Schneiden Sie an den Ecken die Nahtzugaben heraus. Drücken oder bügeln Sie die Nahtzugaben auseinander. Wenden Sie das Jeanskörbchen, so dass die rechte Seite nach außen weist. Drücken Sie die Ecken heraus. Nähen Sie die vier Teile des Futterstoffs auf die gleiche Weise zum Körbchen. Schneiden Sie auch hier an den Ecken die Nahtzugaben heraus. Drücken Sie die Nahtzugaben auseinander. Schieben Sie das Futterteil links auf links in das Jeans-Außenteil, die Seitennähte sollen aufeinandertreffen.

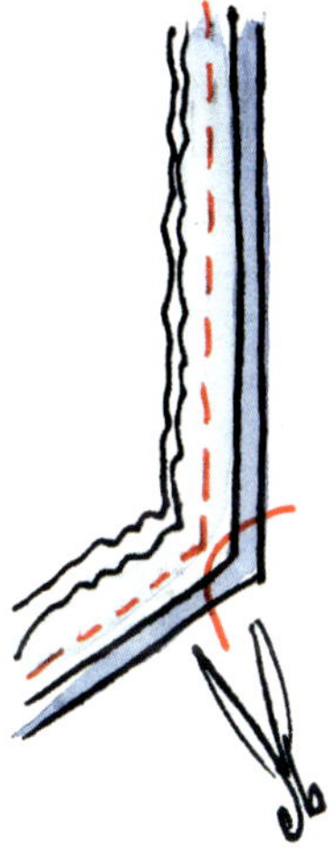

Die vier Seitennähte rechts ab der unteren Ecke bis zum oberen Rand hin nähen. An den Ecken die Nahtzugaben herausschneiden. Futterteil auf die gleiche Weise nähen.

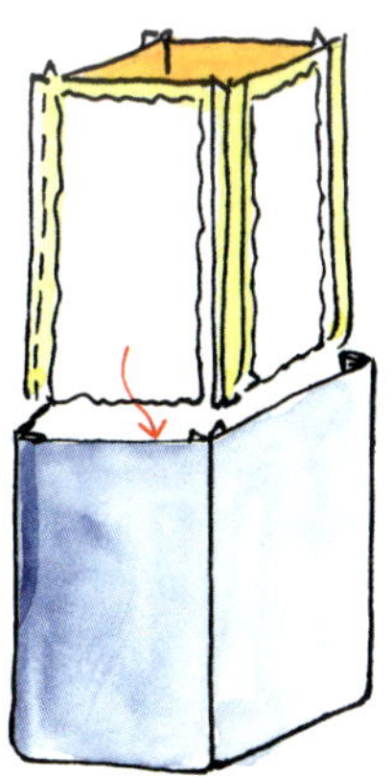

Jeansteil auf rechts wenden und die Ecken herausdrücken. Futterteil links auf links in das Jeansteil schieben, die Seitennähte liegen aufeinander.

Falten Sie die Oberkanten beider Stoffe ca. 1 cm weit nach innen und halten Sie sie mit vielen Stecknadeln fest. Steppen Sie 2 – 3 mm unterhalb der Kante einmal ringsum. Achten Sie darauf, bei dieser Naht die Kante nicht zu dehnen. Verwenden Sie passende Farben für Ober- und Unterfaden. Schlagen Sie am fertigen Körbchen die Oberkante etwa 5 cm breit nach außen um, damit der Futterstoff zur Geltung kommt.

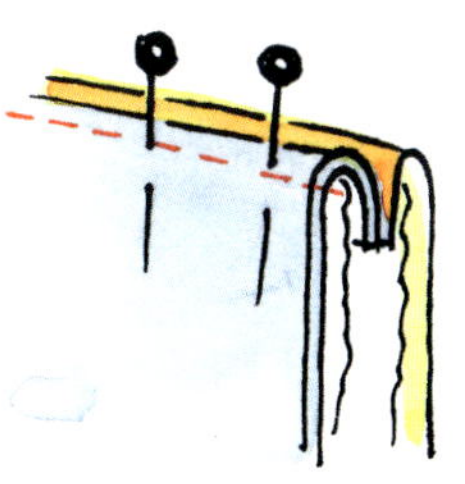

Beide Stoffoberkanten nach innen falten und mit vielen Stecknadeln aufeinander fixieren. Einmal 2–3 mm unterhalb der Kante rundum nähen. Fertige Kante ca. 5 cm nach außen falten.

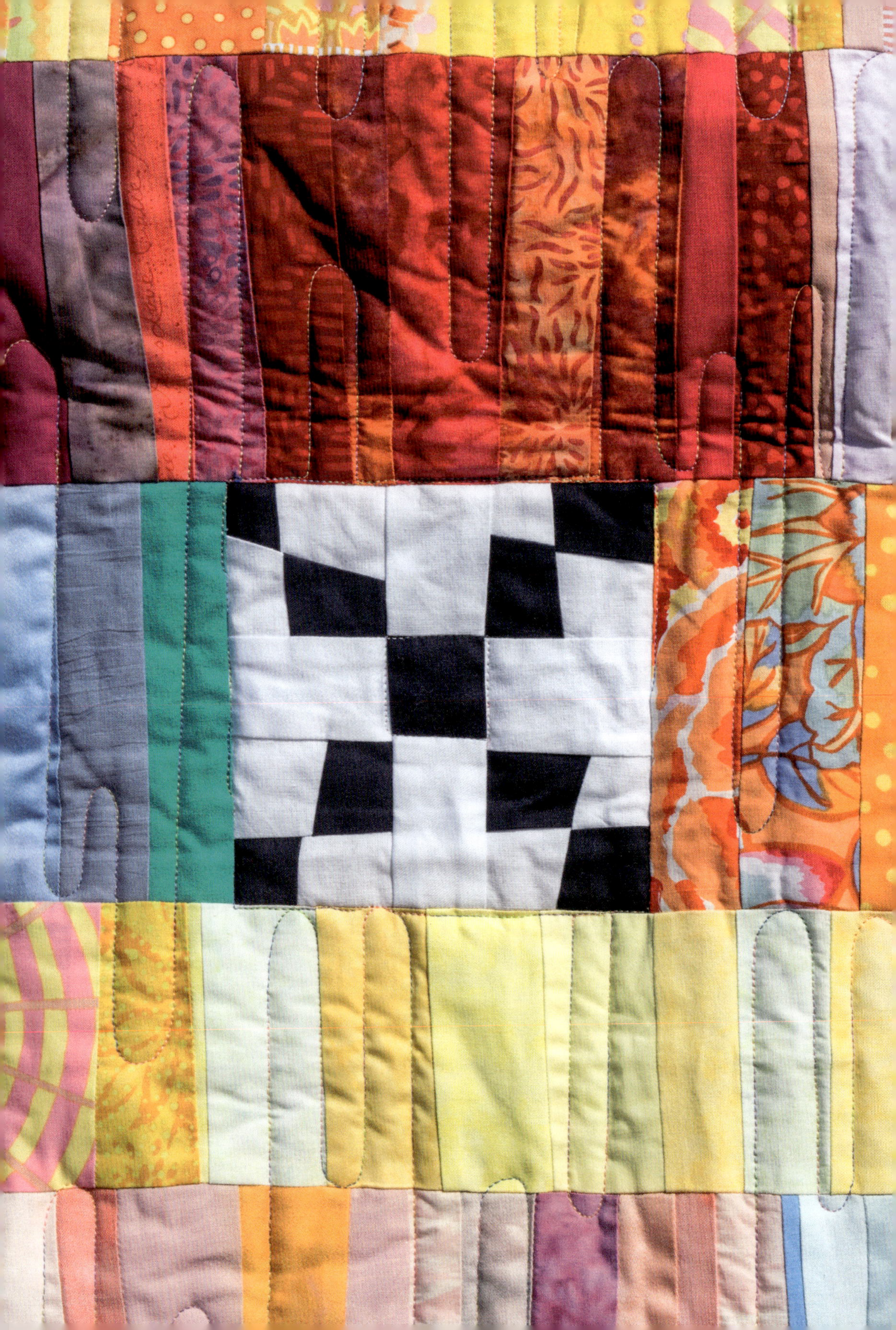

2. Kapitel

Streifen

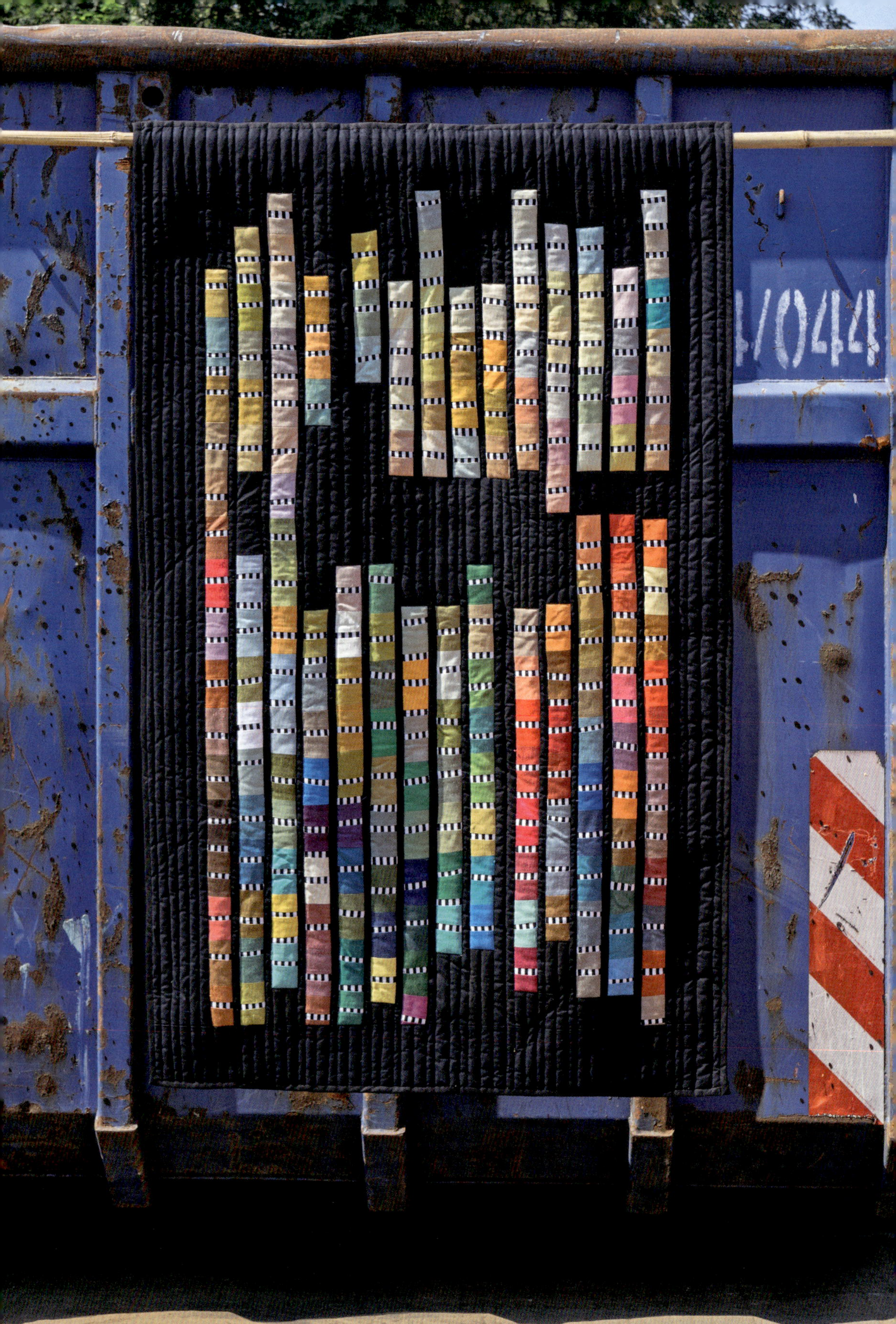
4/044

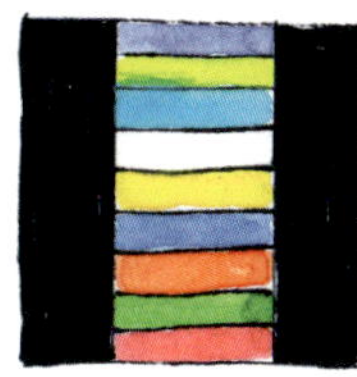

Containerhafen

168 × 103 cm
mit: Münz-Orakel / Chinese Coins

Eine witzige Idee sind sogenannte »Kassenrollenquilts«. Dafür werden auf die langen Papierstreifen einer unbedruckten Kassenrolle Stoffreste aufgenäht. Geschnitten wird anschließend entlang der Papierkante. Die entstehenden Längsstreifen können vielfältig verarbeitet werden. Später wird das Papier aus den Nähten gezupft. Der »Containerhafen« ist zwar nicht auf diese Weise entstanden – es hätte aber durchaus so sein können.

MATERIAL

Stoffe

- insgesamt 1,5 m Unistoffe in allen Farben, entweder ca. 210 einzelne Stoffreste von mindestens 6,5 × 10 cm (z. B. Musterstoffreihen für Heimtextilien) oder eine Jelly Roll, 6,5 cm breit, aus 20 Verlaufsstoffen
- 0,5 m schwarzweiß gestreifter Stoff (Streifenbreite ca. 5 mm) für die Akzente
- 2 m Schwarz, uni, für den Hintergrund

Berechnung

- Ein Jelly-Roll-Streifen reicht für 10 Containerblöcke.

Sonstiges

- 180 × 120 cm Rückseitenstoff
- 180 × 120 cm Volumenvlies
- schwarzes Quiltgarn
- 6 m schwarzer, glänzender Schrägstreifen

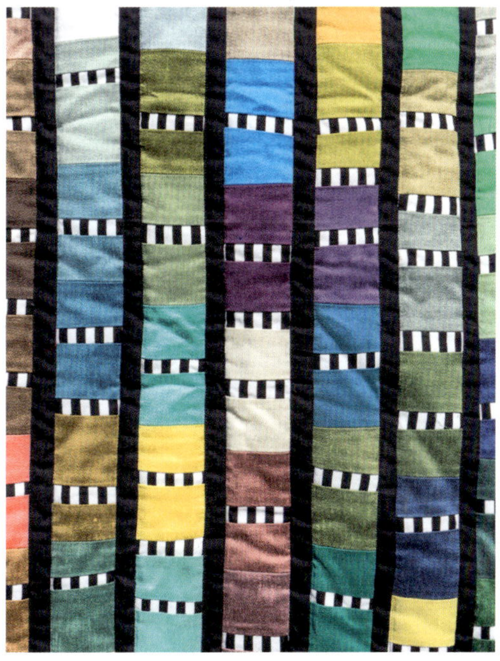

206 Containerblöcke

→ Lektion 1

Schneiden Sie 206 Rechtecke von ca. 10 × 6,5 cm aus den farbigen Unistoffen zu. Teilen Sie jedes Rechteck quer, ungefähr durch die Mitte. Setzen Sie einen 3 cm breiten Streifen vom gestreiften Stoff zwischen die beiden farbigen Teile. Bügeln Sie die Nahtzugaben zum gestreiften Stoff hin. Schneiden Sie alle Blöcke auf exakt 10 × 6 cm zu.

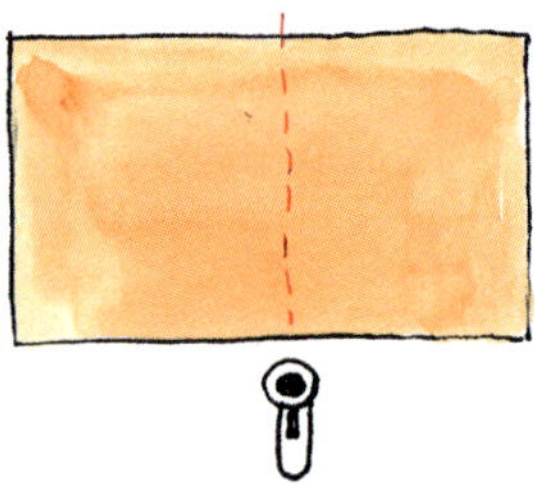

Rechteck von 6,5 × 10 cm etwa mittig durchteilen.

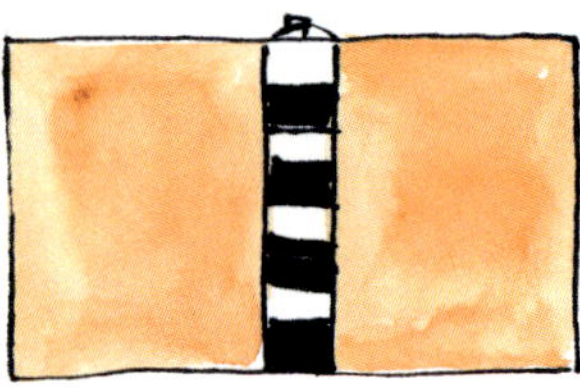

Gestreiften Stoffstreifen von ca. 3 cm Breite zwischen die Teile nähen. Nahtzugabe zum Akzentstoff bügeln. Auf exakt 6 × 10 cm zuschneiden. 206 Blöcke nähen.

Stecken Sie die Blöcke an Ihre Entwurfswand. Ordnen Sie Längsreihen an. Die helleren Blöcke befinden sich im oberen, die dunkleren im unteren Bereich. Nähen Sie die Blöcke untereinander und arbeiten Sie mit 6 cm breitem schwarzem Stoff Unterbrechungen ein. Beginnen und enden Sie oben und unten mit Schwarz. Trennen Sie die Längsreihen durch 3 cm bzw. 5 cm breite Zwischenstreifen voneinander. Orientieren Sie sich an der vorliegenden Anordnung oder finden Sie eine eigene, die Ihnen gefällt.

Fügen Sie beim Untereinandernähen der Blöcke manchmal einen zusätzlichen schwarzweißen Streifen dazwischen (im Nähplan an den kleinen Doppelstrichen zu erkennen), um den Rhythmus zu unterbrechen. Ergänzen Sie mit Schwarz oben und unten bis auf die geplante Höhe des Quilts. Die schwarzen Zwischenstreifen sind an zwei Stellen 5 cm breit und verschieben dadurch die senkrechten Streifen.

Arbeiten Sie drei Einheiten: Die linke lange Einheit A, rechts die obere kürzere Einheit B und rechts die untere größere Einheit C. Nähen Sie auch hier Zwischenstreifen ein, wie auf der Abbildung zu erkennen. Bleiben Sie flexibel und passen Sie die Längsmaße der Reihen Ihrem gewünschten Quiltformat an.

Einheit A

4 Reihen, jeweils von oben nach unten:

1. Reihe: 25 cm Schwarz, 16 Blöcke, Rest Schwarz, Gesamtlänge ca. 170 cm
- Zwischenstreifen 3 cm breit
2. Reihe: 18 cm Schwarz, 5 Blöcke, 15 cm Schwarz, 10 Blöcke, Rest Schwarz
- Zwischenstreifen 3 cm breit
3. Reihe: 13 cm Schwarz, 17 Blöcke, Rest Schwarz
- Zwischenstreifen 3 cm breit
4. Reihe: 26 cm Schwarz, 3 Blöcke, 25 cm Schwarz, 9 Blöcke, Rest Schwarz
- Rechts keinen Zwischenstreifen annähen

Einheit B

10 Reihen, jeweils von oben nach unten:

5. Reihe: 20 cm Schwarz, 3 Blöcke, Schwarz bis 70 cm bzw. Länge von Einheit B (ca. 67 cm plus 2 Nahtzugaben)
- Zwischenstreifen 3 cm breit
6. Reihe: 28 cm Schwarz, 4 Blöcke, Rest Schwarz
- Zwischenstreifen 3 cm breit

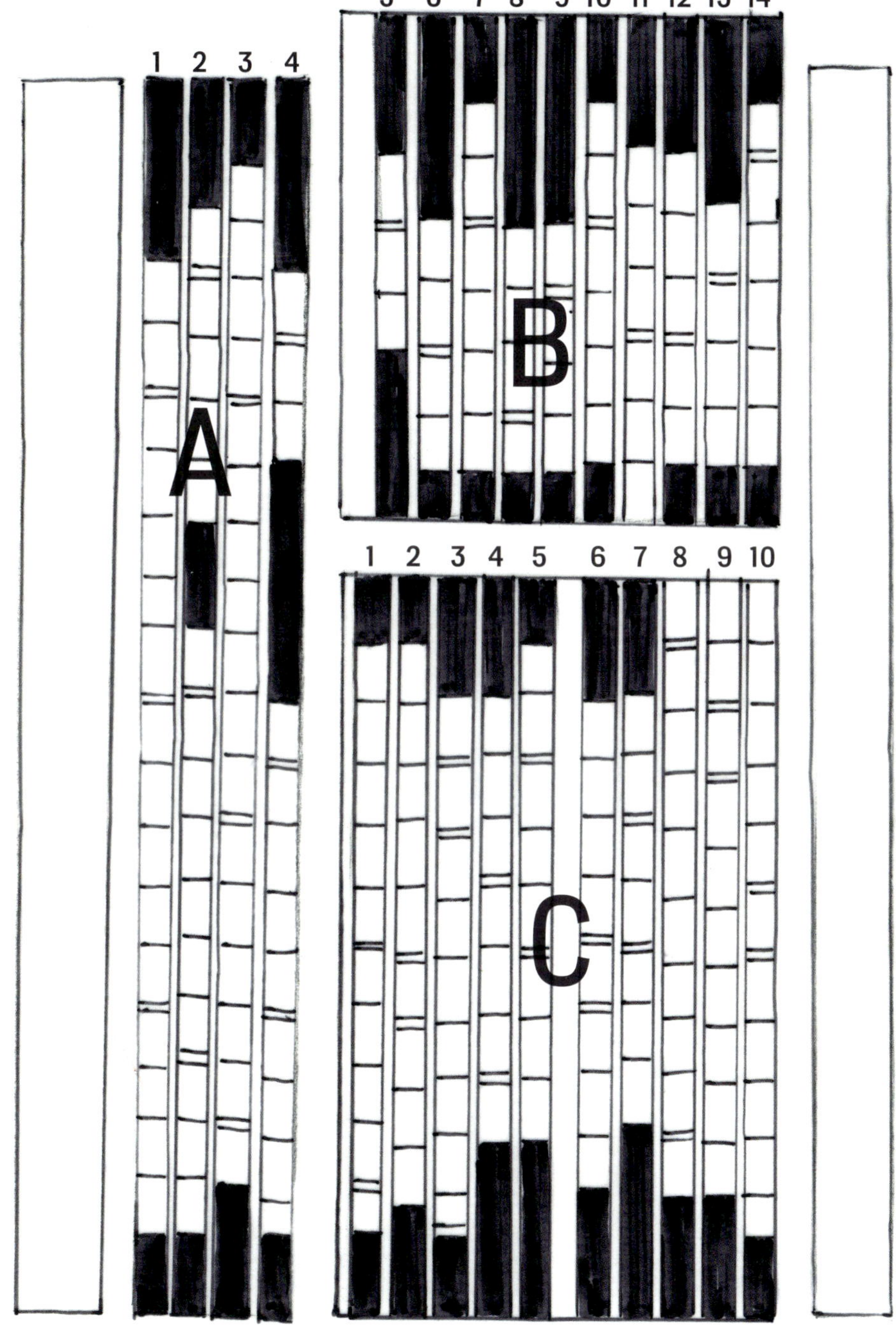

Blöcke zu Reihen untereinander setzen (Beispiel).

Nähplan und seitliche Ränder

7. Reihe: 12 cm Schwarz, 6 Blöcke, Rest Schwarz
- Zwischenstreifen 3 cm breit
8. Reihe: 28 cm Schwarz, 4 Blöcke, Rest Schwarz
- Zwischenstreifen 3 cm breit
9. Reihe: 28 cm Schwarz, 4 Blöcke, Rest Schwarz
- Zwischenstreifen 3 cm breit
10. Reihe: 12 cm Schwarz, 6 Blöcke, Rest Schwarz
- Zwischenstreifen 3 cm breit
11. Reihe 18 cm Schwarz, 6 Blöcke, Unterkante bündig
- Zwischenstreifen 3 cm breit
12. Reihe: 18 cm Schwarz, 5 Blöcke, Rest Schwarz
- Zwischenstreifen 3 cm breit
13. Reihe: 25 cm Schwarz, 4 Blöcke, Rest Schwarz
- Zwischenstreifen 3 cm breit
14. Reihe: 12 cm Schwarz, 6 Blöcke, Rest Schwarz
- Jetzt anfügen: Zwischenstreifen links an die Einheit, 6 cm breit

Einheit C

10 Reihen, jeweils von oben nach unten:

1. Reihe: 10 cm Schwarz, 10 Blöcke, Rest Schwarz bis auf die Gesamtlänge der Einheit C, hier ca. 105 cm
- Zwischenstreifen 3 cm breit
2. Reihe: 10 cm Schwarz, 9 Blöcke, Rest Schwarz
- Zwischenstreifen 3 cm breit
3. Reihe: 19 cm Schwarz, 10 Blöcke, Rest Schwarz
- Zwischenstreifen 3 cm breit
4. Reihe: 17 cm Schwarz, 7 Blöcke, Rest Schwarz
- Zwischenstreifen 3 cm breit
5. Reihe: 10 cm Schwarz, 16 Blöcke, Rest Schwarz
- Achtung: Zwischenstreifen 6 cm breit (!)
6. Reihe: 17 cm Schwarz, 8 Blöcke, Rest Schwarz
- Zwischenstreifen 3 cm breit
7. Reihe: 17 cm Schwarz, 7 Blöcke, Rest Schwarz
- Zwischenstreifen 3 cm breit
8. Reihe: Oberkante bündig, 10 Blöcke, Rest Schwarz
- Zwischenstreifen 3 cm breit
9. Reihe: Oberkante bündig, 10 Blöcke, Rest Schwarz
- Zwischenstreifen 3 cm breit
10. Reihe: Oberkante bündig, 11 Blöcke, Rest Schwarz
- Jetzt anfügen: Zwischenstreifen links an die Einheit C, 3 cm breit

Zusammensetzen

Nähen Sie zuerst Einheit B an die Oberkante von Einheit C und fügen Sie dann Einheit A links an die Gruppe BC. Danach folgen die Randstreifen rechts und links, jeweils 12 cm breit, so lang wie die Gesamtlänge des Quilts (hier ca. 170 cm).

Quilten

→ Lektionen 14 / 15

Montieren Sie Rückseite, Volumenvlies und gebügelte Oberseite aufeinander. Quilten Sie entweder von Hand oder mit der Nähmaschine Längslinien von oben nach unten, in den schwarzen Längsstreifen und auf den größeren schwarzen Flächen.

Einfassung

→ Lektion 16

Fassen Sie den Quilt mit einem schwarzen Schrägstreifen ein und nähen Sie einen Aufhängetunnel an die rückwärtige Oberkante.

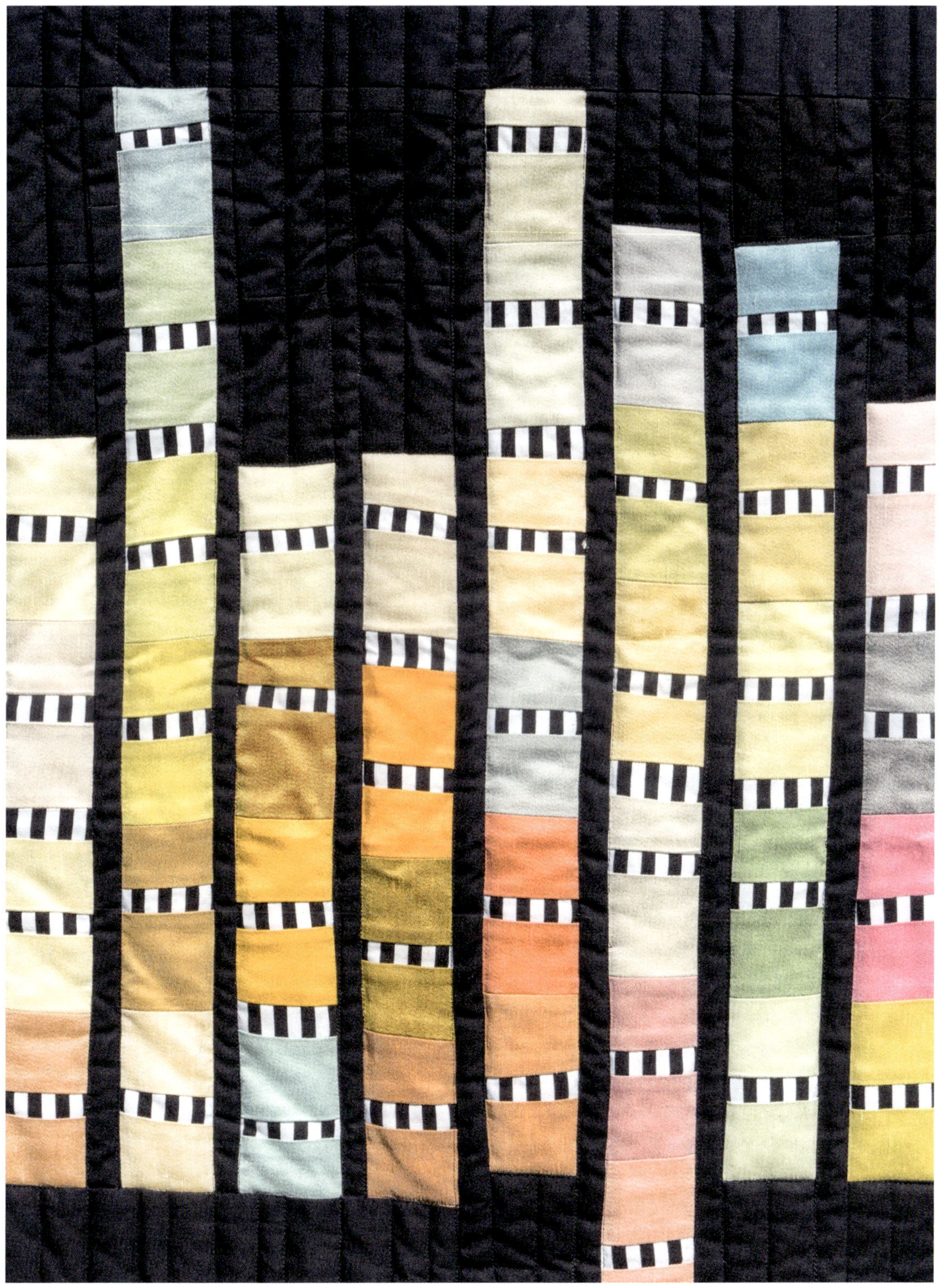

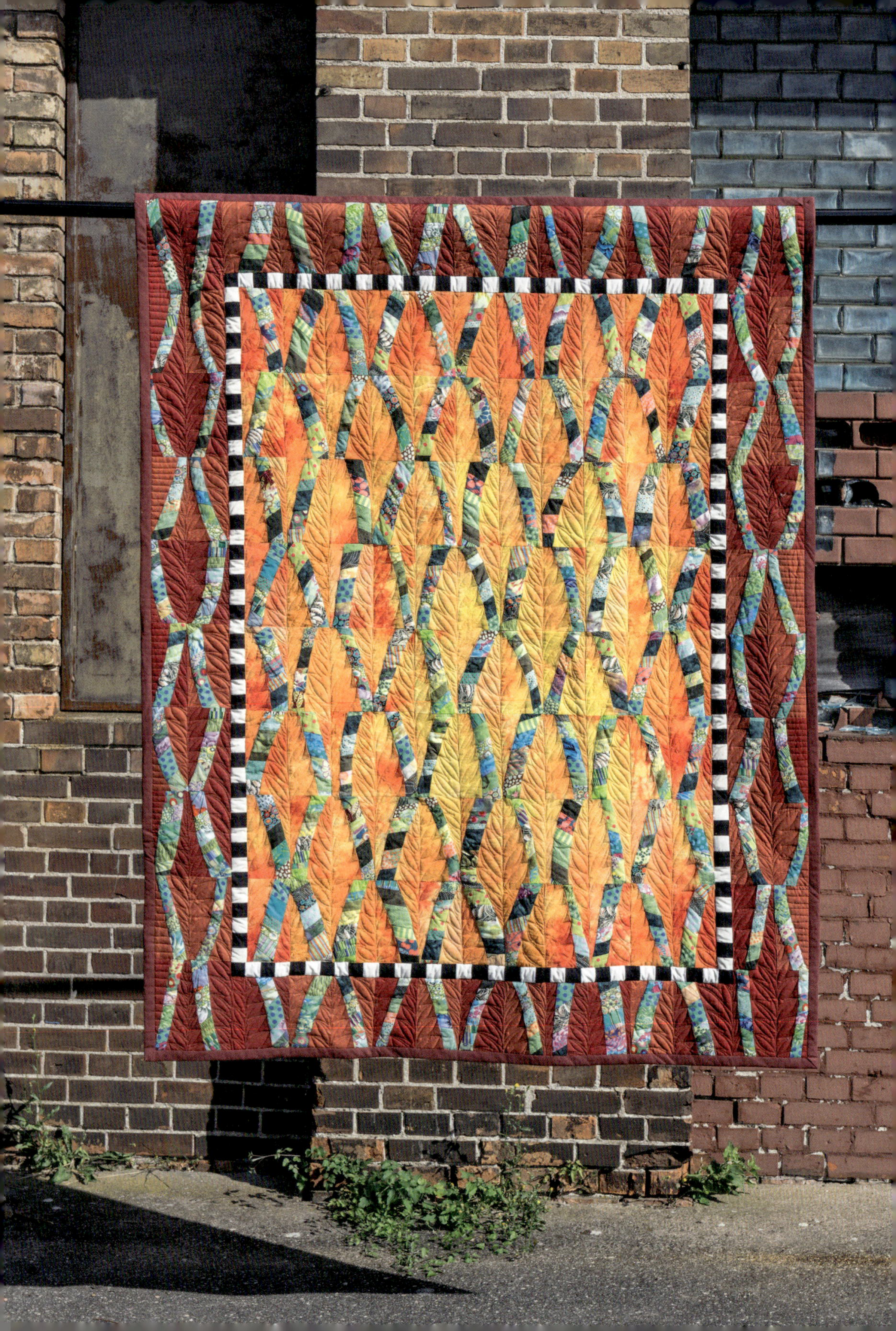

Sonnenaufgang

186 × 142 cm
mit: Bitten und Borgen / Beg and Borrow

Grüne Stoffe kann man nicht genug haben, dachte ich, als ich einen Quilt zum Thema »Regenwald« begann. Im Eifer schnitt ich Unmengen von grünen Streifen zu, von denen ein beachtlicher Berg übrigblieb. Dieser Quilt ist der Beweis, dass Patchwork Nachwuchs bekommt, denn er entstand aus diesem Streifenhaufen. Die Blöcke sind ähnlich wie beim Quilt »Hin und Her« angeordnet, wurden jedoch nicht als Quadrate, sondern als Rechtecke gearbeitet. Die gebogenen Schnitte und mehrfarbigen Streifen wirken besonders lebendig.

MATERIAL

Stoffe

- insgesamt 5 m grüne Stoffe aller Art, zu Streifen geschnitten
- 1,5 m Gelb-Orange, unruhig gefärbt, für den Innenteil
- 1,8 m Rostrot, uni, für den Außenrand
- 0,2 m Schwarz, uni, für den Akzentstreifen
- 0,2 m Weiß, uni, für den Akzentstreifen

Berechnung

- Eine Einheit aus 8 Streifen von je ca. 5 cm Breite ergibt 8 Bögen.

Sonstiges

- 200 × 160 cm Rückseitenstoff
- 200 × 160 cm Volumenvlies
- orangenes und rostrotes Quiltgarn
- 6,8 m rostbrauner breiter Schrägstreifen für die Einfassung

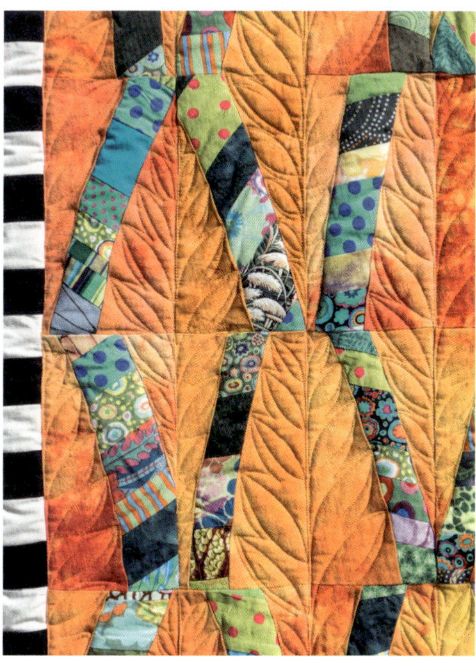

Streifenbögen nähen

→ Lektion 1

Schneiden Sie die grünen Stoffe zu Streifen von 4 – 6 cm Breite, von Webkante zu Webkante. Setzen Sie die Streifen in wechselnden Farben um jeweils eine Streifenbreite versetzt aneinander, wie abgebildet. Es hat sich gezeigt, dass es gut wirkt, wenn die Streifen nicht alle in die gleiche Richtung weisen. Versetzen Sie die verschiedenen Einheiten also einmal nach rechts unten, einmal nach links unten. Nähen Sie 13 bis 15 Streifeneinheiten von ca. 30 cm Breite.

Schneiden Sie zuerst eine Zackenkante glatt, dann von diesem Ende flache Streifenbögen von ca. 5 – 6 cm Breite ab. Folgen Sie der Richtung, in welcher Sie die Einheiten genäht haben. Sie brauchen für diesen Quilt insgesamt 116 Bögen.

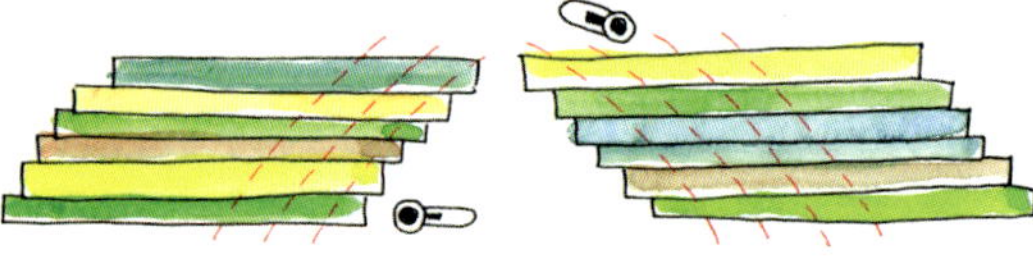

Verschiedene grüne Streifen zu ca. 30 cm breiten Einheiten nähen. Streifen in wechselnden Richtungen versetzt anordnen. In Richtung der versetzten Kante gebogene Streifen von ca. 5–6 cm Breite abschneiden.

27 gelbe Blöcke A

Schneiden Sie für den mittleren Bereich 27 Rechtecke aus dem gelb-orangenen Stoff im Maß von 20 × 12 cm zu. Schneiden Sie einen flachen Bogen von links unten nach rechts oben. Beginnen und enden Sie jeweils ca. 3 cm vor der Ecke. Setzen Sie einen Streifenbogen ein. Bügeln Sie die Nahtzugaben nach außen. Schneiden Sie alle Blöcke auf exakt 19 × 12 cm zu.

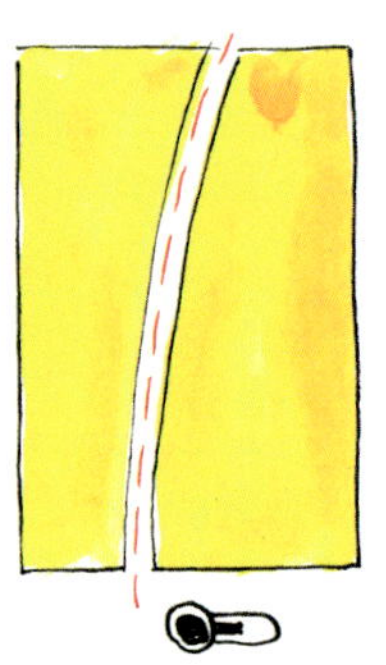

Block A: Schneiderichtung von links unten nach rechts oben.

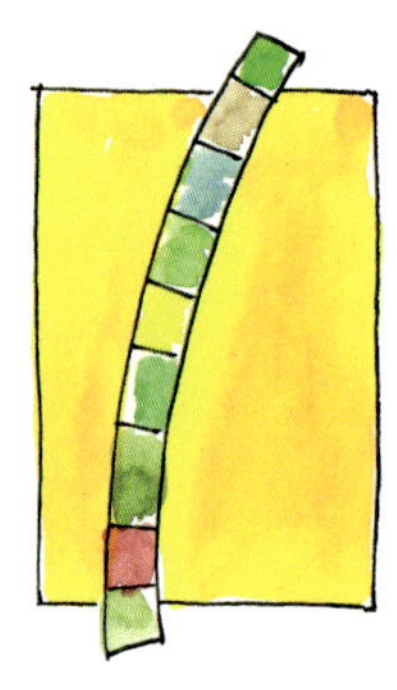

Grünen Bogen einsetzen und Block A zurechtschneiden.

27 gelbe Blöcke B

Schneiden Sie für die 27 Blöcke B einen flachen Bogen von rechts unten nach links oben und setzen Sie dort einen Streifenbogen ein. Schneiden Sie alle Blöcke auf exakt 19 × 12 cm zu.

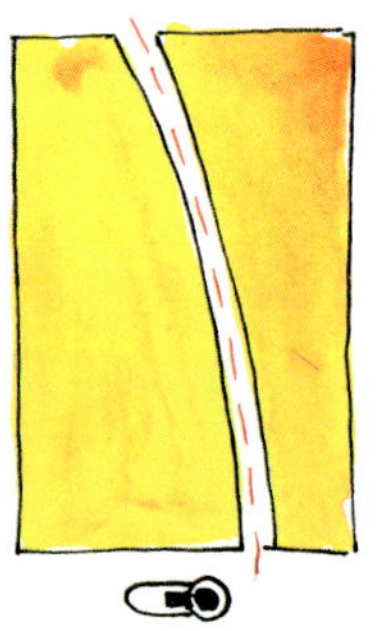

Block B: Schneiderichtung von rechts unten nach links oben.

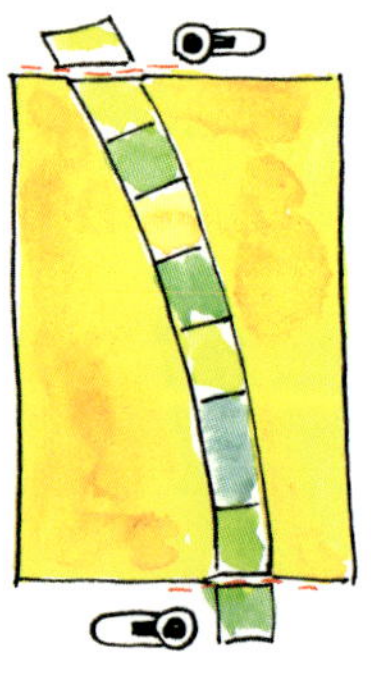

Grünen Bogen einsetzen und Block B zurechtschneiden.

54 rostrote Randblöcke A und B

Für die Randbordüren schneiden und nähen Sie die Blöcke aus rostrotem Stoff mit eingesetztem grünem Streifenbogen wie oben beschrieben. Sie brauchen 27 Blöcke A und 27 Blöcke B, exakt 19 × 12 cm groß, sowie je 4 Blöcke (A länger und B länger) von exakt 24 × 12 cm für die Ecken.

4 Eckblöcke A und 4 Eckblöcke B

Sie benötigen für die Seitenbordüren Blöcke, die 5 cm höher sind als die »normalen« Blöcke, um die zusätzliche Breite des Akzentstreifens auszugleichen. Schneiden Sie acht Rechtecke ca. 25 × 12 cm groß zu und setzen Sie dort etwas längere Streifenbogen (A und B) ein.

Akzentstreifen nähen

Nähen Sie einen ca. 5 m langen Akzentstreifen. Dafür setzen Sie exakt 5 cm breit geschnittene weiße und schwarze Streifen an den Längskanten zu Streifeneinheiten von ca. 30 – 40 cm Breite aneinander. Bügeln Sie die Nahtzugaben zum schwarzen Stoff hin. Schneiden Sie davon Einheiten von 5 cm Breite ab und setzen Sie diese zu einem langen Band aneinander.

Zusammensetzen

→ Lektion 12

Legen Sie für den sonnigen Innenbereich 8 Querreihen zu je 11 Blöcken. Richten Sie die Blöcke A und B so aus, dass die Bögen voneinander weg, bzw. aufeinander zu laufen. Wenn es möglich ist (z. B. bei einem handgefärbten Stoff), gruppieren Sie die helleren und dunkleren Hintergrundstoffe zum optischen »Sonnenaufgang«. Fügen Sie die Blöcke aneinander wie in Lektion 12 beschrieben.

Akzentstreifen

Nähen Sie den Akzentstreifen um das gebügelte Mittelteil. Richten Sie ihn so aus, dass in den Ecken jeweils ein schwarzes Quadrat liegt. Bügeln Sie die Nahtzugaben vom Akzentstreifen weg.

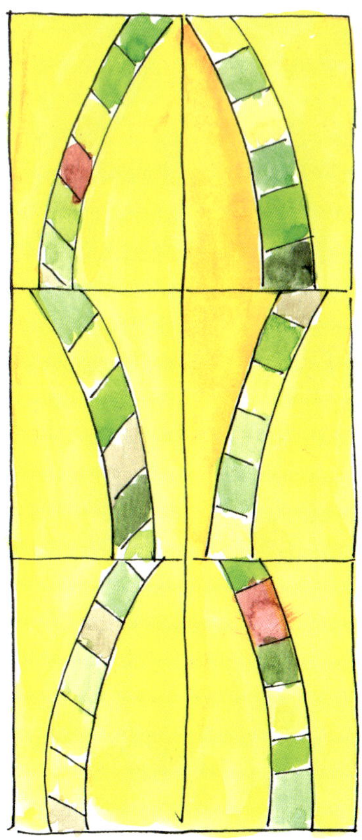

Blöcke A und B so anordnen, dass sie wechselnd symmetrisch aufeinander zulaufen und voneinander wegweisen.

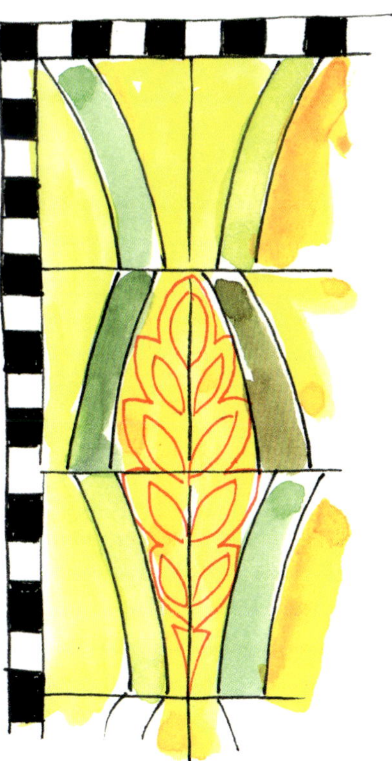

Sonnengelben Mittelbereich mit einem 5 cm breiten schwarzweißen Akzentstreifen einfassen.

Randbordüre

→ Lektion 13

Nähen Sie zuerst die Bordüren für Ober- und Unterkante aus jeweils 11 Blöcken, die wechselnd (A und B) in einer Reihe stehen. Sie müssen, um das zusätzliche Maß des Akzentstreifens auszugleichen, je einen 5 cm breiten rostbraunen Streifen an die Seiten nähen. Fügen Sie die beiden Bordüren an Ober- und Unterkante des Mittelteils.

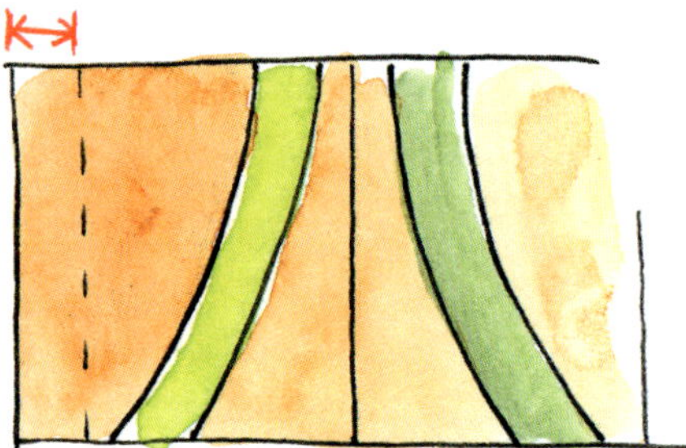

Außenrand mit den rostroten Blöcken formen. Oberen und unteren Randstreifen rechts und links verbreitern (Breite des Akzentstreifens).

Bilden Sie Seitenstreifen aus je 16 Blockpaaren A und B. Verlängern Sie die Bordüren mit jeweils zwei der etwas längeren Eckblöcke A und B oben und unten und fügen Sie die Bordüre rechts und links an das Mittelteil.

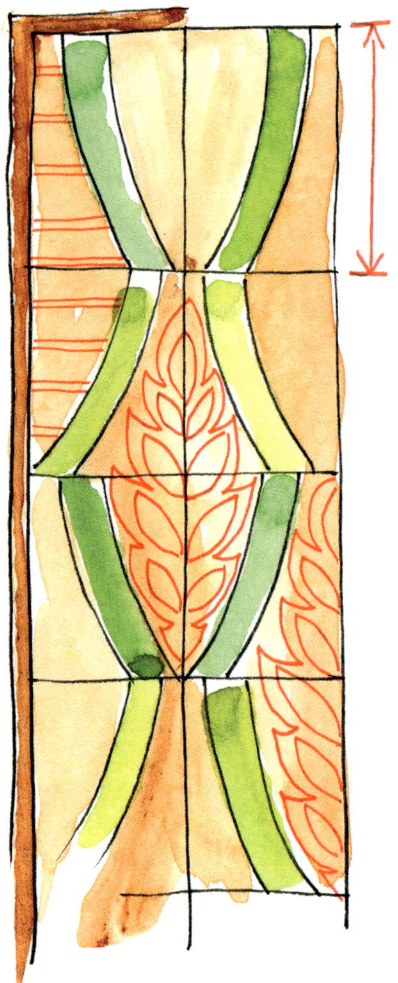

Seitliche Randbordüren in Rostrot. Die vier Blockpaare in den Ecken müssen um die Breite des Akzentstreifens länger sein.

Quilten

→ Lektionen 14 / 15

Montieren Sie Rückseite, Volumenvlies und gebügelte Oberseite aufeinander. Quilten Sie aufrechtstehende Zweige mit Blättern in die von jeweils vier Blöcken geformte Fläche. Arbeiten Sie eine gebogene oder gezackte Echolinie um diese Blätter herum. Nach außen laufende »Klaviertasten« auf dem äußersten rostroten Bereich festigen die Außenkante.

Einfassung

→ Lektion 16

Fassen Sie den Quilt mit einem rostbraunen breiten Schrägstreifen ein.

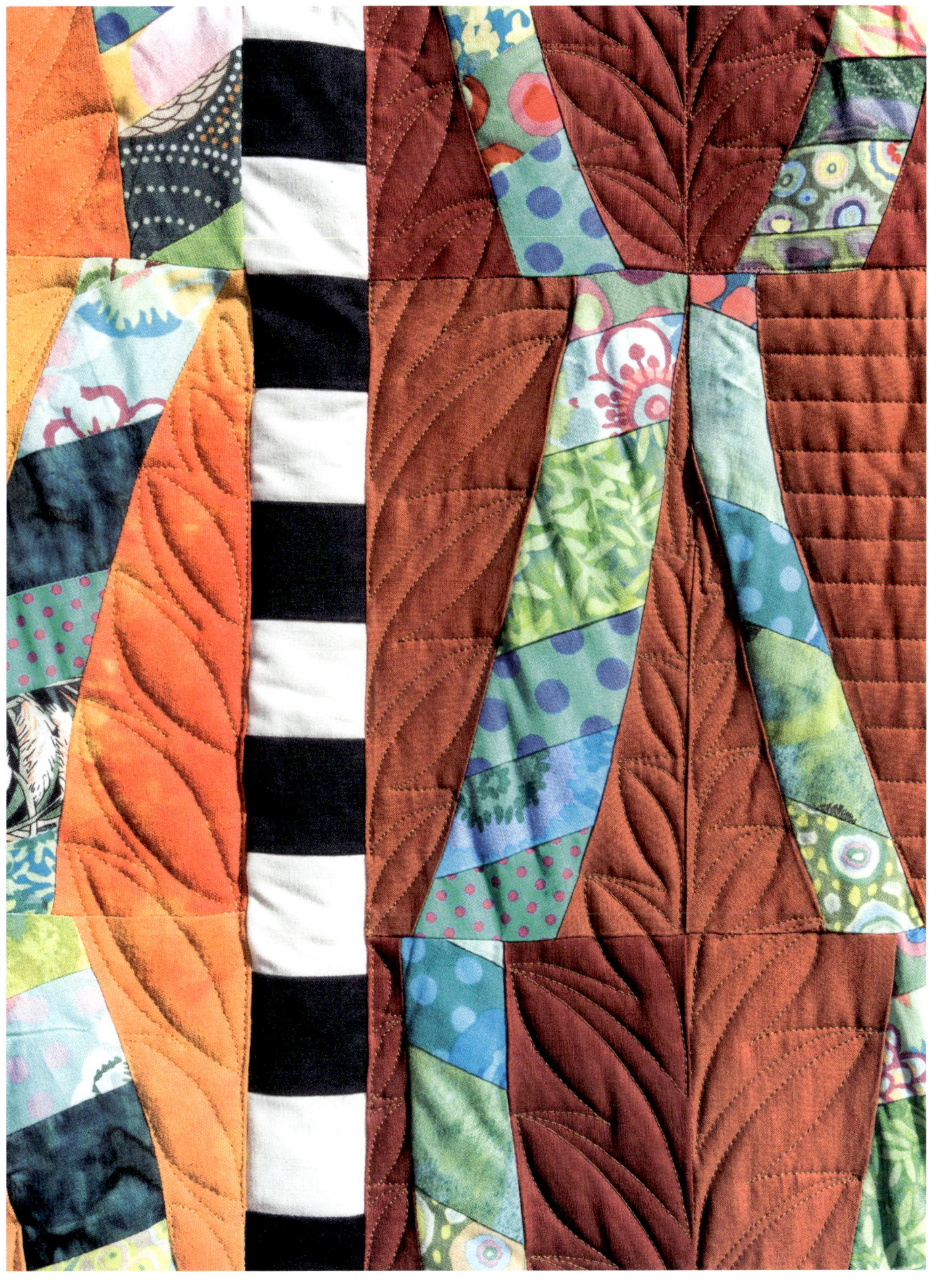

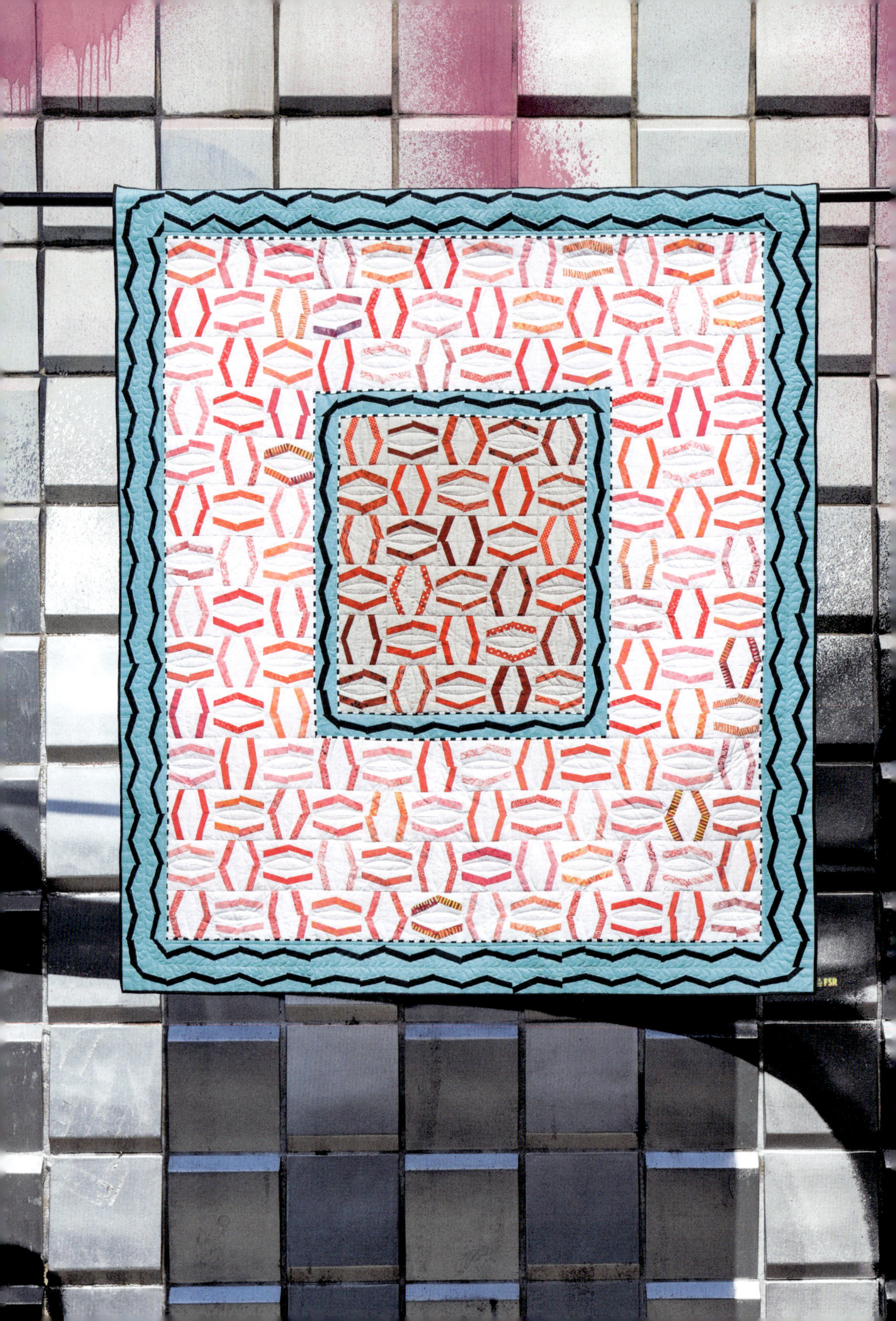

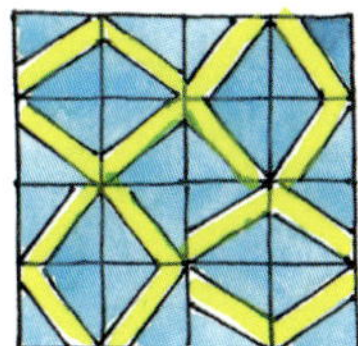

Hin und Her

200 × 173 cm
mit: Bitten und Borgen / Beg and Borrow

Die Magie des einzelnen Blocks! Je schlichter ein Block, desto vielseitiger kann man ihn anwenden. Wir haben den Quilt vor der besprühten Seitenwand eines Berliner Kaufhauses fotografiert, interessiert beobachtet von Würstchen essenden Passanten.

MATERIAL

Stoffe

- 5 m Weiß, uni, für den Außenbereich
- 1,5 m Pink, uni oder leicht gemustert, für die Streifen im Außenbereich
- 1,2 m Hellgrau, uni, für das Mittelteil
- 0,35 m Rot, uni oder leicht gemustert, für die Streifen im Innenbereich
- 2,2 m Türkis, uni, für den inneren und äußeren Randstreifen
- 0,6 m Schwarz, uni, für den inneren und äußeren Randstreifen
- 0,5 m schwarzweiß gestreifter Stoff, Streifenbreite ca. 1 cm, für die Paspeln

Sonstiges

- 220 × 190 cm Rückseitenstoff
- 220 × 190 cm Volumenvlies
- weißes, türkises und graues Quiltgarn
- 7,6 m schwarzer Schrägstreifen für die Einfassung

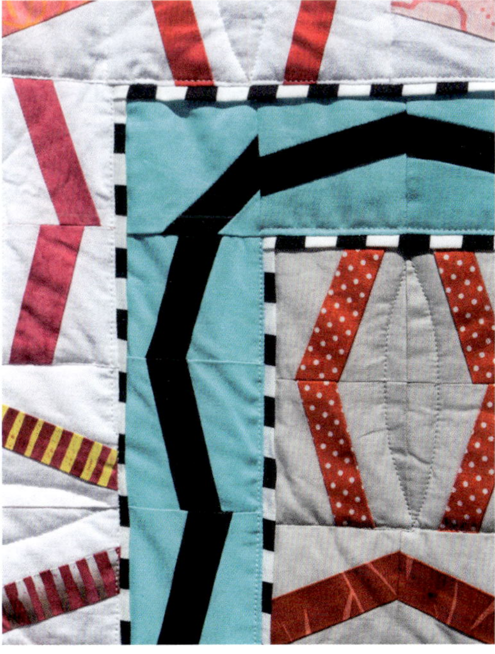

Zuschneiden

→ Lektion 1

Wenn Sie für die Streifen eine Jelly Roll verarbeiten, dann teilen Sie jeden vorgeschnittenen Streifen einmal längs, um zwei Streifen von ca. 3 cm Breite zu erhalten. Benutzen Sie das Lineal, Sie müssen aber nicht millimetergenau messen.

Schneiden Sie Quadrate von ca. 9 × 9 cm:
- für den Außenbereich: 504 × weiß
- für den Innenbereich: 120 × hellgrau
- für den inneren Randstreifen: 48 × türkis
- für den äußeren Randstreifen: 224 × türkis

Schneiden Sie Streifen von 3 cm Breite:
- für den Außenbereich: 35 × rosa
- für den Innenbereich: 8 × rot
- für den inneren Randstreifen: 4 × schwarz
- für den äußeren Randstreifen: 15 × schwarz

Berechnung

Ein Streifen, 3 cm breit, von Webkante zu Webkante geschnitten, reicht für vier komplette Hin-und-Her-Blöcke (also für 16 kleine Quadrate).

Block nähen

Für jeden Block platzieren Sie zweimal zwei doppelt gelegte Quadrate vor sich, beide Paare weisen mit der rechten Stoffseite nach oben. Schneiden Sie beim linken Paar schräg von rechts unten nach links oben (A), beim rechten Paar schräg von links unten nach rechts oben (B). Halten Sie ca. 2 cm Abstand zu den Ecken.

Schneiden Sie die einzusetzenden Streifen jeweils ca. 2 cm länger zu, als der Schnitt misst. Nehmen Sie das links liegende Teil des Quadrats und nähen Sie den Streifen an die rechte schräg geschnittene Kante. Lassen Sie den Streifen jeweils ca. 1 cm weit oben und unten überstehen. Falten Sie den Streifen nach außen. Schneiden Sie das oben und unten überstehende Ende bündig mit der Kante des Quadrates ab. Danach fügen Sie das rechte Teil des Hintergrundquadrates an. Bügeln Sie die Nahtzugaben zum Streifen hin. Schneiden Sie alle Quadrate exakt auf das gleiche Maß zu, hier sind dies 8 × 8 cm.

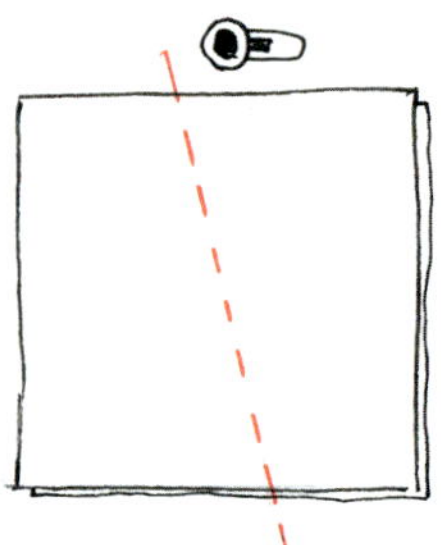

A: Schnitt von rechts unten nach links oben.

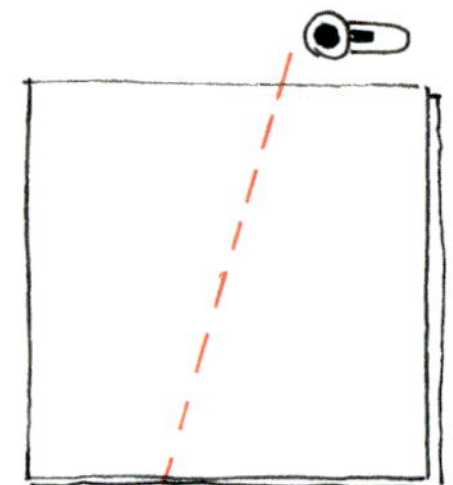

B: Schnitt von links unten nach rechts oben.

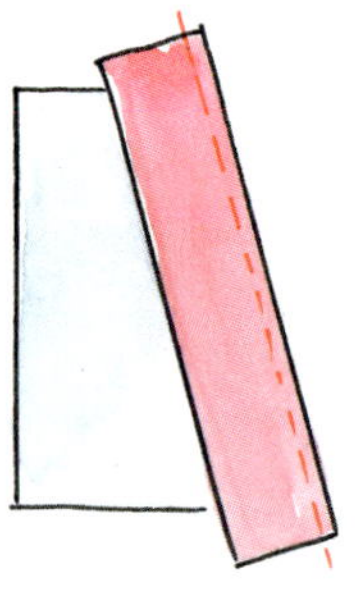

Streifen an die linke Hälfte des Quadrats annähen.

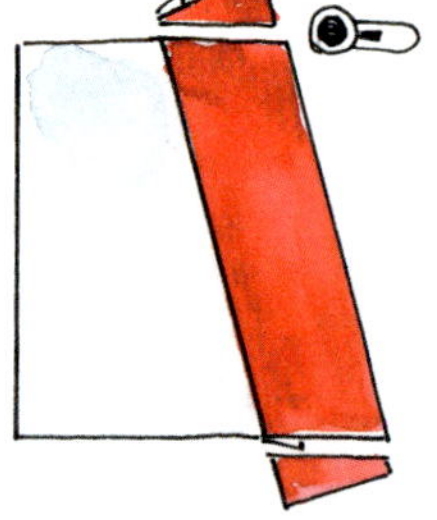

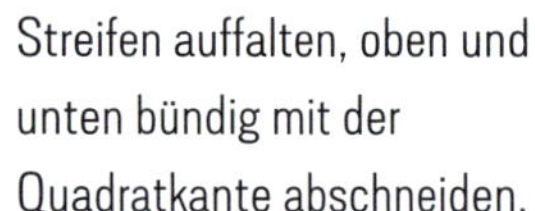

Streifen auffalten, oben und unten bündig mit der Quadratkante abschneiden.

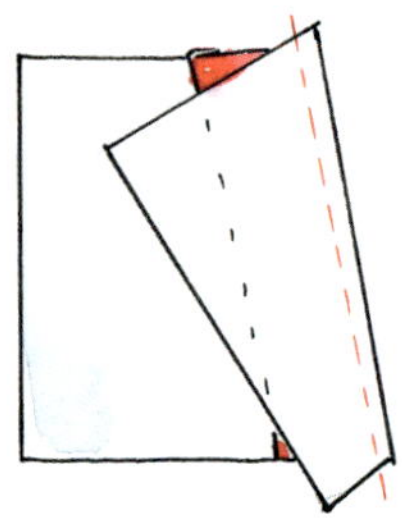

Rechte Hälfte des Quadrats annähen. Auffalten, bügeln.

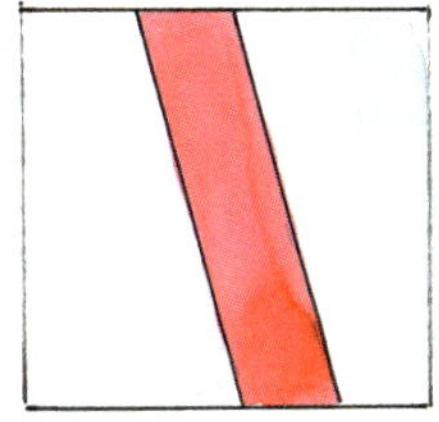

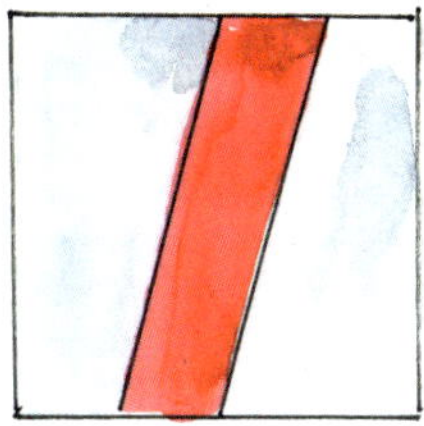

Zuschneiden auf jeweils 8 × 8 cm.

Nähen Sie so viele Quadrate A und B wie unten angegeben.

Hin-und-Her Blöcke

Ordnen Sie immer vier Quadrate (2 × A, 2 × B) zum Block an, die Streifen sollen eine Rautenform bilden. Nähen Sie den Viererblock. Bügeln Sie die ersten Nähte gemeinsam in entgegengesetzte Richtungen und die letzte Naht auseinander, damit sich an den Streifen keine zu dicken Knubbel ergeben.

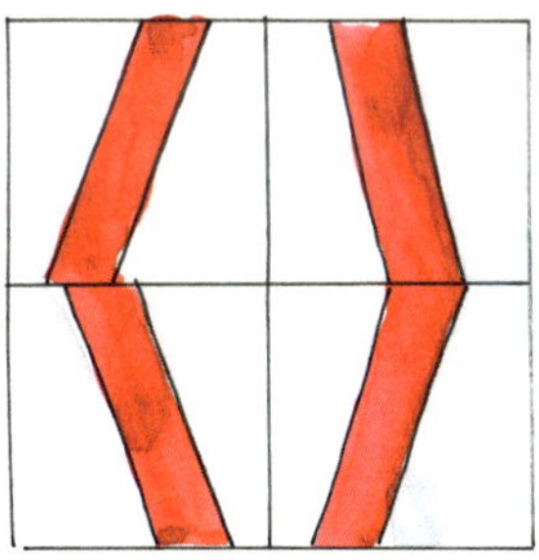

30 Hin-und-Her-Blöcke grau mit rotem Streifen.

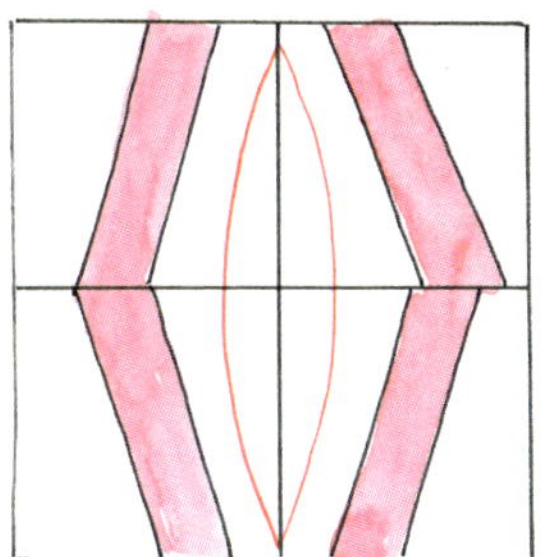

126 Hin-und-Her Blöcke weiß mit rosa Streifen. Hier bereits mit Quiltvorschlag.

Nähen Sie:

- 30 Hin-und-Her-Blöcke in Grau mit rotem Streifen für das Mittelteil und
- 126 Hin-und-Her-Blöcke in Weiß mit rosa / pinken Streifen für den Außenbereich.

Innere Randstreifen aus je 21 Quadraten A und B

Nähen Sie für die Randstreifen aus türkisfarbenen Quadraten mit schwarzen Streifen 21 Quadrate A und 21 Quadrate B. Fügen Sie die Quadrate A und B aneinander, so dass der schwarze Streifen eine flach gezackte Linie bildet.

Für die Ecken benötigen Sie vier 9 × 9 cm große türkisfarbene Quadrate. Schneiden Sie von einem Quadrat eine Ecke ab, ca. 5 cm von der Spitze beginnend und endend. Setzen Sie zwischen die beiden Teile einen schwarzen Streifen. Schneiden Sie die Quadrate ebenfalls auf exakt 8 × 8 cm zu. Fügen Sie je einen Eckblock an die Enden der türkisfarbenen Reihen von Ober- und Unterkante, so dass sich eine um die Ecke laufende schwarze Linie formt.

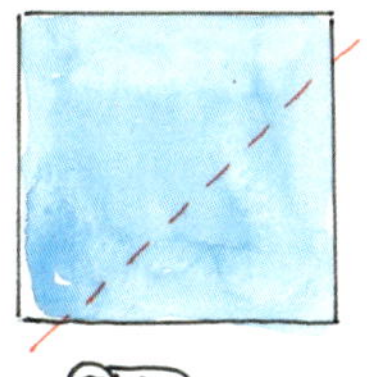

Eckblock in Türkis.

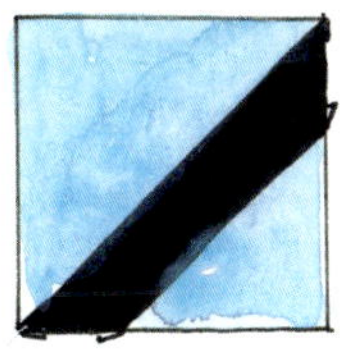

Streifen in den Eckblock einsetzen.

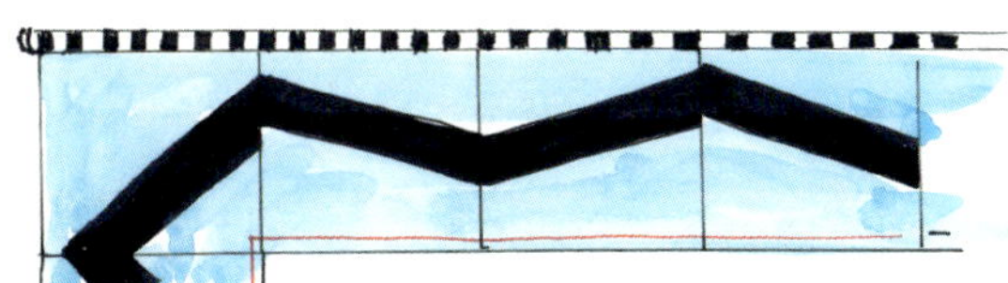

Innerer Randstreifen mit Eckblock und Paspel. Nähen Sie 21 Quadrate A und 21 Quadrate B, plus Eckblöcke.

Äußere Randstreifen aus je 119 Quadraten A und B

Bilden Sie vier einzelne Viererblöcke für die Ecken, ähnlich wie beim inneren Randstreifen.

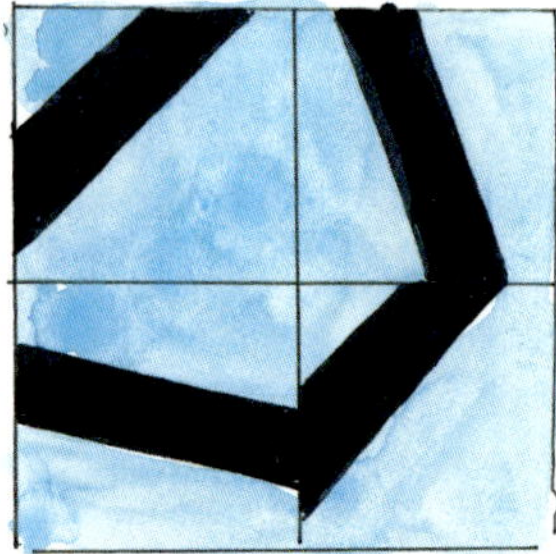

Eckblock für den äußeren Randstreifen.

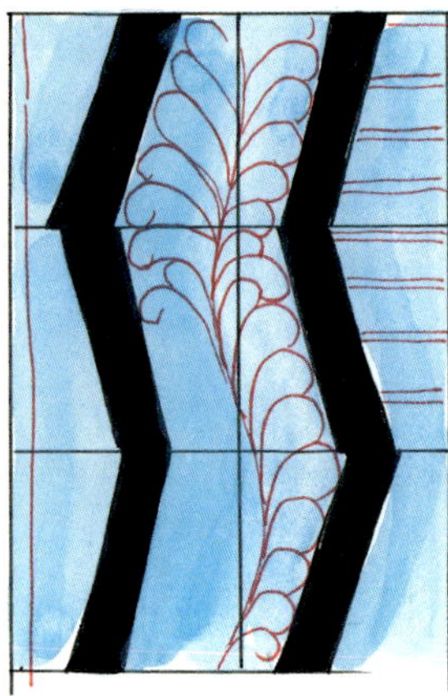

Der äußere Randstreifen wird aus 2 parallel laufenden Linien gebildet.
Nähen Sie 116 Quadrate A und 116 Quadrate B.

Rote Muster: Quiltvorschlag

Paspeln in den Nähten

Schneiden Sie vom schwarzweiß gestreiften Stoff acht Streifen von exakt 2,5 cm Breite zu und setzen Sie sie zu einem langen Band aneinander. Falten Sie die Streifen links auf links zur Mitte und bügeln Sie. Fassen Sie je einen in die beschriebenen Nähte. Befestigen Sie den Paspelstreifen zuerst innerhalb der Nahtzugabe, damit bei der nachfolgenden Naht nichts verrutschen kann.

Zusammensetzen

→ Lektion 12

Wichtig ist, dass die quer und längs liegenden Blöcke konsequent abwechselnd liegen. Beachten Sie den Nähplan und das Foto.

1. Bilden Sie aus 30 grau/roten Hin-und-Her-Blöcken das Mittelteil (Einheit A). Nähen Sie 5 Blöcke quer und 6 Blöcke längs.

2. Umrunden Sie das Mittelteil (A) mit einer schwarzweiß gestreiften Paspel.

3. Schließen Sie den inneren Randstreifen an. Fügen Sie für die Seitenkanten je 12, für Ober- und Unterkante je 10 Quadrate zu einer Reihe aneinander. Nähen Sie die 4 Eckblöcke, wie auf S. 75 beschrieben. Richten Sie die Position des Streifens mittig aus, damit Sie überstehende Enden bündig mit dem Mittelteil abschneiden können.

4. Umrunden Sie auch den inneren Randstreifen mit einer schwarzweiß gestreiften Paspel.

5. Bilden Sie 4 Einheiten aus den weiß/rosafarbenen Hin-und-Her-Blöcken:
2 × Einheit B, 1 × Einheit C und 1 × Einheit D.
B: 3 Blöcke breit, 7 Blöcke hoch
C: 12 Blöcke breit, 3 Blöcke hoch
D: 12 Blöcke breit, 4 Blöcke hoch.

6. Nähen Sie die Außenteile um das Mittelteil, zuerst die beiden kleineren Einheiten (B) rechts und links, dann die obere (C) und die untere (D).

7. Fügen Sie einen Paspelstreifen rundum, genau wie zuvor um das Mittelteil.

8. Bilden Sie aus den türkisfarbenen Quadraten mit schwarzen eingesetzten Streifen eine doppelte Reihe, bei der das Schwarz zwei gezackte parallel laufende Linien bildet. Sie brauchen für die Seiten 112, für Ober- und Unterkante 96 Quadrate. Formen Sie die 4 Eckblöcke wie abgebildet. Nähen Sie die Randstreifen an.

Quilten

→ Lektionen 14 / 15

Montieren Sie Rückseite, Volumenvlies und gebügelte Oberseite aufeinander. Quilten Sie entweder von Hand oder mit der Nähmaschine in den Blocknähten, sowie in passendem Türkis dicht rechts und links entlang der Akzentstreifen. Mit der Longarm-Quiltmaschine können Sie in den Nähten der Blöcke quilten und in die mittlere Fläche jeder Raute eine langgezogene »Orangenschale« setzen. Quilten Sie an den Kanten der Randstreifen in Türkis entlang. Auf dem äußeren Randstreifen können Sie ein umlaufendes Federmuster quilten sowie »Klaviertasten« vom äußeren schwarzen Streifen bis zur Kante.

Einfassung

→ Lektion 16

Fassen Sie den Quilt mit einem schwarzen Schrägstreifen ein.

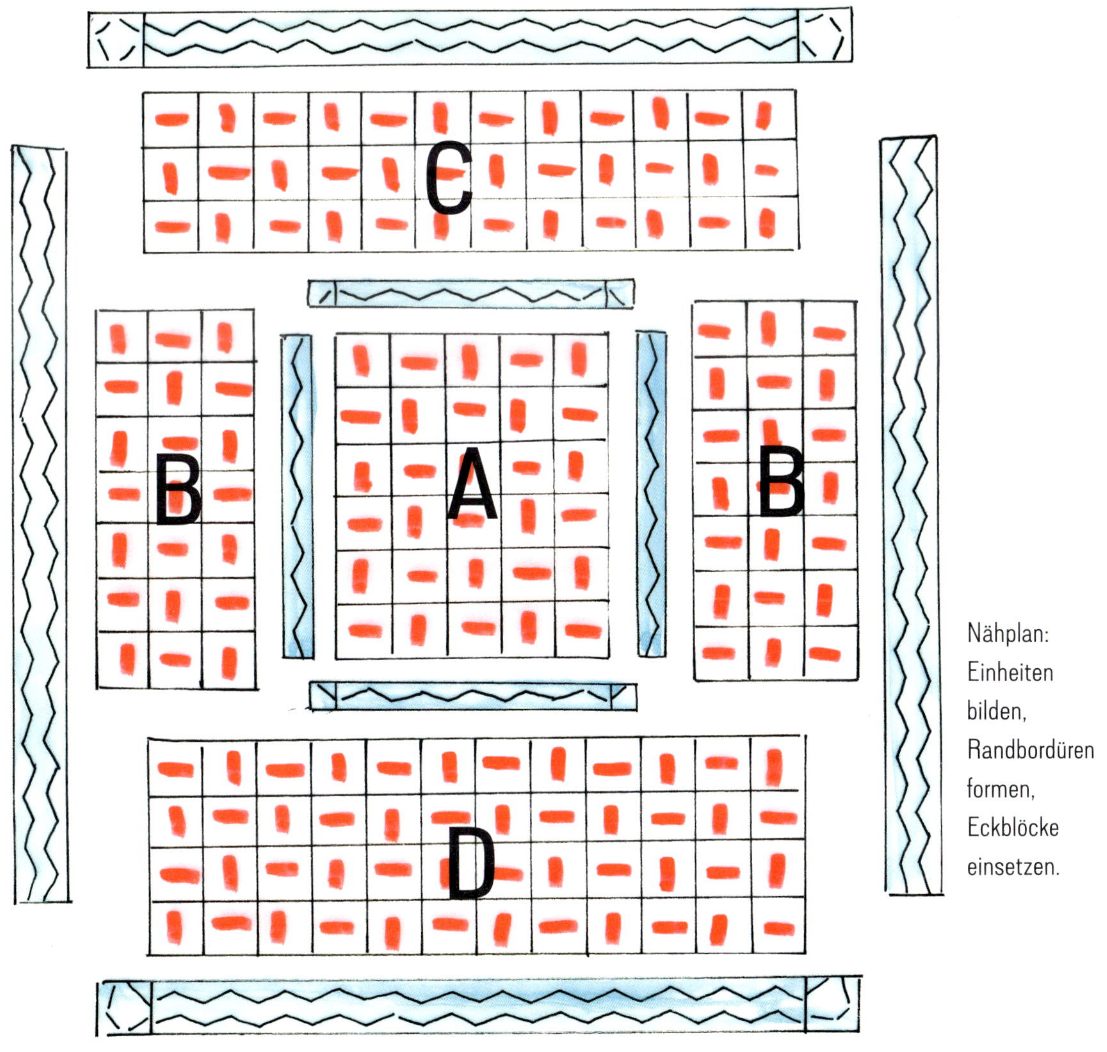

Nähplan: Einheiten bilden, Randbordüren formen, Eckblöcke einsetzen.

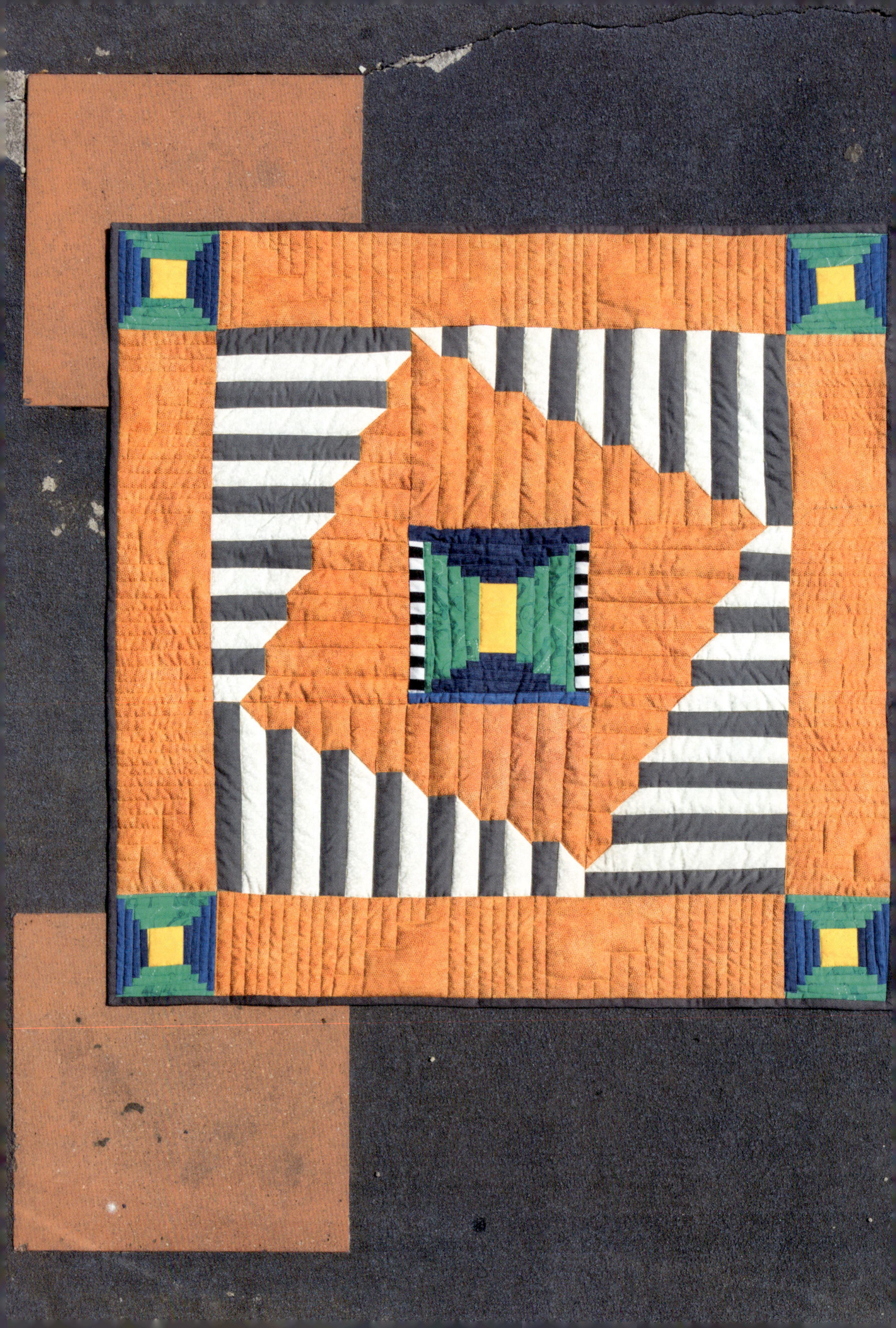

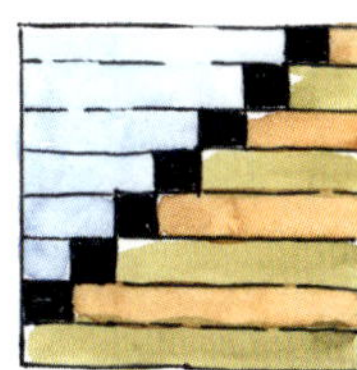

Treppen

93 × 93 cm
mit: Stufen zum Gericht / Courthouse Steps
und: Treppen / Stairs

An Gerichtsgebäuden gibt es einen Briefkasten, der pünktlich um Mitternacht geleert wird, damit wichtige Schreiben und Anträge fristgerecht eingehen. Ich sehe in Gedanken zahllose Juristen die Treppe hoch und runter eilen. Beim Block »Stufen zum Gericht« werden die Streifen jeweils an die beiden gegenüber liegenden Seiten eines Mittelteiles genäht, so dass sich an den Ecken die Illusion einer Treppe ergibt.

MATERIAL

Stoffe

- 0,4 m Naturweiß für die Treppen
- 0,4 m Dunkelgrau für die Treppen
- 1,5 m Terracotta für die Treppen und den Rand
- 0,1 m leuchtendes Gelb für die Mittelpunkte
- 0,25 m mittleres Grün für den Mittelblock und die Ecksteine
- 0,25 m Dunkelblau für den Mittelblock und die Ecksteine
- 0,05 m Schwarzweiß gestreift für die Seiten des Mittelblocks

Sonstiges

- 100 × 100 cm Rückseitenstoff
- 100 × 100 cm Volumenvlies
- Quiltgarn in Terracotta und Mittelblau
- 4 m dunkelgrauer Schrägstreifen für die Einfassung

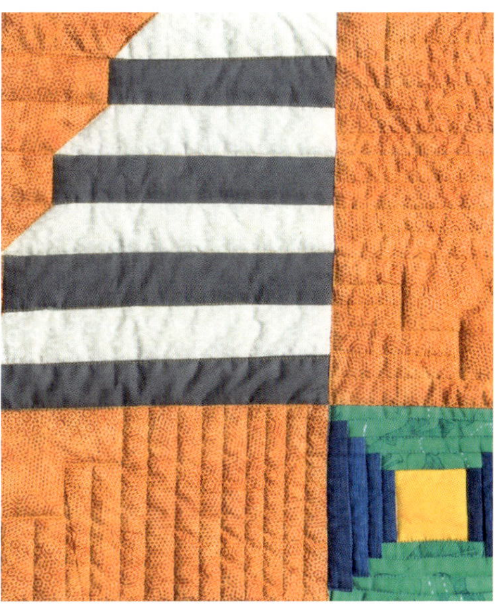

4 Treppen-Einheiten

→ Lektion 1

Schritt 1: Schneiden Sie aus dem naturweißen und dem terracottafarbenen Stoff je zwei Quadrate von 40 × 40 cm. Teilen Sie jedes Quadrat diagonal und setzen Sie je ein weißes und ein terracottafarbenes Dreieck an den langen Kanten aneinander. Bügeln Sie die Nahtzugaben zum weißen Stoff hin. Legen Sie jeweils eines dieser Quadrate so auf die Schneidematte, dass der weiße Stoff nach rechts unten weist. Schneiden Sie von unten nach oben sechs 5 cm breite Querstreifen ab. Der oberste Streifen ist etwas schmaler und wird nicht benötigt. Lassen Sie die Streifen in ihrer Reihenfolge liegen und schieben Sie sie etwas auseinander. Dies sind die Trittflächen der Stufen.

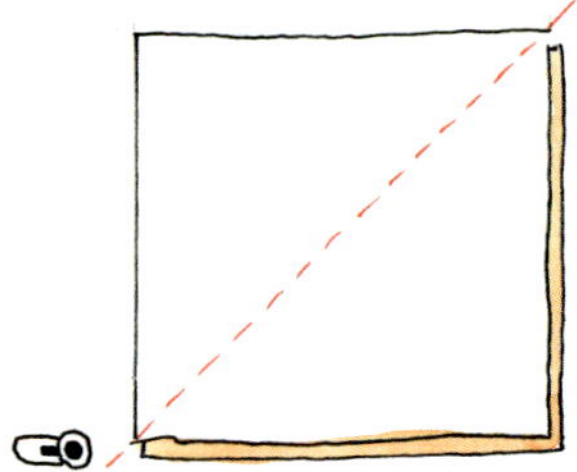

Zwei Quadrate in Weiß und zwei Quadrate in Terracotta (40 × 40 cm) diagonal teilen.

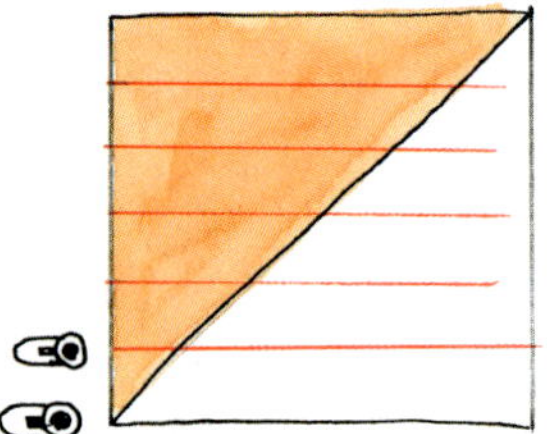

Dreiecke zusammensetzen. 2 × nähen. 5 cm breite Streifen abschneiden.

Schritt 2: Schneiden Sie für die Stufenvorderseiten aus dem terracottafarbenen und dem grauen Stoff je zwei Quadrate von 40 × 40 cm. Legen Sie zwei verschiedene Quadrate rechts auf rechts und nähen Sie beide (!) Seitenkanten aufeinander. Es ergibt sich ein Schlauch. Bügeln Sie die Nahtzugaben zum grauen Stoff hin.

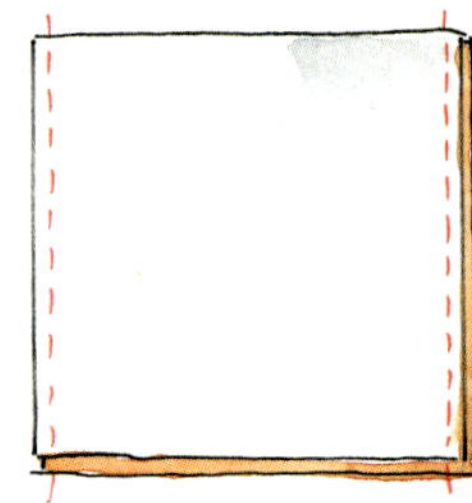

2 ×: Je ein graues und ein terracottafarbenes Quadrat (40 × 40 cm) rechts auf rechts legen und beide Seitenkanten rechts UND links zusammennähen.

Schneiden Sie von diesem Schlauch acht Streifen von 5 cm Breite ab, so dass Sie Stoffringe erhalten.

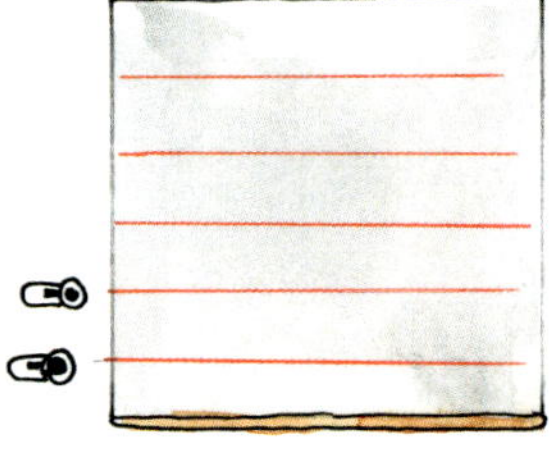

Ringförmige Streifen von 5 cm Breite abschneiden.

Schneiden Sie außerdem noch vier Streifen von 5 cm Breite und 40 cm Länge für die untersten Stufen zurecht.

Stufen zurechtlegen: Nehmen Sie jeweils einen der zweifarbigen Stoffringe und schieben Sie die Naht so zurecht, dass sich ein Anschluss des grauen Stoffes an die weiße Schräglinie der Stufenoberseite ergibt. Schneiden Sie den Ring an dieser Stelle auf und das überstehende Ende rechts bündig ab. Dieser Teil des Streifens wird, einmal gedreht, zur vorletzten Trittfläche passen. Schneiden Sie alle Stoffringe entsprechend auf und fügen Sie die entstandenen Streifen zwischen die Stufenoberseiten.

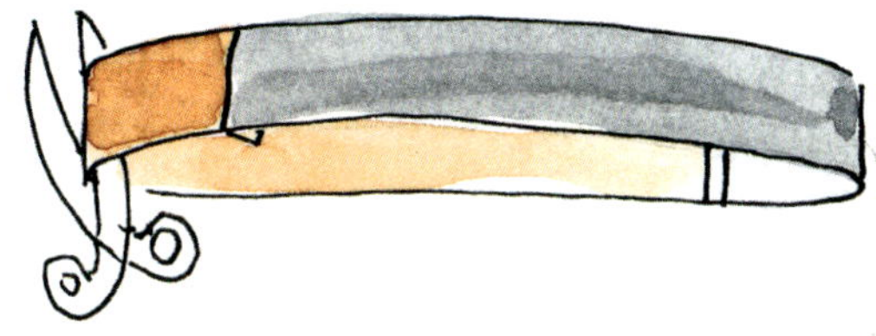

Ersten Stoffring so aufschneiden, dass die Naht zwischen Terracotta und Grau an die Ansatzstelle des ersten Streifens trifft (*).

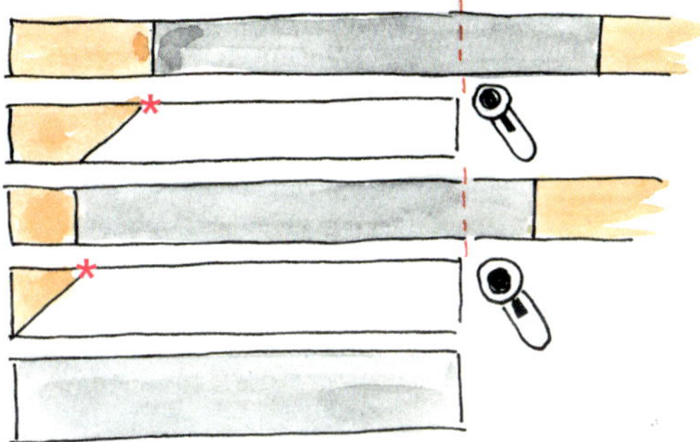

Entstandenen Streifen an die Oberkante des unteren anlegen und das Ende des Stoffrings bündig mit dem Ende des untersten Streifens abschneiden. Das abgeschnittene Ende wird einmal gedreht und so zu einer der oberen Stufen. Treppe aufbauen und nähen.

Beim Zusammennähen der Stufenstreifen schieben Sie die obere Naht um eine Nahtzugabenbreite nach links, damit sich ein möglichst genauer Anschluss bildet. Dadurch verschiebt sich die Treppeneinheit etwas, doch wird sie am Schluss noch gerade zugeschnitten. Fügen Sie ganz unten den einzelnen grauen Streifen an. Bügeln Sie die Nahtzugaben zu den grauen Stoffen hin.

Arbeiten Sie vier Treppeneinheiten. Schneiden Sie sie alle auf die gleiche Breite zu, hier ergaben sich 26 cm Breite, die Höhe von 48 cm war bei allen ziemlich gleich.

Maß des Mittelteils feststellen

Legen Sie die vier Treppen zum Viereck, so dass in der Mitte ein Quadrat frei bleibt, wie abgebildet. Messen Sie die Kantenlänge dieses Quadrats (hier 23 cm). Wenn Sie noch 1 cm hinzugeben, haben Sie das Maß des Mittelmotivs, das Sie als nächstes nähen.

Mittelteil nähen

Schneiden Sie Streifen von Webkante zu Webkante: Dunkelblau 2,5 - 3 cm, Grün 4 - 5 cm, schwarzweiß gestreift exakt 2,5 cm, Dunkelblau exakt 4 cm breit, sowie ein gelbes Rechteck von exakt 10 × 6 cm.

Nähen Sie an die beiden schmalen Seiten des gelben Rechtecks je einen dunkelblauen Streifen. Bügeln Sie die Nahtzugaben immer nach außen. Dann fügen Sie an die langen Seiten je einen grünen Streifen. Fahren Sie so fort, bis Sie ein Quadrat von 20 × 20 cm erreicht haben. Schneiden Sie das Quadrat exakt zu. Nähen Sie an die grünen Kanten den schwarzweißen Streifen und danach an die blauen Kanten einen 4 cm breiten blauen Streifen.

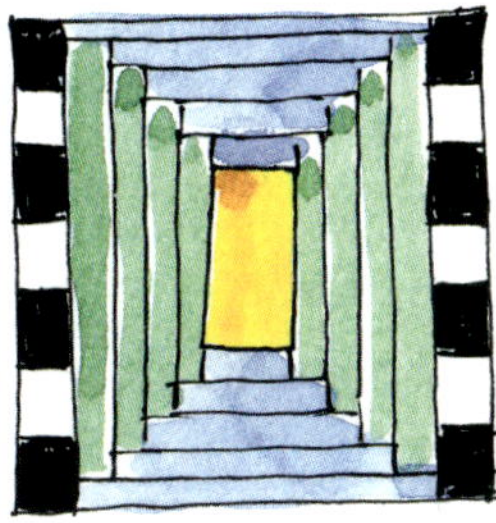

Mittelblock: Zentrum gelb, 10 × 6 cm. Streifen anfügen: zuerst Blau oben und unten, dann Grün rechts und links. Zum Schluss rechts und links mit einem schwarzweißen Streifen, oben und unten mit je einem blauen abschließen (fehlt auf Zeichnung, siehe Foto). Block quadratisch zuschneiden.

Zusammensetzen

Nähen Sie die vier Treppen nach der Methode »halboffene Naht« um das fertige, quadratische Mittelteil, wie abgebildet.

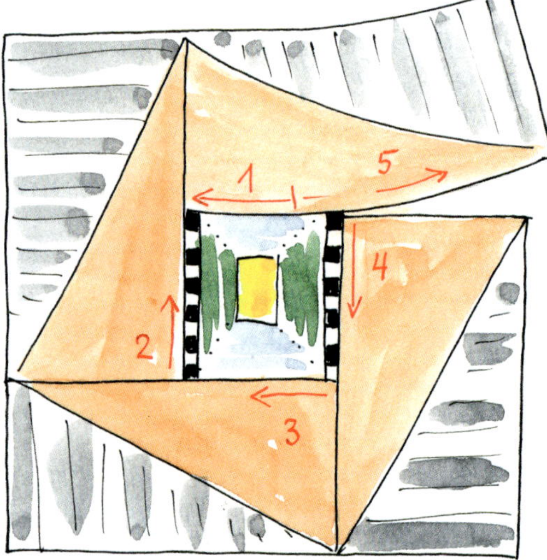

Treppenblöcke mit halboffener Naht um den Mittelblock nähen.

4 Ecksteine

Schneiden Sie dunkelblaue und grüne Streifen von 2,5 cm Breite von Webkante zu Webkante. Beginnen Sie in der Mitte mit einem gelben Quadrat von exakt 6 × 6 cm. Nähen Sie zuerst zwei dunkelblaue Streifen an zwei gegenüberliegende Kanten des Quadrats, dann fügen Sie zwei grüne Streifen an die beiden anderen Kanten. Bügeln Sie nach jeder Naht die Nahtzugaben nach außen. Nähen Sie dann wieder zwei dunkelblaue Streifen an die Kante der dunkelblauen, die grünen an die grünen und so weiter, bis an jeder Kante vier blaue bzw. vier grüne Streifen befestigt sind. Arbeiten Sie vier Eckblöcke.

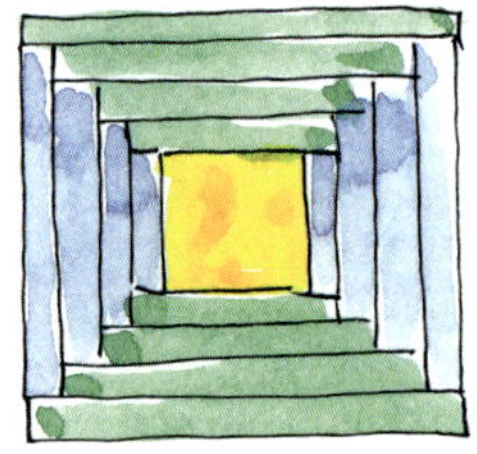

4 Ecksteine »Stufen zum Gericht«, 14 × 14 cm.

Schneiden Sie die Eckblöcke auf ein gemeinsames Maß zu, hier sind dies exakt 14 × 14 cm. Dies wird die Breite der vier terracottafarbenen Randstreifen, die Sie jetzt zuschneiden. Die Länge dieser Streifen entspricht der Kantenlänge des Mittelteils.

Randbordüre

Terracotta, 14 cm Schneidebreite, mit Ecksteinen

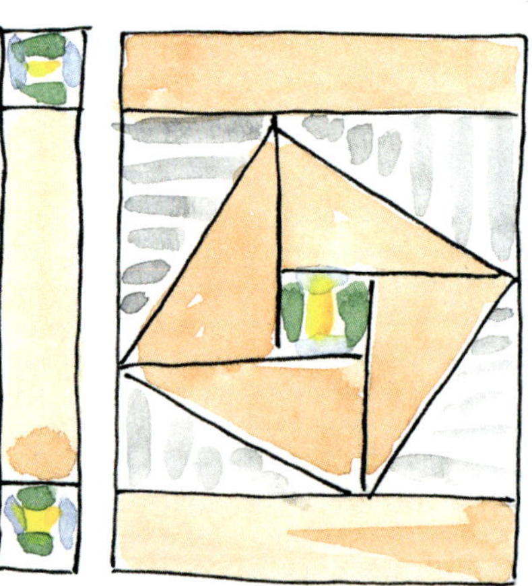
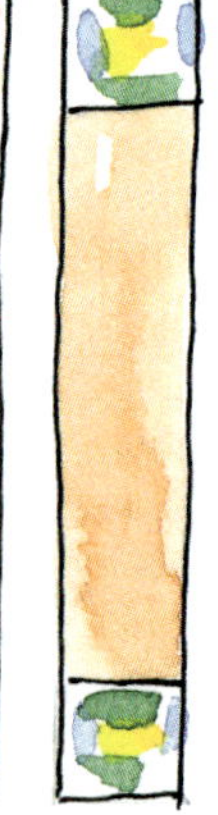

Nähplan: 2 Randstreifen oben und unten an die mittlere Einheit anfügen. Dann Ecksteine an die beiden verbleibenden Randstreifen setzen und an die Seiten der mittleren Einheit nähen.

Quilten

→ Lektionen 14 / 15

Montieren Sie Rückseite, Volumenvlies und gebügelte Oberseite aufeinander. Quilten Sie mit farblich passendem Garn gerade Linien in den Treppennähten, die Sie bis zur nächsten Naht über den terracottafarbenen Stoff verlängern. Arbeiten Sie dichtere Quiltlinien und Treppen auf den Randstreifen.

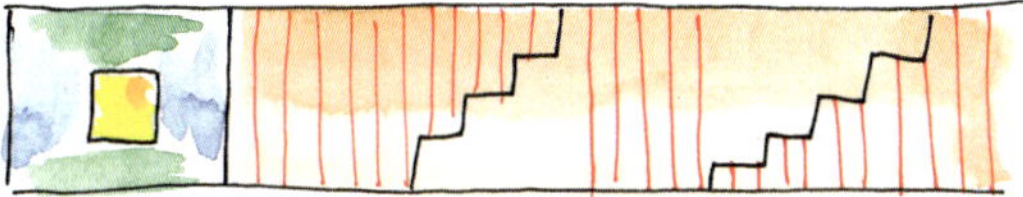

Quiltvorschlag für den Randstreifen

Einfassung

→ Lektion 16

Fassen Sie den Quilt mit einem dunkelgrauen Schrägstreifen ein und nähen Sie ein Aufhängetunnel an die rückwärtige Oberkante.

TIPP

Die Technik der »halboffenen Naht« ist auf Seite 99 beim Projekt »Hochhäuser« noch einmal genau beschrieben.

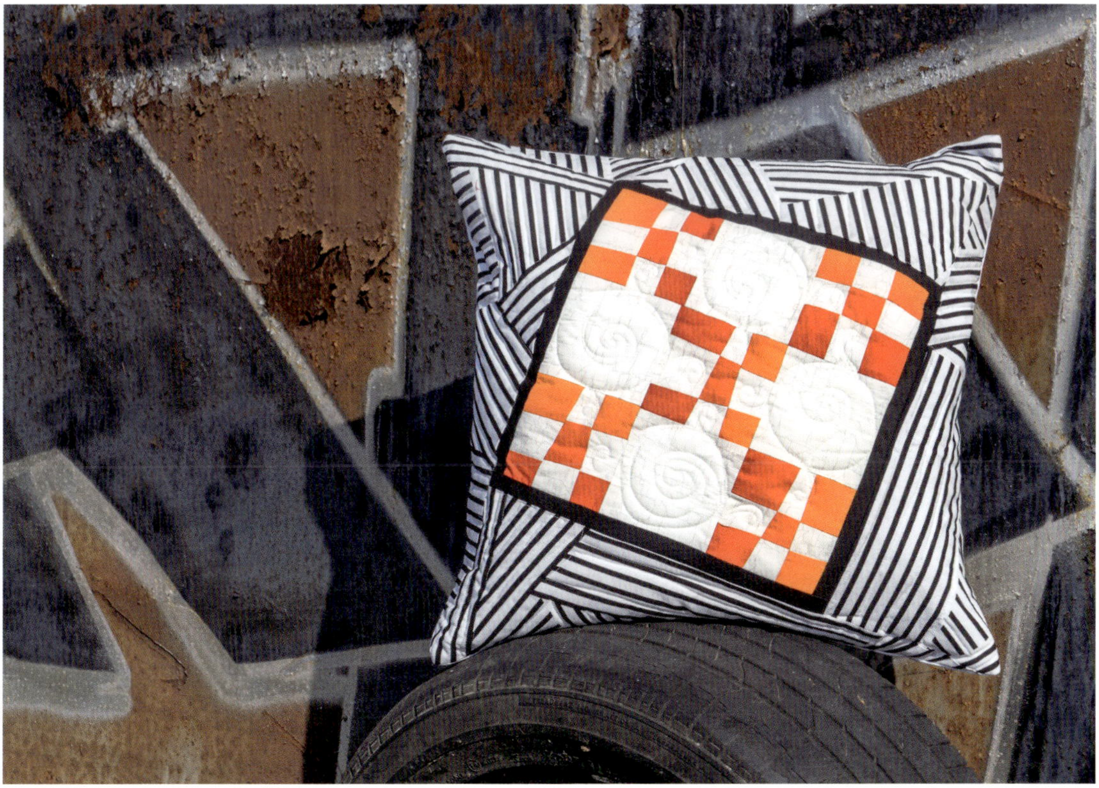

Auch bei diesem dekorativen Neunerblock-Kissen wurde der schwarzweiß gemusterte Rand mit halboffener Naht angenäht. Durch die langgezogenen Dreiecke des Randes steht das Mittelquadrat gekippt. Quiltlinien in Spiralform fallen zusätzlich ins Auge.

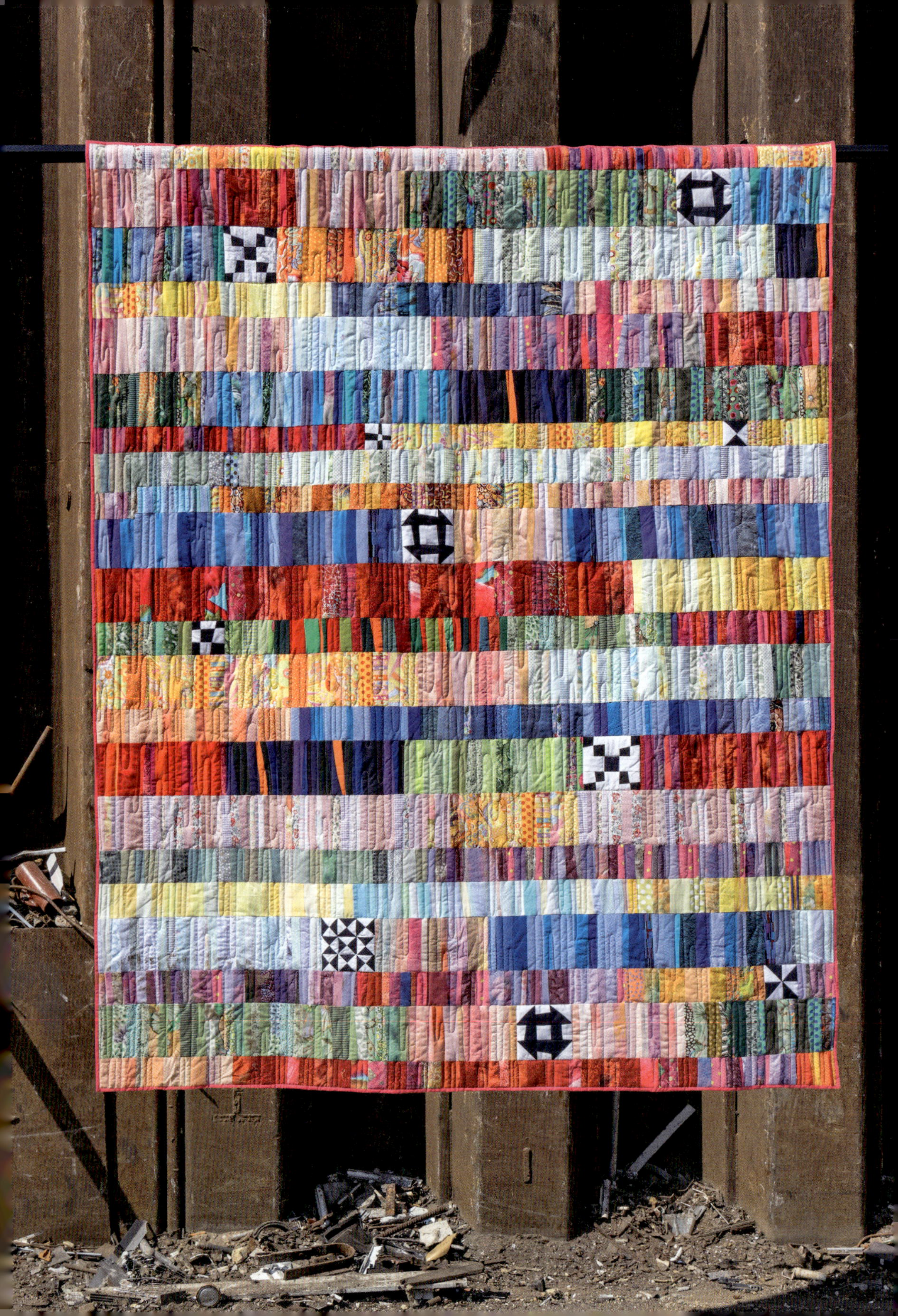

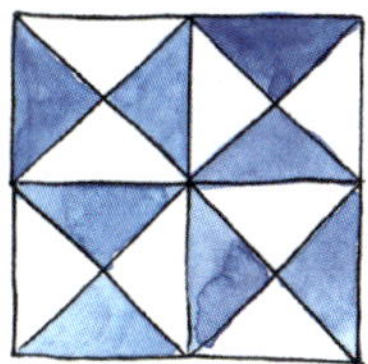

Lasagne Spezial

230 × 186 cm
mit: Neunerblock, Sanduhr, Windmühle, Fünferblock, Butterfass, Malvinas Halskette

Beliebt sind sogenannte »Lasagne-Quilts«, bei denen Stoffstreifen, die es vorgeschnitten zu kaufen gibt, zu einem sehr langen Band aneinandergenäht, in gleich lange Abschnitte geteilt und dann Schicht für Schicht untereinander gesetzt werden. Die quer verlaufenden Streifen sollen die Lagen einer Lasagne darstellen. Ich hingegen wollte meine Kartons mit den Beschriftungen »Reste«, »Streifen« und »Streifenpatchwork« leeren. Für diesen Quilt habe ich daher die Lasagneschichten aus kleineren Streifen und Resten zusammengesetzt und immer wieder einen schwarzweißen Akzent eingearbeitet.

MATERIAL

Stoffe

- insgesamt 13–15 m Stoff für einen großen Quilt. Benutzen Sie Reste und Streifen in allen Farbgruppen wie Gelb, Hellblau, Hellgrün, Dunkelgrün, Dunkelblau, Flieder, Lachsrosa, Lila, Braun, Beige, Rot, Rosa, Türkis – je nachdem, was Ihre Restekisten zu bieten haben. Die Stoffe können uni oder gemustert sein. Vermeiden Sie sehr dunkle Stoffe und Weiß. Rechnen Sie mit etwa 3 × so viel Stoff wie die Fläche des fertigen Quilts.
- 0,5 m Schwarz für die Akzentblöcke
- 0,5 m Weiß für die Akzentblöcke

Sonstiges

- 250 × 200 cm Rückseitenstoff
- 250 × 200 cm Volumenvlies
- hellrotes Quiltgarn für die Streifenflächen, weißes für die Akzente
- 8,6 m roter oder pinker Schrägstreifen für die Einfassung

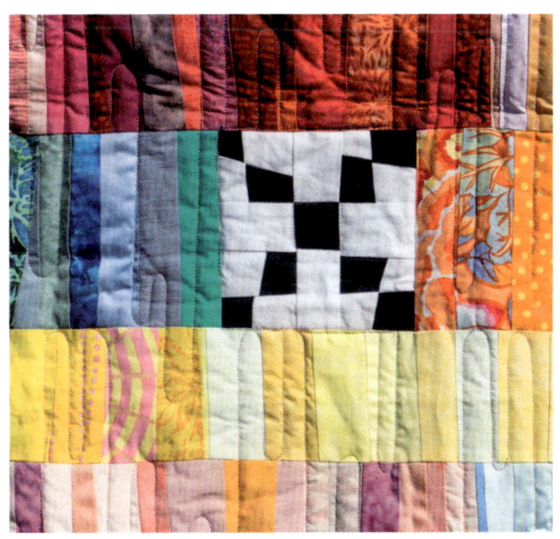

Vorarbeit
Sortieren Sie alle Streifen und Reste nach Farbgruppen. Wenn Sie mit kommerziell vorgeschnittenen Streifen arbeiten, lösen Sie die Packungen auf und sortieren Sie die Streifen nach Farbgruppen.

Streifeneinheiten nähen
Nähen Sie Streifen an ihren Längskanten zu Einheiten von ca. 25–39 cm Länge aneinander. Bügeln Sie die Nahtzugaben alle in eine Richtung.

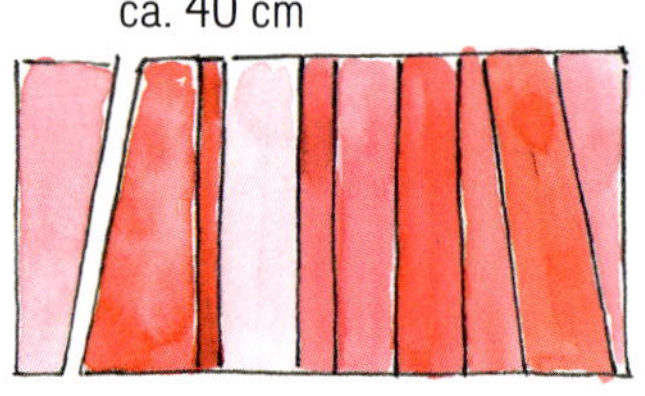

Streifen zu Streifenbändern aneinandersetzen

Sobald Sie zwei Einheiten aneinanderfügen, sollten Sie die Längskanten mit dem Lineal gerade schneiden. So vermeiden Sie, dass sich die zusammengesetzten Einheiten krümmen. Dies passiert oft, wenn Sie ohne Lineal zugeschnitten oder wenn Sie die Einheit beim Bügeln verzogen haben. Die Einheiten sollen nicht breiter sein als die Länge von Lineal und Schneidematte.

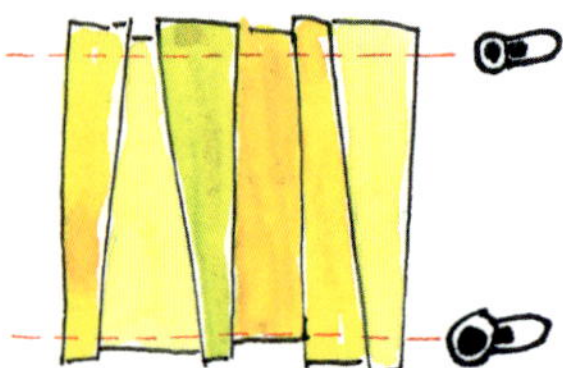
Streifenbänder an den Längskanten gerade schneiden

Streifenbänder nähen
Schneiden Sie die Streifeneinheiten zu kleineren Einheiten von exakt 15 cm, 10 cm und 8 cm Breite zu. Hier entstanden aus Sparsamkeitsgründen sogar 7 cm breite Streifen, Schneiden Sie auch die kurzen Kanten der Einheiten mit dem Lineal zu.

TIPP
Bei dieser Resteverwertung sortieren Sie die Stoffe nach ihrer Form, z.B. nach Streifen und Quadraten. Teilen Sie Quadrate, so dass Sie Rechtecke erhalten, die Sie dann an den Längskanten aneinanderfügen. Sind die Reste keilförmig zugeschnitten worden, nähen Sie je zwei Teile versetzt zusammen - breit an schmal und schmal an breit. So entsteht jeweils ein gerades Rechteck. Haben Sie viele Stoffstreifen, dann sortieren Sie sie zuerst nach ihrer Länge. Nähen Sie jeweils gleich lange Streifen an den Längskanten zusammen, damit keine einzelnen Enden überstehen.

10 cm

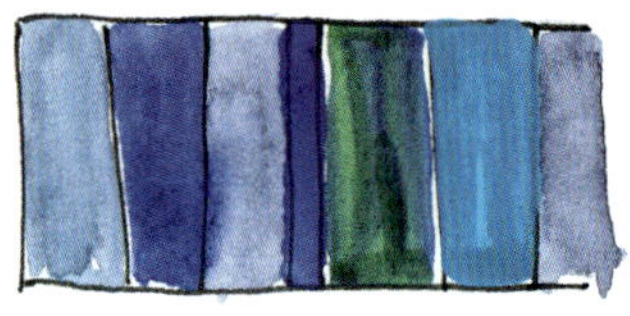

8 cm

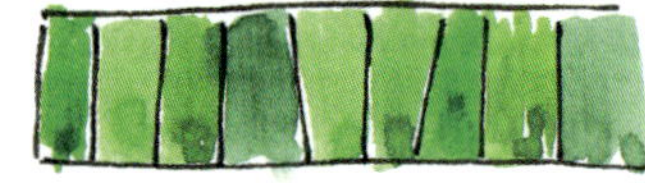

Unterschiedlich breite Streifenbänder zuschneiden

Nähen Sie die Einheiten in jeweils gleicher Farbgruppe an ihren kurzen Kanten zu einem langen Band aneinander. Sie brauchen ca. 2 m lange Reihen, von denen Sie 22 - 23 quer untereinander nähen.

TIPP
Wenn Sie herausfinden möchten, ob Ihre zusammengesetzten Bänder für den Quilt reichen, ermitteln Sie deren Gesamtlänge. Sie benötigen ungefähr 40 (!) Meter.

Akzent-Blöcke nähen

Sie benötigen Akzent-Blöcke in den Größen 8 × 8 cm, 10 × 10 cm und 15 × 15 cm, (evtl. auch 7 × 7 cm), damit sie an die Streifenbänder dieser Breiten eingesetzt werden können. Entscheiden Sie selbst, wo welcher Block am besten wirkt. Nähen Sie verschiedene traditionelle schwarzweiße Blöcke in freier Schneidetechnik, wie in den Lektionen 2 bis 6 beschrieben.

1. Neunerblock / Nine Patch

→ Lektion 4

Nähen Sie frei geschnittene Neunerblöcke. Ausgangsgröße ca. 15 × 15 cm, zurechtgeschnitten auf exakt 10 × 10 cm;
Ausgangsgröße ca. 12 × 12 cm, zurechtgeschnitten auf exakt 8 × 8 cm oder 7 × 7 cm.

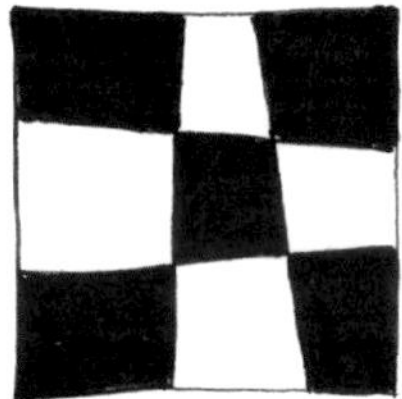

Neunerblock mit schwarzen Ecken.

2. Sanduhr, Stundenglas / Hour Glass

→ Lektion 6

Nähen Sie Sanduhrblöcke. Ausgangsgröße 12 × 12 cm, zurechtgeschnitten auf exakt 8 × 8 cm. Ausgangsgröße 10 × 10 cm, zurechtgeschnitten auf exakt 7 × 7 cm.

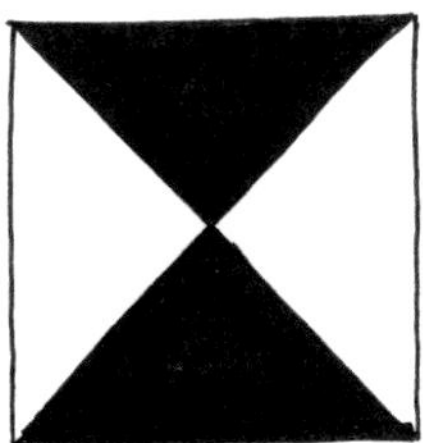

Sanduhrblock, Stundenglas.

3. Windmühle / Windmill

→ Lektion 5

Nähen Sie 4 Halbquadratdreiecke. Ausgangsgröße 9 × 9 cm, zurechtgeschnitten auf exakt 6,5 × 6,5 cm. Vier davon ergeben eine Windmühle von exakt 10 × 10 cm.

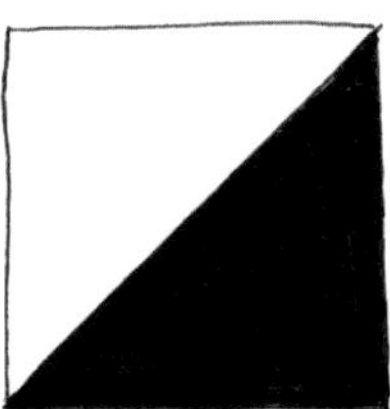

Halbquadrat-Dreieck.

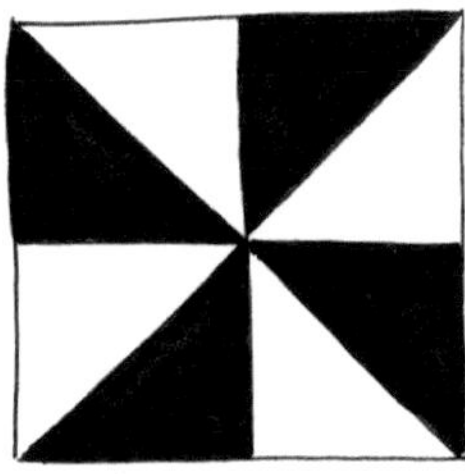

Windmühle aus vier Halbquadrat-Dreiecken.

4. Fünferblock / Five Patch

→ Lektion 3

Nähen Sie vier schwarzweiße Viererblöcke. Ausgangsgröße 9 × 9 cm, zurechtgeschnitten auf genau 7 × 7 cm.

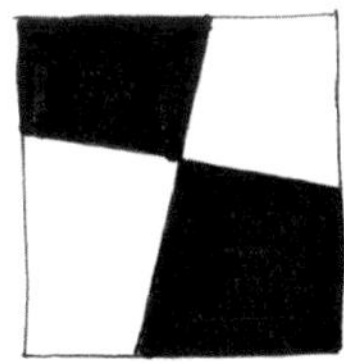

Viererblock

Dazu ein schwarzes Mittelquadrat 5 × 5 cm und 4 weiße Streifen von 5 × 8 cm. Nähen Sie die Teile gemäß der Abbildung zusammen und schneiden Sie den Block auf 15 × 15 cm zu.

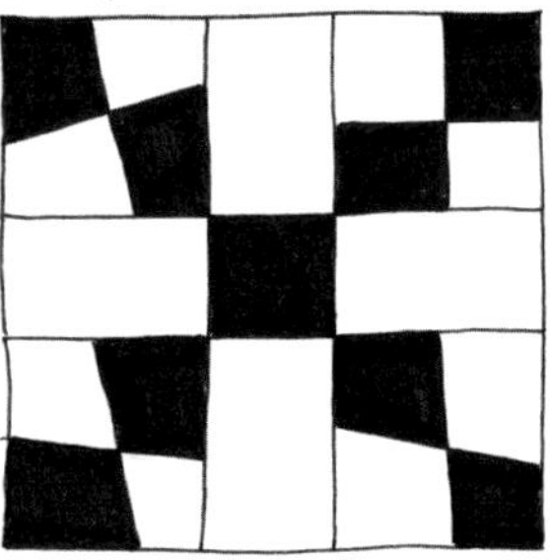

Fünferblock aus vier Viererblöcken, einem schwarzen Mittelquadrat und vier weißen Rechtecken.

5. Butterfass / Churn Dash

→ Lektionen 2 / 5

Nähen Sie vier schwarz-weiße Zweierblöcke. Ausgangsgröße 8 × 7 cm, genäht und zurechtgeschnitten auf 7 × 7 cm.

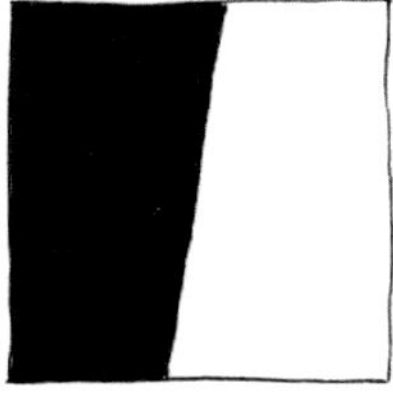

Zweierblock

Schneiden Sie ein weißes Mittelquadrat von exakt 7 × 7 cm (oder etwas kleiner) zu.

Nähen Sie vier schwarz-weiße Halbquadratdreiecke wie in Lektion 5 beschrieben. Bei einer Ausgangsgröße von 9 × 9 cm, genäht und zurechtgeschnitten auf 7 × 7 cm ergeben sie zusammengesetzt einen Butterfass-Block von 15 × 15 cm. Nähen Sie den Block mit breiter Nahtzugabe. Sie können die Zweierblöcke an den Seiten etwas nachschneiden, um das Maß anzupassen, z. B. die Zweierblöcke 5 cm breit, dazu das Mittelquadrat 5 × 5 cm.

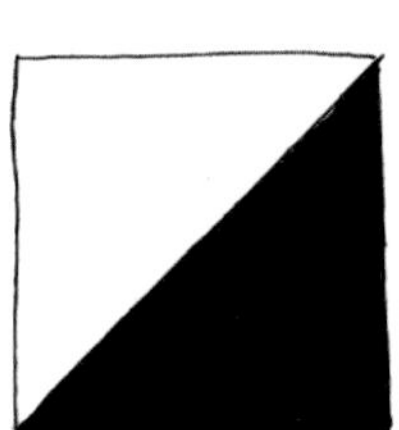

Halbquadrat-Dreieck

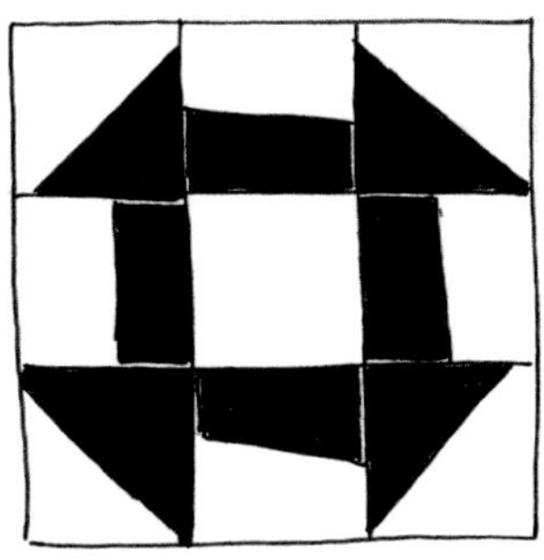

Butterfass-Block aus vier Zweierblöcken, vier Halbquadrat-Dreiecken und einem weißen Mittelquadrat

6. Malvinas Halskette / Malvinas Chain

→ Lektion 6

Nähen Sie neun Sanduhrblöcke. Ausgangsgröße 9 × 9 cm, genäht und zurechtgeschnitten auf 6 × 6 cm. Legen Sie die neun Blöcke so zusammen, dass jeweils Schwarz gegen Weiß liegt. Verbinden Sie die Blöcke mit schmaler Nahtzugabe. Der Block misst am Ende 15 × 15 cm.

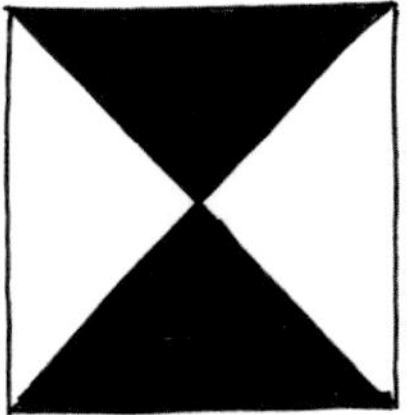

Sanduhrblock, Stundenglas

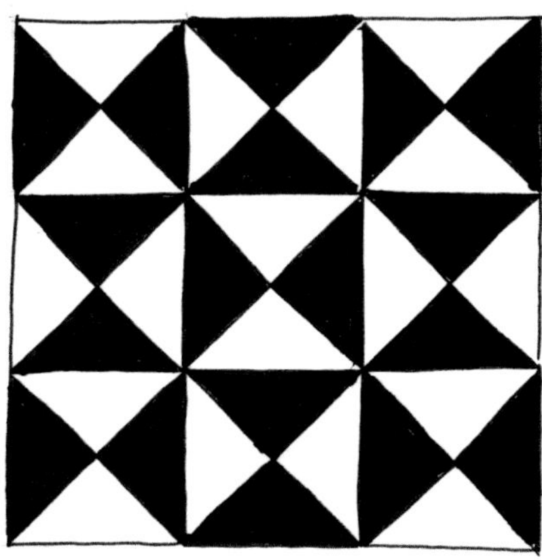

Malvinas Halskette aus neun Sanduhr-Blöcken

Anordnung

Arrangieren Sie die Streifenbänder und die Akzentblöcke an einer ausreichend großen Entwurfswand. Beginnen Sie oben mit einer Farbreihe von 200 cm Breite, ohne dazwischen gesetzten Akzentblock. Dann stecken Sie die nächsten Streifenbänder darunter. Achten Sie auf spannende Farbwechsel und eine gute Verteilung von hell und dunkel, leuchtend und gedämpft. Setzen Sie nach Bedarf Akzentblöcke an die

Ansatzstellen von Farbwechseln. Achten Sie darauf, dass kein Akzentblock am Rand des Quilts zu liegen kommt. Auch die unterste Reihe soll keinen Akzentblock aufweisen. Verbinden Sie die verschiedenfarbigen, gleich breiten Streifen innerhalb einer Reihe mit geraden Nähten.

Zusammensetzen

Nähen Sie für den Quilt so viele 2 m lange Querstreifen an ihren Längskanten untereinander, bis eine Gesamtquiltlänge von ca. 2,3 m erreicht ist.

TIPP

Nähen Sie immer je zwei Streifen von rechts nach links zusammen. Dann setzen Sie die genähten Doppelstreifen von links nach rechts aneinander. Durch die wechselnde Nährichtung verzieht sich der Quilt weniger stark. Dehnen Sie auf keinen Fall die Kanten, damit der Quilt nicht wellig wird.

Quilten

→ Lektionen 14 / 15

Montieren Sie Rückseite, Volumenvlies und die gebügelte Oberseite aufeinander. Quilten Sie entweder von Hand oder mit der Nähmaschine. Quilten Sie senkrechte Linien von oben nach unten und wieder von unten nach oben, die jeweils an der Quernaht weich abknicken. Quilten Sie in der Naht um jeden schwarzweißen Akzentblock, lassen Sie diesen aber unberührt oder beschränken Sie sich darauf, evtl. bei einem größeren Block, um das Mittelquadrat zu quilten.

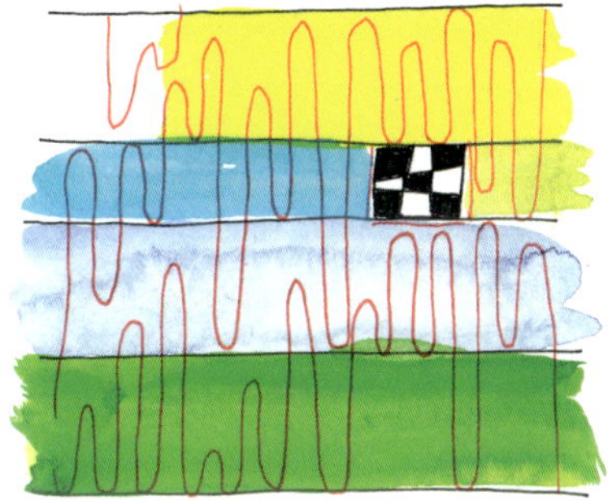

Quiltvorschlag

Einfassung

→ Lektion 16

Fassen Sie den Quilt mit einem roten oder pinken Schrägstreifen ein.

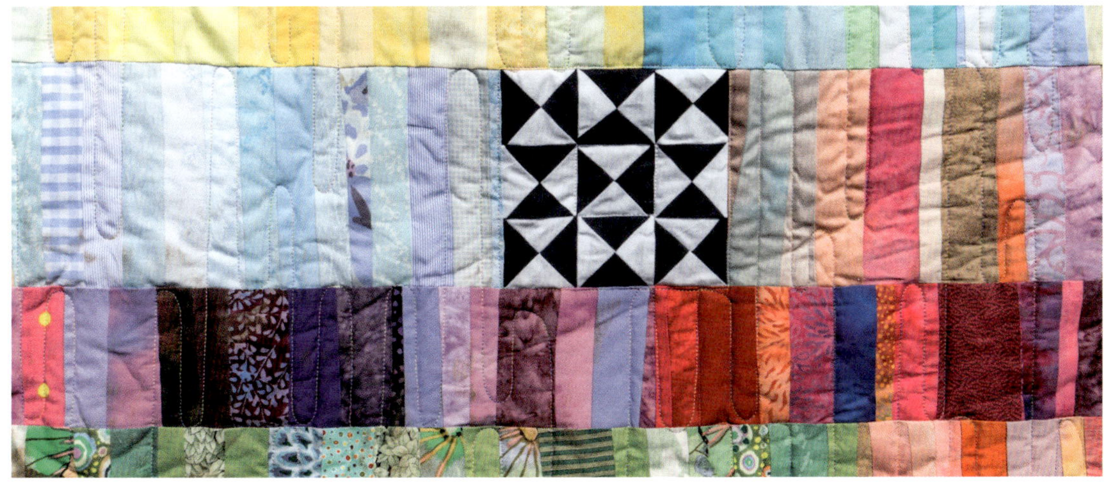

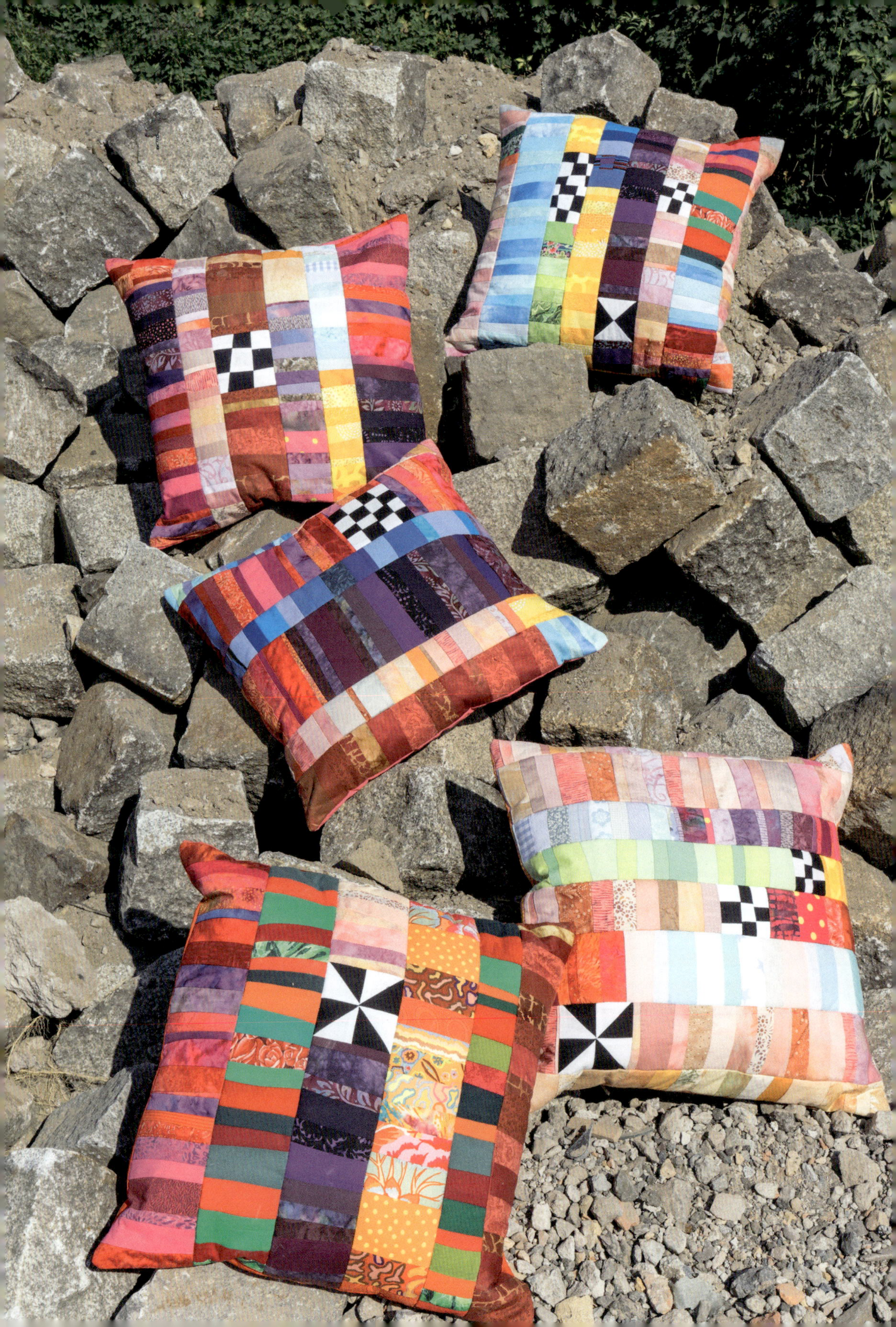

Bunte Streifenkissen

Fünf Kissen: je 50 × 50 cm
mit: Münz-Orakel / Chinese Coins

Sind immer noch Stoffreste da? Nähen Sie farbenfrohe Streifenkissen, ohne zu quilten. Die Streifen werden direkt durch das Vlies auf die Kisseninnenseite genäht. So können Sie nicht nur Stoff-, sondern auch Vliesreste verbrauchen.

MATERIAL

Stoffe

- Stoffreste in allen Farben, die zu Streifen geschnitten werden können, möglichst in uni oder leicht gemustert.
- Rest Schwarz, uni
- Rest Weiß, uni

Sonstiges

- 55 × 55 cm Kisseninnenseite
- 55 × 55 cm Volumenvlies oder Reststreifen von Volumenvlies
- 65 × 55 cm farblich passende Kissenrückseite
- 40 cm farblich passender Reißverschluss

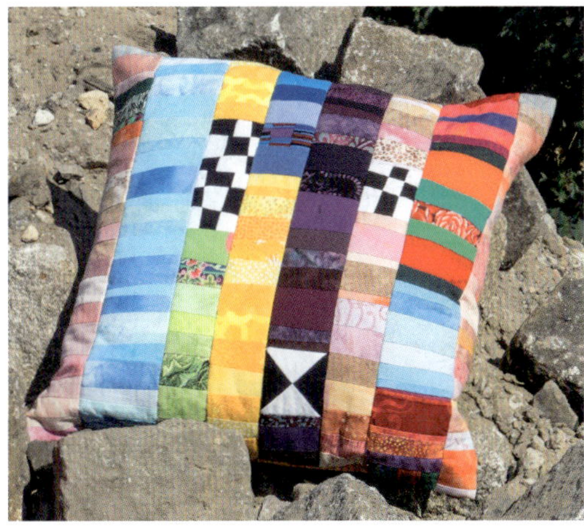

Streifeneinheiten nähen

Sortieren Sie alle Streifenstücke und Reste nach Farbgruppen. Schneiden Sie Streifen von 2–5 cm Breite. Nähen Sie Streifeneinheiten, wie beim Quilt »Lasagne Spezial« beschrieben (Seite 86). Schneiden Sie die Streifeneinheiten zu exakt 15 cm, 10 cm und/oder 8 cm Breite zu und nähen Sie die Einheiten in jeweils gleicher Farbgruppe an ihren kurzen Kanten zu einem längeren Band aneinander.

Schwarzweiße Akzente

Nähen Sie aus schwarzem und weißem Stoff einen oder mehrere traditionelle Blöcke in freier Schneidetechnik, wie beim Quilt »Lasagne Spezial« beschrieben. Der Block/die Blöcke müssen so breit sein wie eine der Streifeneinheiten.

Aufnähen

Schneiden Sie eine Kisseninnenseite von 55 × 55 cm zu. Legen Sie Volumenvlies gleicher Größe oder mehrere Vliesstreifen (ich habe immer viele Reste) der Länge nach dicht aneinanderstoßend auf die Fläche.

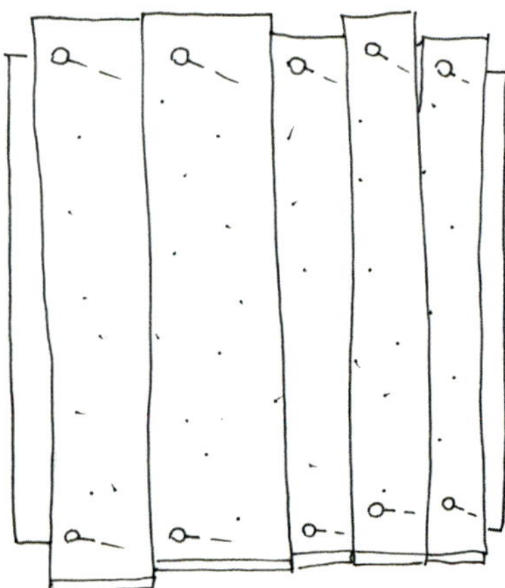

Vlies auf den Innenseitenstoff legen und feststecken. Entweder als ganze Fläche oder, wie hier, als Streifen.

Legen Sie die vorbereiteten Streifeneinheiten und den schwarzweißen Akzentblock auf Ihrem Arbeitstisch zu einer Kombination aus, die Ihnen gefällt. Fügen Sie den Akzentblock in den Streifen ein. Die Streifen müssen 55 cm lang sein und somit über die Breite des Kissens reichen. Bereiten Sie so viele Querstreifen vor, bis eine Höhe von mindestens 60 cm erreicht ist, denn Sie müssen die Nahtzugaben berücksichtigen.

Beginnen Sie ungefähr in der Mitte des Kissens und legen Sie eine Streifeneinheit quer über das Volumenvlies. Breiten Sie an einer der Längskanten den anschließenden Streifen rechts auf rechts darüber und nähen Sie die Längskante durch alle Lagen hindurch fest. Falten Sie den aufgenähten Streifen auf und streichen Sie die Naht mit dem Fingernagel glatt. Sie können jetzt nicht mehr bügeln, weil das Volumenvlies schmelzen kann.

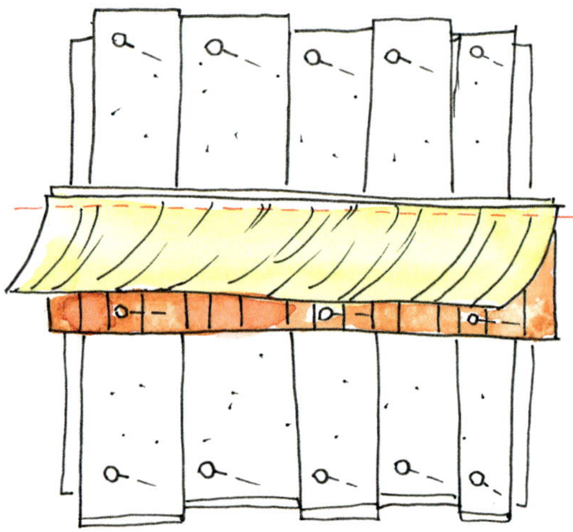

Erstes Streifenband etwa mittig quer über die Vliesstreifen legen und feststecken. Zweites Band rechts auf rechts darüberlegen und an einer Längskante aufstecken. Nahtzugabenbreit entlang nähen. Auffalten. Nicht bügeln.

Legen Sie an der anderen Kante des Mittelstreifens den nächsten anschließenden Streifen rechts auf rechts darüber. Stecken und nähen Sie ihn fest. Falten Sie den Streifen auf. Arbeiten Sie so von der Mitte nach außen alle vorbereiteten Streifen auf die Unterlage.

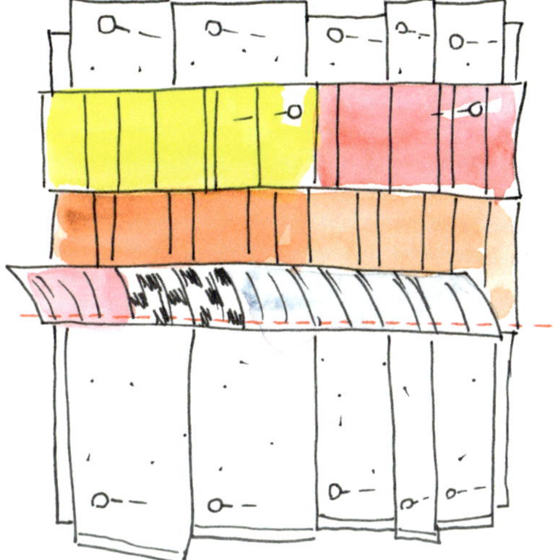

Drittes Streifenband, hier mit eingesetztem schwarzweißem Akzent, rechts auf rechts entlang der anderen Längskante des ersten Streifenbandes feststecken. Nahtzugabenbreit entlang nähen. Auffalten. Naht mit dem Fingernagel »bügeln«.

Ist die Unterlage vollständig mit Streifen bedeckt, zeichnen Sie auf die Rückseite der Unterlage ein Quadrat von 52 × 52 cm. Nähen Sie auf dieser Linie mit langen Maschinenstichen entlang. So sind auch die Außenkanten rundum fixiert. Schneiden Sie den überstehenden Stoff dicht außerhalb dieser Nählinie ab.

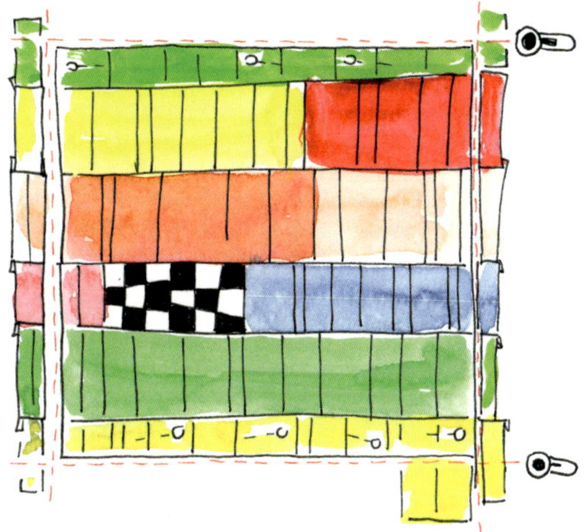

Alle Streifenbänder aufnähen, bis die Fläche bedeckt ist. Nicht mehr bügeln, damit das Vlies nicht schmilzt. Auf die Rückseite die Kontur von 52 × 52 cm aufzeichnen, auf der Linie entlang nähen und knapp außerhalb davon überstehende Stoffe und überstehendes Vlies abschneiden. Kissen fertig stellen.

Kissen fertig stellen

→ Lektion 17

Nähen Sie aus farblich passendem Stoff eine Kissenrückseite mit eingearbeitetem Reißverschluss. Nähen Sie die Kissenvorderseite rechts auf rechts auf die Kissenrückseite. Versäubern Sie die Außenkanten mit Zickzackstich. Wenden Sie die Hülle und schieben Sie eine 50 × 50 cm große Kissenfüllung hinein.

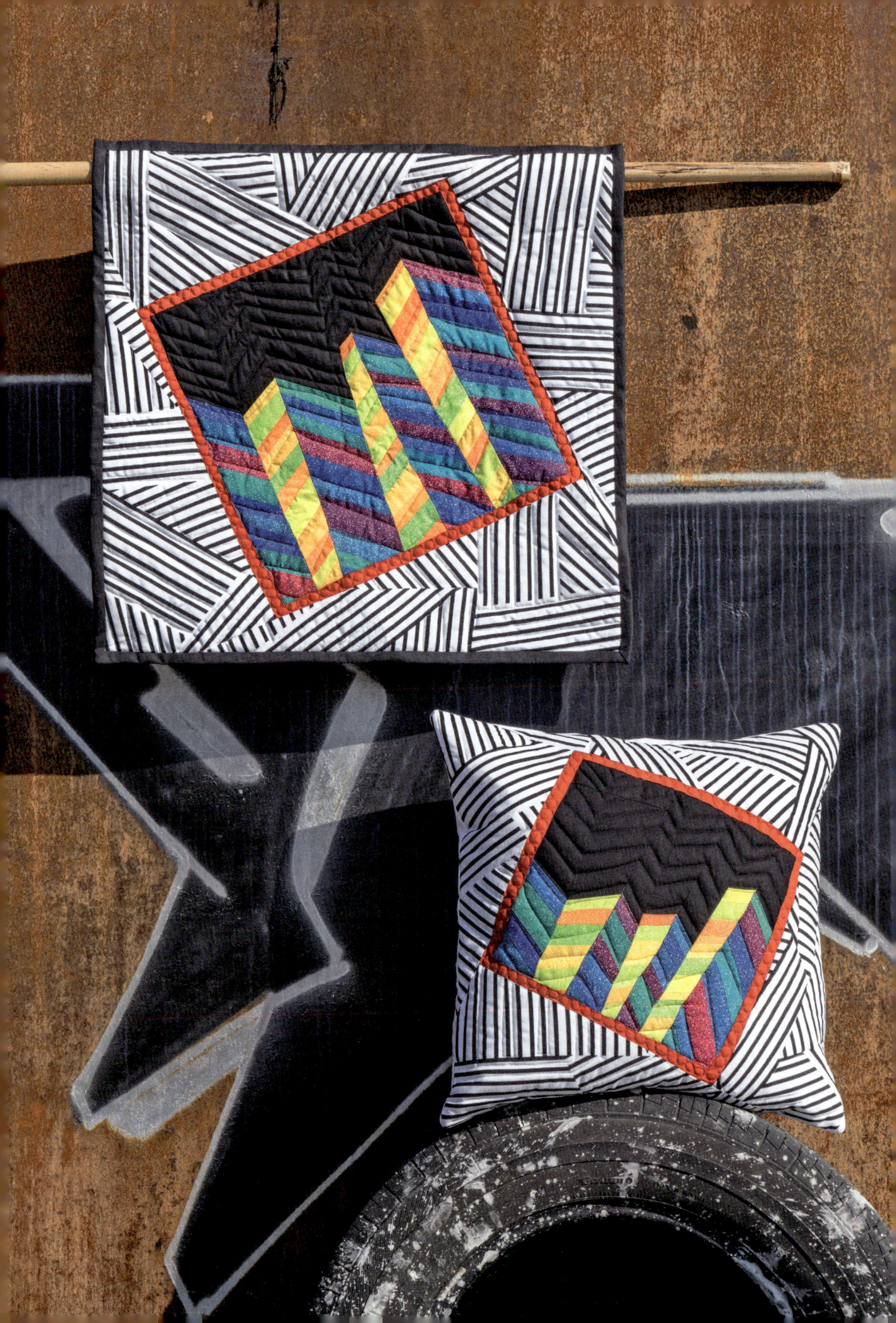

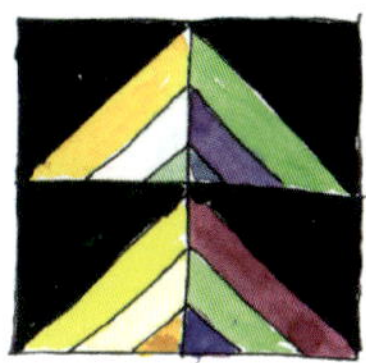

Hochhäuser

Wandquilt: 60 × 60 cm und Kissen: 50 × 50 cm
mit: Zickzack / Zig Zag
und: Römische Streifen / Roman Stripes

So sehen Häuser aus der Froschperspektive aus. Der klassische Zickzack-Block ist hier frei geschnitten und in Streifentechnik zusammengesetzt. Eine exakte geometrische Perspektive entsteht so nicht, aber der optische Effekt ist der gleiche. Ein Verlaufsstoff in Regenbogenfarben bietet ausreichend farbliche Zwischentöne. Viele bunte Stoffreste eignen sich ebenfalls für dieses Motiv.

Der schwarzweiße Rand ist mit der Technik »halboffene Naht« angefügt.

MATERIAL

Stoffe

- je 0,15 m von mindestens vier hellen Stoffen
- je 0,15 m von mindestens vier dunklen Stoffen
- 0,2 m Schwarz, uni
- 0,1 m Rot, uni, für den inneren Rand
- 0,5 m Schwarzweiß, »normal« oder lebhaft gestreift, für den Außenrand

Für den Wandquilt

- 70 × 70 cm Rückseitenstoff
- 70 × 70 cm Volumenvlies
- 250 cm schwarzer Schrägstreifen für die Einfassung

Für das Kissen

- 55 × 55 cm Kisseninnenseite
- 55 × 55 cm Volumenvlies
- 65 × 55 cm farblich passende Kissenrückseite
- 40 cm farblich passender Reißverschluss
- 50 × 50 cm große Kissenfüllung

Streifeneinheiten schneiden und nähen

→ Lektion 1

Schneiden Sie die hellen Stoffe von der kurzen Kante her zu verschieden breiten Streifen, von 3 bis ca. 5 cm.

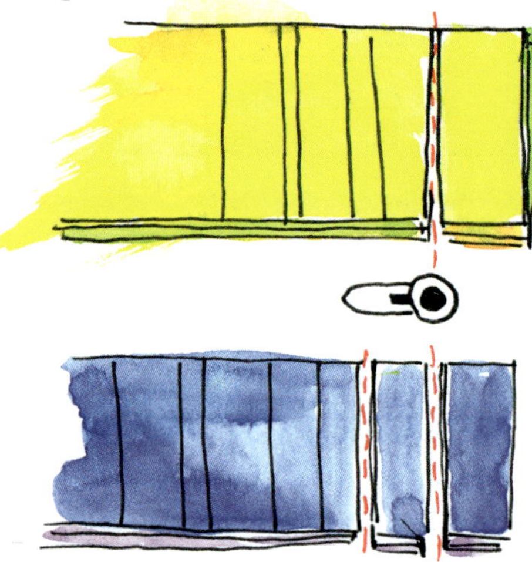

Helle und dunkle Streifen von ca. 15 cm Länge und unterschiedlicher Breite schneiden. Einzelne oder mehrere Stofflagen durchschneiden.

Nähen Sie die hellen Streifen versetzt aneinander, wie abgebildet. Machen Sie dasselbe mit den dunklen Stoffen und versetzen Sie die Streifen in die andere Richtung. Arbeiten Sie rationell: Zuerst zwei Streifen zusammennähen, dann die Zweiergruppen zu Vierergruppen, die Vierergruppen zu Achtergruppen und so weiter. Sie brauchen fünf Streifeneinheiten von jeder Farbgruppe. Die Länge einer Farbgruppe sollte die Länge des Quiltlineals (50 cm) nicht überschreiten.

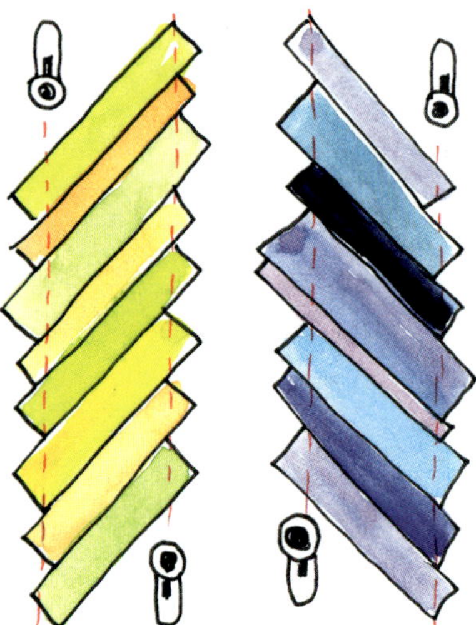

Die hellen und die dunklen Streifen schräg versetzt zu ca. 50 cm langen Einheiten aneinandernähen. Die hellen Streifen verlaufen von links unten nach rechts oben, die dunklen Streifen verlaufen von rechts unten nach links oben. Seitenkanten beider Einheiten gerade schneiden.

Schneiden Sie die gezackten Außenkanten glatt. Lassen Sie die dunklen Einheiten in der bestehenden Breite. Teilen Sie die hellen Einheiten der Länge nach leicht schräg. Legen Sie ein Lineal an.

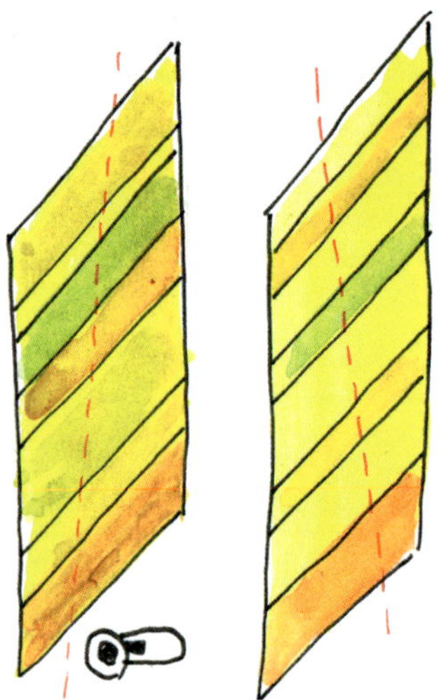

Die hellen Einheiten etwas schräg der Länge nach durchschneiden.

Hochhaus-Einheiten nähen

Verlängern Sie jede Einheit mit schwarzem Stoff nach oben. Legen Sie zu diesem Zweck einen schwarzen Streifen (ca. 20 cm hoch und etwas breiter als die Einheit) unter die schräge Oberkante einer Streifeneinheit. Beide Stoffe weisen mit der rechten Seite nach oben. Schneiden Sie an der schrägen Kante wie an einer Schablone entlang. Benutzen Sie dafür ein Lineal. Entfernen Sie das unter dem Streifenstoff liegende schwarze Stoffteil. Nähen Sie das andere Stück an die Oberkante der Streifeneinheit.

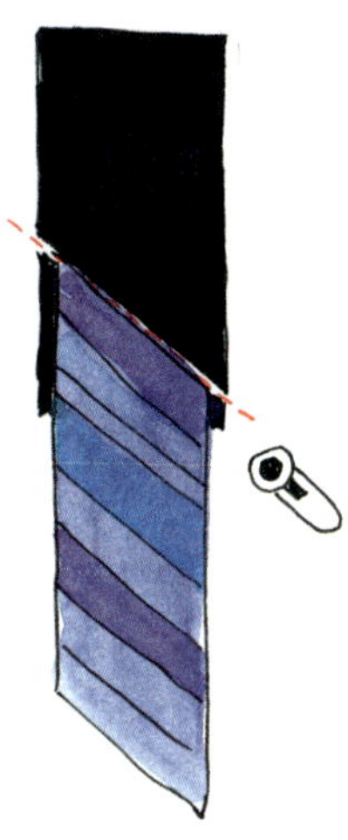

Die dunklen Einheiten werden nicht schmaler geschnitten. Oben schwarzen Stoff anfügen, und die Seitenkanten angleichen.

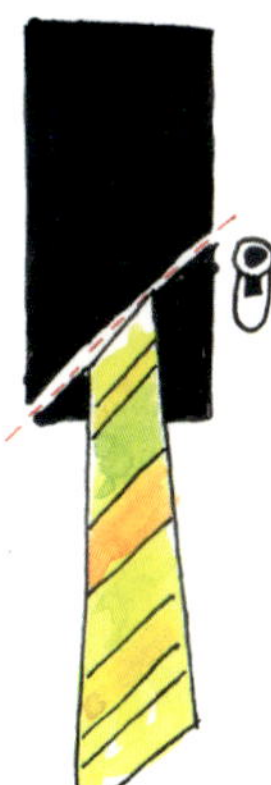

Einen ca. 20 cm hohen schwarzen Streifen an die Oberkante jeder hellen Einheit nähen. Streifeneinheit wie abgebildet auf den schwarzen Stoff legen und an der schrägen Oberkante entlang schneiden. Den oberen schwarzen Stoff an die Einheit anfügen.

Schneiden Sie dann die langen Kanten nach, der Außenkante der Streifeneinheit folgend. Legen Sie dafür ein Lineal an. So wird der schwarze Stoff an die Form der hellen Einheit angepasst.

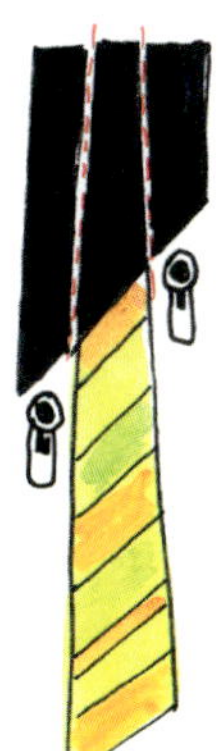

Seitenkanten der hellen Einheiten mit Hilfe von Lineal und Rollschneider nach oben hin über den schwarzen Stoff verlängern.

Die dunklen Einheiten werden nicht schmaler geschnitten. Auch hier oben schwarzen Stoff anfügen, wie bei den hellen Streifen beschrieben, und die Seitenkanten angleichen. Arrangieren Sie vier dunkle und dazwischen drei helle Einheiten an der Entwurfswand zu einem Bild. Beginnen und enden Sie mit den dunklen Einheiten. Lassen Sie die nach oben weisenden Ecken jedes »Hochhauses« aufeinandertreffen.

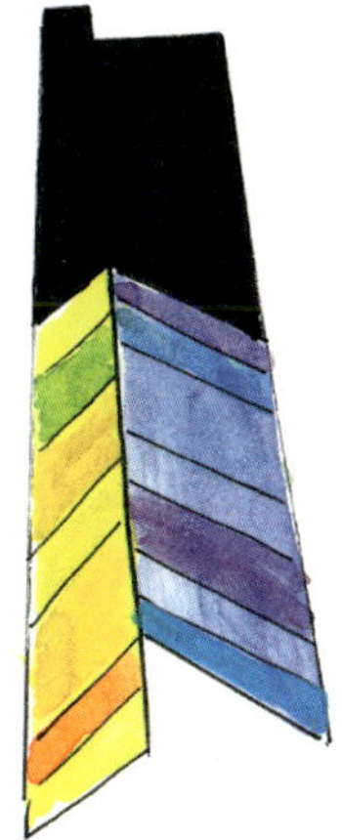

Je eine helle und eine dunkle Einheit zusammennähen. Die oberen Enden der beiden Farben sollen aufeinandertreffen und eine »Hausecke« bilden.

Die Häuser sollen nicht gleich hoch sein. Nähen Sie zuerst jedes einzelne Hochhaus (also die Hausecke) und bügeln Sie die Nahtzugaben auseinander. Dann erst fügen Sie die Hochhäuser aneinander. Bügeln Sie wieder die Nahtzugaben auseinander. Schneiden Sie das Motiv quadratisch zu.

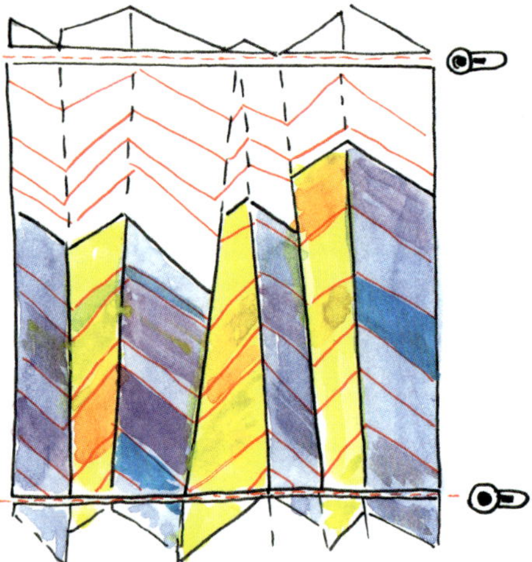

Motiv quadratisch zuschneiden. Hier ist auch der zukünftige Quiltvorschlag eingezeichnet.

Randstreifen

→ Lektion 13

Innerer Randstreifen: Uni rot, 3 cm Schneidebreite, gerade Ecken.
Äußerer Rand: Schwarzweiß, Dreiecke mit halboffener Naht angefügt.

Innerer Rand

Nähen Sie den roten Streifen um das Mittelteil.

Äußerer Rand mit halboffener Naht

Schneiden Sie den schwarzweißen Stoff zu zwei Rechtecken von 25 × 55 cm. Legen Sie beide mit der rechten Seite nach oben. Teilen Sie beide Stoffe diagonal von Ecke zu Ecke. Es entstehen vier gleiche, langgestreckte Dreiecke.

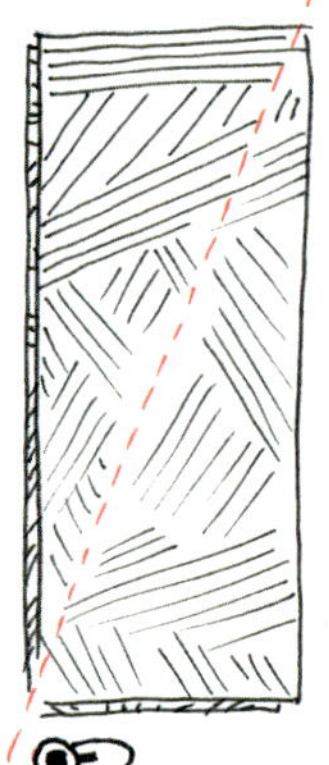

2 gestreifte Stoffe von ca. 25 × 55 cm aufeinanderlegen, beide mit der rechten Seite nach oben. Diagonal von Ecke zu Ecke durch beide Lagen schneiden.

Legen Sie eines der entstandenen Dreiecke mit der Ecke, die einen rechten Winkel aufweist, an eine Außenkante des Mittelmotivs. Schließen Sie die Naht ab dieser Ecke bis ungefähr zur Mitte der Strecke (Naht 1).

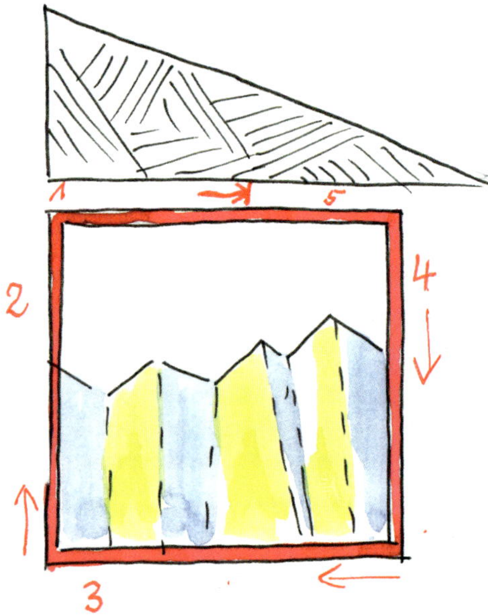

Roten inneren Rand annähen. Dann die schwarzweißen langen Dreiecke mit halboffener Naht annähen. Dabei weist die diagonale Schnittkante nach außen. Naht 1 nur halb schließen.

Nähen Sie dann das nächste Dreieck, an der roten Ecke beginnend, entlang der Kante des Motivs und weiter entlang der kurzen Kante des zuvor angenähten Dreiecks (Naht 2). Fügen Sie die beiden restlichen Dreiecke ebenso an (Nähte 3 und 4). Schließen Sie zuletzt die halboffene erste Naht (Naht 5). Bügeln Sie die Nahtzugaben nach außen. Schneiden Sie überstehende Ecken oder Spitzen bündig mit den Außenkanten ab.

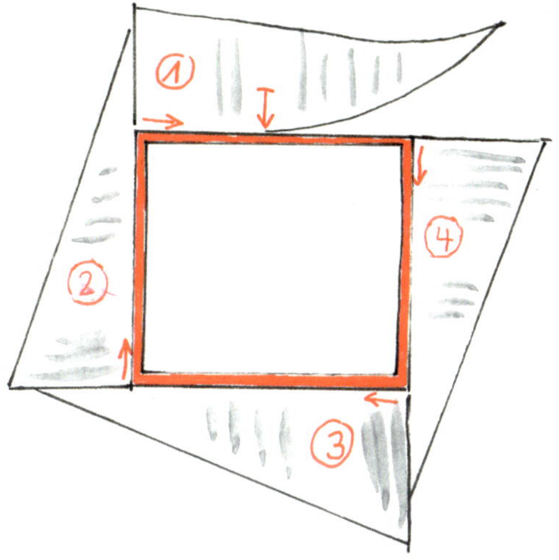

Danach folgen die Nähte 2, 3 und 4. Jede Naht beginnt an der roten Ecke. Am Schluss wird Naht 1 vollständig geschlossen.

Quilten

→ Lektionen 14 / 15

Montieren Sie die gebügelte Oberseite auf Vlies und Rückseite. Quilten Sie mit schwarzem Garn »Klaviertasten« auf den Streifen des äußeren Randes. Auf der schwarzen Fläche oberhalb der Hochhäuser passen Zickzacklinien gut, ebenso wie auf den Flächen der Hochhäuser, wo Sie einen farblich passenden Faden nehmen sollten. Der rote innere Randstreifen kann ungequiltet bleiben oder Sie quilten, wie hier, kleine aneinander gereihte Kreise.

Wandquilt fertig stellen

→ Lektion 16

Fassen Sie den Quilt mit einem schwarzen Schrägstreifen ein und nähen Sie einen Aufhängetunnel an die rückwärtige Oberkante.

Kissen fertig stellen

→ Lektion 17

Nähen Sie aus farblich passendem Stoff eine Kissenrückseite mit eingearbeitetem Reißverschluss und stellen Sie das Kissen fertig.

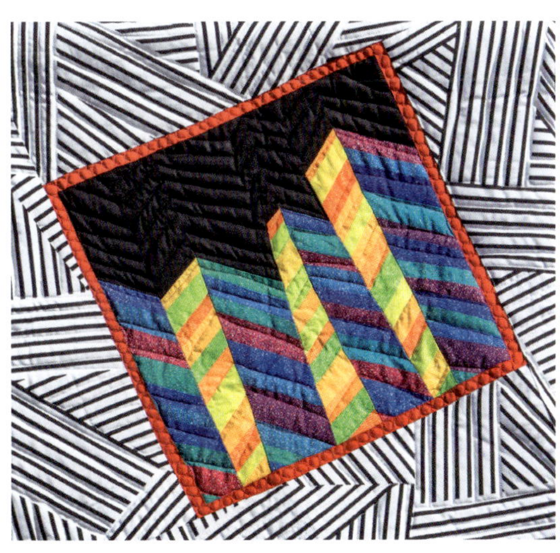

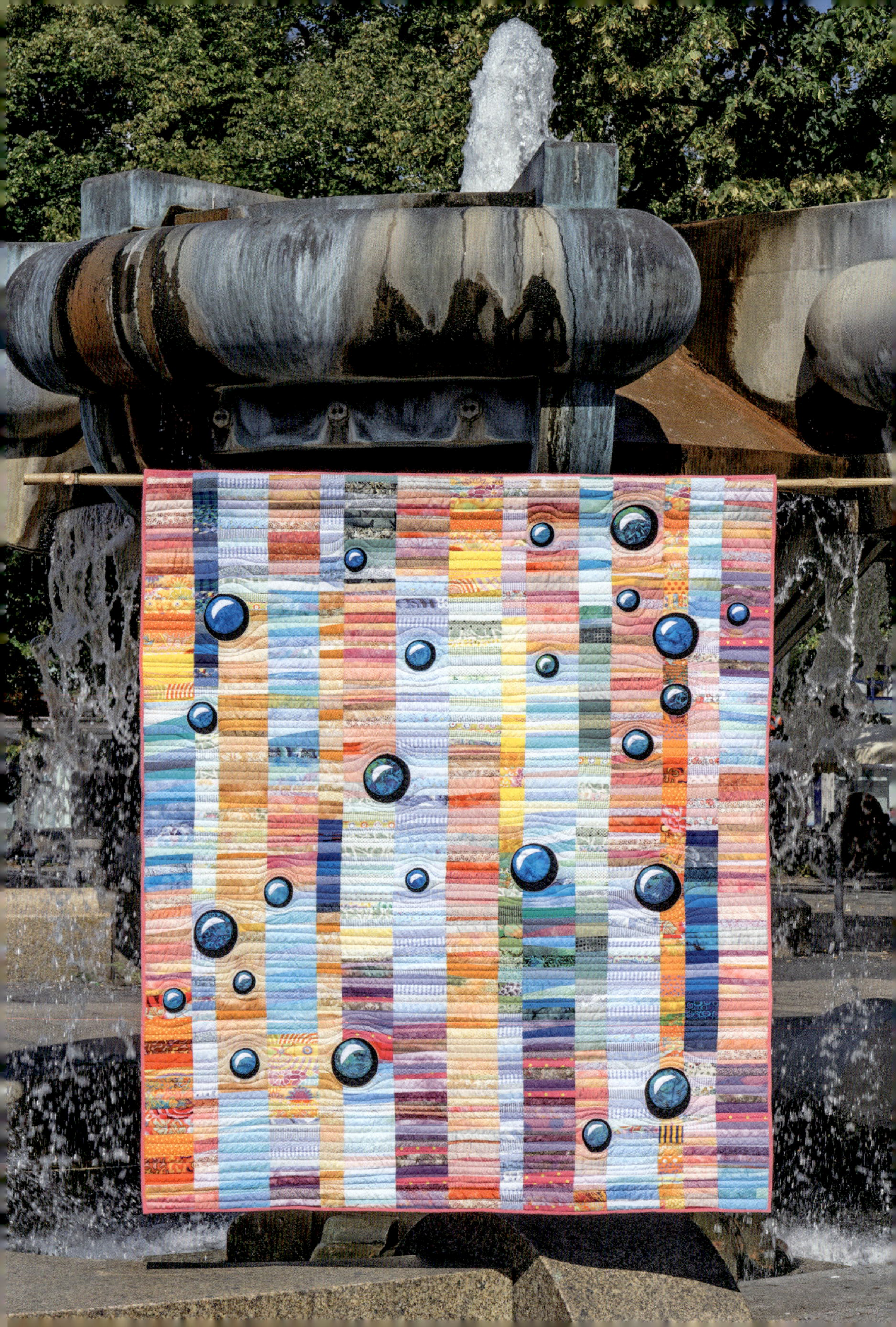

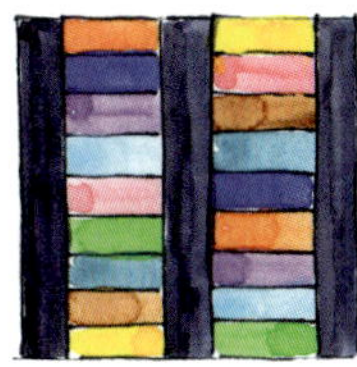

Wassertropfen

187 × 160 cm
mit: Chinesische Münzen / Chinese Coins

Auch dieser Quilt hilft, die Restekisten zu leeren. Sie können entweder – wie beim Quilt »Lasagne Spezial« – schwarzweiße Blöcke einarbeiten oder interessante Tautropfen in der Paspeltechnik applizieren. Das Muster der Chinesischen Münzen bezieht sich auf das Orakel »I Ging«, das mit drei Münzen befragt werden kann. Je nachdem, wie viele Münzen mit der Vorder- beziehungsweise der Rückseite zu liegen kommen, wird die Frage gedeutet.

MATERIAL

Stoffe

Für die Quiltfläche

- insgesamt 10–15 m Stoff. Geeignet sind Reste und Streifen in hellen Farbgruppen wie Gelb, Hellblau, Hellgrün, Flieder, Lachsrosa, Lila, Braun, Beige, Rot, Rosa, Türkis – was Ihre Restekisten zu bieten haben. Die Stoffe können uni oder gemustert sein. Vermeiden Sie sehr dunkle Stoffe und Weiß.
- Berechnung: Etwa 3 × so viel Stoff wie die Fläche des fertigen Quilts.

Für die Wassertropfen

- insgesamt 0,8 m Stoff in hellen Farben für die Paspeln in der Quiltoberfläche; die Farbe hängt von der Umgebungsfarbe des Wassertropfens ab
- 0,8 m Schwarz für die Schatten der Wassertropfen
- 0,8 m Türkis für die Paspeln im Schwarz
- 0,8 m unruhig gefärbter Batikstoff in hellem Türkis/Blau für die Tropfen
- 0,6 m Hellblau (oder Hemdenstoff) für die Paspeln im Türkis
- 0,4 m Reinweiß für die Lichtpunkte auf den Tropfen

Sonstiges

- kleine Merkzettel, schwarzes festes Papier, Papierschere
- Zirkel, bzw. eine CD oder runde Gefäße verschiedener Durchmesser
- 200 × 180 cm Rückseitenstoff
- 200 × 180 cm Volumenvlies
- Quiltgarn in Altrosa oder einer ähnlich passenden Farbe
- 7,5 m Schrägstreifen in Pink

Sortieren Sie alle Streifen und Reste nach Farbgruppen. Wenn Sie mit vorgeschnittenen Streifen arbeiten, lösen Sie die Packungen auf und sortieren Sie die Streifen nach Farben.

Streifeneinheiten nähen

Nähen Sie Streifeneinheiten aus kleinen Stücken nach Farbgruppen geordnet, wie beim Quilt »Lasagne Spezial« beschrieben (siehe Seite 86). Nutzen Sie die Größe Ihrer Stoffreste gut aus.

Streifenbänder nähen

→ Lektion 1

Schneiden Sie die Streifeneinheiten zu exakt 15 cm, 10 cm und 8 cm Breite zu. Schneiden Sie die kurzen Kanten der Stücke mit dem Lineal im rechten Winkel zu. Nähen Sie gleich breite Einheiten in jeweils gleicher Farbgruppe an ihren kurzen Kanten zu einem langen Band aneinander.

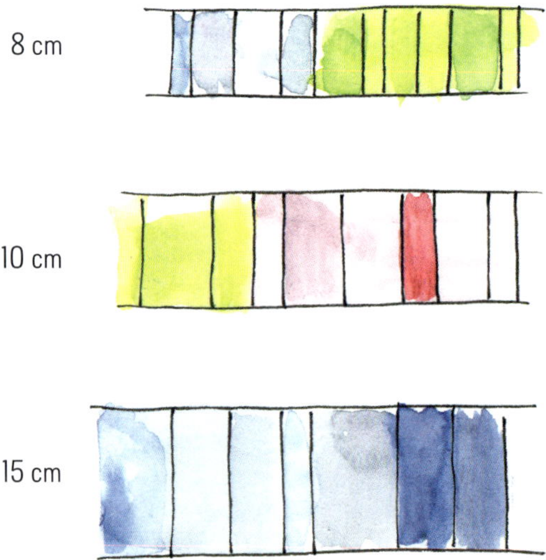

Farblich passende Stoffreste zu Streifen schneiden und an den Längskanten zu langen Stücken aneinandersetzen. Kanten glatt schneiden. Streifenbänder von 8 cm, 10 cm und 15 cm Breite nähen.

TIPP

Wenn Sie wissen möchten, ob Ihre zusammengesetzten Bänder für den Quilt reichen, messen Sie deren Gesamtlänge. Sie benötigen für diesen Quilt ungefähr 30 (!) Meter.

Anordnung der Streifenbänder

Stecken Sie die Streifenteile längs an Ihre Entwurfswand. Die Gesamtlänge der Streifenbänder beträgt für diesen Quilt ca. 2 Meter. Kombinieren Sie pro Längsstreifen mehrere passende Farben. Vermeiden Sie, dass gleiche Farbgruppen an den Längskanten der Streifenbänder aneinanderstoßen. Hier sind 15 Längsstreifen in unterschiedlichen Breiten zusammengestellt. Der erste und der letzte Streifen ist 15 cm breit. Markieren Sie die Streifen an der Oberkante mit Nummernzetteln, hier von 1 bis 15.

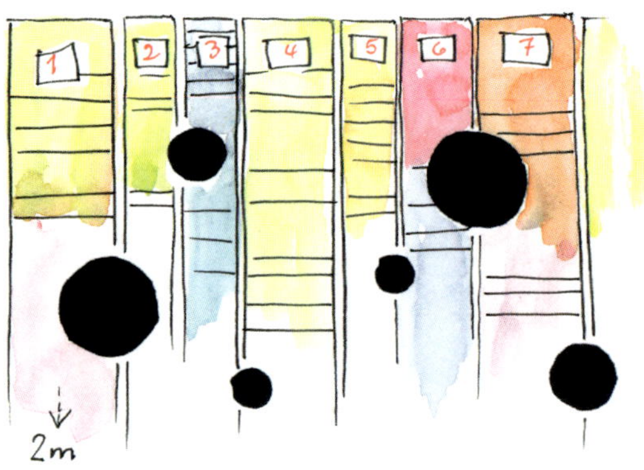

Ca. 2 Meter lange Streifenbänder nebeneinander anordnen und mit Nummernzetteln markieren. Schwarze Papierkreise als Platzhalter auf der Fläche verteilen.

Anordnung der Tropfen

Schneiden Sie aus schwarzem, festem Papier Kreise in drei verschiedenen Größen zu. Dies sind die Platzhalter für die Wassertropfen.

9 × groß = 12 cm Durchmesser
6 × mittel = 8 cm Durchmesser
10 × klein = 6 cm Durchmesser

Große, mittlere und kleine schwarze Papierkreise ausschneiden. Auf den Streifenbändern an der Entwurfswand verteilen.

Verteilen Sie die schwarzen Kreise wie zufällig auf den Streifen, die jetzt noch einzeln an der Entwurfswand hängen. So finden Sie die beste Anordnung für die Tropfen auf der gesamten Oberfläche. Finden Sie nun Längsnähte, die nicht von einem schwarzen Kreis überschnitten werden. Hier sind es die Nähte zwischen den Streifen 4 und 5, sowie zwischen 8 und 9 und zwischen 14 und 15. Das kann bei Ihrem Quilt anders sein. Markieren Sie diese Nähte.

Nun ersetzen Sie die schwarzen Kreise durch kleine Zettel, auf denen »groß«, »mittel« und »klein« steht. Stecken Sie diese kleinen Zettel auf den Längsstreifen fest.

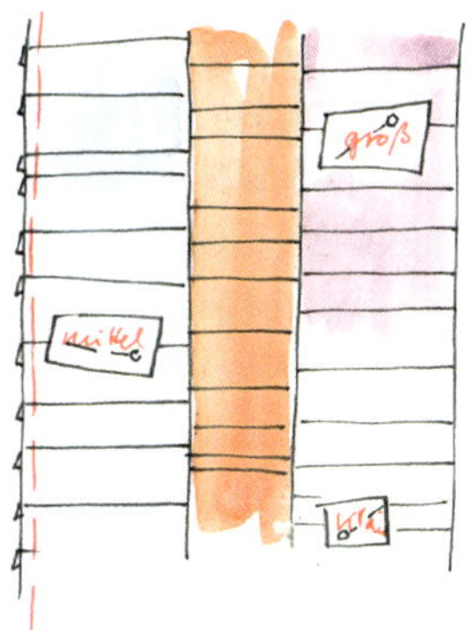

Markieren Sie die Positionen der schwarzen Kreise mit kleinen Zetteln. Nähen Sie jetzt erst die Streifen zu Gruppen aneinander.

Nähen Sie die Streifen zu Einheiten. Hier entstanden die Einheiten aus den Streifen Nr. 1, 2, 3, 4, den Streifen Nr. 5, 6, 7, 8, den Streifen Nr. 9, 10, 11, 12, 13, 14 sowie dem einzelnen Streifen Nr. 15 ganz rechts. Damit die Nähte der Einheiten an den Außenkanten nicht aufgehen, nähen Sie dort mit sehr langen Stichen innerhalb der Nahtzugabe entlang. Nun erst bügeln Sie die Längsnähte, ohne die kleinen Zettel zu verlieren.

Zuschneiden für 25 Wassertropfen

→ Lektion 1

Schwarz uni für den Schatten des Tropfens:

- 9 Quadrate von ca. 20 × 20 cm (groß)
- 6 Quadrate von ca. 15 × 15 cm (mittel)
- 10 Quadrate von ca. 12 × 12 cm (klein).

Türkis uni für die Paspel um den Tropfen:

- 9 Quadrate von ca. 20 × 20 cm (groß)
- 6 Quadrate von ca. 15 × 15 cm (mittel)
- 10 Quadrate von ca. 12 × 12 cm (klein).

Türkis (Batik) für den Tropfen:

- 9 Quadrate von ca. 15 × 15 cm (groß)
- 6 Quadrate von ca. 12 × 12 cm (mittel)
- 10 Quadrate von ca. 10 × 10 cm (klein)

Hellblau, uni, für die Paspel um den Lichtpunkt:

- 9 Quadrate von ca. 15 × 15 cm (groß)
- 6 Quadrate von ca. 12 × 12 cm (mittel)
- 10 Quadrate von ca. 10 × 10 cm (klein)

Reinweiß für den Lichtpunkt:

- 9 Quadrate ca. 12 × 12 cm (groß)
- 15 Quadrate ca. 10 × 10 cm (mittel und klein)

Pastellfarben (z. B. Flieder, Hellblau oder Gelb) für die Paspeln im Patchwork-Hintergrund:

- 9 Quadrate von ca. 20 × 20 cm (groß)
- 6 Quadrate von ca. 15 × 15 cm (mittel)
- 10 Quadrate von ca. 12 × 12 cm (klein)

TIPP
Nähen Sie zuerst die Tropfen und ihre Lichtpunkte in die schwarzen Quadrate. So können Sie die Teile gut handhaben und müssen noch nicht die großen Streifeneinheiten durch die Nähmaschine schieben.

25 Wassertropfen nähen

→ Lektion 10

Legen Sie einen türkisfarbenen Paspelstoff rechts auf rechts auf den gleich großen schwarzen Stoff. Zeichnen Sie den Umriss des Tropfens:

- 10 cm Durchmesser für groß
- 6,5 cm Durchmesser für mittel
- 5 cm Durchmesser für klein.

Nähen Sie eine kreisrunde Öffnung, wie in Lektion 10 beschrieben.

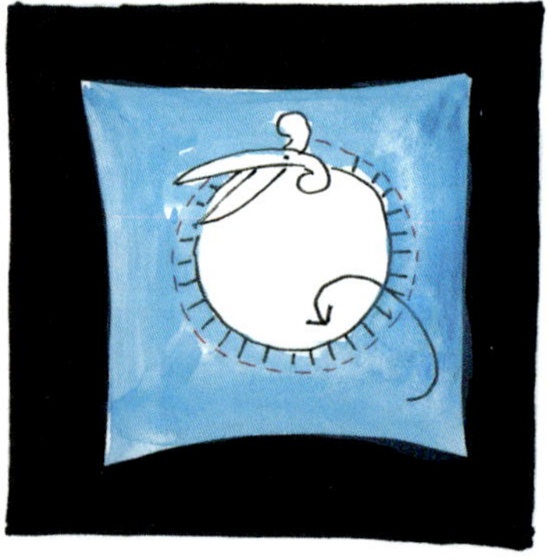

Türkisfarbenen Paspelstoff rechts auf rechts auf das schwarze legen. Kreis aufzeichnen. Auf der Linie rundum nähen. Innen beide Stofflagen ausschneiden. Nahtzugaben einzwicken. Türkisen Stoff durch die Öffnung nach hinten ziehen. Kante bügeln.

Legen Sie den wasserfarbenen Batikstoff der betreffenden Größe hinter die runde Öffnung und steppen Sie von der Vorderseite her mit schwarzem Faden knappkantig rundum.

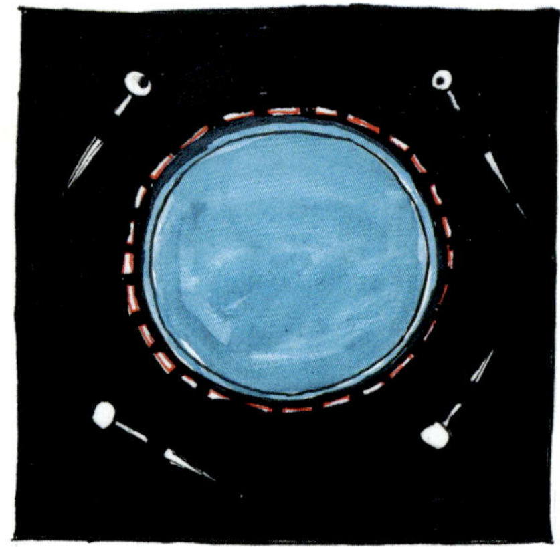

Wasserfarbenen Batikstoff hinter die Öffnung stecken. Mit schwarzem Faden knappkantig rundum steppen.

Schneiden Sie auf der Rückseite den türkisfarbenen und den wasserfarbenen Stoff zurück, den inneren etwas schmaler als den Paspelstoff.

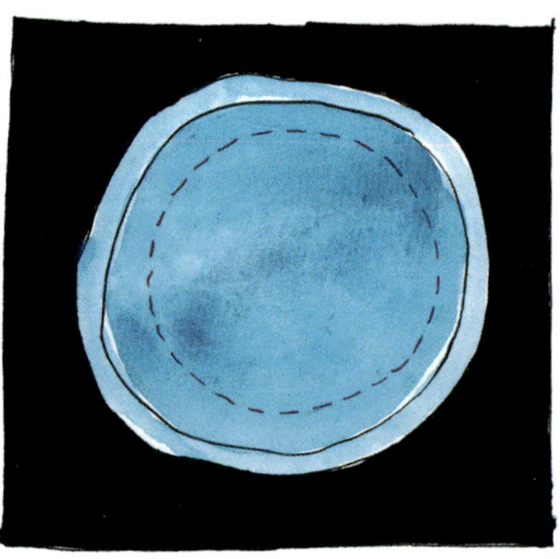

Hinten überstehende Stoffe zurückschneiden.

25 Lichtpunkte nähen

Legen Sie auf die rechte Seite des Tropfens einen hellblauen Paspelstoff rechts auf rechts und stecken Sie ihn an zwei Ecken fest.

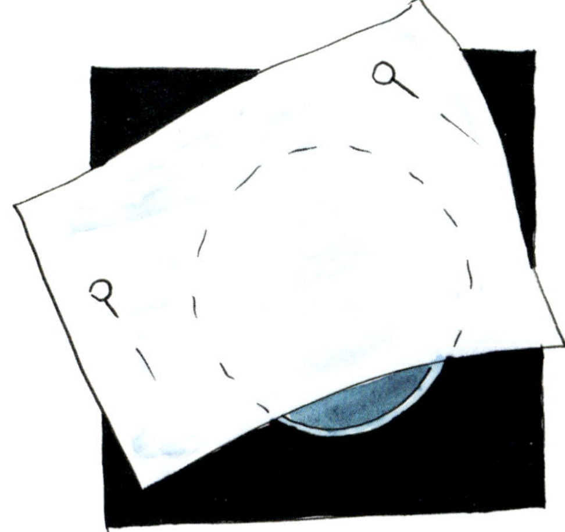

Hellblauen Paspelstoff rechts auf rechts auf den Tropfen stecken.

Zeichnen Sie nun von der Rückseite her einen sichelförmigen Mond auf den wasserblauen Stoff. Die Außenkante des mondförmigen Lichtpunktes verläuft parallel zur oberen Kante des Wassertropfens, die Innenkante ist ebenfalls gebogen. Nähen Sie auf der gezeichneten Linie rundum. Schneiden Sie auch hier die beiden inneren Stofflagen aus und zwicken Sie die Nahtzugaben ein. Schneiden Sie besonders an den beiden Spitzen tief ein. Ziehen Sie den hellblauen Stoff durch die Öffnung nach hinten und drücken Sie die Kanten glatt.

TIPP
Zum Nähen der kleinen Mondsichelformen stellen Sie die Maschine auf »Nadelposition unten«, »halbe Geschwindigkeit« und arbeiten ohne Oberstofftransport. Beginnen Sie an einer runden Kante. Heben Sie immer wieder das Nähfüßchen an, um den Stoff drehen zu können. Machen Sie an den Spitzen jeweils einen Querstich, um nach dem Einschneiden der Nahtzugabe auch dort den Stoff gut nach hinten ziehen zu können.

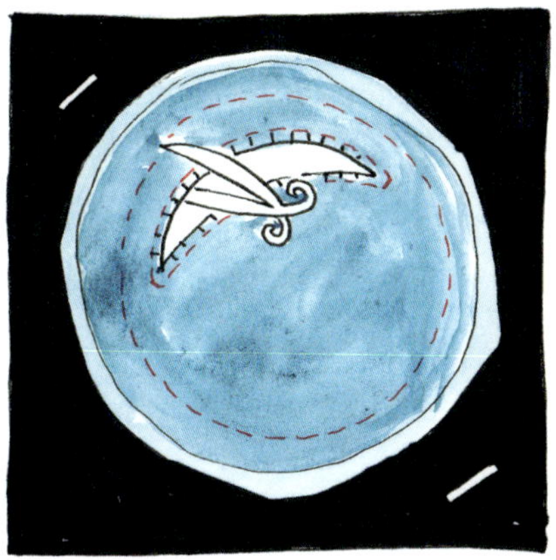

Auf der Rückseite eine Mondform aufzeichnen. Auf der Linie rundum nähen. Innen beide Stofflagen ausschneiden. Nahtzugaben einzwicken. Hellblauen Stoff durch die Öffnung zur Rückseite ziehen. Kante bügeln.

Legen Sie den reinweißen Stoff hinter die sichelförmige Öffnung und steppen Sie mit türkisfarbenem Faden knappkantig rundum. Schneiden Sie auf der Rückseite den weißen und hellblauen Stoff zurück, den weißen etwas schmaler als den hellblauen.

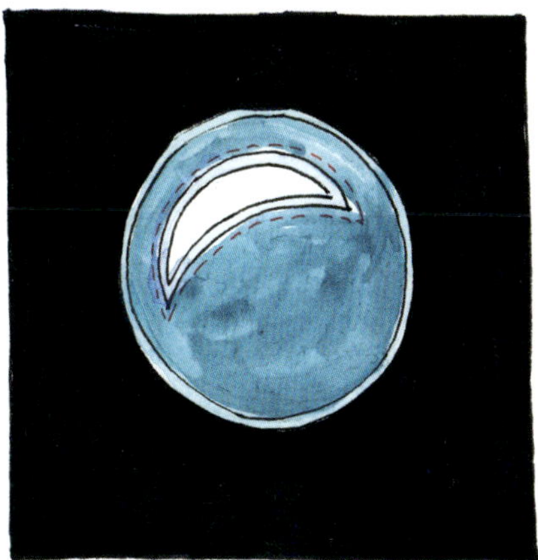

Weißen Stoff hinter die mondförmige Öffnung stecken, mit türkisfarbenem Faden knappkantig rundum nähen. Hinten überstehende Stoffe zurückschneiden.

25 Wassertropfen einsetzen

→ Lektion 10

Verwenden Sie als Kreisschablonen jene schwarzen Kartonkreise, die Sie als Platzhalter ausgeschnitten haben. Nähen Sie nun kreisförmige Öffnungen direkt in die Streifeneinheiten der Quiltoberfläche wie folgt:

Legen Sie ein farblich passendes, pastellfarbenes Quadrat als Paspelstoff rechts auf rechts anstelle der kleinen Markierungszettel, den Sie im Schritt »Anordnung der Tropfen« aufgesteckt haben. Entfernen Sie den Zettel und stecken Sie stattdessen das Paspelquadrat rechts auf rechts auf die Oberfläche. Befestigen Sie das Quadrat an allen vier Ecken mit je einer Stecknadel.

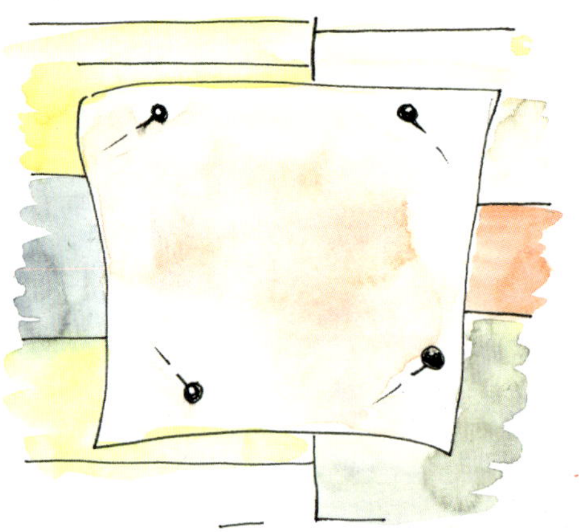

Auf der Quiltoberseite rechts auf rechts und direkt mittig über die Position eines der Markierungszettel ein Stoffquadrat für die Paspel stecken.

Zeichnen Sie auf der Rückseite der Quiltoberfläche, dort wo die Nahtzugaben nach oben weisen, mit Hilfe der schwarzen Schablone einen Kreis. Die Position finden Sie anhand der vier Stecknadeln, die auf der Rückseite erkennbar sind. Nähen Sie auf der gezeichneten Linie rundum und schneiden Sie innerhalb des Kreises beide Stofflagen aus. Zwicken Sie die Nahtzugaben ein und ziehen Sie den pastellfarbenen Paspelstoff zur Rückseite. Drücken und bügeln Sie die Kante glatt.

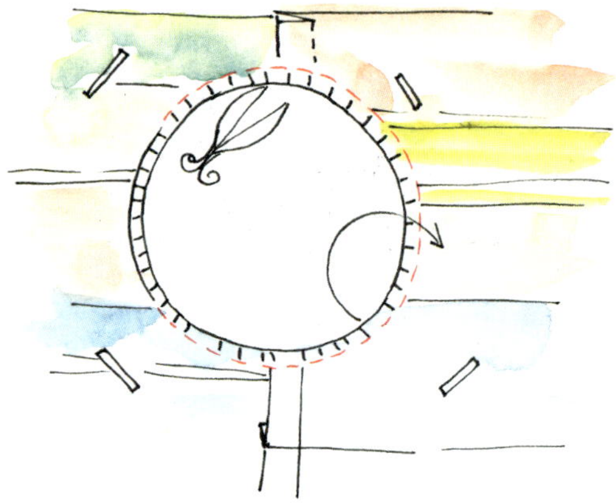

Auf der Rückseite: Kreis zeichnen (klein, mittel oder groß) und auf der Linie rundum nähen. Innen beide Stofflagen ausschneiden. Nahtzugaben einzwicken. Stecknadeln entfernen. Paspelstoff durch die Öffnung zur Rückseite ziehen. Kante bügeln.

TIPP

Wenn Sie die Nahtzugaben im Blick haben, können Sie dicken Nähten und Nahtkreuzungen besser ausweichen. Auch verdrehen Sie dann die Nahtzugaben nicht.

Stecken Sie einen der vorbereiteten Tropfen hinter die jeweils passende Öffnung. Um eine einzelne Lichtquelle zu simulieren müssen Sie darauf achten, dass der mondförmige Lichtpunkt immer an der gleichen Stelle liegt. Steppen Sie auf der Vorderseite mit pastellfarbenem Garn knappkantig rundum. Schneiden Sie von der Rückseite alle überstehenden Stoffschichten bis auf Nahtzugabenbreite zurück, den Paspelstoff bis auf 1 cm, den schwarzen Stoff bis auf 5 cm.

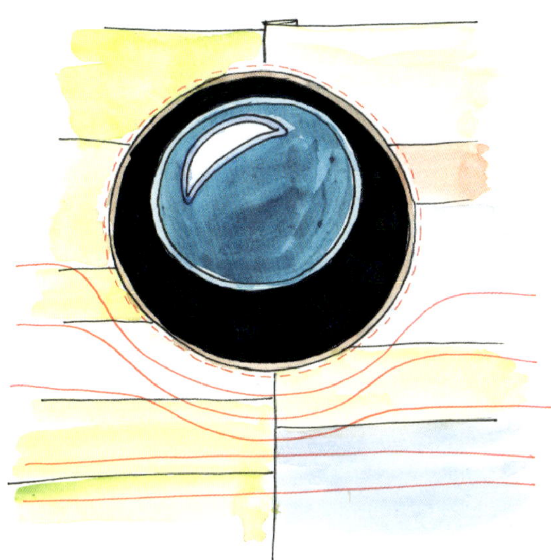

Mit unauffälligem Faden knappkantig rundum steppen und hinten überstehende Stoffe zurückschneiden. Quiltvorschlag (rote Linien): Querlinien, die die Tropfen weich umfließen.

Arbeiten Sie zuerst alle großen Tropfen ein, dann die mittleren, dann die kleinen. Schneiden Sie die überstehenden Stoffe auf der Rückseite zurück. Kürzen Sie jeweils den schwarzen Stoff mehr als den farbigen. Dadurch schimmert später kein dunkler Stoff durch die Oberfläche des Quilts.

Zusammensetzen

Sind alle Tropfen eingenäht, setzen Sie die Streifeneinheiten an ihren Längskanten zur kompletten Quiltoberfläche zusammen. Schneiden Sie die Unterkante des Quilts gerade.

Quilten

→ Lektionen 14 / 15

Montieren Sie die gebügelte Oberseite auf Vlies und Rückseite. Quilten Sie mit altrosa Quiltgarn parallel liegende Querlinien, welche die Tropfen weich umfließen. Die Linien liegen etwa 2 - 3 cm auseinander und verlaufen etwas dichter um die Wassertropfen herum. Auf den schwarzen Schatten der Tropfen passen gequiltete Kreise, die sich in der Größe dem vorhandenen Platz anpassen.

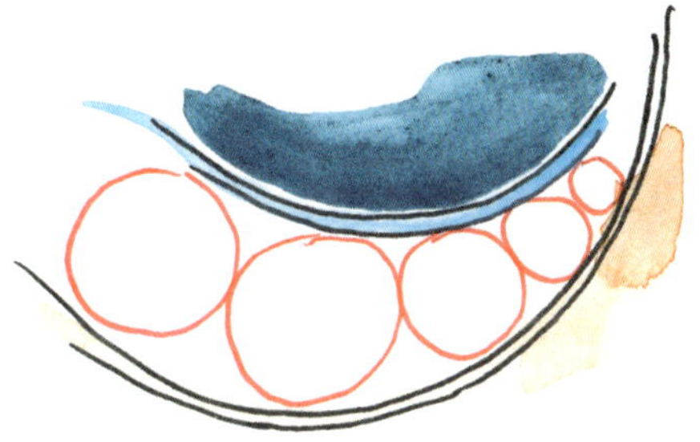

Quiltvorschlag für die schwarzen Schattenflächen der Tropfen.

Einfassung

→ Lektion 16

Fassen Sie den Quilt mit einem pinkfarbenen Schrägstreifen ein.

TIPP

Wegen der vielen gequilteten Querlinien schrumpfte unser Quilt um ca. 10 cm in der Länge. Kalkulieren Sie dies bei der Planung mit ein.

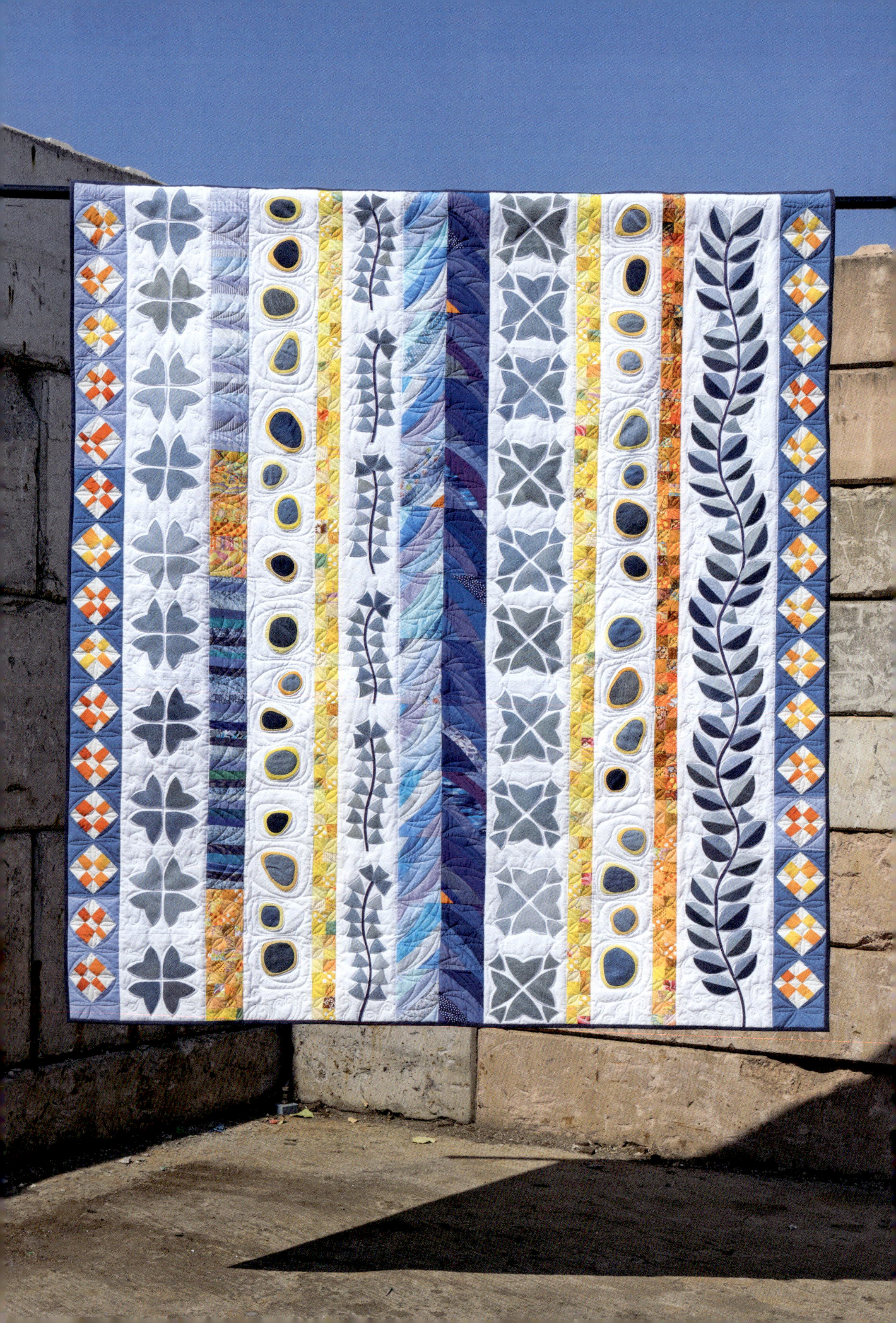

Reihen-Sampler

220 × 200 cm
mit: Applikationen, Neunerblöcken, Viererblöcken und mehr

Erkennen Sie die Bausteine der anderen Quilts? Den Neunerblock, die Lasagne-Streifen, Sonne und Schatten? Farblich haben wir uns bei diesem Sampler auf Jeansblau und verschiedene Gelbtöne auf weißem Hintergrund beschränkt.

MATERIAL

Stoffe

- ca. 3 m Weiß für den Hintergrund (140 cm breit) oder entsprechende Menge weißer Bettwäsche
- 0,25 m gelber Verlaufsstoff für die Neunerblöcke
- 0,4 m Mittelblau für die Dreiecke um die Neunerblöcke
- ca. 1 m unterschiedliche blaue und gelbe Reste für die Streifenbänder
- je ca. 2 m Jeansstoff hell und dunkel (etwa 10 Hosen in Erwachsenengröße)
- ca. 1,5 m Gesamtmenge Hellgelb, Mittelgelb und dunkles Gelb für die Viererblöcke
- je ca. 1 m verschiedene helle und dunkle Blautöne
- ca. 1,5 m Gesamtmenge unterschiedliches Gelb für die »wilden Punkte«

Sonstiges

- Klebevlies
- kräftiges Papier für Schablonen
- spitze Schere
- 240 × 220 cm Rückseitenstoff
- 240 × 220 cm Volumenvlies
- weißes, gelbes und mittelblaues Quiltgarn
- 8,6 m blauer Schrägstreifen für die Einfassung

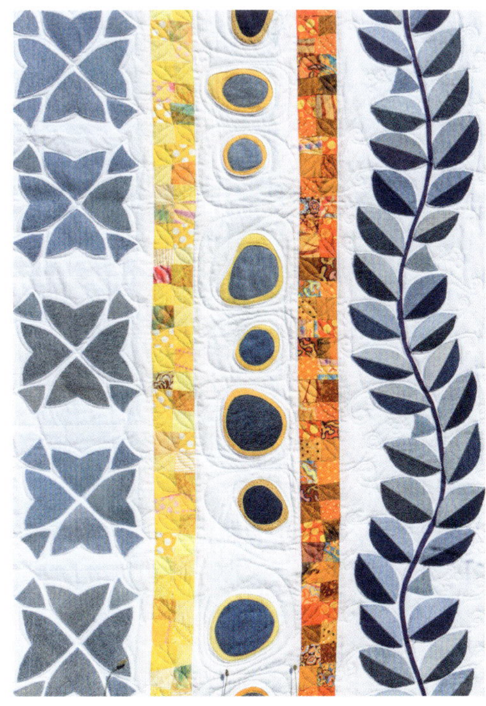

Allgemein

Alle senkrechten Reihen sind hier 225 cm lang. Kürzen oder verlängern Sie Ihre Reihen nach Bedarf. Verwerten Sie alles, was Ihre Kisten »Reste«, »Streifen« und »Angefangenes« hergeben.

2 Reihen Neunerblöcke

→ Lektion 4

Nähen Sie 30 Neunerblöcke aus weißen und farbigen Quadraten von ca. 15 × 15 cm. Die fertigen Neunerblöcke sind exakt 11 × 11 cm groß. Ergänzen Sie jeden Block mit vier mittelblauen Dreiecken, so dass der Neunerblock auf der Spitze steht. Die Dreiecke erhalten Sie, indem Sie Quadrate von 12 × 12 cm einmal diagonal teilen. Schneiden Sie jeden Block auf exakt 16 × 16 cm zu und nähen Sie sie zu einem langen Band aneinander. Sie brauchen pro Längsreihe 15 solcher Blöcke. Verlängern Sie jede Reihe oben und unten mit einem 7 cm hohen blauen Streifen. Dies schafft Spielraum für evtl. Korrekturen.
Jede Reihe ist nun 225 cm lang und dient als Längenmaß für alle anderen Reihen.

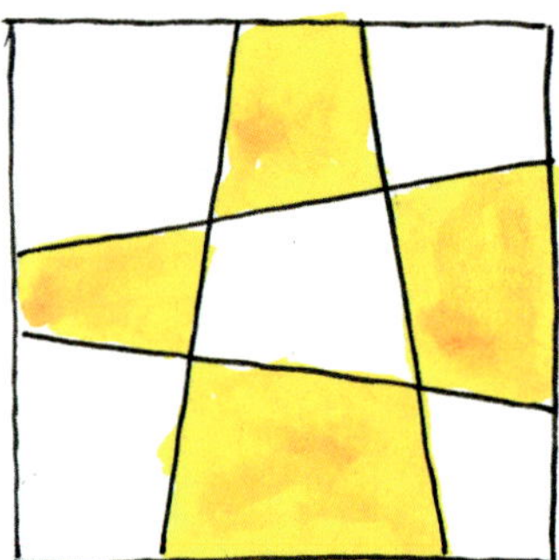

Neunerblöcke weiß/orange nähen, Ausgangsquadrat 15 × 15 cm, fertige Größe 11 × 11 cm.

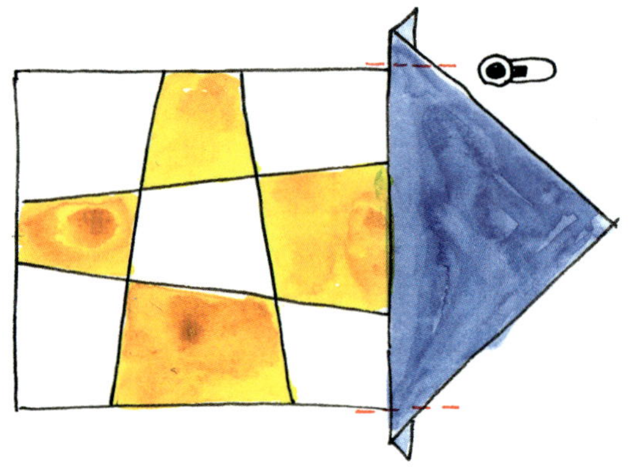

Blaues Dreieck an jede Kante nähen. Zuerst an zwei gegenüber liegende, dann an die anderen beiden Kanten.

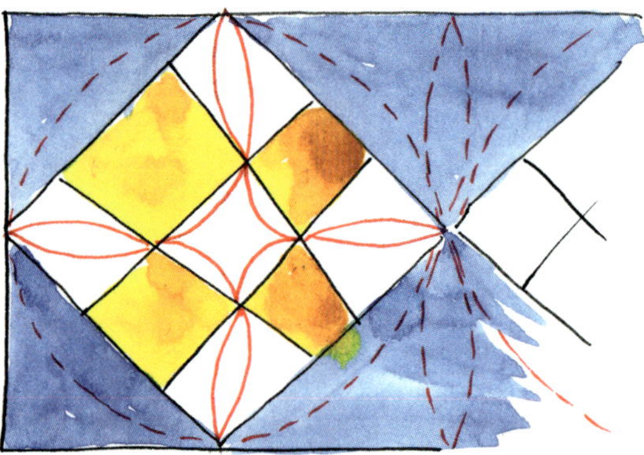

Fertige Blöcke zur Reihe aneinandernähen und an den Enden mit je ca. 7 cm Blau verlängern. (Hier bereits mit Quiltvorschlag)

TIPP

Dass hier nur Blöcke B verarbeitet sind, liegt daran, dass wir Restblöcke vom Quilt »Neunerblöcke« hatten. Wenn Sie extra Neunerblöcke nähen müssen, dann entstehen aus 15 weißen und 15 farbigen Quadraten 15 Blöcke A und 15 Blöcke B.

3 Reihen Viererblöcke

→ Lektion 3

Nähen Sie ca. 130 Viererblöcke aus ebenso vielen Quadraten in hellgelben, mittelgelben und dunklen Gelbtönen. Beginnen Sie mit 10 × 10 cm großen Quadraten, von denen Sie je vier aufeinanderlegen und einmal längs und einmal quer durchteilen. Nach dem Sortieren liegen in vier Blöcken jeweils vier verschiedene Farbtöne. Schneiden Sie jeden Viererblock auf exakt 8 × 8 cm zu und nähen Sie sie zu einem 225 cm langen Band aneinander. Sie brauchen pro Längsreihe 35 – 36 Viererblöcke.

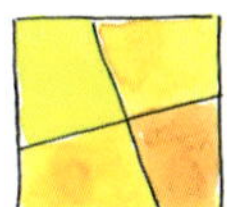
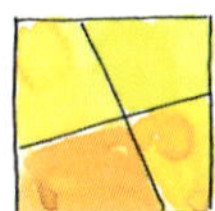
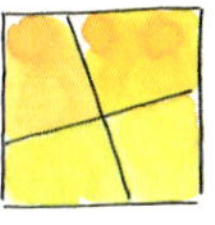
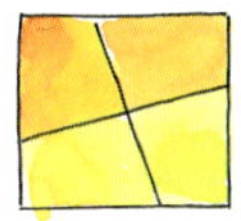

Viererblöcke aus vier verschiedenen aufeinander gelegten gelben Quadraten (ca. 10 × 10 cm). Längs und quer durchschneiden und Farben sortieren. Viererblöcke nähen, auf 8 × 8 cm zuschneiden.

TIPP

In unserem Quilt verlängerten wir eine Streifenreihe mit Viererblöcken, die, in Zweierreihen angeordnet, die Breite einer Streifeneinheit ergab. Entscheiden Sie nach Bedarf.

1 Reihe »Jeans-Blätterranke«

→ Lektion 11

Schneiden Sie den weißen Hintergrundstoff zu, 27 cm breit, 225 cm lang. Zeichnen Sie längs über den Stoff mittig eine leicht geschwungene Rankenlinie, ca. 15 cm unterhalb der Oberkante beginnend. Teilen Sie ein vorgefalztes Schrägband der Länge nach. Nähen Sie das halbierte Schrägband mit der offenen Kante auf der Linie fest, falten Sie es über die soeben genähte Kante und steppen Sie es knappkantig fest.

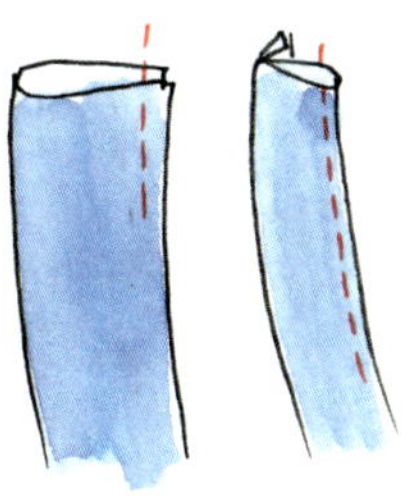

Fertigen Schrägstreifen längs mittig teilen. Halben Schrägstreifen entlang der offenen Kanten knapp annähen. Geschlossene Kante über die angenähte Kante legen und feststeppen.

TIPP

Alternativ zum fertigen Schrägstreifen schneiden Sie einen 2 cm breiten blauen Stoffstreifen im diagonalen Fadenlauf zu.

Alle Jeansteile werden mit Hilfe von Klebevlies appliziert. Für die Blätter nähen Sie jeweils einen hellen und einen dunklen Streifen von je 8 – 10 cm Breite aus Jeansstoff an den Längskanten aneinander. Bügeln Sie die Nahtzugabe unbedingt auseinander. Schneiden Sie Blätter zu, bei denen die Naht von Spitze zu Spitze verläuft. Verwenden Sie die Schablone oder schneiden Sie frei Hand nach Augenmaß.

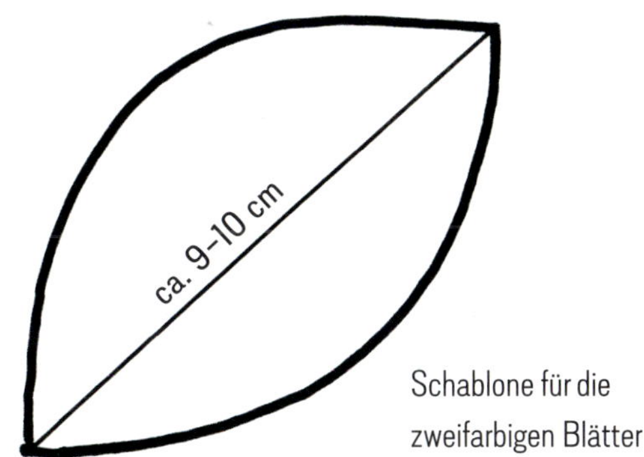

Schablone für die zweifarbigen Blätter

Fixieren Sie die Blätter mittels Klebevlies, wie in Lektion 11 beschrieben. Ordnen Sie die Blätter entlang der Ranke an, die dunklen Blattseiten nach unten weisend. Bringen Sie zur Abwechslung ein kleines dreieckiges Blatt an. Bügeln Sie die Blätter fest und applizieren Sie sie mit dem

Applikationsstich der Nähmaschine. Verwenden Sie dunkelblaues Garn für die dunklen Blatthälften und hellblaues Garn für die hellen.

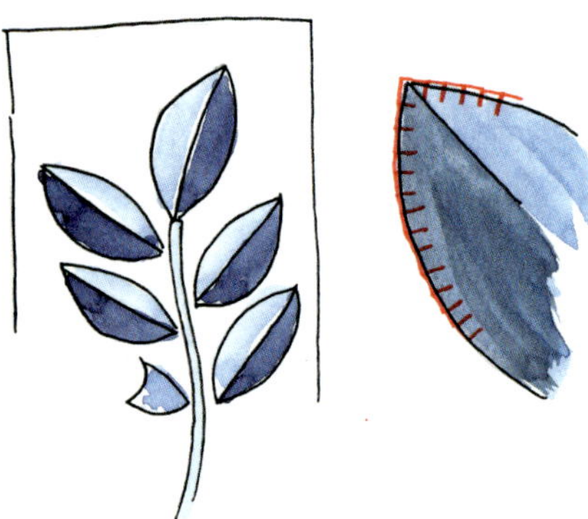

Blätter rechts und links des Stängels anordnen, festbügeln und mit Applikationsstich festnähen.

1 Reihe »Jeansblumen«

→ Lektion 11

Hintergrund: weiß, 18 cm breit, fünf Teile von 35 cm Länge für die oberen Blöcke, der sechste unterste Block ist 50 cm lang (Sicherheitszuschlag). Stängel wie bei der Blätterranke beschrieben: Halbes Schrägband ab 10 cm unterhalb der Oberkante bis ganz nach unten. Schneiden Sie nach der Schablone ca. 120 kleine Dreieckformen aus Jeansstoff zu.

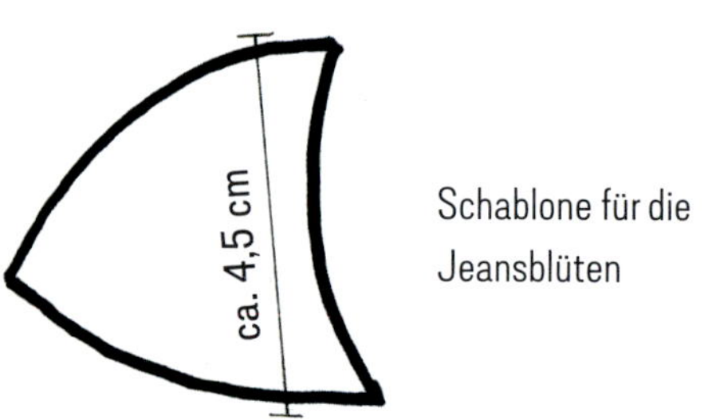

Schablone für die Jeansblüten

Befestigen Sie die Stängel auf dem Hintergrundstoff, wie bei der Jeans-Blätterranke beschrieben. Fixieren Sie die kleinen Dreieckformen mit Klebevlies entlang der Stängel wie abgebildet. Applizieren Sie die Kanten mit dem Applikationsstich der Nähmaschine.

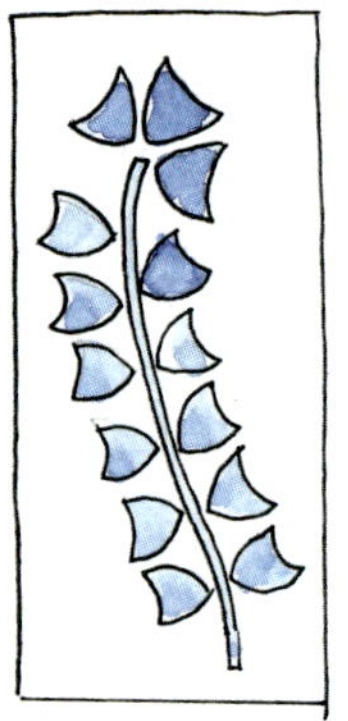

Anordnung der kleinen Blättchen für die Jeansblüten.

2 Reihen »Lasagne-Streifen«

Setzen Sie jeweils ein 225 cm langes Band aus Querstreifen zusammen, wie beim Quilt »Lasagne Spezial« beschrieben. Beschränken Sie sich auf die Farben Blau und Gelb. Schneiden Sie ein Band auf 12 cm Breite, das andere auf 15 cm Breite zu.

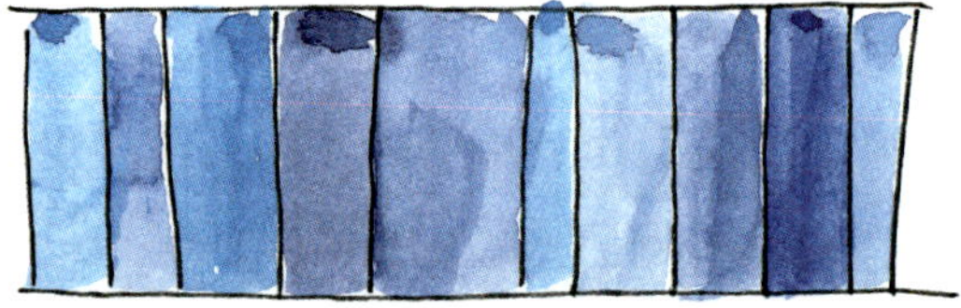

Streifen zu einem langen Band aneinandernähen.

1 Reihe »Herzkleeblätter«

→ Lektion 11

Schneiden Sie 10 weiße Hintergrundquadrate von 25 × 25 cm zu. Bügeln Sie längs und quer durch die Mitte Markierungslinien ein. Bereiten Sie nach der abgebildeten Herzklee-Schablone vier Jeansblätter pro Block vor. Fixieren Sie die vier Herzkleeblätter mittig an den Markierungslinien des Hintergrundquadrats. Umnähen Sie die Blätter mit unauffälligem hellblauen Garn mit dem

Applikationsstich der Nähmaschine. Schneiden Sie jedes Quadrat auf 24 × 24 cm zu. Nähen Sie 10 Quadrate zur Reihe. Sie müssen einige Nahtzugaben breiter nähen, damit Sie die gewünschte 225 cm Länge erreichen.

Schablone für die Herzkleeblätter

Längs und quer Markierungslinien einbügeln. Anordnung der Herzkleeblätter.

1 Reihe »diagonale Herzkleeblätter«

→ Lektion 11

Schneiden Sie 10 weiße Hintergrundquadrate von 25 × 25 cm zu. Bügeln Sie die beiden Diagonalen als Markierungslinien ein. Bereiten Sie nach der Herzklee-Schablone pro Block vier Blattformen und vier kleine Ecken vor. Richten Sie die vier Herzkleeblätter an den Markierungslinien aus und bügeln Sie sie mit Klebevlies fest. Bügeln Sie die vier kleinen Formen in die Ecken. Applizieren Sie die Blätter mit hellblauem Garn mit Applikationsstich. Schneiden Sie jedes Quadrat auf 24 × 24 cm zu. Nähen Sie die 10 Quadrate zur Reihe. Sie müssen einige Nahtzugaben knapper nähen, damit Sie die gewünschten 225 cm Länge erreichen.

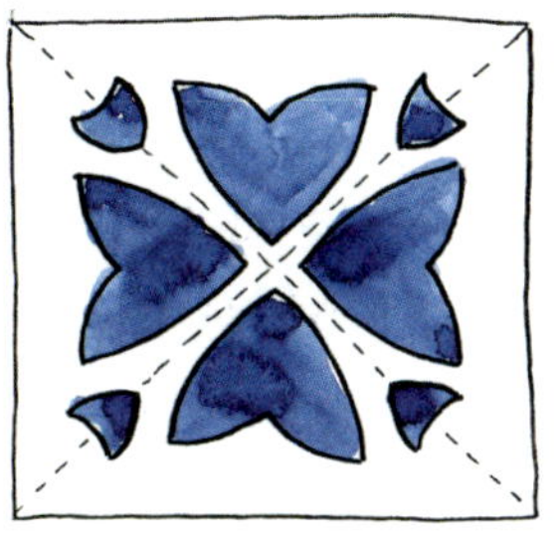

Diagonale Markierungslinien einbügeln. Anordnung der Herzkleeblätter und der kleinen Ecken.

2 Reihen »wilde Punkte«

→ Lektion 10

Die »Wilden Punkte« werden ähnlich wie die »Wassertropfen« (Quilt Seite 101) in Paspeltechnik genäht. Schneiden Sie den weißen Hintergrundstoff 20 cm breit zu. Um die Arbeit besser handhaben zu können, haben wir pro Reihe vier ca. 60 cm lange Streifen vorbereitet. Schneiden Sie für die Paspeln Streifen von 18 × 55 cm aus weißem Stoff zu. Wenn Sie die Wahl haben, verwenden Sie weicheren Stoff für die Paspeln.

Legen Sie den Paspelstoff rechts auf rechts auf den Hintergrundstoff und zeichnen Sie vier unregelmäßige Kreise auf. Lassen Sie mindestens 6–7 cm Abstand zwischen den einzelnen Formen. Nähen Sie auf der Linie um jede Form. Schneiden Sie innerhalb der Nählinie beide Stofflagen aus und zwicken Sie die Nahtzugaben dicht ein. Durchschneiden Sie den Paspelstoff mittig zwischen den einzelnen Formen, denn Sie können keinen Stoff durch zwei Löcher gleichzeitig ziehen. Schieben Sie den Paspelstoff durch die Öffnung nach hinten. Drücken Sie die Kanten glatt.

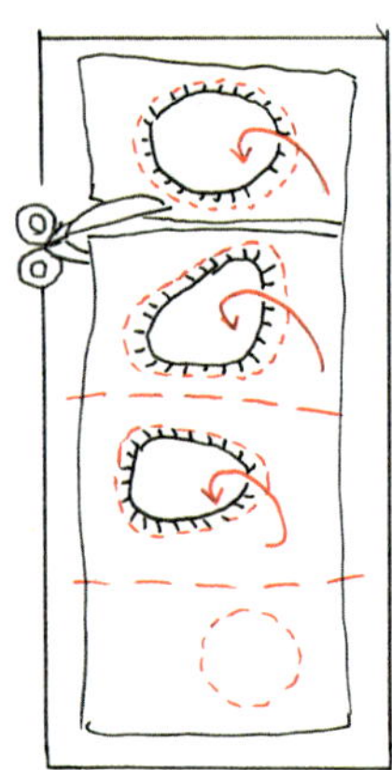

Weißen Paspelstoff auf den Hintergrundstoff legen, unregelmäßige Kreise aufzeichnen. Auf der Linie rundum nähen. Innerhalb der Kreise beide Stofflagen ausschneiden, Nahtzugaben einzwicken. Paspelstoff zur Rückseite ziehen. Kanten glatt bügeln.

Legen Sie unterschiedlich gelbe Stoffe hinter die weißen Öffnungen und steppen Sie knappkantig mit weißem Garn auf den weißen Rändern rundum. Schneiden Sie auf der Rückseite beide Stoffe (weiß und gelb) zurück.

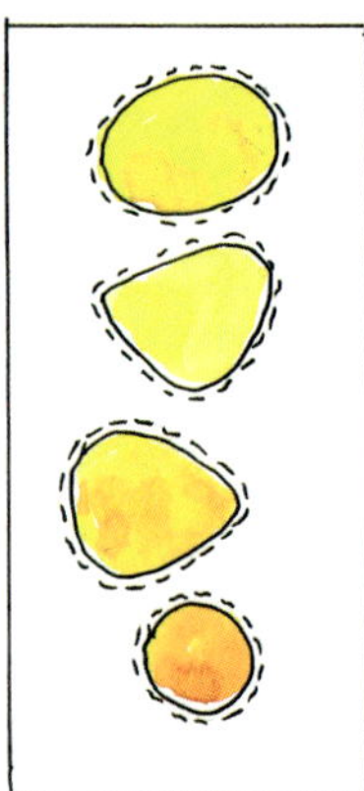

Gelbe Stoffe hinter die Öffnungen steppen. Überstehenden Stoff auf der Rückseite zurückschneiden.

Legen Sie nun vier gelbe Stoffstücke rechts auf rechts auf die 4 fertigen Punkte und stecken Sie sie an ihren Ecken fest. Zeichnen Sie mit einem geeigneten Stift und auf die Rückseite (!) der Arbeit innerhalb der gelben Flächen etwas kleinere unregelmäßige Kreise. Nähen Sie mit gelbem Garn auf jeder Linie rundum und schneiden Sie wieder die inneren beiden Stofflagen aus. Nach dem Einzwicken der Nahtzugaben ziehen Sie den gelben Paspelstoff zur Rückseite und drücken Sie die Kanten glatt. Bügeln Sie.

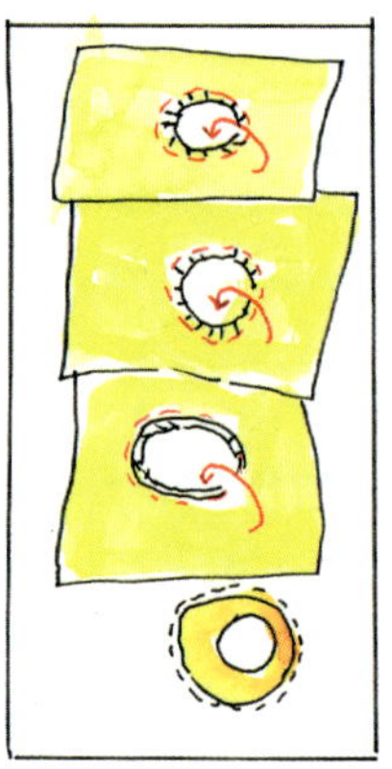

Gelbe Paspelstoffe rechts auf rechts auf die gelben »Punkte« legen. Von der Rückseite her etwas kleinere unregelmäßige Kreise aufzeichnen. Auf der Linie rundum nähen, innerhalb der Kreise beide Stofflagen zurückschneiden, Nahtzugaben einzwicken, Paspeln zur Rückseite durchziehen.

Ordnen Sie nun unterschiedlich blaue Jeansstücke hinter die Öffnungen. Stecken Sie sie fest und steppen Sie mit gelbem Garn knappkantig auf der gelben Stoffkante um jede Öffnung. Schneiden Sie auf der Rückseite beide Lagen zurück, den Jeansstoff etwas knapper als den gelben. Setzen Sie je vier dieser Einheiten untereinander zur Reihe.

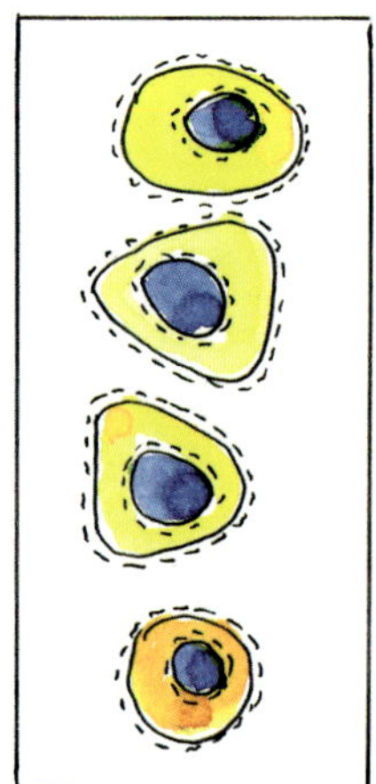

Unterschiedlich blaue Jeansstoffe hinter die Öffnungen steppen. Überstehende Stoffe auf der Rückseite zurückschneiden.

TIPP

Sie können genauso gut jeden Kreis separat fertig nähen. Ein gemeinsamer Paspelstoff für mehrere Öffnungen funktioniert nur, wenn der Abstand zwischen den Formen breit genug ist.

1 Reihe »Sonne und Schatten«

→ Lektion 8

Nähen Sie in den gleichen Farben und gleichen Maßen, wie beim Quilt »Sonne und Schatten« beschrieben, 13 helle und 13 dunkle Blöcke. Setzen Sie drei orangefarbene Dreiecke als Akzente ein. Fügen Sie die Blöcke zu einer Zweierreihe zusammen, die hellen Blöcke links, die dunklen rechts. Schneiden Sie von beiden äußeren Längskanten je 2 Zentimeter ab. Dadurch ergibt sich eine bessere Proportion im Vergleich zu den anderen Reihen des Quilts.

Anordnung

Sortieren Sie die Streifen in der Reihenfolge wie auf dem Foto zu sehen, oder finden Sie eine andere, die Ihnen gefällt oder die sich aus anderen verwendeten Motiven ergibt.

Reihenfolge von links nach rechts –

siehe Foto auf Seite 108:

1. Neunerblöcke
2. Herzkleeblatt Jeans, Applikation
3. Lasagne-Streifen
5. »Wilde Punkte« gelb mit Jeans
6. Viererblöcke gelb
7. Kleine Jeansblumen, Applikation
8. Sonne und Schatten
9. Herzkleeblatt diagonal, Applikation
10. Viererblöcke orange
11. »Wilde Punkte« gelb mit Jeans
12. Viererblöcke gelb
13. große Blätterranke Jeans, Applikation
14. Neunerblöcke

Zusammensetzen

Setzen Sie die Reihen an ihren Längskanten aneinander.

Quilten

→ Lektionen 14 / 15

Montieren Sie Rückseite, Volumenvlies und die gebügelte Oberseite aufeinander. Quilten Sie bei den Jeans-Applikationen eine Echo-Linie um die Formen. Auf den Neunerblöcken und den Viererblöcken passt ein unregelmäßiges Orangenschalenmuster, das sich an den Ecken der weißen bzw. gelben Zuschnitte orientiert. Quilten sie »Haifischzähne« auf den hellblau / dunkelblauen »Sonne und Schatten« Streifen. Um die gelbblauen Punkte machen sich unregelmäßig geformte Spirallinien gut. Quilten Sie auch entlang der Längskanten der Reihen. Die oben genannten Quiltvorschläge sind in Lektion 15, auf Seite 198 abgebildet.

Einfassung

→ Lektion 16

Fassen Sie den Quilt mit einem blauen Schrägstreifen ein.

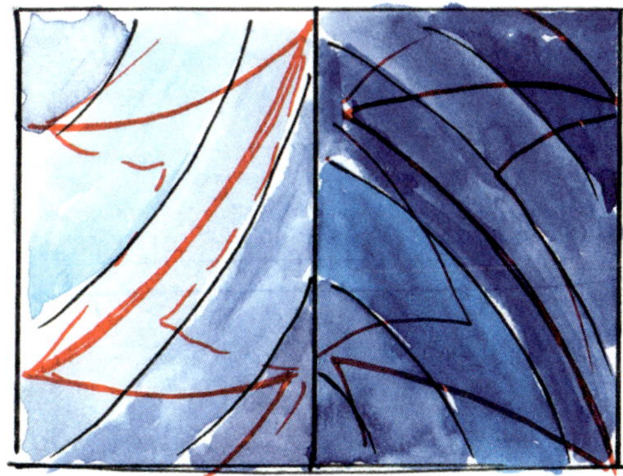

Haifischzähne mit Echolinien,
Quiltvorschlag für die blauen Reihen.

→ Weitere Quiltvorschläge siehe Seite 198

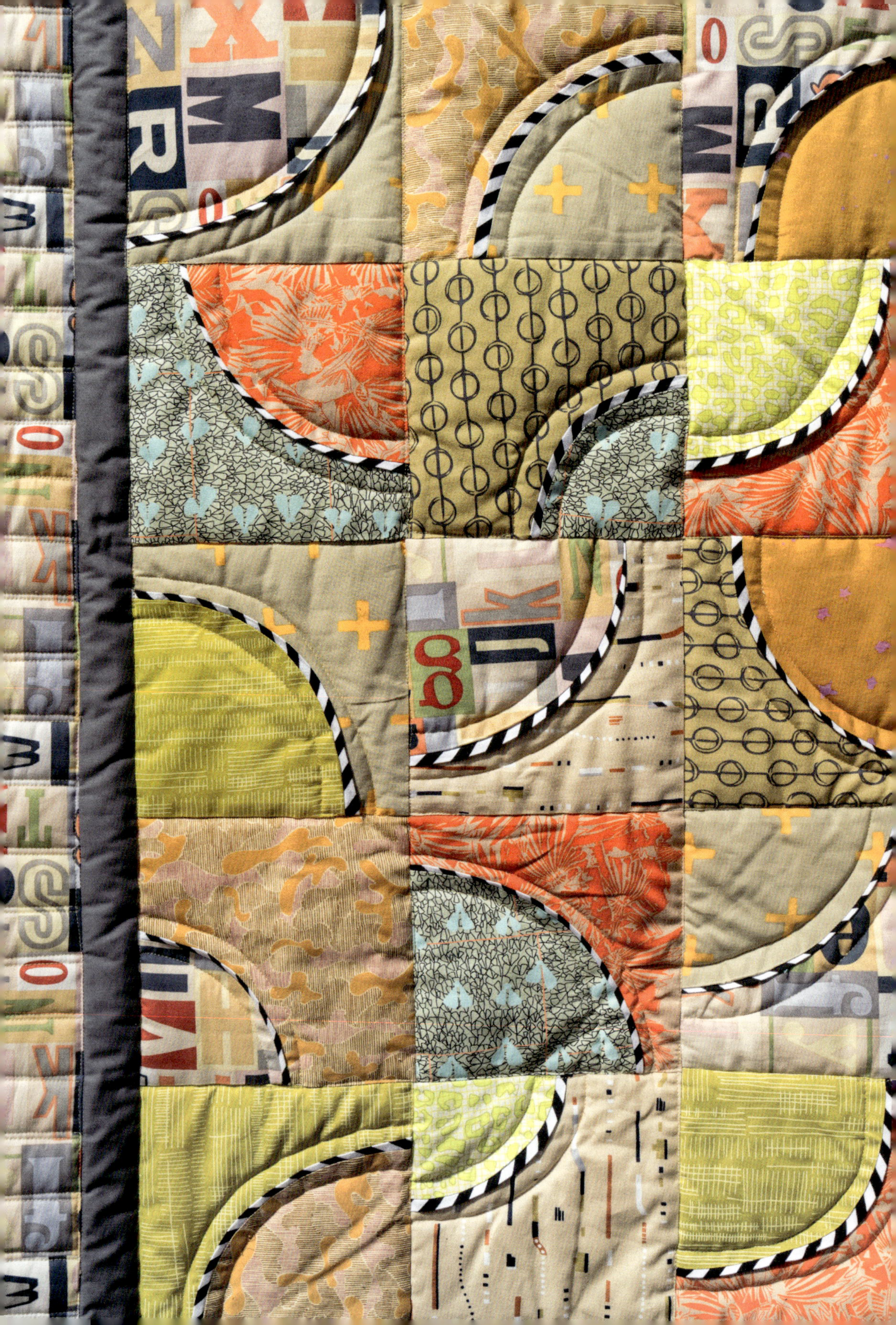

3. Kapitel

Rundungen

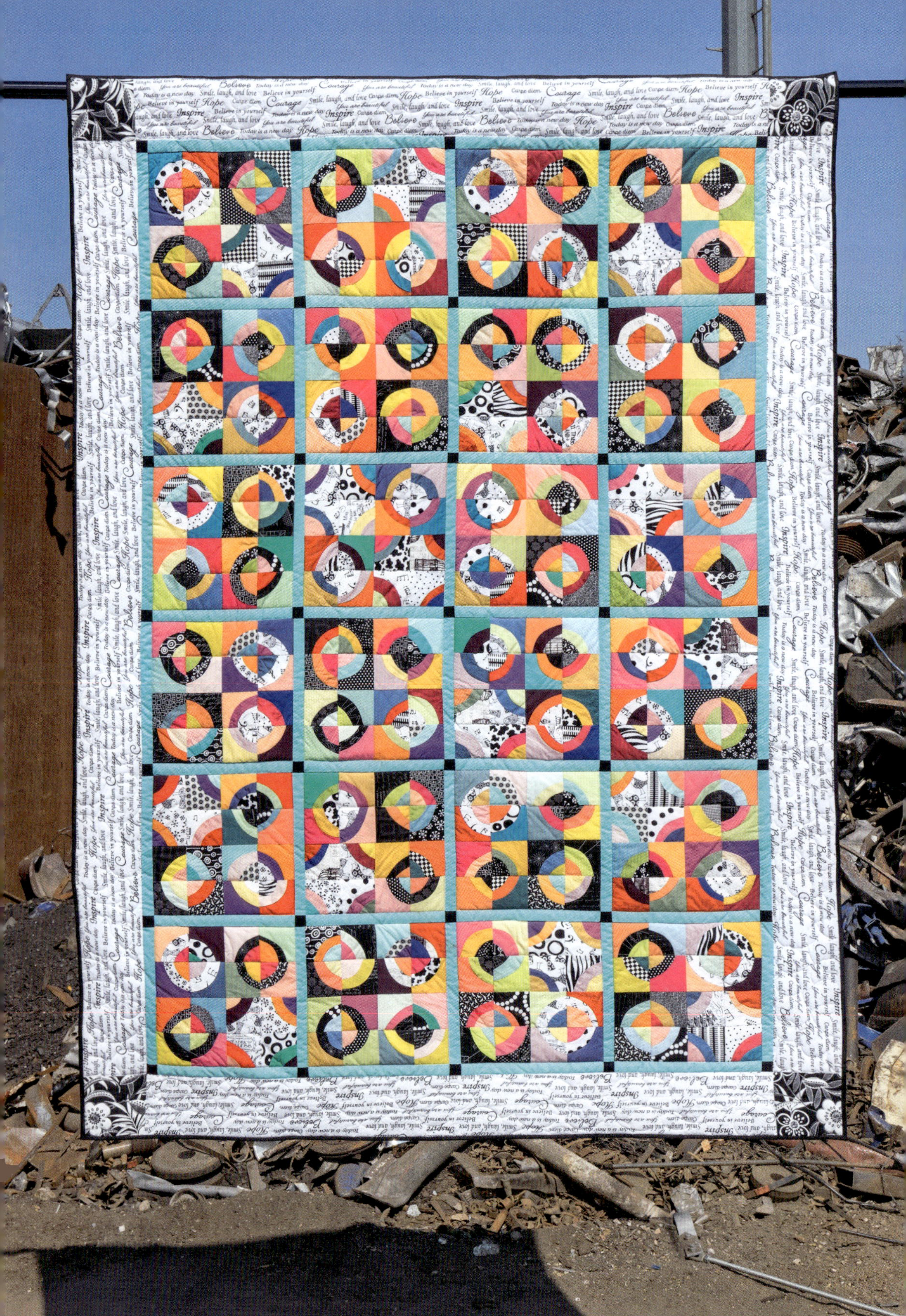
Smile, laugh, and love
Believe in yourself
Courage
Hope
Inspire
Believe
Today is a new day

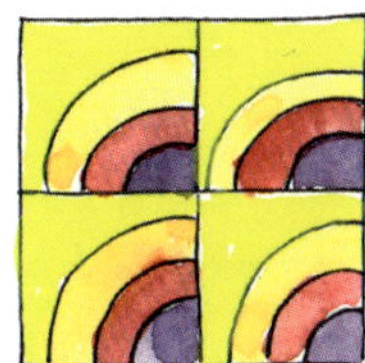

Schrottplatz

220 × 156 cm
mit: Sonnenuntergang / Sunset

Zugeschnittenen Charm-Packs kann ich nicht widerstehen. Falls Sie Quadrate von 12 × 12 cm entdecken – greifen Sie zu! Eine Vorarbeit ist Ihnen damit schon abgenommen. Der zweifach geschnittene Viertelkreis wird in klassischen Patchworkbüchern als »Sonnenuntergang« beschrieben.
Meine Freundin Gundula meint »Schrottplatz« sei der passende Name für diesen Quilt, denn sie erkennt Autoreifen, Lenkräder, Kabelrollen, farbig lackierte Kotflügel und vieles mehr darin. Grund genug, den Quilt auf einem Schrottplatz zu fotografieren. Seitdem wir das Bild für Seite 2 aufgenommen haben, finden wir allerdings, er könnte auch »Jahrmarkt« heißen.

MATERIAL

Stoffe

- 256 Quadrate von 12 × 12 cm in verschiedenen Farben, uni, oder 4 m Gesamtmenge verschiedene Unistoffe
- 128 Quadrate von 12 × 12 cm, in Weiß-Schwarz und Schwarz-Weiß, oder 2 m Gesamtmenge schwarz-weiß / weiß-schwarz gemusterte Stoffe
- 1,3 m Türkis, uni, für die Zwischenstreifen
- 0,15 m Schwarz, uni, für die Ecksteine der Zwischenstreifen
- 0,15 m Schwarz-weiß für die Ecksteine im Rand
- 2 m Weiß mit Schwarz (Schriftmotiv) für den äußeren Rand – dieser Streifen wird längs aus dem Stoff geschnitten

Sonstiges

- kleine Zettel zur Markierung
- 240 × 175 cm Rückseitenstoff
- 240 × 175 cm Volumenvlies
- weißes und mittelgraues Quiltgarn
- 7,7 m schwarzer Schrägstreifen für die Einfassung

Zuschneiden

→ Lektion 1

Für die doppelten Viertelkreise benötigen Sie Quadrate von ca. 12 × 12 cm. Schneiden Sie 256 farbige Quadrate und 128 schwarzweiße / weißschwarze Quadrate zu. Kombinieren Sie immer drei Farben: Ein schwarzweißes bzw. weißschwarzes plus zwei unterschiedlich einfarbige. Stecken Sie die drei Quadrate mit einer Stecknadel zusammen.

384 doppelte Viertelkreise

→ Lektion 9

Legen Sie die drei Quadrate in den ausgewählten Farben gestapelt auf die Schneidematte, alle mit der rechten Seite nach oben. Schneiden Sie durch alle Lagen zwei Viertelkreise, der innere ca. 5 cm von der Ecke entfernt, der zweite im Abstand von ca. 3–4 cm zum inneren.
Sortieren Sie die Farben. Es entstehen 3 Blöcke, in jedem liegen ein schwarzweißer Stoff und zwei verschiedene Unifarben an jeweils einem anderen Platz.

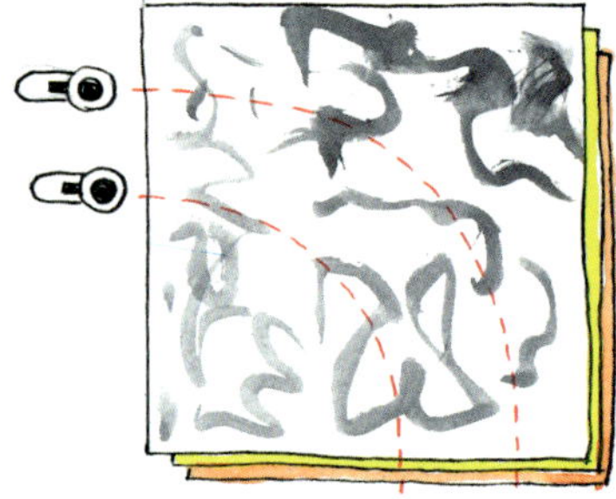

Drei Quadrate (1 × Schwarzweiß, 2 × Farbe) von 12 × 12 cm aufeinanderlegen, alle mit der rechten Seite nach oben. Zwei Viertelkreise durch alle Lagen schneiden. Farben sortieren.

Nähen Sie zuerst den Bogen in den Ausschnitt. Rücken Sie den Bogen ca. 1 cm weit nach unten und nähen Sie mit schmaler Nahtzugabe. Schieben Sie die Stoffkanten während des Nähens übereinander. Setzen Sie auf die gleiche Weise auch die Ecke ein. Bügeln Sie alle Nahtzugaben zur eingesetzten Ecke hin. Schneiden Sie die Blöcke mit Hilfe eines Quadratlineals auf ein gemeinsames Maß exakt zu, hier sind dies 9 × 9 cm. Nähen Sie mindestens 384 Blöcke. Einige Reserve-Blöcke erleichtern die Farbzusammenstellung.

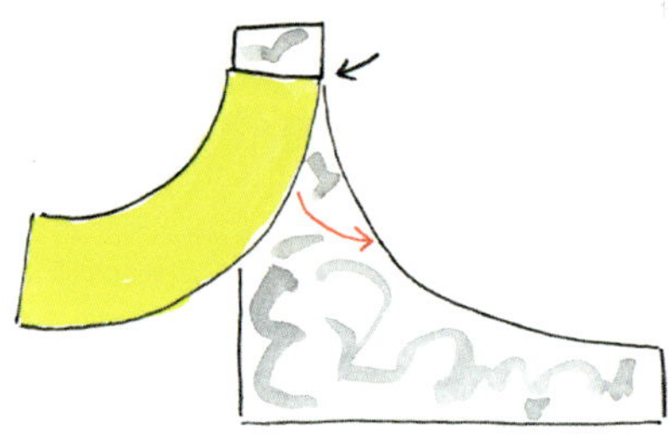

Bogen in den Ausschnitt nähen. Nahtanfang 1 cm nach unten rücken, mit schmaler Nahtzugabe nähen.

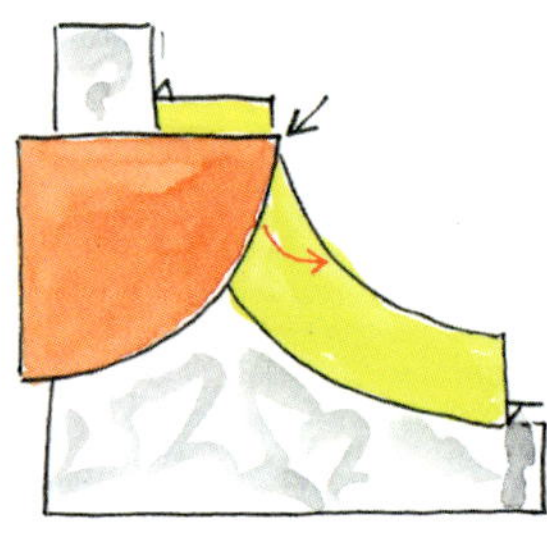

Ecke in den Bogen nähen, Anfang 1 cm nach unten rücken.

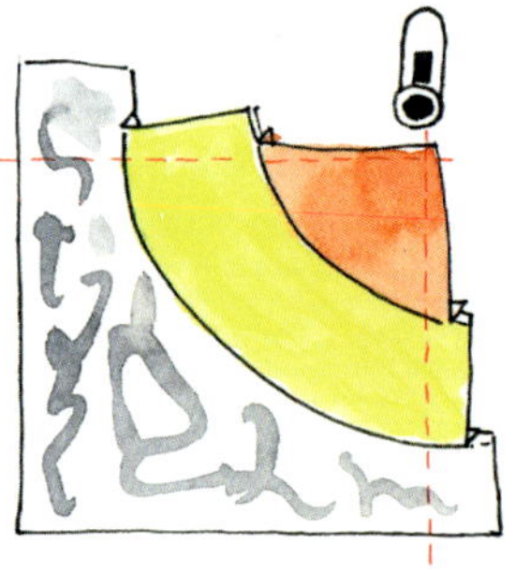

Blöcke exakt zuschneiden, hier 9 × 9 cm.

TIPP
Zuschneiden der genähten Viertelkreise: Legen Sie das Quadratlineal zuerst an der Außenecke an und schneiden Sie so, dass die Enden des Außenbogens etwa den gleichen Abstand zur Ecke haben. Dann erst schneiden Sie auch die eingesetzte Ecke rechtwinklig zu.

96 Viererblöcke

Fassen Sie vier Viertelkreisquadrate zu einem Viererblock zusammen. Bilden Sie Farbgruppen, die folgende Kombinationen ergeben:

- weißschwarze Mitten
- weißschwarze Kreise
- weißschwarze Kreuze
- schwarze Mitten
- schwarze Kreise
- bunte Mitte (= außen Schwarz)

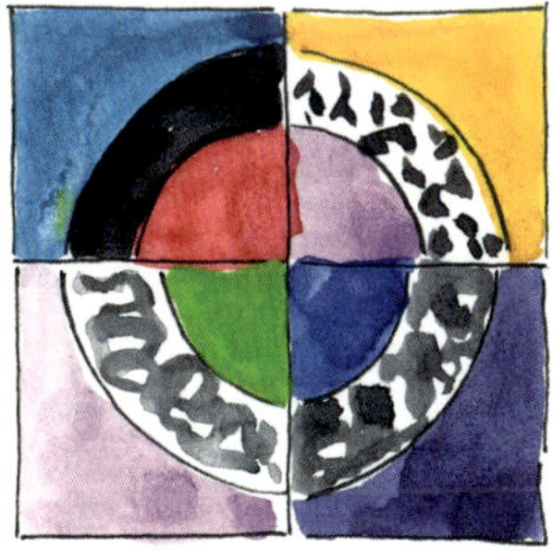

Beispiel: Vier Blöcke als »Kreis« zusammensetzen

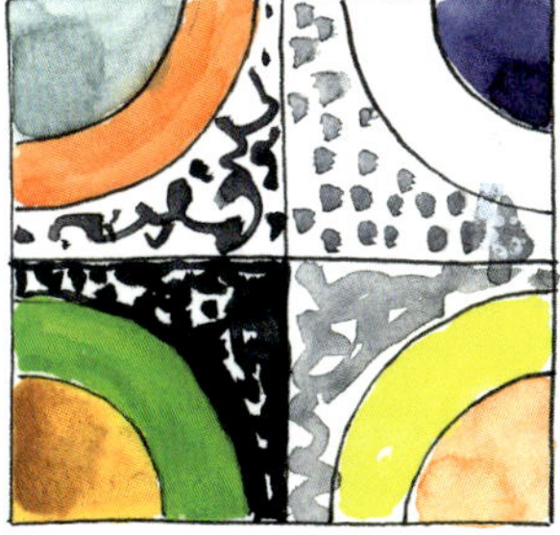

Beispiel: Vier Blöcke als »Kreuz« zusammensetzen

Anordnung

Verteilen Sie die Viererblöcke so, dass es wie zufällig aussieht: Es liegen 8 Blöcke quer und 12 längs.

24 Viererblock-Einheiten

Bilden Sie aus den Viererblöcken größere Vierergruppen und nähen Sie diese. Prüfen Sie das Maß und schneiden Sie ggf. nach. Hier messen sie 31 × 31 cm. Beschriften Sie jede Vierereinheit mit einem kleinen Zettel: Erste Längsreihe A1 bis letzte Reihe A6, zweite Längsreihe B1 bis B6 usw. Stecken Sie die Zettel immer an die linke obere Ecke jeder Vier-Blöcke-Einheit, so dass Sie beim Weiterarbeiten nichts mehr verdrehen können.

Zwischenstreifen

Schneiden Sie einen türkisfarbenen Streifen von exakt 31 cm Höhe (Kantenlänge der großen Blöcke) von Webkante zu Webkante. Teilen Sie diesen in 24 Abschnitte von exakt 4 cm Breite. Nähen Sie an die Oberkante jedes Blockes einen dieser Streifen.

Schneiden Sie zwei weitere Streifen von 31 cm Höhe in Türkis sowie zwei Streifen von exakt 4 cm Breite in Schwarz von Webkante zu Webkante. Nähen Sie jeweils an eine Längskante der türkisfarbenen Teile einen schwarzen Streifen. Bügeln Sie die Nahtzugaben zum Türkis hin. Schneiden Sie von diesen Einheiten 34 Zwischenstreifen von exakt 4 cm Schneidebreite, mit angesetztem Eckstein zu.

Nähen Sie an die linken Kanten der Blöcke in Reihe A einen Streifen mit Eckstein; der Eckstein liegt oben. Danach fügen Sie an die rechten Kanten aller Blöcke einen ebensolchen Streifen mit Eckstein.

Bei der untersten Reihe fügen Sie an den ersten linken Block einen Zwischenstreifen mit zwei angesetzten Ecksteinen (Eckstein 4 × 4 cm) an die Unterkante. An alle anderen Blöcke der untersten Reihe fügen Sie wieder einen »einfachen« Zwischenstreifen mit Eckstein an die Unterkante; der Eckstein liegt jeweils rechts.

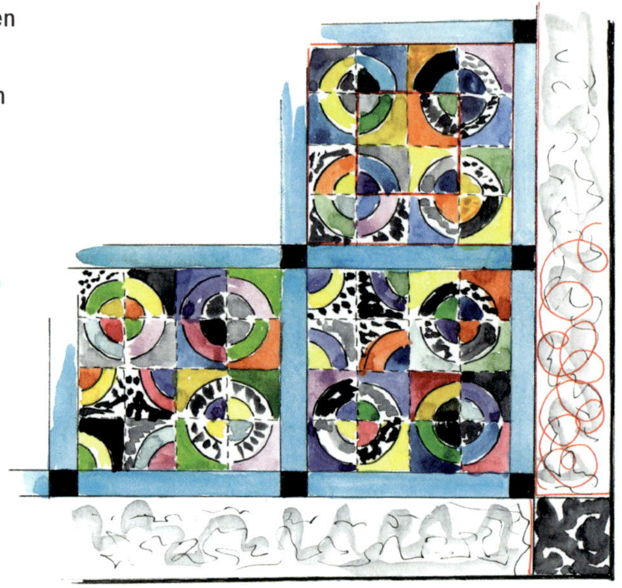

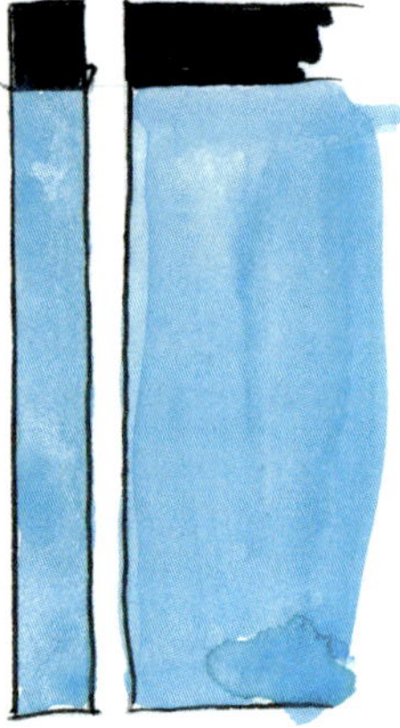

Zwischenstreifen mit Eckstein herstellen, 4 cm Schneidebreite.

Zusammensetzen

→ Lektion 12

Nähen Sie nun die mit Zwischenstreifen vorbereiteten Blöcke aneinander, wie in Lektion 12 beschrieben.

Randstreifen

→ Lektion 13

Schriftmotiv auf weißem Grund, 15 cm Schneidebreite, schwarzweiß gemusterte Ecksteine 15 × 15 cm. Schneiden Sie die Randstreifen längs aus dem Stoff, um keine Ansatznaht zu bekommen.

Quilten

→ Lektionen 14 / 15

Montieren Sie Rückseite, Volumenvlies und gebügelte Oberseite aufeinander. Quilten Sie mit weißem Garn großzügige Kringel und Schlaufen wie eine »erste Schreibübung« auf den äußeren Rand. Nähen Sie mit mittelgrauem Garn an den Außenkanten der Vierer-Block-Einheiten entlang, sowie in den Nähten der inneren vier Blöcke, wodurch sich dort ein gequiltetes Viereck formt.

Einfassung

→ Lektion 16

Fassen Sie den Quilt mit einem schwarzen Schrägstreifen ein.

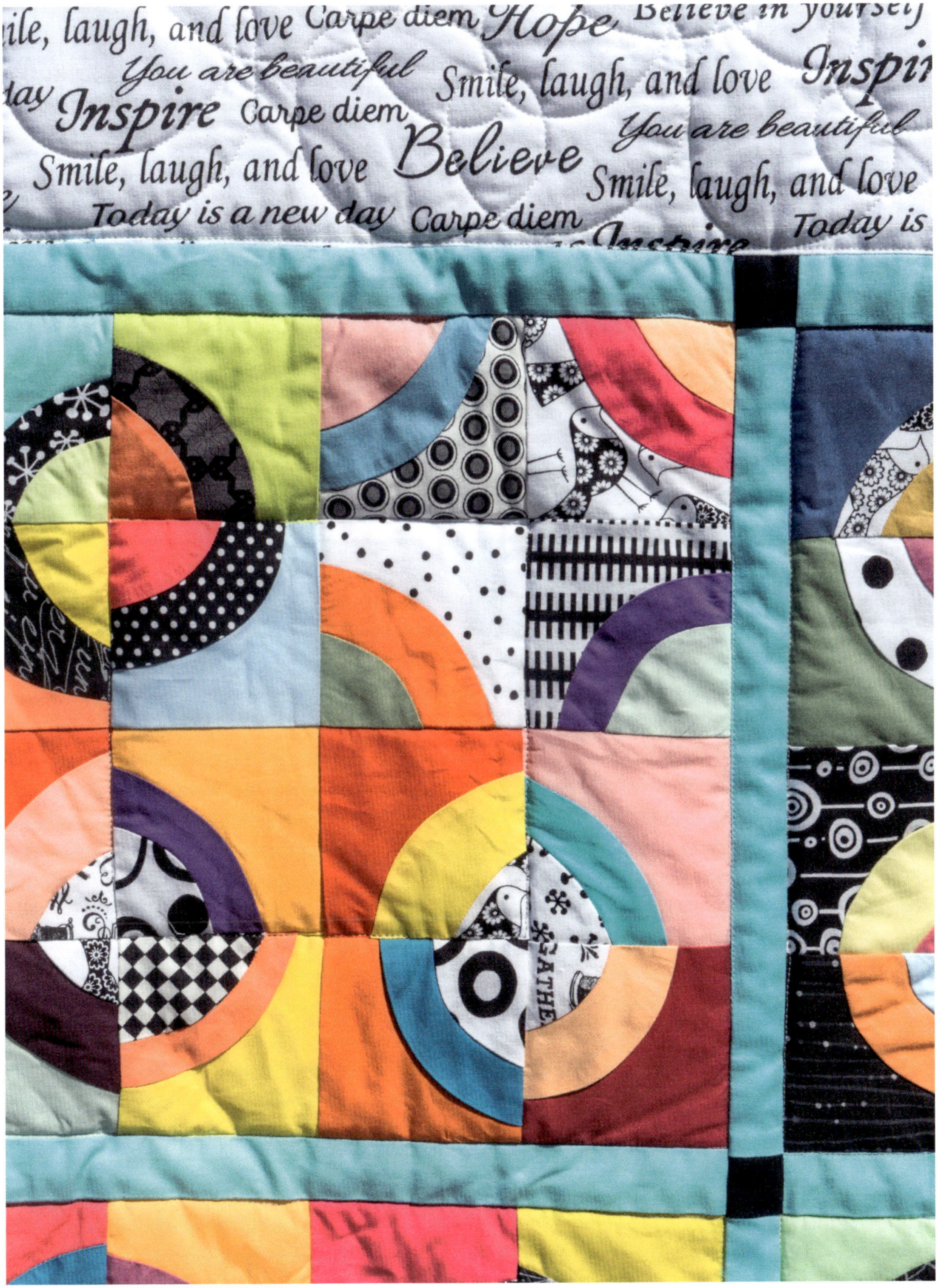

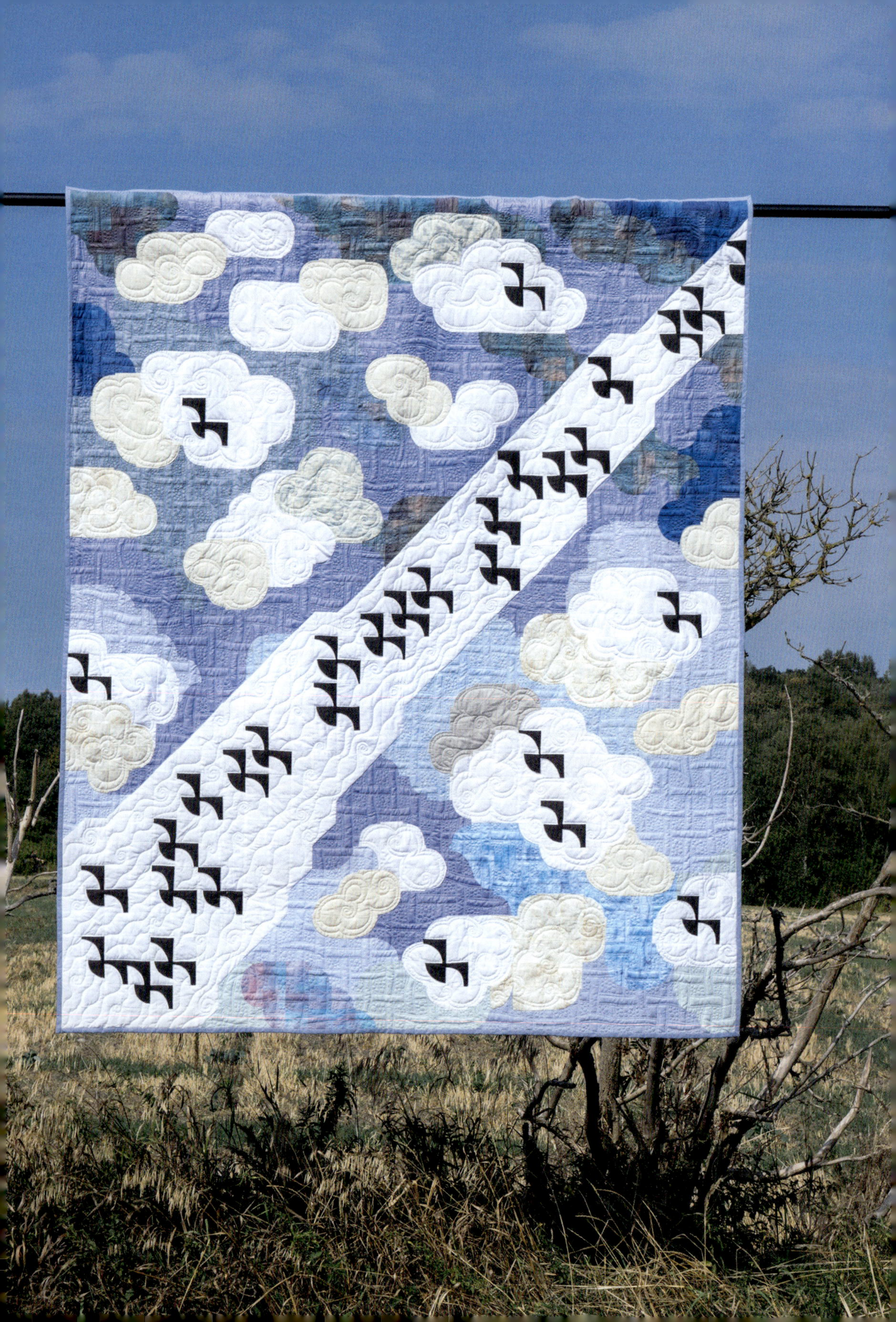

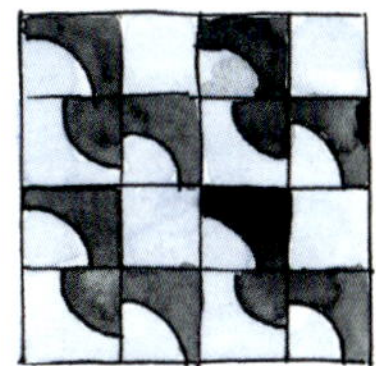

Krähenschwarm

224 × 186 cm
mit: Krähenschwarm / Flock of Crows
und: Weg des Betrunkenen / Drunkard's Path

Die Form des fliegenden Vogels ist hier in Schwarz auf weißem Grund als Krähenschwarm dargestellt. Die Wolken sind in verschiedenen hellen Tönen gehalten, von Reinweiß bis zu Beige und Grau. Arbeiten Sie sich langsam vor, zuerst den Krähenschwarm, dann die Wolken und den Himmel – Block für Block. Bleiben Sie flexibel.

MATERIAL

Stoffe

- insgesamt 3 m von 4 verschiedenen Weißtönen (siehe Liste)
- insgesamt 8 m von 10 verschiedenen Blautönen für den Himmel (siehe Liste)
- 2 m Reinweiß für einzelne Wolken und den Hintergrund der Vögel
- 1 m Schwarz für den Vogelzug

Die Mengen sind geschätzt, der Bedarf ergibt sich je nach Größe und Anordnung Ihres Quilts. Die Farben 1 bis 15 beziehen sich auf den Quilt hier.

Weiß

1: Reinweiß (siehe oben)
2: Naturweiß
3: Weiß-Beige wolkig gefärbt
4: Weiß-Blau wolkige Streifen
5: Grau, sehr hell, uni

Blau (dunkel bis hell)

6: Graublau dunkel, wolkig gefärbt
7: kräftiges Blau, wolkig gefärbt
8: Hemdenstoff mittelblau uni
9: Graublau mittel
10: Hellblau uni mittel
11: Hellblau uni hell
12: Hellblau wolkig gefärbt
13: Hellblau uni grünstichig
14: kräftiges Hellblau, wolkig gefärbt
15: Blau-Rosa, wolkig gefärbt

Sonstiges

- 240 × 200 cm Rückseitenstoff hellblau
- 240 × 200 cm Volumenvlies
- blaues und weißes Quiltgarn
- 8,4 m blaugrauer breiter Schrägstreifen

Zuschneiden

→ Lektion 1

Für die Viertelkreise benötigen Sie sehr viele Quadrate von ca. 10 × 10 cm, also Himmelfarbe, Wolkenfarbe, Schwarz und Weiß für die Vögel und deren Hintergrund. Die Kanten des Vogelzugs entstehen aus Quadraten von ca. 12 × 12 cm. Die Quadrate dazwischen sind hier exakt 8 × 8 cm groß.

Viertelkreis-Blöcke

→ Lektion 9

Nähen Sie Viertelkreisblöcke in Blau-Blau, Weiß-Blau, Weiß-Weiß, wie in Lektion 9 beschrieben. Schneiden Sie sie auf exakt 8 × 8 cm zu. Nähen Sie viele, gerne mehr Blöcke, um Spielraum für das Arrangement der Fläche zu haben. Orientieren Sie sich an der Abbildung und dem Foto, oder finden Sie eine andere Anordnung, die Ihnen gefällt.

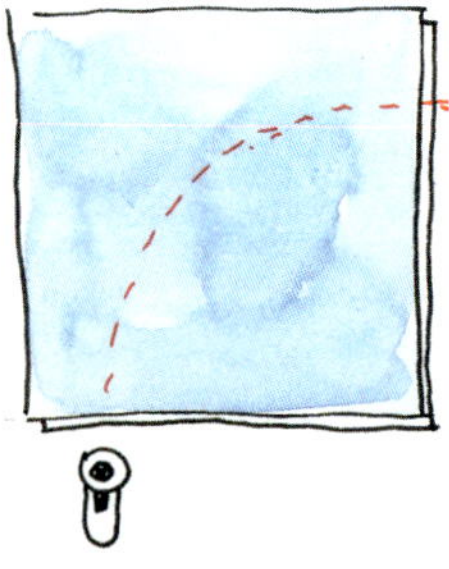

Zwei Quadrate von ca. 10 × 10 cm aufeinanderlegen, beide mit der rechten Seite nach oben. Viertelkreis durch beide Lagen schneiden.

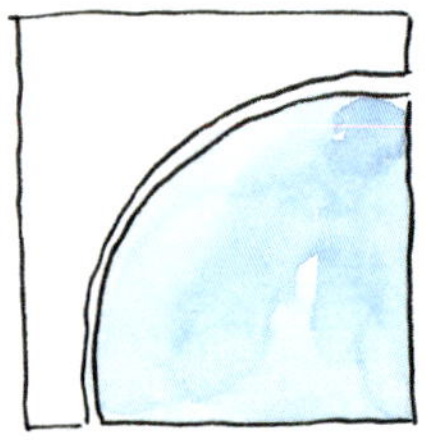

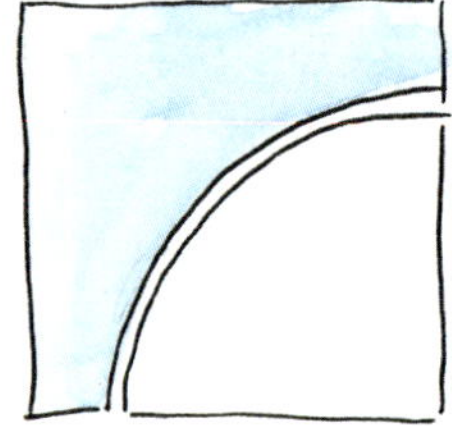

Farben tauschen.

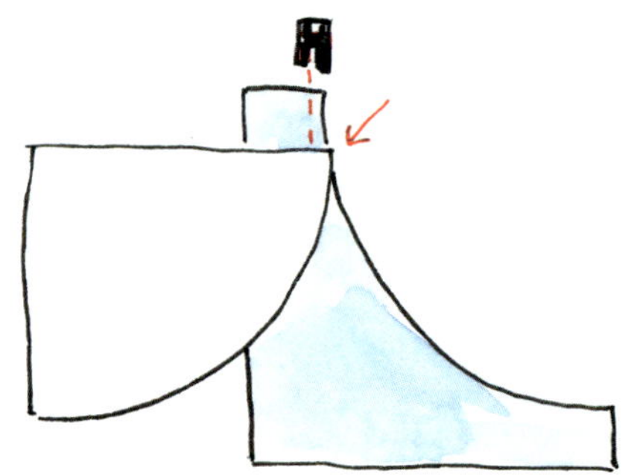

Viertelkreis in den ausgeschnittenen Bogen einnähen, dabei das innere Teil ca. 1 cm weit nach unten rücken. Kanten während des Nähens übereinander schieben.

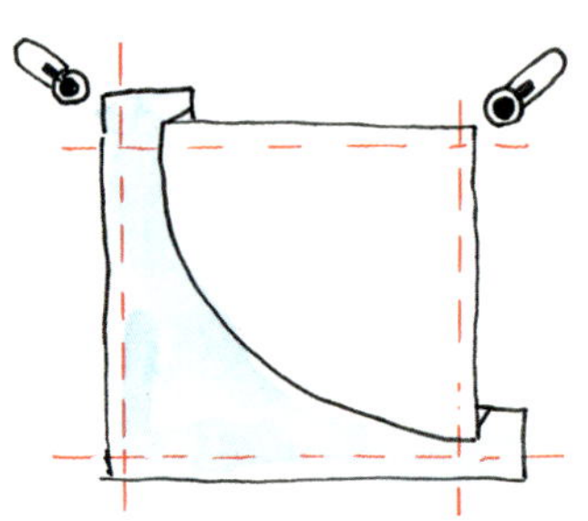

Bügeln.
Block exakt auf 8 × 8 cm zuschneiden.

TIPP

zum Zuschneiden der genähten Viertelkreise: Legen Sie das Quadratlineal zuerst an der Außenecke an und schneiden Sie so, dass die Enden des Bogens nach dem Schneiden etwa Nahtzugabenbreite haben. Dann erst schneiden Sie auch die eingesetzte Ecke rechtwinkelig zu. Auf diese Weise werden die Wolkenformen beim Zusammennähen der Quadrate rundlich und watteweich.

Zwischenflächen

Für die Flächen innerhalb der Wolken und dem Himmel brauchen Sie ausreichend blaue und weiße/cremeweiße Quadrate von exakt 8 × 8 cm. Schneiden Sie diese nach Bedarf während des Arrangements zu.

Vogelzug

→ Lektionen 5/9

Der Vogelzug auf weißem Grund ist am Rand mit zweifarbigen Quadraten abgegrenzt. Diese entstehen aus jeweils einem blauen und einem weißen Quadrat von 12 × 12 cm, einmal diagonal geteilt. Fügen Sie je ein blaues und ein weißes Dreieck an der langen Kante aneinander. Bügeln Sie die Nahtzugabe zum blauen Stoff hin und schneiden Sie das Quadrat auf exakt 8 × 8 cm zu, die Diagonale soll genau von Ecke zu Ecke führen.

Für die 32 Krähen brauchen Sie je 64 Quadrate Reinweiß und Schwarz. Nähen Sie 64 Viertelkreise, wie in Lektion 9 beschrieben. Schneiden Sie jeden auf exakt 8 × 8 cm zu. Da Sie pro Vogel zwei Flügel (schwarzer Bogen) und nur einen Sterz (schwarzer Viertelkreis) benötigen, werden 32 der letzteren übrigbleiben (vielleicht für ein neues Projekt?).

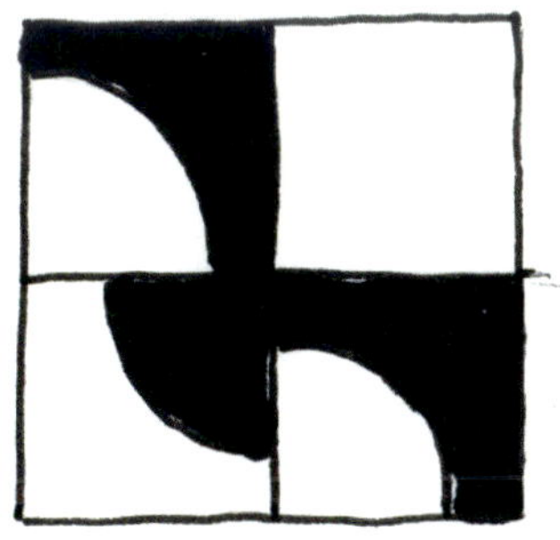

Anordnung einer Krähe aus zwei schwarzen Bögen, einem schwarzen Viertelkreis und einem weißen Quadrat.

Nähen Sie

50 blau/weiße Halbquadrat-Dreiecke für den Rand des Vogelzugs (Lektion 5) sowie sehr viele blau-blaue, weiß-weiße und blau-weiße Quadrate von 8 × 8 cm in unterschiedlichen Wolkenfarben und in den verschiedenen Himmelsfarben.

Sortieren Sie reinweiße, naturweiße und himmelblaue Quadrate als Flächen dazwischen, jeweils da, wo es das Muster verlangt.

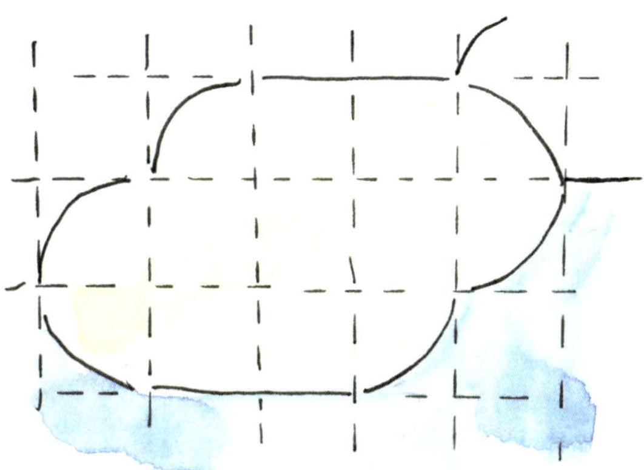

Beispiel: Anordnung einer Wolke aus fünf naturfarbenen Viertelkreisen mit Blau und sieben naturfarbenen Quadraten. Rechts oben schließt eine weiße Wolke an.

Anordnung

Wir haben den Quilt Quadrat für Quadrat aufgebaut und vollständig an der Entwurfswand festgesteckt. Hier sind es 30 Quadrate quer und 35 Quadrate längs. Die oberste Reihe besteht nur aus Himmelfarben. Nun ist Kreativität gefragt. Bilden Sie Wolkenformen, die sich teilweise überschneiden. Das hängt von Ihrem Farbangebot ab. Legen Sie die große Diagonale fest, die unten links beginnt und nach rechts oben etwas schmaler wird. Sortieren Sie dort eine Reihe von schwarzen Vogelmotiven ein. Orientieren Sie sich an Foto und Abbildung. Verteilen Sie acht der Krähen auf reinweiße Wolken.

Zusammensetzen

→ Lektion 12

Nähen Sie alle Quadrate zur Fläche zusammen, wie in Lektion 12 beschrieben.

Quilten

→ Lektionen 14 / 15

Montieren Sie Rückseite, Volumenvlies und gebügelte Oberseite aufeinander. Quilten Sie ein bewegtes Gittermuster auf die blauen Stoffe. Wer mit einer Longarm-Quiltmaschine arbeitet, füllt die Flächen zwischen den Gittern mit kleinen runden Formen. Quilten Sie doppelte Konturlinien mit Kringel auf die Wolken und diagonal laufende Wellenlinien mit Kringeln auf den Hintergrund des Krähenschwarms.

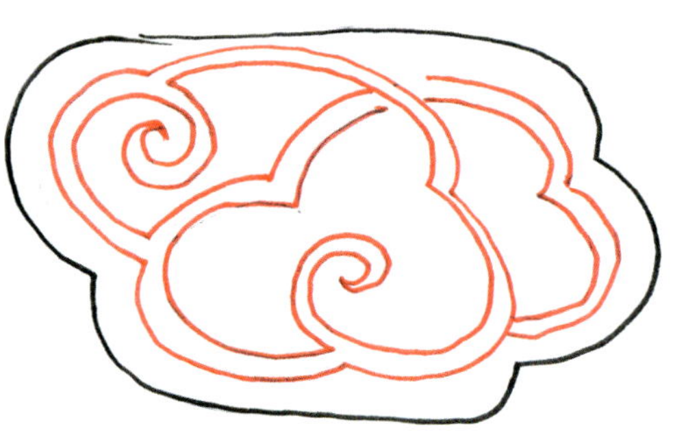

Quiltvorschlag für die Wolken

Einfassung

→ Lektion 16

Fassen Sie den Quilt mit einem graublauen Schrägstreifen ein.

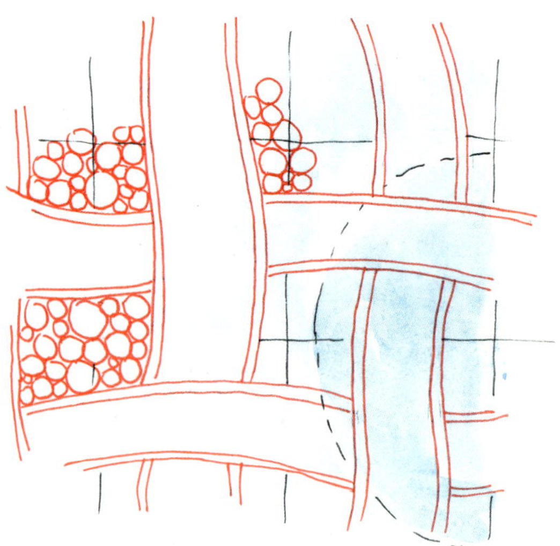

Quiltvorschlag für die Himmelsfläche

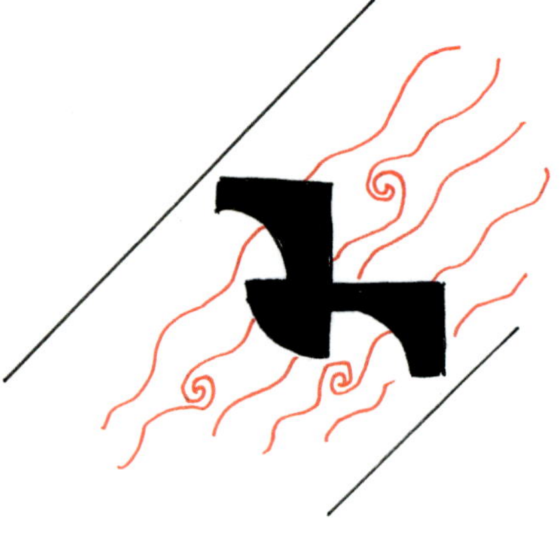

Quiltvorschlag für den Krähenschwarm

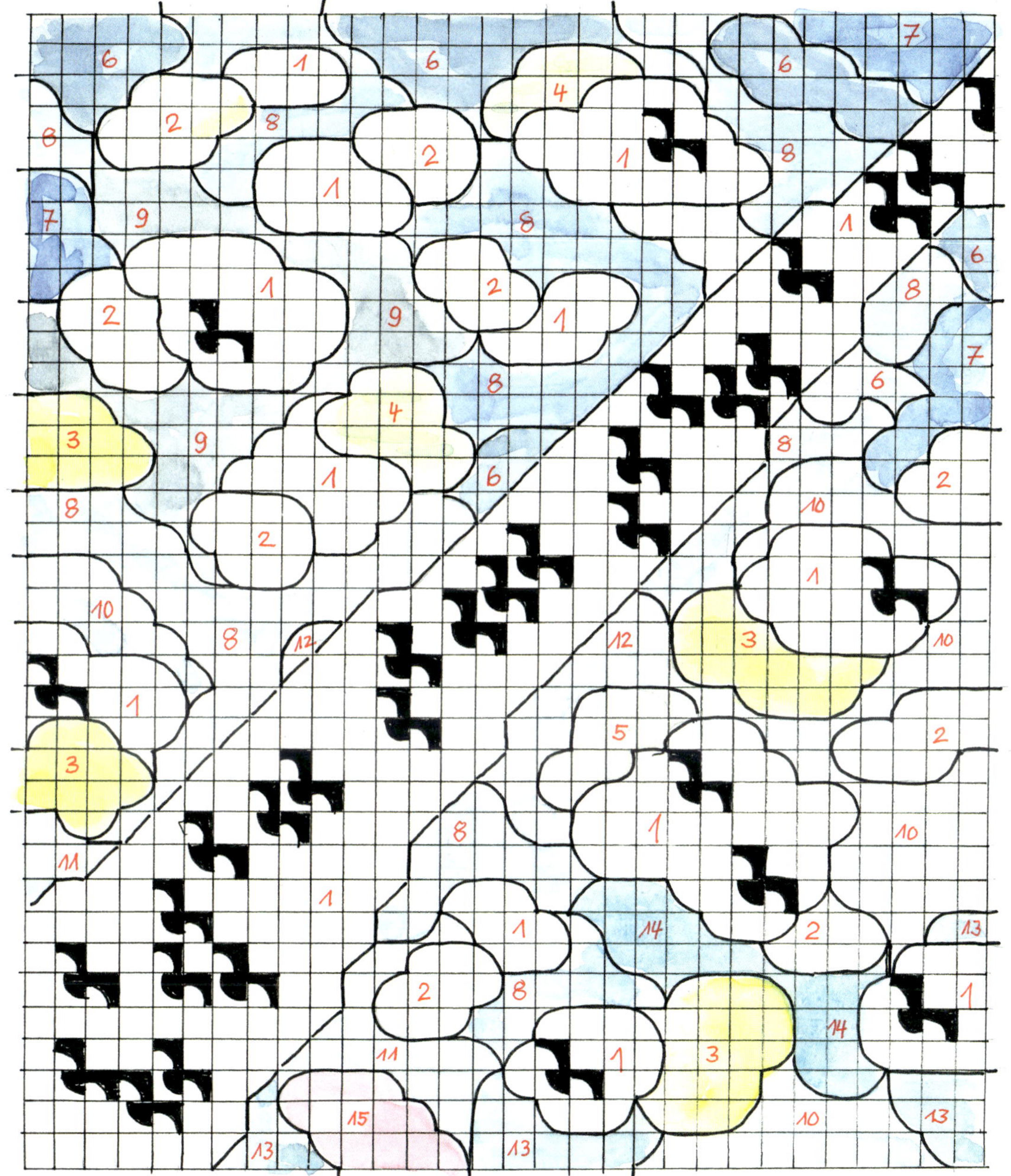

Nähplan mit Farbnummern, Liste der benötigten Stoffe und Farben siehe Seite 125.

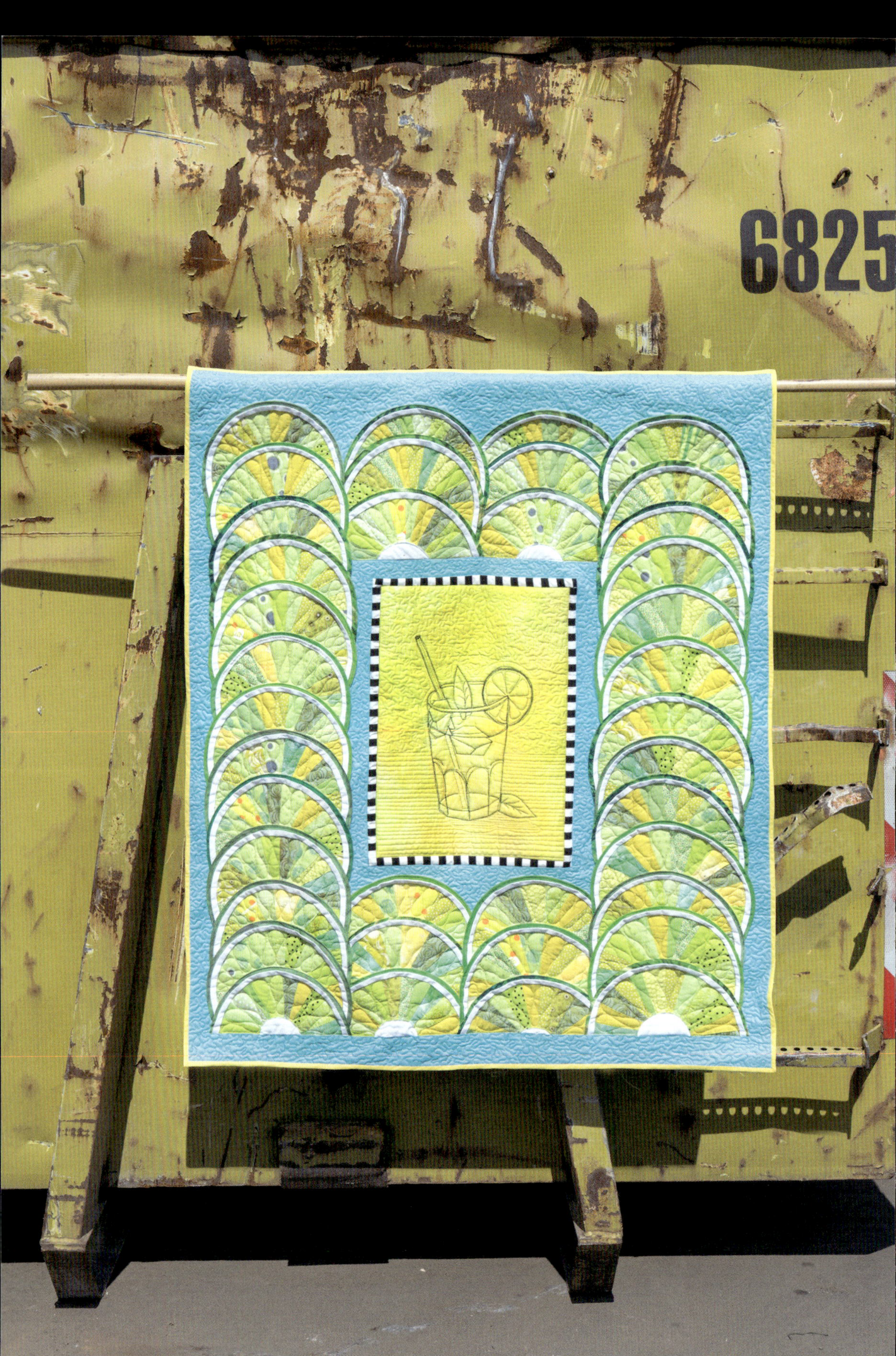
6825

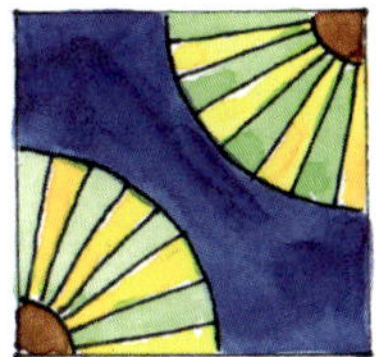

Lemon Soda

120 × 99 cm
mit: Fächer / Fan

Das war ein schwieriger Quilt, aber wir haben es geschafft! Wir wollten geschichtete Limettenscheiben darstellen und nutzten dafür den klassischen Block »Fächer«. Die Formen wurden einzeln eingefasst und dann überlappend appliziert. Während der Arbeit sollte es möglich sein, die Stoffschichten unter den Applikationen rechtzeitig wegzuschneiden, um dicke Nahtstellen zu vermeiden. Seitlich wollten wir nichts von den Limettenscheiben verlieren. Und es sollte mein bevorzugtes Türkis benutzt werden. Das Mittelmotiv ist als Zeichnung gequiltet, wer gerne appliziert, näht es als farbige Stoffapplikation auf, wer gerne stickt, stickt es. Es könnte auch ein thematisch passendes fertiges Panel genutzt werden.

MATERIAL

Stoffe

- je 0,12 m von ca. 20 Stoffen oder entsprechend viele Reste in Gelb, Gelbgrün, Giftgrün u. Ä., uni oder leicht gemustert, für die Limettenscheiben
- 1 m Weiß für den Außenrand und die Mitte der Limettenscheiben
- 1,2 m (oder 3 × je 40 cm) dunkle Grüntöne für den Außenrand der Limettenscheiben
- 1,5 m Türkis, uni, für den Untergrund der Applikation
- 0,5 m Zitronengelb, uni oder handgefärbt, für das Bild in der Mitte
- 0,1 m Schwarzweiß gestreift, Streifenbreite ca. 1 cm, für den Akzentstreifen

Sonstiges

- Markierstifte zum Übertragen der Zeichnung
- 150 × 120 cm Rückseitenstoff
- 150 × 120 cm Volumenvlies
- Quiltgarn in grünlichgelb und türkis-hellblau
- Quiltgarn dunkel (schwarz, blau oder grün) für das Mittelmotiv
- 4,5 m gelber Schrägstreifen für die Einfassung

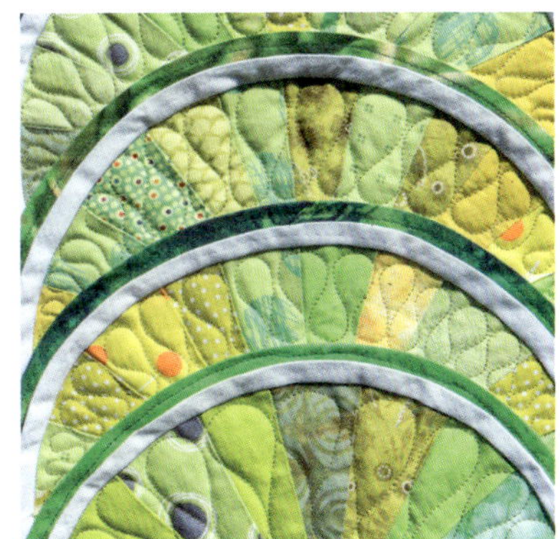

40 Limettenscheiben

→ Lektion 9

Schneiden Sie die gelben, grüngelben und grünen Stoffe von Webkante zu Webkante zu Streifen von ca. 12 cm Breite. Stapeln Sie bis zu vier Stofflagen aufeinander, alle mit der rechten Seite nach oben. Legen Sie die Stoffe quer auf die Schneidematte und schneiden Sie von der kurzen Kante keilförmige Teile ab. Jeder Keil misst an der schmalen Seite 2–3 cm, an der breiten 4–5 cm.

Nähen Sie die Keile in verschiedenen Farben aneinander, dabei liegt die schmale Seite immer unten, die breite oben. Es ist praktisch, zuerst Gruppen von je zwei und dann von je vier Keilen zu nähen und anschließend jeweils drei davon zu einem Bogen zusammenzusetzen, der mehr als einen Halbkreis bilden soll. Prüfen Sie dies, indem Sie den Bogen an den Rasterlinien der Schneidematte anlegen. Kommt Ihnen ein Bogen zu klein vor, setzen Sie einen oder mehrere zusätzliche Keile an. Bügeln Sie alle Nahtzugaben in eine Richtung.

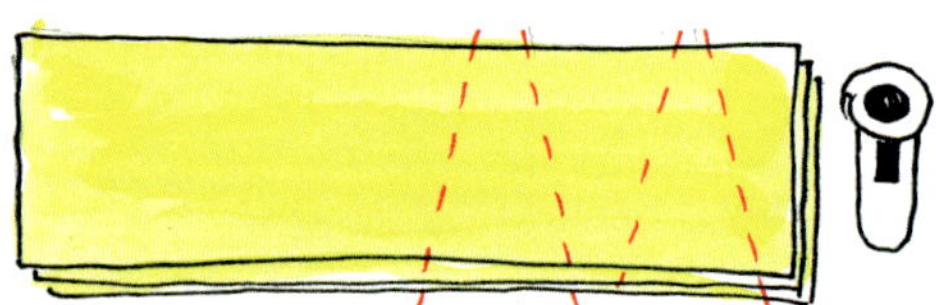

12 cm breite Stoffstreifen stapeln, keilförmige Stücke abschneiden.

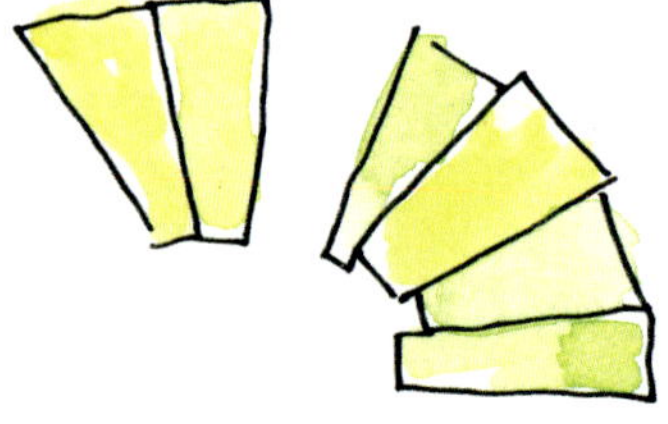

Keile in Gruppen aneinandernähen, die schmalen Enden liegen stets nebeneinander.

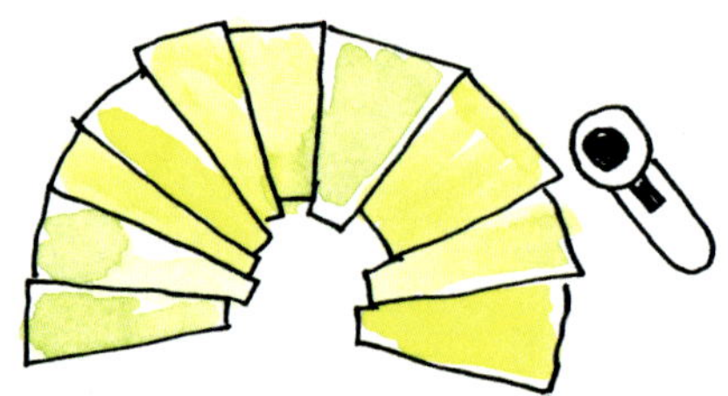

Keile zu einem Dreiviertelkreis aneinandersetzen und die Außenkante glatt schneiden.

TIPP

Haben Sie einige Bögen genäht, die erst einen Halbkreis bilden, legen Sie sechs davon für die halben Limettenscheiben beiseite.

Schneiden Sie die Außenkante der Limettenscheibe mit dem Rollschneider glatt. Schneiden Sie dann für die Einfassung der Scheiben weiße und grüne Schrägstreifen zu. Auf einen 40 cm breiten Stoff können Sie das Quiltlineal gerade noch so auflegen und erhalten Schrägstreifen von ca. 55–60 cm Länge. Schneiden Sie die weißen Schrägstreifen 4 cm, die grünen 5 cm breit. Bügeln Sie die Streifen der Länge nach links auf links.

Legen Sie den aufgefalteten weißen Schrägstreifen an die Kante und nähen Sie ihn füßchenbreit fest. Falten Sie den Streifen über die Kante nach hinten, ohne die Außenkante dort einzuschlagen.
Nehmen Sie den grünen gefalteten Schrägstreifen und legen Sie ihn so hinter die Limettenscheibe, dass die gefaltete Kante auf der Vorderseite ca. 5–7 mm übersteht. Steppen Sie mit gelbem oder hellgrünem Nähfaden auf der Vorderseite dicht an der weißen Kante entlang. So befestigen Sie gleichzeitig den weißen und grünen Schrägstreifen.
Nähen Sie mindestens 40 Limettenscheiben.

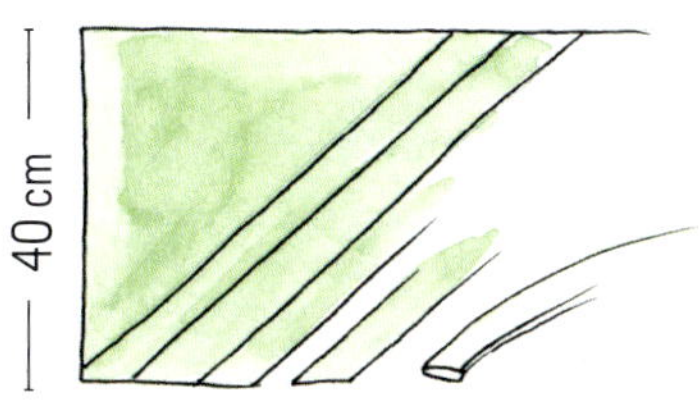

Schrägstreifen zuschneiden:
Die weißen 4 cm, die grünen 5 cm breit.

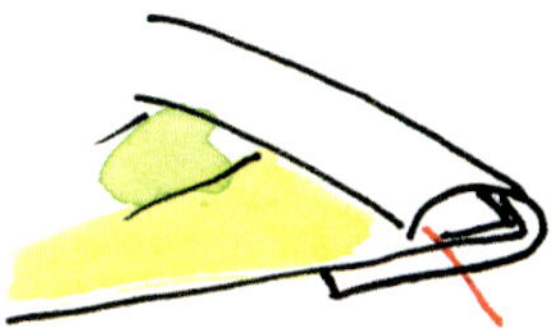

Weißen Schrägstreifen auf die rechte Seite der Außenkante steppen und zur Rückseite hin umschlagen.

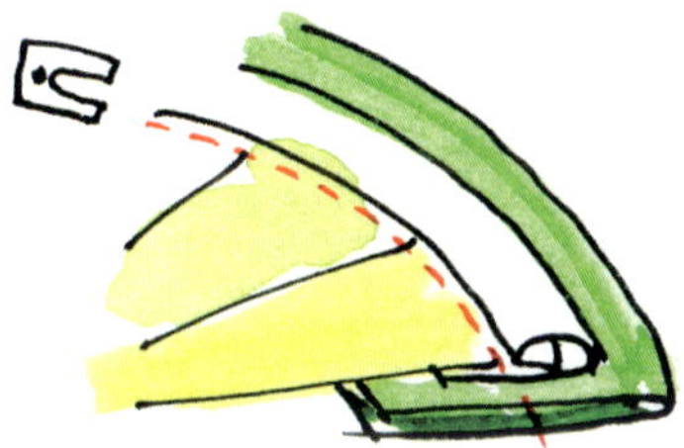

Grünen Schrägstreifen längs mittig bügeln und so unter die weiße Außenkante legen, dass die geschlossene Kante ca. 5 mm weit übersteht. In der Naht der weißen Kante entlang steppen.

6 halbe Limettenscheiben

Wählen Sie sechs Scheiben aus, die einen Halbkreis formen. Legen Sie eine Scheibe rechts auf rechts auf ein ausreichend großes weißes Dreieck (vom Zuschneiden der Schrägstreifen sind sicher welche übrig) oder auf ein Viereck von ca. 15 × 15 cm und stecken Sie es fest. Zeichnen Sie auf der linken Stoffseite über alle Nahtzugaben hinweg einen Halbkreis von ca. 6 – 10 cm Durchmesser, das Maß ist von der Größe der Öffnung abhängig. Zeichnen Sie freihand oder nehmen Sie eine Schablone zu Hilfe. Nähen Sie entlang der gezeichneten Linie.

Schneiden Sie die innen liegenden Stofflage(n) bis auf Nahtzugabenbreite zurück und zwicken Sie die Nahtzugaben bis an die Nählinie heran dicht an dicht ein. Falten Sie den weißen Stoff durch die Öffnung nach hinten und drücken Sie die Kante glatt. Legen Sie einen weiteren weißen Stoff von ca. 12 × 12 cm hinter den Halbkreis und nähen Sie auf der Oberseite mit gelbgrünem Garn dicht an der Kante entlang. Schneiden Sie von der Rückseite die überstehenden weißen Stoffe zurück. Kürzen Sie die Unterkante um 1 – 2 cm, damit die weiße Mitte optisch zurücktritt.

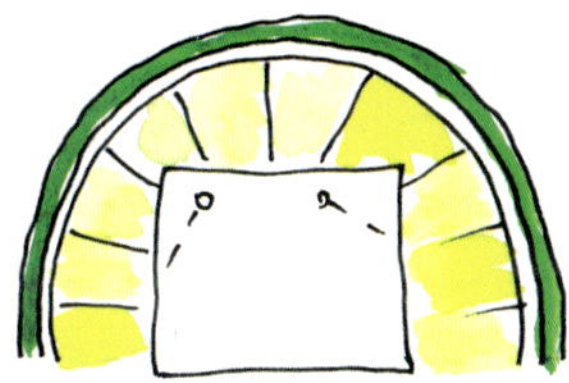

Auf die rechte Seite der halben Limettenscheiben ein weißes Quadrat von ca. 15 × 15 cm stecken.

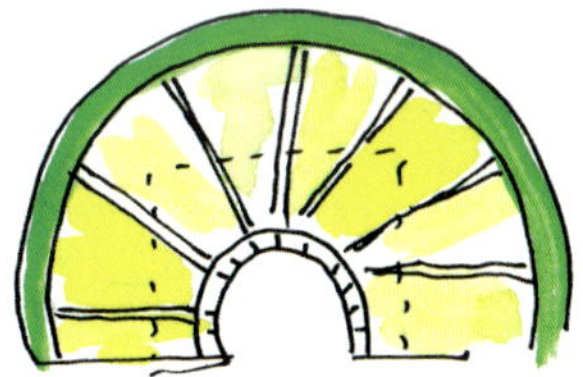

Von der linken Seite her den Halbkreis der Limettenmitte steppen. Weißen Stoff innerhalb des Halbkreises ausschneiden, Nahtzugaben einzwicken.

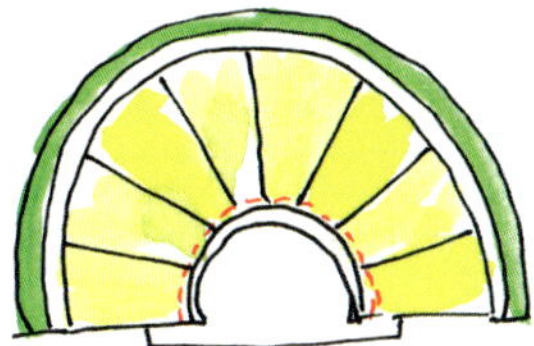

Weißen Stoff durch die Halbkreisöffnung nach hinten ziehen, die Kante glatt drücken. Einen weiteren weißen Stoff hinter die Öffnung stecken und von der rechten Seite her mit gelbem Garn entlang steppen. Hinten überstehende Stoffe zurückschneiden.

Zusammenheften der Limettenscheiben

Stecken Sie die Limettenscheiben an Ihre Entwurfswand. Je 13 bis 15 bilden die Längsreihen rechts und links, oberhalb und unterhalb des Mittelmotivs genügen 2 × 3 gestapelte Scheiben nebeneinander. Von den vorbereiteten halben Limettenscheiben liegen vier an der Unterkante des Quilts und zwei an der Unterkante der oberen Einheit. Versehen Sie die Reihen mit kleinen Nummernzetteln an der Unterkante der unteren Blöcke. Markieren Sie dort die Mittellinie.

Arbeiten Sie von unten nach oben:
Legen Sie die unterste (halbe) Scheibe überlappend auf die oberhalb davon liegende. Die Kante der oben liegenden Scheibe muss die seitlichen Enden der darunter liegenden Scheibe bedecken. Ebenso muss die zentrale Öffnung der unten liegenden Scheibe mindestens 1 cm weit verdeckt werden. Stecken Sie die oben liegende Kante fest. Heften Sie auf dem weißen Streifen der oben liegenden Scheibe entlang. Stellen Sie dazu an der Nähmaschine den längsten Stich ein und arbeiten Sie mit einem Faden in Kontrastfarbe. Schneiden Sie von der Rückseite her den überstehenden Stoff der angehefteten Limettenscheibe bis auf ca. 1 cm an die Heftnaht zurück. Dann fügen Sie die nächste Limettenscheibe auf gleiche Weise hinzu.

Richten Sie die Limettenscheiben-Reihe mittig nach einer Linie der Schneidematte oder einer senkrechten Linie auf der Entwurfswand aus. Die Reihen 1 und 4 werden ungefähr 112 – 114 cm lang, die vier mittleren oberen Einheiten messen ca. 25 cm, die unteren ca. 30 cm (das hat sich so ergeben). Die Breite der Reihen beträgt ca. 27 – 30 cm. Durch die leicht unterschiedlichen Größen ergibt sich ein natürliches Bild.

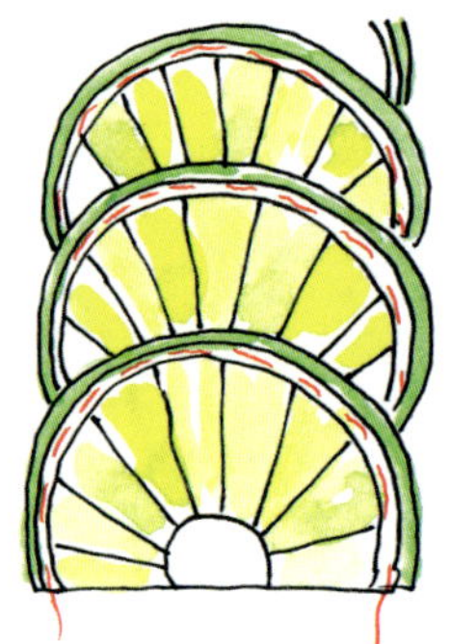

Limettenscheiben gestaffelt übereinander legen und auf dem weißen Schrägstreifen festheften. Viermal je drei Scheiben für die Mitte, zweimal 13 bis 15 für die Seiten.

Mittelmotiv vorzeichnen

Erst wenn Sie die Limetteneinheiten fertig haben, wissen Sie die Größe des Mittelteils. Stecken Sie die Reihen an Ihre Entwurfswand, die Seitenkanten der Reihen überlappen sich ein wenig. Messen Sie die freie Fläche aus, hier sind dies ca. 50 × 70 cm. Schneiden Sie aus zitronengelbem Stoff ein Rechteck von ca. 45 × 60 cm zu und kleben Sie es mit vier Klebestreifen an den Ecken auf dem Tisch fest.
Vergrößern Sie das abgebildete Motiv auf das passende Format, hier ist es 35 cm hoch und 25 cm breit. Schneiden Sie aus der Papierkopie zuerst die Kontur aus und übertragen Sie sie mit wasserlöslichem Stift auf den Stoff. Dann schneiden Sie die Einzelteile des Motivs aus übertragen auch diese Konturen nach und nach. Zeichnen Sie einige zusätzliche Linien frei Hand, um das Skizzenhafte der Zeichnung zu erhalten.

Mittelmotiv quilten

Spannen Sie den vorgezeichneten Stoff mit Vlies und Rückseite auf die Longarm-Quiltmaschine oder bereiten Sie ein entsprechendes Sandwich für das freie Maschinenquilten vor. Quilten Sie mit dunklem Garn ein Glas mit Limettenscheibe und Eiswürfeln, Strohhalm und Pfefferminzblatt. Wiederholen Sie die Linien mehrmals.

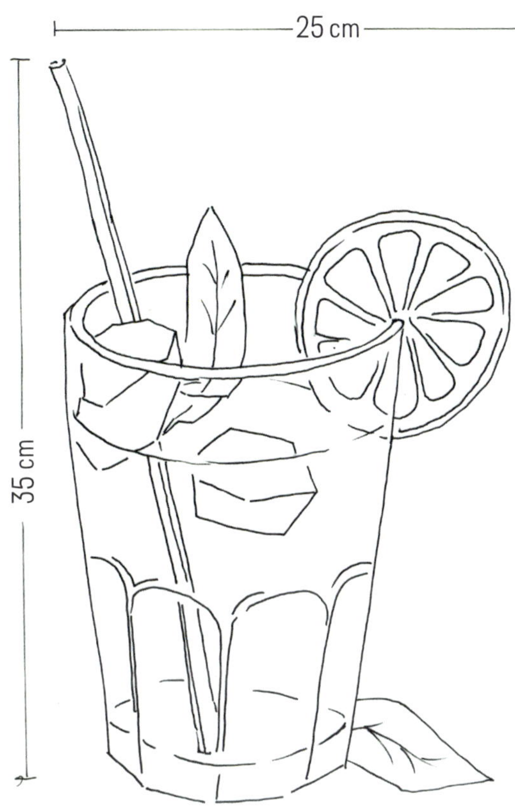

Mittelmotiv auf die gewünschte Größe bringen und auf Stoff übertragen.

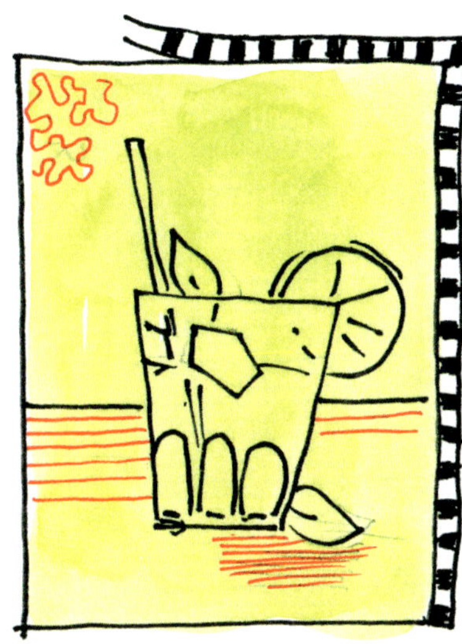

Mittelmotiv quilten, Außenkanten nachschneiden und Akzentstreifen annähen.

Arbeiten Sie mit gelbem Garn eine Echolinie in ca. 1 cm Abstand um das Motiv oberhalb der Tischfläche. Bedecken Sie den Hintergrund mit gelbem Garn, als Querlinien auf der Tischfläche und als dichtes Stippling auf dem Hintergrund um das Glas. Schneiden Sie das Mittelmotiv zu, hier waren 35 × 50 cm passend. Richten Sie sich unbedingt nach den Maßen Ihrer Arbeit, die können durchaus anders sein als hier angegeben.

Akzentstreifen

Nähen Sie einen schwarzweiß gestreiften Akzentstreifen um das Mittelmotiv, 3 cm Schneidebreite, gerade Ecken.

Zusammensetzen

→ Abbildung Seite 136

Schneiden Sie vom türkisfarbenen Stoff zweimal 40 cm von Webkante zu Webkante (Teile C und D) und zwei Rechtecke, ca. 35 cm breit und so hoch wie das Mittelmotiv (Teile A und B). Nähen Sie zuerst A und B mit den Längskanten an die Seiten des Mittelmotivs, dann C und D oben und unten. Bügeln Sie vorsichtig, ohne das Vlies im Mittelbereich zu schmelzen.

Schneiden Sie Teil C 4 cm oberhalb des Mittelmotivs quer ab. Stecken Sie die mittleren beiden Limetteneinheiten auf das abgeschnittene Teil C und richten Sie sie mittig und etwas überlappend aus. Heften Sie die Reihen fest, entweder von Hand oder mit dem längsten Geradstich der Nähmaschine. Schneiden Sie den türkisfarbenen Stoff von der Rückseite her grob bis an die Heftlinie zurück. Dies geht jetzt einfacher vonstatten als später. Nähen Sie Teil C wieder an das Mittelteil (Motiv mit A und B). Dabei werden die halben Limettenscheiben an ihrer Unterkante mitgefasst. Bügeln Sie die Nahtzugabe zum türkisfarbenen Stoff hin.

Gehen Sie bei den unteren kurzen Limetteneinheiten genauso vor. Schneiden Sie von der Unterkante des Teils D 7 cm ab, legen Sie den Streifen beiseite. Stecken Sie die beiden mittleren Reihen von Limettenscheiben auf Teil D und heften Sie sie fest, wie bei den oberen beschrieben. Schneiden Sie auch hier den türkisen Stoff hinter den Limettenscheiben heraus.

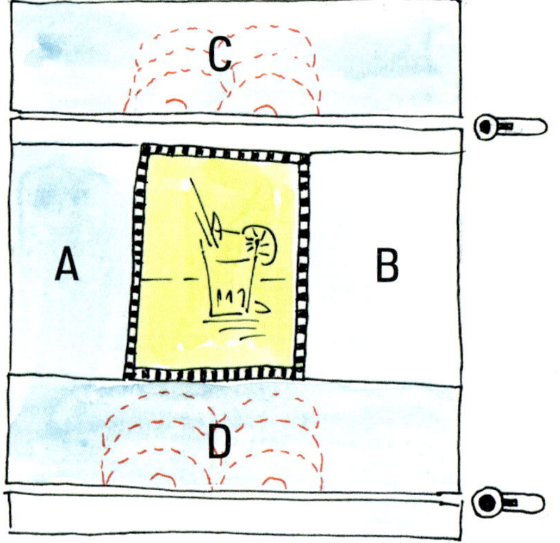

Teile A, B, C und D um das Mittelmotiv nähen. Von der Unterkante bei Teil D 7 cm abschneiden (Streifen beiseite legen) und Teil C 4 cm oberhalb des Mittelmotivs abschneiden.

Wenn Sie nun die Einheit mit der Unterkante nach oben, also über Kopf, an die Entwurfswand stecken, können Sie die beiden langen Reihen rechts und links bequem senkrecht ausrichten. Stecken Sie die Reihen sorgfältig fest. Arbeiten Sie Heftlinien mit dem längsten Stich der Nähmaschine und mit kontrastfarbenem Faden an der Außenkante der langen Limettenscheibenreihen entlang (Abbildung rechts). Schneiden Sie den türkisfarbenen Stoff auf der Rückseite bis an die Heftlinie zurück, auch evtl. überstehende Limettenkanten der kurzen Reihen können Sie abschneiden.

Erst jetzt applizieren Sie die Limettenscheiben. Steppen Sie mit grünem Garn auf den grünen Außenkanten.

Entfernen Sie sämtliche Heftfäden. Schneiden Sie von der Rückseite alle Stoffe bis auf Nahtzugabenbreite an die Nählinien heran ab. Das kann bei sehr dicken Stellen etwas mühsam sein. Bügeln Sie die Fläche vorsichtig mit Dampf und/oder durch ein Bügeltuch. Nun nähen Sie den zuvor abgeschnittenen türkisfarbenen 7 cm breiten Streifen wieder an die Unterkante von Teil D.

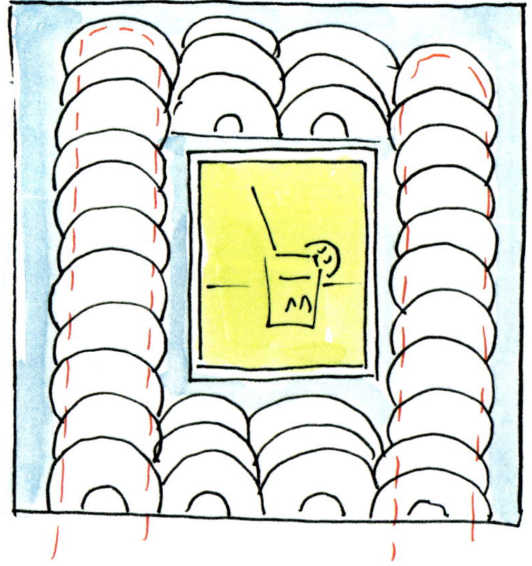

Zuerst die beiden kurzen Reihen oberhalb und unterhalb des Mittelmotivs (Teile C und D) am Hintergrund festheften und auf der grünen Schrägstreifenkante aufsteppen (siehe Abbildung rechts oben). Hinten überstehende Stoffe zurückschneiden. Dann die beiden seitlichen Reihen der Limettenscheiben festheften, evtl. die Länge korrigieren.

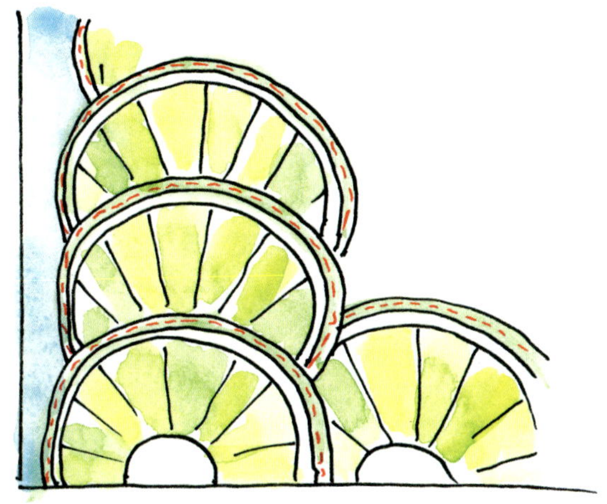

Die beiden seitlichen Reihen der Limettenscheiben auf der grünen Schrägstreifenkante feststeppen. Hinten überstehende Stoffränder so gut es geht zurückschneiden. Den 7 cm breiten türkisfarbenen Streifen als Unterkante wieder annähen.

Quilten

→ Lektion 14 / 15

Montieren Sie Rückseite, Volumenvlies und gebügelte Oberseite aufeinander. Quilten Sie die Formen der Limettenspalten pro Scheibe mit runden weichen Linien nach. Bedecken Sie die türkisfarbenen Flächen mit Stippling oder kleinen Bläschen. Umnähen Sie das Mittelmotiv in den Nähten des Akzentstreifens.

Einfassung

→ Lektion 16

Schneiden Sie die Außenkanten gerade und fassen Sie den Quilt mit einem gelben Schrägstreifen ein. Nähen Sie einen Aufhängetunnel an die rückwärtige Oberkante.

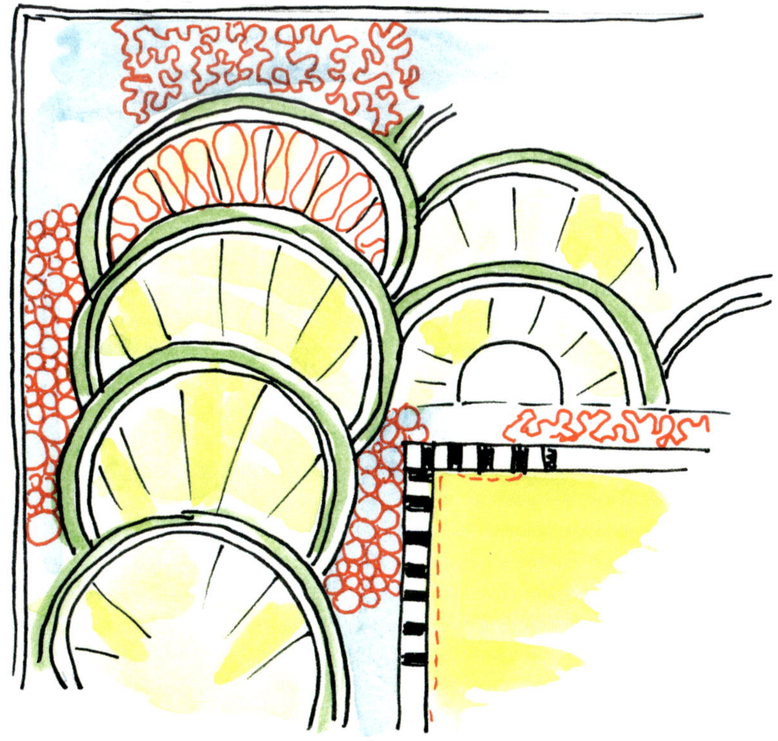

Quiltvorschlag

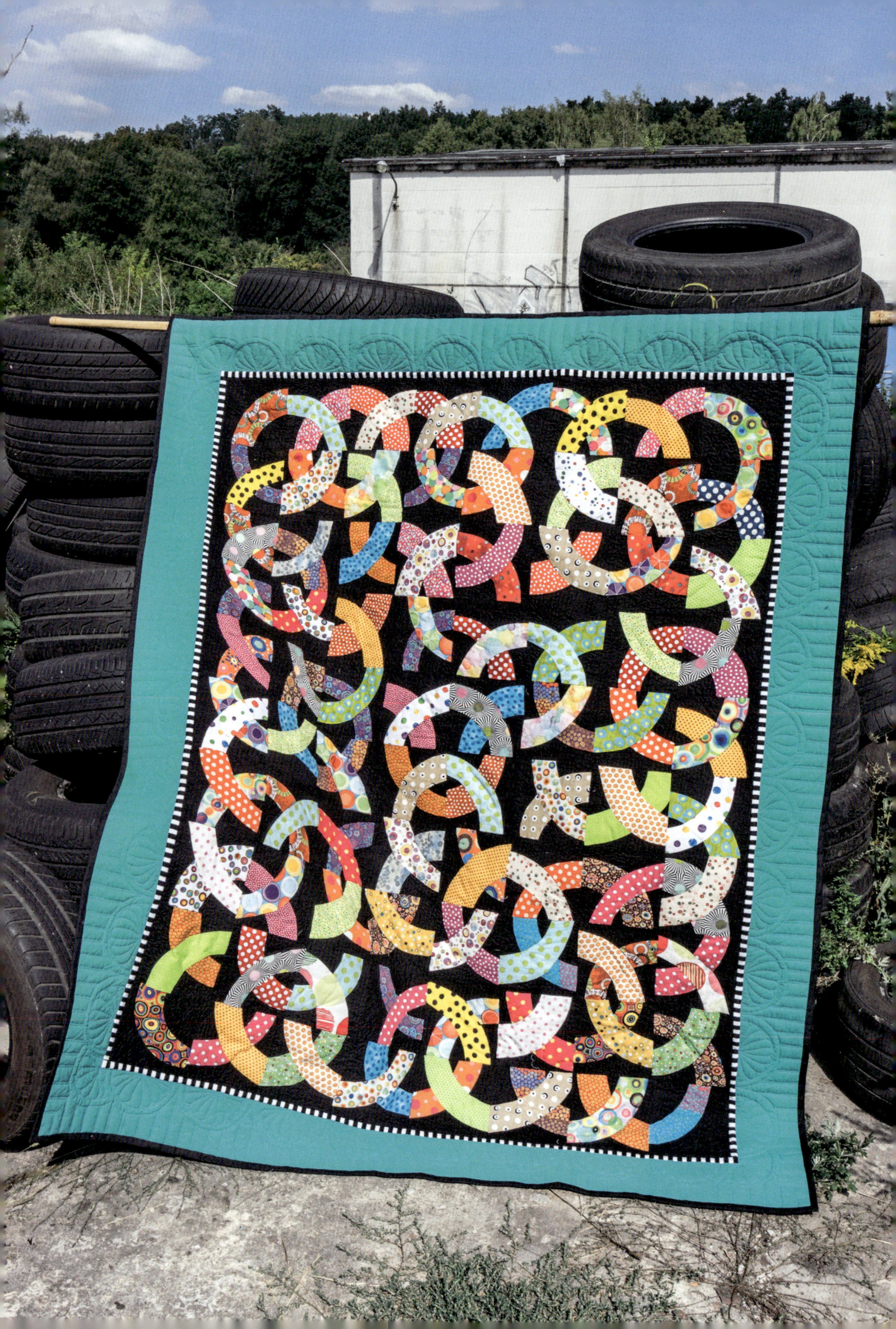

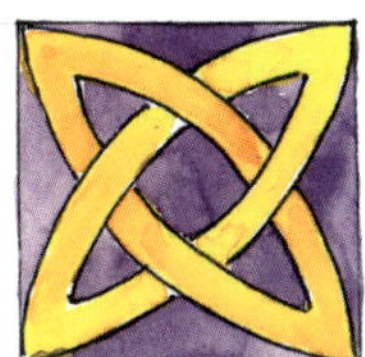

Bunte Ringe

190 × 160 cm
mit: Freundschaftsknoten / Lover's Knot

Meine Internet-Geburtstagsgruppe kennt das schon. Meine Stoffwünsche sind »Wilde Punkte«. Schön lebhafte Stoffe bekomme ich dann von allen Gruppenmitgliedern per Post – und nun habe ich sie in diesem Quilt verarbeitet. Ich überlegte lange, ob ein Randstreifen nötig sei. Wir fanden schließlich eine optische Abgrenzung gut, denn das betrachtende Auge tanzt ununterbrochen über die Oberfläche und wird durch den Rand wieder beruhigt. Mit dem traditionellen Block »Freundschaftsknoten« hat der Quilt die Überschneidungen gemeinsam.

MATERIAL

Stoffe

- 3,2 m (bei 110 cm Stoffbreite) oder 2,2 m (bei 150 cm Stoffbreite) Schwarz, uni, für den Hintergrund
- je 0,2 m von ca. 25 verschiedenen gepunkteten Stoffen (keiner davon mit schwarzem oder sehr dunklem Hintergrund)
- 0,25 m Schwarzweiß gestreift (Streifenbreite ca. 1 cm) für den Akzentstreifen
- 1,8 m Petrolgrün, uni, für den äußeren Rand

Berechnung:

- 20 cm Punktestoff reichen für 7 geschnittene Bögen.

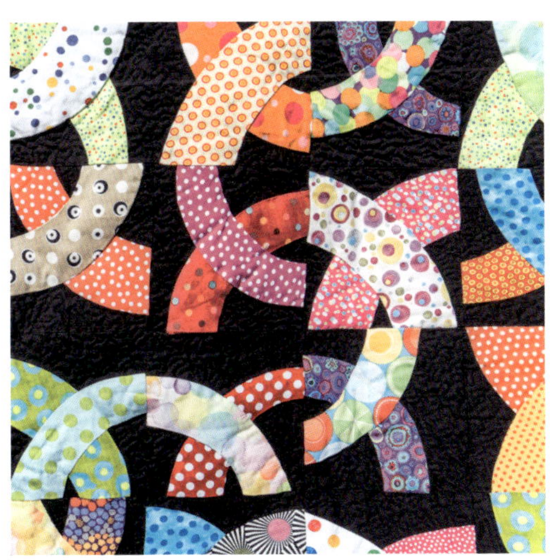

Sonstiges:

- 210 × 180 cm Rückseitenstoff
- 210 × 180 cm Volumenvlies
- Quiltgarn in Schwarz und Petrol
- 7,3 m schwarzer Schrägstreifen

Zuschneiden

→ Lektion 1

Schneiden Sie 80 Quadrate von ca. 20 × 20 cm in Uni-Schwarz zu.

Gekreuzte Viertelkreise

→ Lektion 9

Schneiden Sie einen gleichmäßigen, ca. 3 cm breiten Bogen aus dem schwarzen Hintergrundquadrat heraus. Legen Sie den ausgeschnittenen Bogen wie eine Schablone auf einen Punktestoff, die rechte Stoffseite weist nach oben. Geben Sie an beiden Seitenkanten ca. 1,5 cm Nahtzugabe hinzu und schneiden Sie einen gepunkteten Bogen aus. Das bedeutet, dass Sie z. B. anstelle des 3 cm breit herausgeschnittenen schwarzen Bogens einen ca. 6 cm breiten gepunkteten Bogen erhalten.
Setzen Sie den Bogen in den Ausschnitt des schwarzen Quadrats, wie in Lektion 9 beschrieben. Beginnen Sie bündig an der Kante und arbeiten Sie mit schmaler Nahtzugabe. Bügeln Sie die Nahtzugaben zum gepunkteten Stoff hin.
Nähen Sie 80 Blöcke A.

Legen Sie vier Blöcke A mit jeweils verschiedenen Punktestoffen für die Ecken des Quilts beiseite. Schneiden Sie in die verbliebenen Blöcke den zweiten Viertelkreis, der den ersten durchkreuzt. Wieder schneiden Sie einen gleichmäßigen, ca. 3 cm breiten Bogen aus, der über eine Ecke führt und den ersten Bogen überschneidet.
Legen Sie diesen herausgeschnittenen Bogen wie eine Schablone auf einen neuen Punktestoff und geben Sie an beiden gebogenen Kanten je einen großzügigen Zentimeter dazu. Schneiden Sie den Bogen aus.
Setzen Sie den zweiten Bogen in den Ausschnitt. Beginnen Sie jeweils bündig an der Oberkante.

Bügeln Sie die Nahtzugaben zum eingesetzten Punktebogen hin. Schneiden Sie alle Blöcke auf ein gemeinsames Maß zu. Hier sind dies exakt 18 × 18 cm. Nähen Sie 76 Blöcke B.
Arbeiten Sie ungefähr gleich viele Blöcke, bei denen der zweite Bogen nach rechts bzw. nach links verläuft.

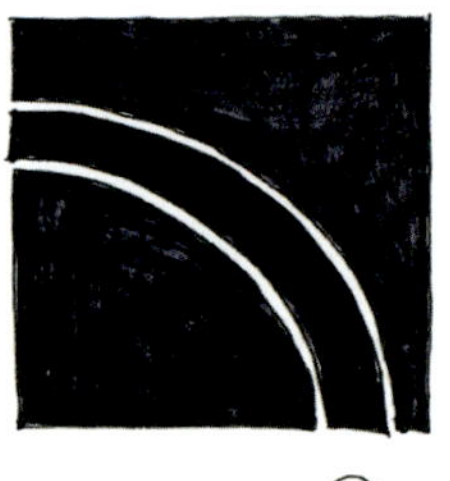
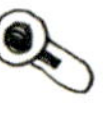

Ca. 3 cm breiten Bogen aus dem schwarzen Quadrat ausschneiden.

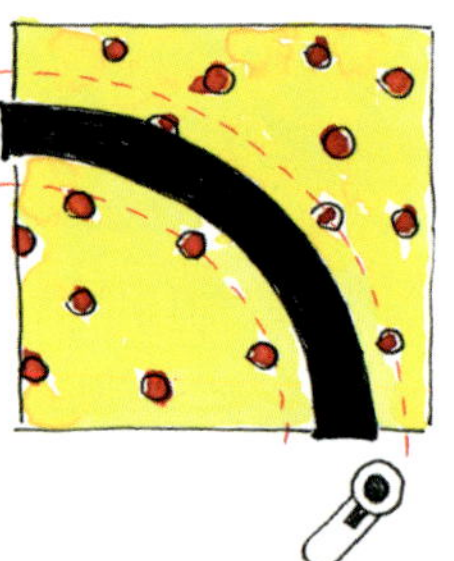

Schwarzen Bogen wie eine Schablone auf den gepunkteten Stoff legen. Mit ca. 1,5 cm Abstand an beiden Kanten entlang schneiden.

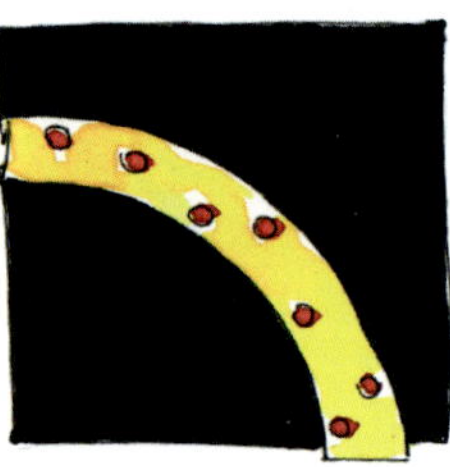

Gepunkteten Bogen in das schwarze Quadrat einsetzen. (Block A)

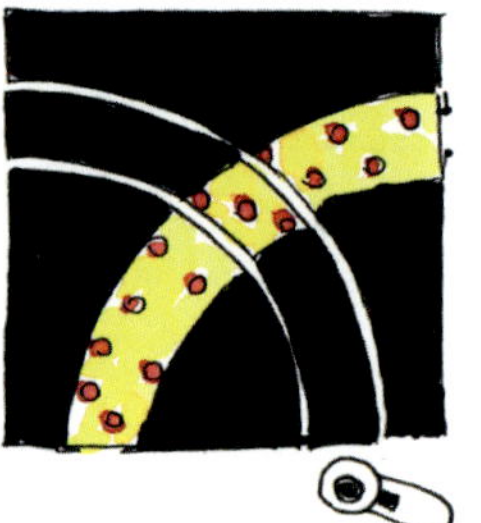

In der Gegenrichtung wieder einen ca. 3 cm breiten Bogen aus dem Block A herausschneiden.

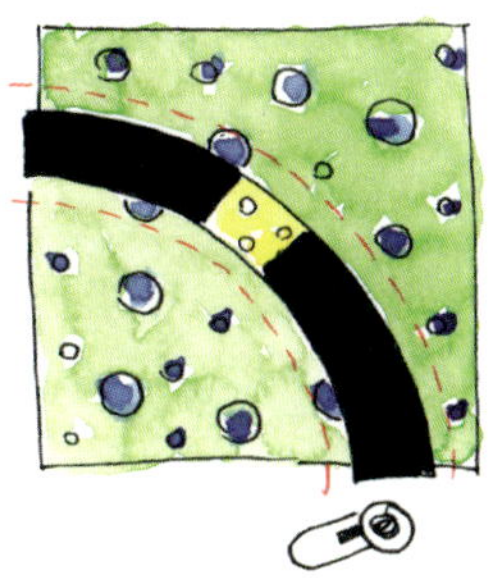

Ausgeschnittenen Bogen aus Block A auf den nächsten gepunkteten Stoff legen. Mit ca. 1 cm Abstand an beiden Kanten entlang schneiden.

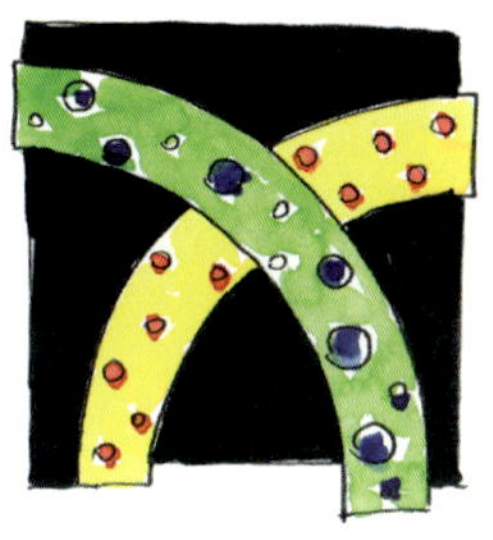

Bogen in den Schnitt von Block A einsetzen. (Block B)

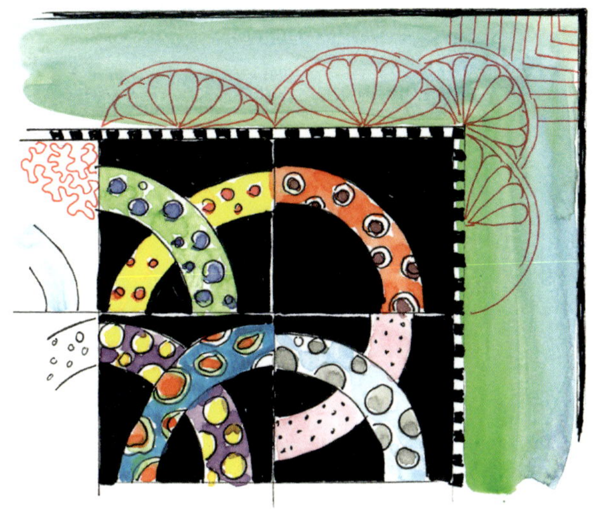

Randgestaltung und Quiltvorschlag

Anordnung

Die Anordnung der fertigen Blöcke ist ein spannender Prozess. Arrangieren Sie die Blöcke zu 10 Querreihen von je 8 Blöcken. Legen Sie die vier einzelnen Blöcke A in die vier Ecken. Ordnen Sie alle äußeren Blöcke so an, dass die schwarze Kante nach außen weist. Sortieren Sie die inneren Blöcke zu Halbkreisen, Dreiviertelkreisen und kompletten Kreisen. So wirkt das Bild lebendig und beschäftigt das Auge des Betrachters. Orientieren Sie sich am Original oder finden Sie eine andere Anordnung, die Ihnen gefällt. Dass sich die Nähte der angrenzenden Viertelkreise nicht treffen, ist Teil des Designs.

Zusammensetzen

→ Lektion 12

Nähen Sie die Blöcke zur Fläche zusammen.

Randstreifen

→ Lektion 13

Akzentstreifen: Schwarzweiß gestreift, 3 cm Schneidebreite, gerade Ecken.
Äußerer Randstreifen: Petrolgrün, 15 cm Schneidebreite, gerade Ecken.

Quilten

→ Lektionen 14 / 15

Montieren Sie Rückseite, Volumenvlies und gebügelte Oberseite aufeinander. Quilten Sie ein Bogenmuster mit Muschelmotiv auf den äußeren Randstreifen, sowie »Klaviertasten« zur Außenkante hin. Bearbeiten Sie alle schwarzen Flächen mit dichtem Stippling. Quilten Sie auch an den Kanten des Akzentstreifens entlang.

Einfassung

→ Lektion 16

Fassen Sie den Quilt mit einem schwarzen Schrägstreifen ein.

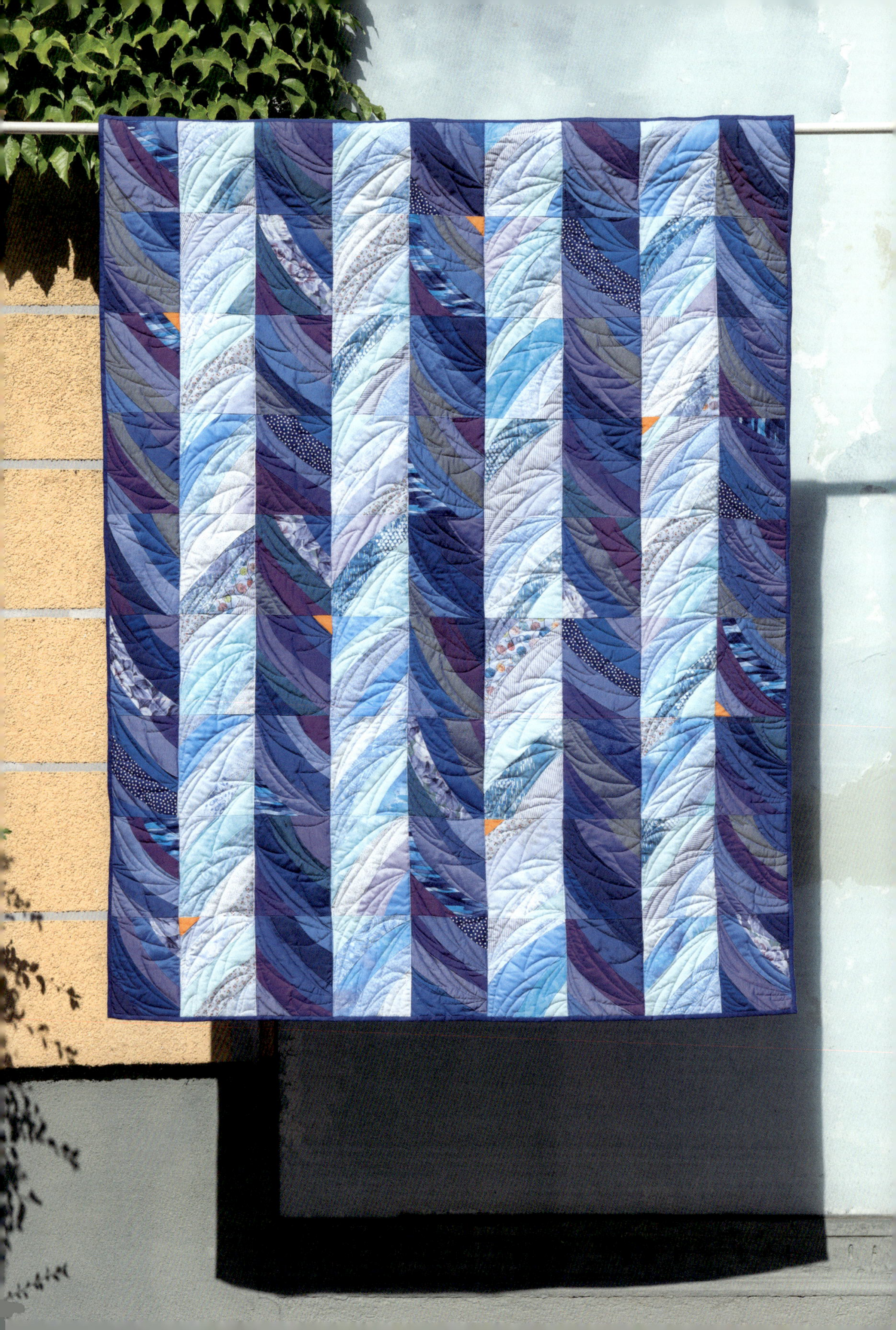

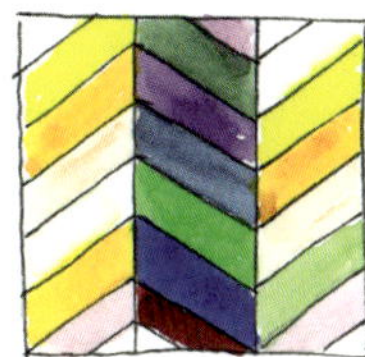

Sonne und Schatten

155 × 119 cm
mit: Balken / Bars und: Zickzack / Zig Zag

Das Muster dieses Quilts erhält durch die gebogenen Linien so richtig Schwung. Auch die Quiltlinien sind geschwungene Zacken, die ich »Haifischzähne« nenne. Die Anordnung ist die der klassischen »Bars«, also die senkrecht stehenden Balken, die sich hell und dunkel abwechseln. Nicht fehlen dürfen orangefarbene Akzente, die als kleine Dreiecke über die Fläche verteilt sind.

MATERIAL

Stoffe

- je 0,25 m von 9 verschiedenen dunkelblauen Stoffen, uni oder gemustert, oder 45 Stoffreste von ca. 25 × 20 cm Größe
- je 0,25 m von 8 verschiedenen hellblauen Stoffen, uni oder gemustert, oder 36 Stoffreste von ca. 25 × 20 cm Größe
- 0,1 m Orange, uni, für die Akzente

Sonstiges

- 180 × 130 cm Rückseitenstoff
- 180 × 130 cm Volumenvlies
- hell- und dunkelblaues Quiltgarn
- 5,8 m Schrägstreifen in kräftigem Blau für die Einfassung

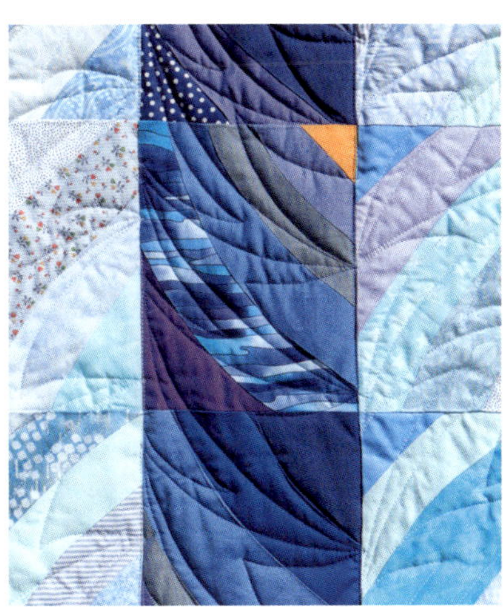

Berechnung
Sie brauchen so viele Rechtecke, wie es Blöcke werden sollen.

Zuschneiden

→ Lektion 1

Schneiden Sie aus den dunkelblauen Stoffen 45 Rechtecke von ca. 20 cm Breite und 25 cm Höhe, sowie 36 hellblaue Rechtecke gleicher Größe. Ein paar zugeschnittene Rechtecke mehr erlauben eine größere Auswahl und größere Abwechslung der Farben.

36 helle Blöcke nähen

→ Lektion 8

Legen Sie jeweils fünf verschiedene helle Stoffrechtecke aufeinander, alle mit der rechten Seite nach oben, die kurze Seite weist zu Ihnen. Führen Sie vier gebogene Schnitte über die Fläche, die Streifen werden ca. 5 – 7 cm breit. Die Schneiderichtung führt von links unten in einem ansteigenden, konvexen Bogen nach rechts oben, wie abgebildet. Tauschen Sie die Farben aus, d. h. sortieren Sie die fünf Stofflagen zu fünf Blöcken, in denen jeweils fünf verschiedene helle Blautöne liegen (Teile 1 bis 5, Farben A bis E).

Legen Sie eine der Streifenkombinationen neben die Nähmaschine. Beginnen Sie an der linken oberen Ecke (Teil 1) und nähen Sie die gebogene Naht zwischen Teil 1 und Teil 2. Beginnen Sie an der Oberkante. Lassen Sie beim Anlegen von Teil 2 das spitze Ende von Teil 1 zum oberen Rand hin überstehen, nähen Sie mit knapper Nahtzugabe und schieben Sie die Kanten während des Nähens übereinander. Falten Sie die Einheit auf und schneiden Sie die Oberkante in Verlängerung der Oberkante von Teil 1 gerade.

Dann nehmen Sie Teil 3 zur Hand und legen es rechts auf rechts über Einheit 1/2. Lassen Sie das obere spitze Ende von Teil 2 über die Ecke von Teil 3 ragen. Beginnen Sie wieder an der Oberkante und nähen Sie mit schmaler Nahtzugabe.

Legen Sie Teil 4 an die gebogene Kante von Teil 3. Beginnen Sie an der rechten Seitenkante. Lassen Sie die Spitze der Nahtzugabe von Teil 4 seitlich überstehen. Nähen Sie mit schmaler Nahtzugabe. Nähen Sie Teil 5 auf die gleiche Weise an.

Bügeln Sie alle Nahtzugaben in die gleiche Richtung. Bügeln Sie zuerst von links, dann von rechts und ziehen Sie die Nähte während des Bügelns auseinander. Danach schneiden Sie die Blöcke auf ein gemeinsames Maß zu, hier exakt 19 × 15 cm. Nähen Sie 36 helle Blöcke.

TIPP
Wenn die Schnitte zur Oberkante führen, beginnen Sie dort die Naht. Weisen die Schnitte zur rechten Kante, beginnen Sie die Naht rechts. Sie können auch auf der linken Seitenkante oder der Unterkante beginnen. Bleiben Sie konsequent. Die nach dem Nähen unregelmäßigen anderen Kanten werden am Schluss zurechtgeschnitten. Dies gilt auch für andere Schnittrichtungen.

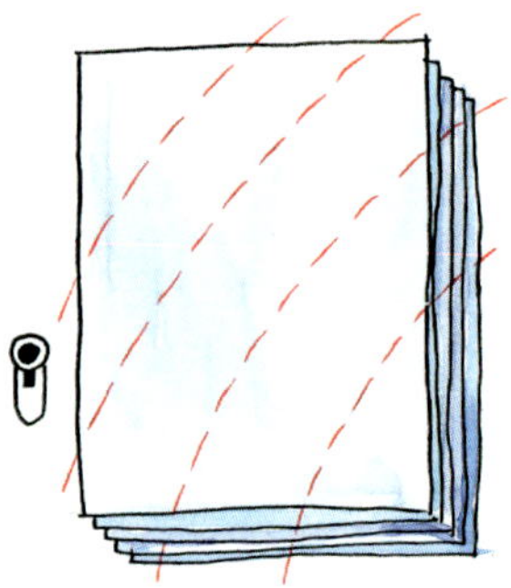

Fünf hellblaue Stoffe, 20 × 25 cm, alle mit der rechten Seite nach oben. Vier gebogene Schnitte setzen.

45 dunkle Blöcke nähen

→ Lektion 8

Arbeiten Sie die dunklen Blöcke wie die hellen. Die Schneiderichtung geht von rechts unten in einem steil ansteigenden konvexen Bogen nach links oben, wie abgebildet.

Tauschen Sie die Farben aus, d. h. sortieren Sie die fünf Stofflagen zu fünf Blöcken, in denen jeweils fünf verschiedene dunkle Blautöne liegen (Teile 1 bis 5, Farben A bis E).

Legen Sie eine der Streifenkombinationen neben die Nähmaschine. Beginnen Sie diesmal an der linken unteren Ecke (Teil 1) und nähen Sie die gebogene Naht zwischen Teil 1 und Teil 2. Beginnen Sie an der linken Seitenkante. Lassen Sie beim Anlegen von Teil 2 das spitze Ende von Teil 1 zum seitlichen hin überstehen und nähen Sie mit knapper Nahtzugabe. Falten Sie die Einheit auf und schneiden Sie die linke Seitenkante gerade. Führen Sie den Schnitt in Verlängerung der Seitenkante von Teil 1. Nähen Sie den gesamten Block, so wie die Streifen liegen. Arbeiten Sie mit schmaler Nahtzugabe und schneiden Sie jeweils die linke Seitenkante nach.

Bügeln Sie alle Blöcke und schneiden Sie sie auf ein gemeinsames Maß zu; hier sind es exakt 19 × 15 cm. Nähen Sie 45 dieser dunklen Blöcke.

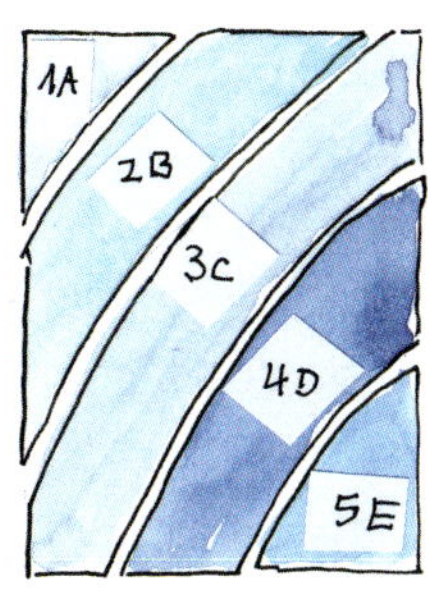

Stoffteile tauschen. Sie erhalten fünf Blöcke mit jeweils fünf verschiedenen Stoffen.

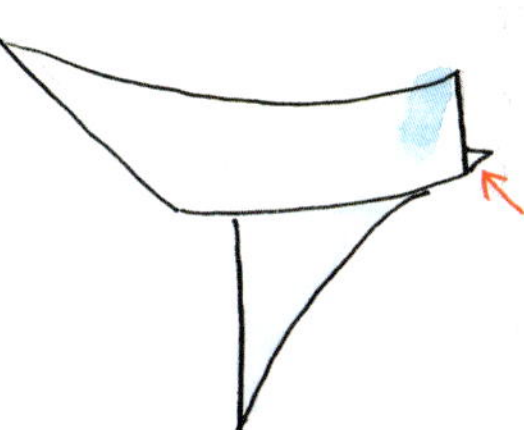

Teil 2 an Teil 1 nähen.

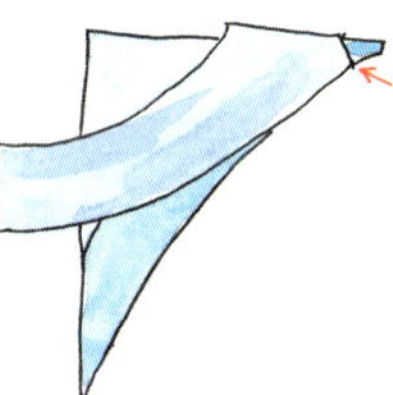

Teil 3 an Einheit 1/2 nähen.

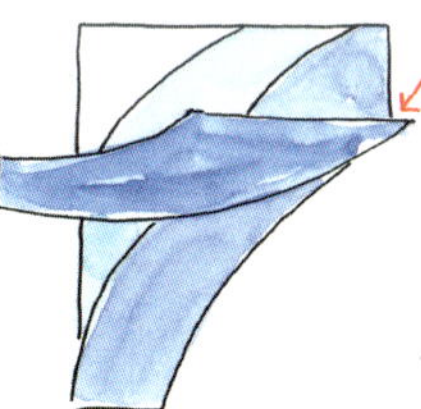

Teil 4 an Einheit 1/2/3 nähen.

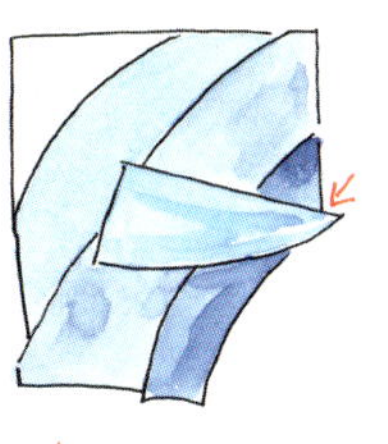

Teil 5 an Einheit 1/2/3/4 nähen.

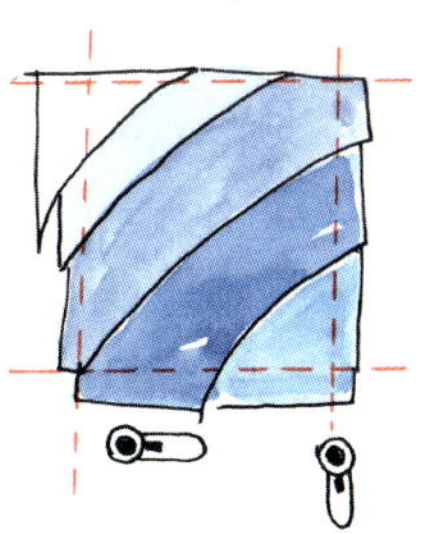

Bügeln und zurechtschneiden.

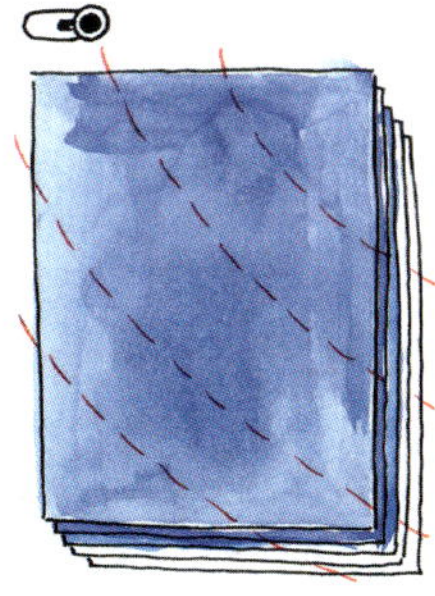

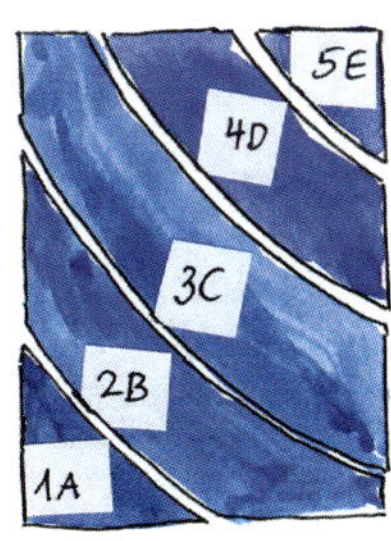

Wir haben die Blöcke so gelegt, dass bei den hellen der Bogen nach oben biegt, also von unten links nach oben rechts schwingt, und die dunklen Bögen nach unten biegen, also von links oben nach rechts unten verlaufen. Es liegen 9 Blöcke quer und 9 Blöcke längs. An den Außenkanten rechts und links befinden sich jeweils dunkle Blöcke. Stecken Sie die Blöcke an die Entwurfswand.

Akzente in Orange

→ Lektion 7

Schneiden Sie 4 Quadrate von 8 × 8 cm zu und teilen Sie sie einmal diagonal zu 8 Dreiecken. Verteilen Sie sieben davon über die Fläche und stecken Sie sie jeweils an eine Blockecke. Nehmen Sie jeden ausgewählten Block einzeln von der Entwurfswand. Schneiden Sie ein Dreieck von ca. 3 – 4 cm Kantenlänge an der Ecke ab und nähen Sie an diese Kante ein orangefarbenes Dreieck an. Bügeln Sie das Dreieck nach außen und schneiden Sie die Ecke wieder exakt im 90°-Winkel zu. Nähen Sie 7 Ecken auf diese Weise.

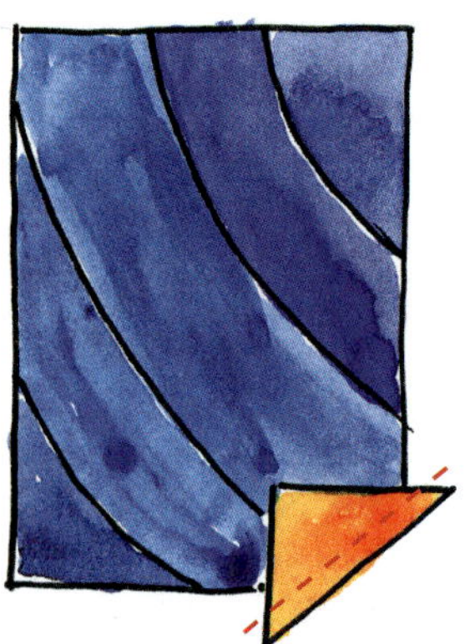

Orangefarbene Dreiecke an einzelne Blöcke nähen.

Zusammensetzen

→ Lektion 12

Nähen Sie die Blöcke zur Fläche, wie in Lektion 12 beschrieben.

Quilten

→ Lektionen 14 / 15

Montieren Sie Rückseite, Volumenvlies und gebügelte Oberseite aufeinander. Quilten Sie zuerst entlang der Längsnähte. Wenn Sie mit der Maschine quilten, führen Sie geschwungene Zacken von Kante zu Kante, in der gleichen Richtung wie die Stoffstreifen verlaufen. Arbeiten Sie in die entstandenen Dreiecke von beiden Seiten her kleinere Zacken, welche die Form von Haifischzähnen haben. Verwenden Sie hellblaues Garn auf den hellen Flächen und dunkelblaues Garn auf den dunklen.

Einfassung

→ Lektion 16

Fassen Sie den Quilt mit einem passend blauen Schrägstreifen ein.

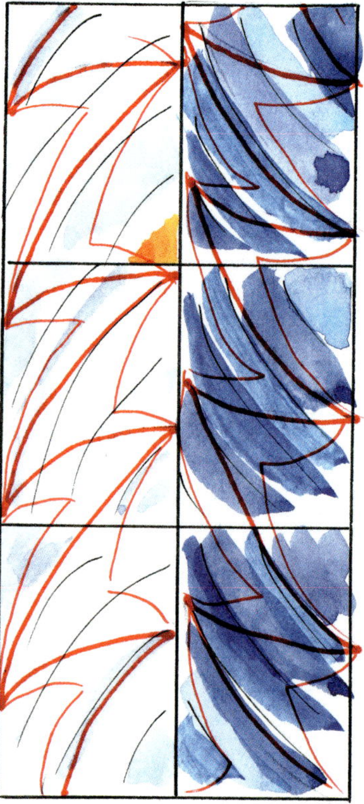

Quiltvorschlag »Haifischzähne«. Erste Quiltlinie ist etwas dicker eingezeichnet.

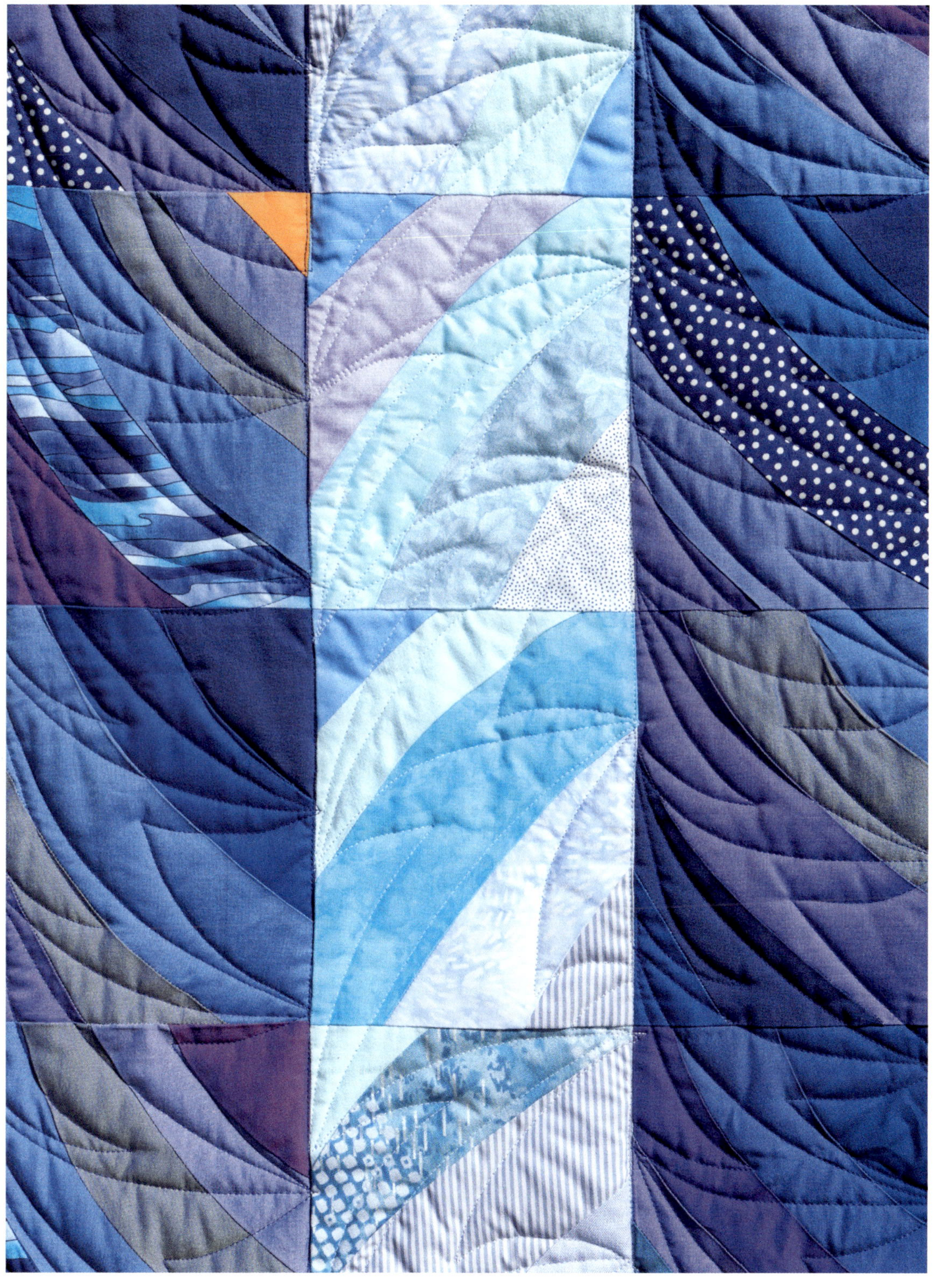

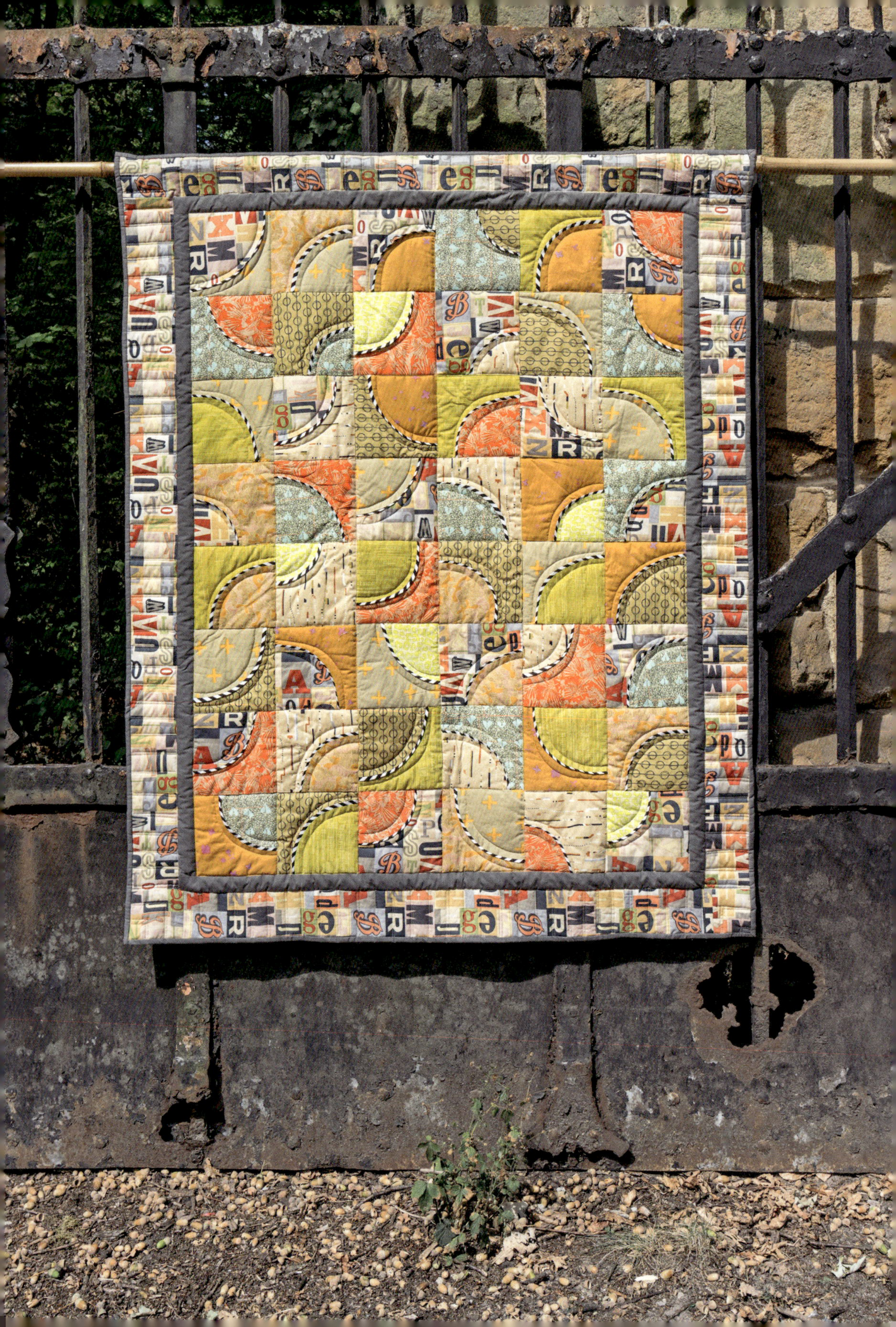

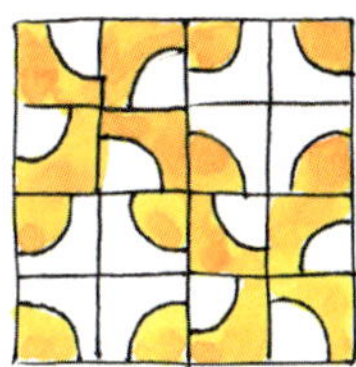

Ritterspiele

142 × 113 cm
mit: Weg des Betrunkenen / Drunkard's Path

Schöne Stoffe sind entscheidend für einen gelungenen Quilt. Achten Sie bei der Farbwahl auf Ton-in-Ton-Kombinationen, so dass die schwarzweißen Paspelbögen zur Geltung kommen. Das Muster ist einfach und schnell genäht. Den Titel bekam der Quilt aufgrund seiner Farben. Im Mittelalter wurden Stoffe mit Naturfarben, die warmes Braun, Oliv, Rostrot, Beige und Ocker ergeben, gefärbt. Stellen Sie sich die Arena eines Ritterspektakels vor, umgeben von Fahnen und farbigen Tüchern, die über den Balkonen hängen.

MATERIAL

Stoffe

- je 0,2 m von 9 verschiedenen Stoffen in warmen Farbtönen, uni oder leicht gemustert, farblich zum Themenstoff passend.
- 0,4 m Schwarzweiß gestreift (Streifenbreite ca. 0,5 cm) für die Paspelstreifen
- 1,8 m Themenstoff, gemustert in den Farben der Quiltfläche, für den äußeren Rand
- 0,8 m Dunkelgrau, uni, für den inneren Rand und die Einfassung

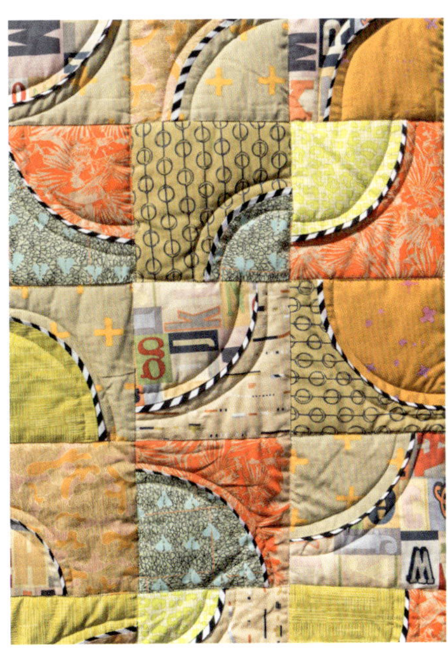

Berechnung

- 20 cm gestreifter Stoff reichen für ca. 24 diagonal geschnittene Paspeln

Sonstiges

- 130 × 160 cm Rückseitenstoff
- 130 × 160 cm Volumenvlies
- hellbraunes Quiltgarn

Zuschneiden

→ Lektion 1

Schneiden Sie zuerst vom Themenstoff viermal 10 cm längs für den äußeren Rand aus dem Stoff, damit Sie keine Ansatznähte bekommen. Schneiden Sie alle Stoffe zu insgesamt 55 Quadraten von ca. 20 × 20 cm zu. Nutzen Sie auch den gemusterten Themenstoff. Schneiden Sie für die Paspeln zweimal 20 cm vom schwarzweiß gestreiften Stoff ab und schneiden Sie davon 50 Diagonalstreifen von exakt 2,5 cm Breite zu. Einige Streifen an Anfang und Ende sind kürzer, können aber ebenfalls verwendet werden. Bügeln Sie die Streifen der Länge nach links auf links.

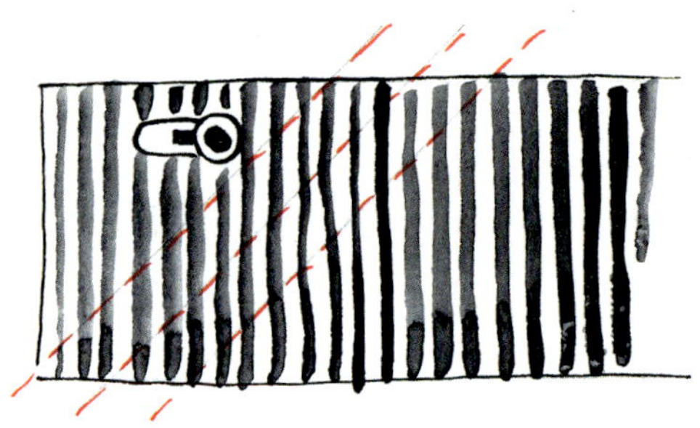

Schwarzweiß gestreiften Stoff zu ca. 25 cm langen Schrägstreifen von exakt 2,5 cm Breite schneiden. Der Länge nach mittig bügeln.

48 Blöcke nähen

→ Lektion 9

Legen Sie jeweils zwei verschiedenfarbige Quadrate aufeinander, die rechte Seite weist jeweils nach oben. Schneiden Sie durch beide Stofflagen einen Viertelkreis über eine Ecke. Tauschen Sie die Farben aus.

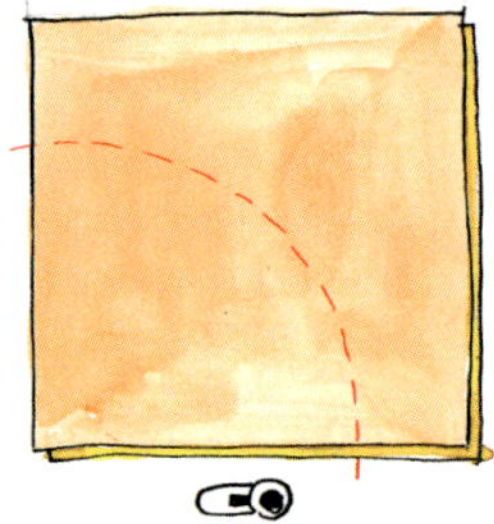

Zwei Quadrate von ca. 20 × 20 cm aufeinanderlegen, beide mit der rechten Seite nach oben. Einen Viertelkreis durch beide Lagen schneiden.

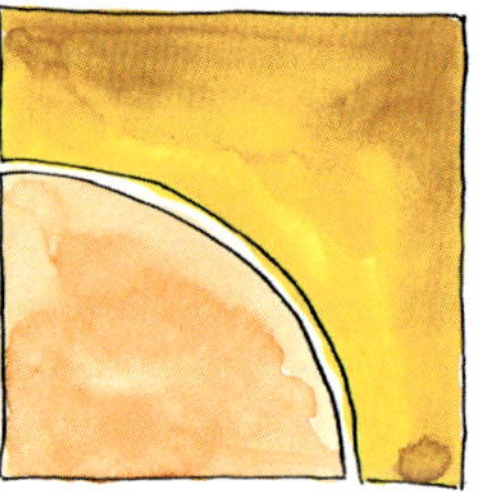

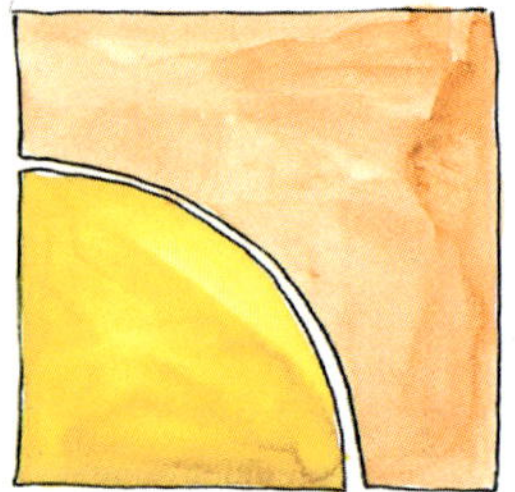

Farben tauschen.

HINWEIS

Es hat sich bei der Arbeit gezeigt, dass der helle gelbgrüne Stoff sehr auffallend ist. Wir haben daher nur fünf »Innen-Ecken« im Quilt belassen.

Fassen Sie beim Zusammennähen der beiden Teile immer einen gefalteten schwarzweißen Paspelstreifen in die gebogene Naht. Der Paspelstreifen weist mit den offenen Kanten zur Schnittkante der Bögen. Er steht am Anfang und am Ende der Naht etwas über. Versetzen Sie den Anfang der einzusetzenden Ecke ca. 1 cm weit nach unten, damit das Eckteil nach dem Nähen ungefähr mittig im großen Bogen liegt.

Schneiden Sie die Bögen der nachfolgenden Blöcke unterschiedlich weit, also kleiner und größer. Kürzere Paspelstreifen nähen Sie in die Nähte der kleiner geschnittenen Bögen.

Nähen Sie 55 Blöcke. Sie benötigen aber nur 48 davon (siehe Hinweis). Bügeln Sie bei allen Blöcken die Nahtzugaben zur eingesetzten Ecke hin, die Paspel soll auf der Vorderseite des Blocks zum großen Stoffteil weisen. Schneiden Sie alle Blöcke auf ein gemeinsames Maß zu. Hier sind dies exakt 17 × 17 cm.

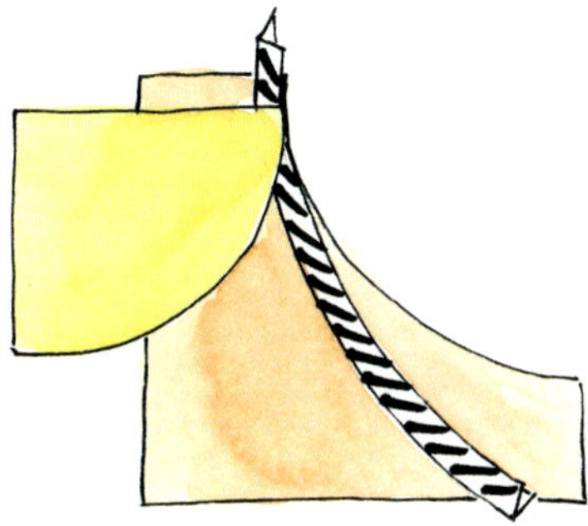

Paspelstreifen mit in die Naht fassen.

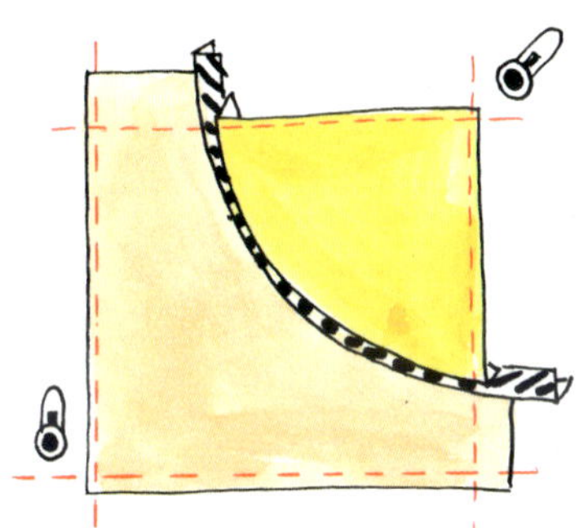

Blöcke exakt quadratisch zuschneiden, hier 17 × 17 cm.

Anordnung

Ordnen Sie die Blöcke zu sechs Querreihen von je acht Blöcken an. Verteilen Sie die Farben, so dass es wie zufällig aussieht. Dass sich die Nähte von angrenzenden Viertelkreisen nicht treffen, erleichtert das Zusammennähen, denn die Paspelnähte sind relativ dick.

Zusammensetzen

→ Lektion 12

Nähen Sie die Blöcke zur Fläche zusammen, wie in Lektion 12 beschrieben.

Randbordüren

→ Lektion 13

Innerer Rand: Dunkelgrau, uni, 5 cm Schneidebreite, gerade Ecken.
Äußerer Rand: Themenstoff (Buchstaben), 12 cm Schneidebreite, gerade Ecken.

Quilten

→ Lektionen 14 / 15

Montieren Sie Rückseite, Volumenvlies und gebügelte Oberseite aufeinander. Quilten Sie in den Nähten der Blöcke und im Abstand von ca. 2 cm entlang jedes Bogens. Quilten Sie »Klaviertasten« auf den äußeren Rand.

Einfassung

→ Lektion 16

Fassen Sie den Quilt mit einem dunkelgrauen Streifen ein, 6 cm Schneidebreite, gerade geschnitten, längs gefaltet.

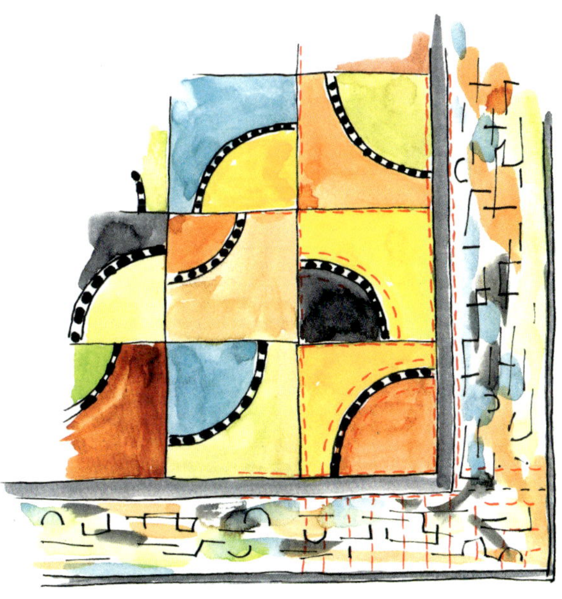

Anordnung, Randgestaltung und Quiltvorschlag

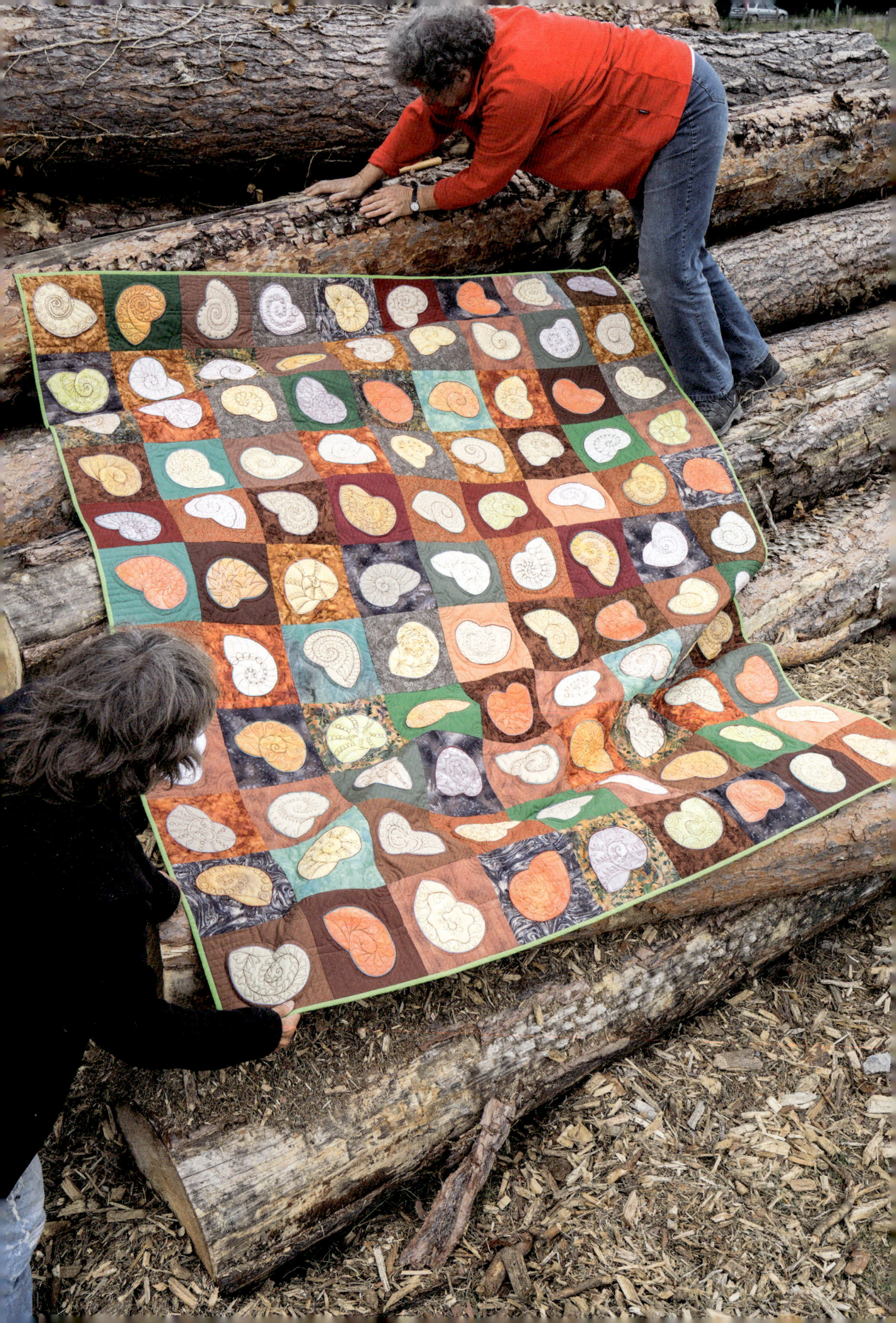

Schneckenhäuser

218 × 176 cm
mit: Schneckenspur / Snail Trail

Schnecken fressen so allerlei. Diese hier fressen Stoff – und zwar viel davon. Das liegt an der Paspeltechnik, in der sie gearbeitet sind. Außerdem werden die Schneckenhäuser etwas plastisch, da sie, wie bei einem »Trapunto«-Quilt, von einer zweifachen Lage Volumenvlies gepolstert sind. Die Verbindung zum traditionellen Snail-Trail-Block ist in diesem Fall nur der Name.

MATERIAL

Stoffe

- je 0,25 m von 25 verschiedenen dunklen Erd- und Moosfarben, uni oder leicht gemustert, für den Hintergrund (Gesamtmenge 6,25 m)
- je 1,5 m in Türkis, Lila, Weinrot, uni oder leicht gemustert, oder ausreichend viele Reste von 22 × 22 cm, für die Paspeln (Gesamtmenge 5 m), alternativ nur eine dieser Farben oder Naturweiß
- Je 0,4 m von 10 verschiedenen Pastellfarben (Gesamtmenge 4 m) wie Beige, Hellgelb, Orange, Naturweiß und Rosa, uni oder leicht gemustert, oder ausreichend Reste von ca. 18 × 20 cm, für die Schneckenhäuser

Sonstiges

- Papier, Schere, Klebstoff
- Pappkarton für die Schneckenschablone
- 2 m Volumenvlies bei 150 cm Breite (Reste von ca. 15 × 18 cm aufbrauchen) für die plastischen Schneckenhäuser
- wasserlöslicher Markierstift
- Kreidestift
- dunkelbraunes Quiltgarn
- 230 × 200 cm Rückseitenstoff
- 230 × 200 cm Volumenvlies
- 8 m giftgrüner Schrägstreifen (oder Türkis) für die Einfassung

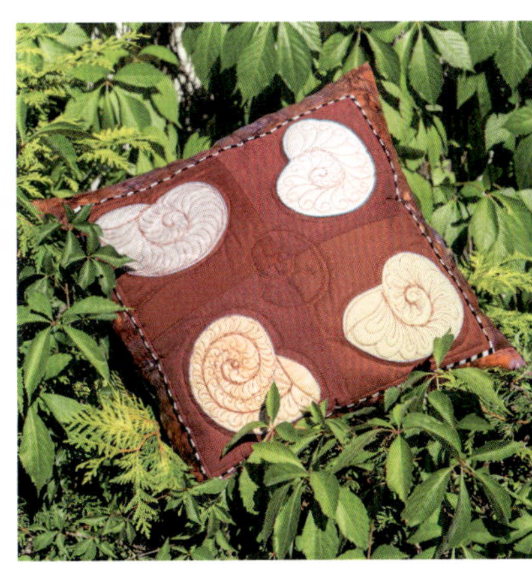

Zuschneiden

→ Lektion 1

- 99 Quadrate von ca. 25 × 25 cm in Erd- und Moosfarbe für den Hintergrund
- 99 Quadrate von ca. 22 × 22 cm in Flieder, Weinrot und/oder Türkis für die Paspeln
- 99 Rechtecke von ca. 18 × 20 cm in hellen Farben für die Schneckenhäuser
- 99 Rechtecke von ca. 15 × 18 cm Volumenvlies (Reste aufbrauchen!)

Schneckenhaus-Vorlage

Zeichnen Sie ein Schneckenhaus von ca. 15 cm Durchmesser (an der breitesten Stelle gemessen) und ca. 12 cm Höhe auf festes Papier, oder vergrößern Sie die unten stehende Vorlage auf das gewünschte Maß. Schneiden Sie den Umriss aus. Kleben Sie ihn auf Karton oder festes Papier. Schneiden Sie die Vorlage aus. Fertig.

15 cm

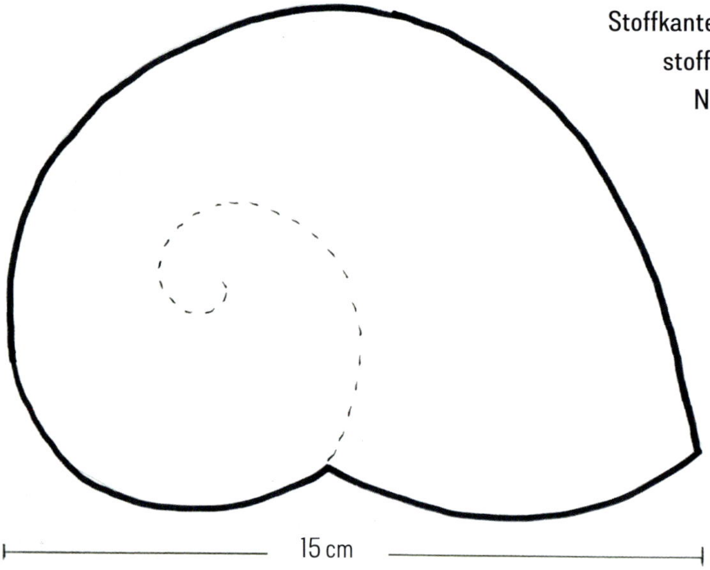

Vorlage für das Schneckenhaus abzeichnen oder vergrößern.

99 Schneckenhäuser

→ Lektion 10

Arbeiten Sie die Konturen der Schneckenhäuser in Paspeltechnik. Verwenden Sie lilafarbenen und/oder türkisfarbenen Paspelstoff. Legen Sie hinter jede Öffnung einen der hellen Schneckenhausstoffe. Stecken Sie ihn an vier Ecken fest. Platzieren Sie darunter ein Vlies-Quadrat. Steppen Sie auf der rechten Seite mit dunklem, möglichst farbgleichem Faden knappkantig um das Schneckenhaus herum.

TIPP

Wählen Sie die Farben der Schneckenhausstoffe so, dass sich zum Hintergrund ein deutlicher Kontrast ergibt. Ein hellbrauner Hintergrund braucht ein sehr helles Schneckenhaus, ein dunkler Hintergrund bekommt ein farbstarkes Schneckenhaus.

Schneiden Sie von der Rückseite her zuerst das Volumenvlies bis an die Naht heran zurück. Danach schneiden Sie alle überstehenden Stoffkanten von Paspel und Schneckenhausstoff bis auf Nahtzugabenbreite zurück. Nähen Sie 99 Schneckenhausblöcke.

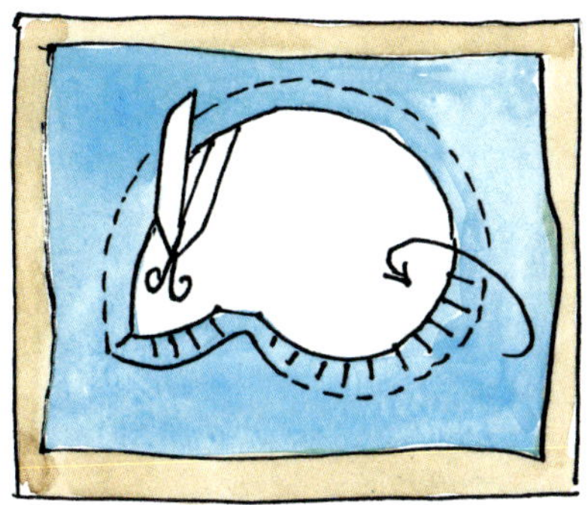

Paspelstoff rechts auf rechts auf den Hintergrundstoff legen. Kontur des Schneckenhauses auf den Paspelstoff übertragen. Auf der Linie rundum nähen. Innen beide Stofflagen herausschneiden und die Nahtzugabe einzwicken.

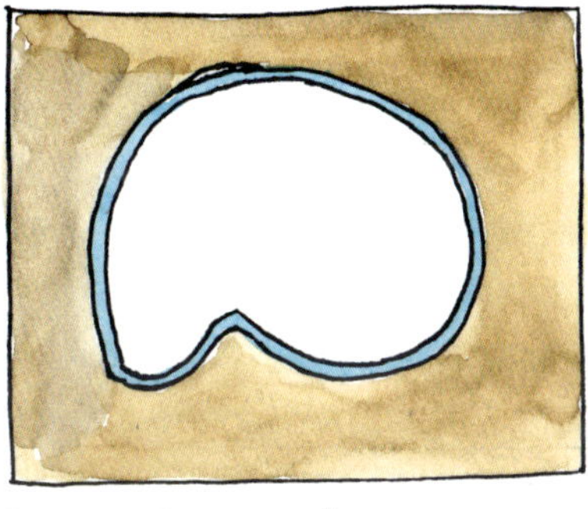

Paspelstoff durch die Öffnung nach hinten ziehen, dabei ca. 1 mm sichtbar lassen. Kante bügeln. Auf der Rückseite nichts wegschneiden.

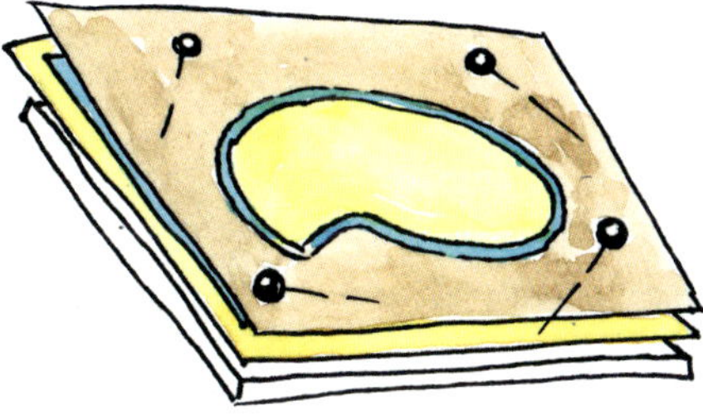

Hellen Schneckenhausstoff hinter die Öffnung stecken. Darunter ein ca. 15 × 18 cm großes Stück Volumenvlies legen. Von der Vorderseite her mit unauffälligem Garn knappkantig um die Schneckenhausform steppen.

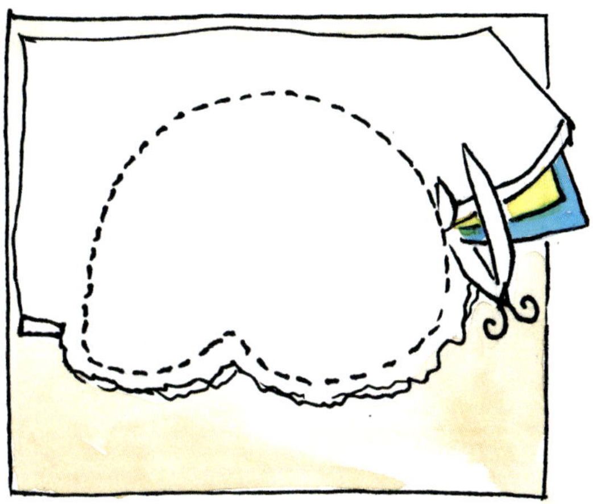

Von der Rückseite das überstehende Volumenvlies, den Schneckenhausstoff und den Paspelstoff bis auf ca. 5 mm an die Naht heran zurückschneiden.

Schneckenhäuser quilten

→ Lektion 15

Jetzt quilten Sie jedes Schneckenhaus einzeln. Zeichnen Sie zuerst mit wasserlöslichem Stift die nach innen führende Spirale auf und dazu eine grobe Skizze des gewünschten Musters, z. B. Wiederholung der Spirale oder Zacken. Anschließend bearbeiten Sie die sich ergebenden Flächen. Quilten Sie einfache Muster maschinengeführt oder fantasievollere Muster in freier Technik mit Stopffuß, versenktem Stofftransport und in freier Bewegung. Folgen Sie den vorgeschlagenen Mustern oder erfinden Sie eigene. Nähen Sie alle Linien doppelt, um sie deutlich hervorzuheben. Schneiden Sie die fertigen Blöcke auf ein gemeinsames Maß zu, hier sind es exakt 22 × 22 cm.

TIPP FÜR LONGARM-QUILTERINNEN

Wer eine Longarm-Quiltmaschine besitzt, schneidet die mit Vlies unterlegten Blöcke noch vor dem Quilten exakt zu (hier 22 × 22 cm) und näht sie zur Quiltoberseite zusammen (siehe Lektion 12). Nun spannen Sie die Oberfläche auf die Quiltstangen, mit einem leichten Stoff als Unterseite (so bleibt die Maschine nirgends an der Unterseite hängen). Quilten Sie fantasievolle Muster in die Schneckenhäuser. Nehmen Sie den Quilt von der Maschine und schneiden Sie den Unterseitenstoff bis an die Schneckenhausnaht heran ab. Anschließend spannen Sie den Quilt zusammen mit Rückseite und Volumenvlies erneut auf und quilten Sie ihn wie gewohnt.

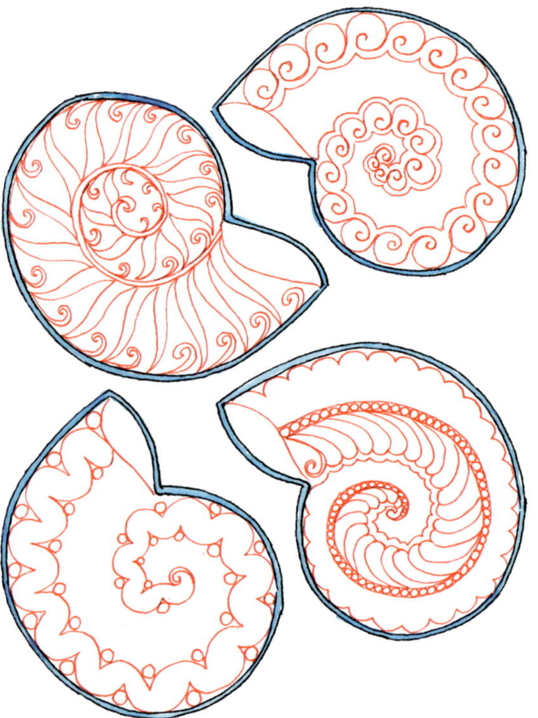

Schneckenhäuser mit Quiltlinien verzieren. Vorschläge. Danach alle Blöcke exakt zuschneiden, hier sind es 22 × 22 cm.

Zusammensetzen

→ Lektion 12

Legen Sie die Schneckenhausblöcke zu 11 Querreihen von je 9 Blöcken aus. Verteilen Sie die Farben der Hintergrundstoffe und der Schneckenhäuser wie zufällig. Setzen Sie die Blöcke zur Quiltfläche zusammen. Bügeln Sie die Nähte der Quiltoberseite mit schwacher Temperatur, damit das Vlies nicht schmilzt.

Quilten

→ Lektionen 14 / 15

Montieren Sie Oberseite, Vlies und Rückseite aufeinander. Quilten Sie einmal in 0,5 cm breitem Abstand um jede Schneckenhausform. Durch die doppelte Lage Volumenvlies tritt nun das Schneckenhaus plastisch hervor. Arbeiten Sie Spiralen auf alle Nahtkreuzungen. Verbinden Sie diese Spiralen mit einer geraden Linie auf den Blocknähten. Arbeiten Sie eine ca. 12 cm breite »falsche« Randbordüre, indem Sie von Schneckenhaus zu Schneckenhaus eine Linie ziehen und von dieser abgehend »Klaviertasten« nach außen quilten.

Wer von Hand quiltet, umrahmt nur die Schneckenformen und setzt auf jede Nahtkreuzung ein kleines Schneckenhaus.

Einfassung

→ Lektion 16

Fassen Sie den Quilt mit einem giftgrünen (oder türkisen) Schrägstreifen ein.

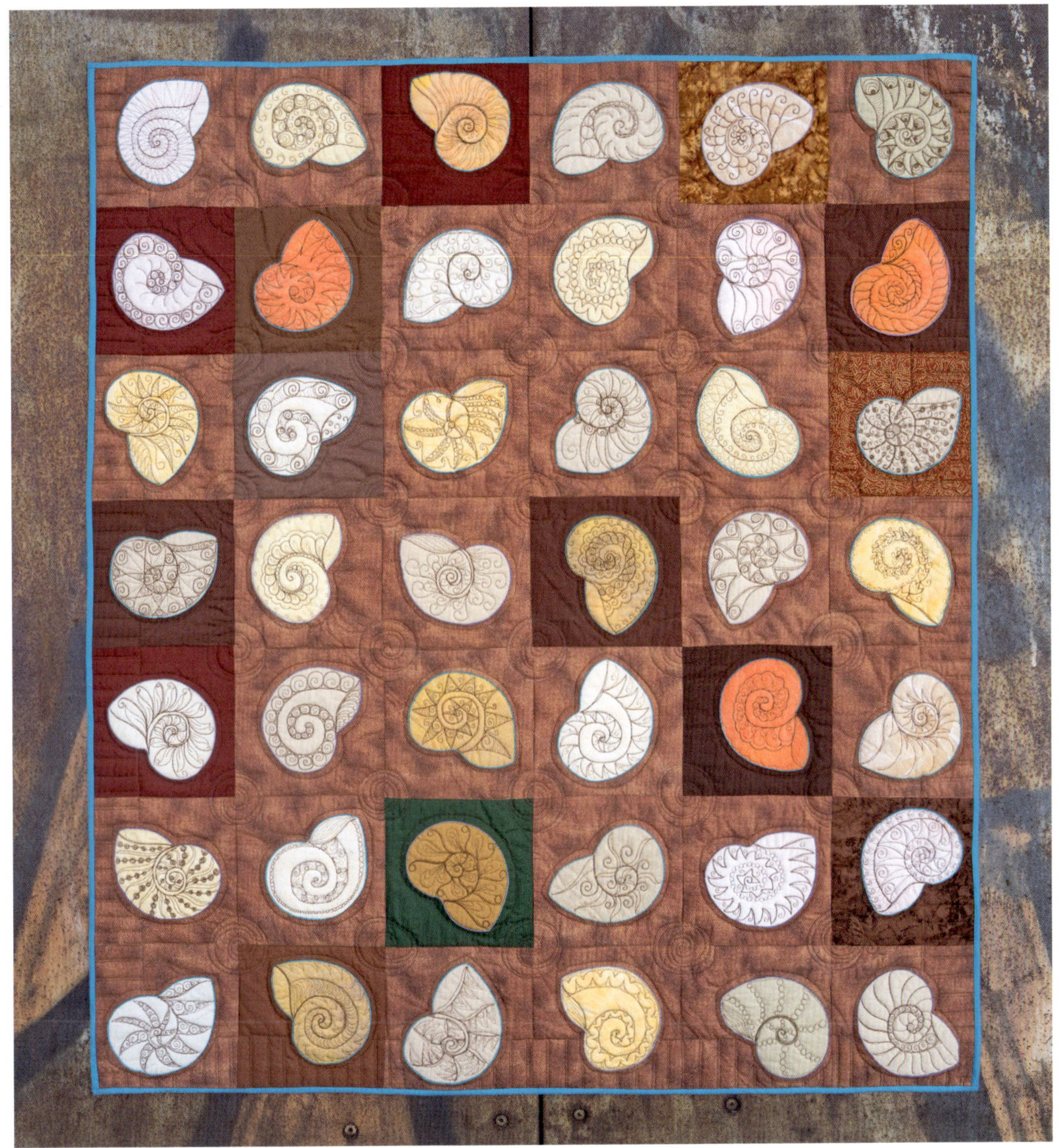

Schneckenhaus-Spieldecke

Dieser kleine Quilt – 140 × 118 cm – aus 42 Schneckenhäusern ist die perfekte Spieldecke. Die braun gemusterte Rückseite verträgt auch Gras- und Schmutzflecken. Die Blöcke werden in den gleichen Maßen und auf die gleiche Weise genäht und gequiltet wie die große Decke. Rechnen Sie mit etwa einem Viertel des Stoffverbrauchs für den großen Quilt. Schneiden Sie Vlies und Rückseite rundum 10 cm breiter zu als die Oberseite. Sie brauchen voraussichtlich 5,2 m türkisfarbenen Einfassstreifen.

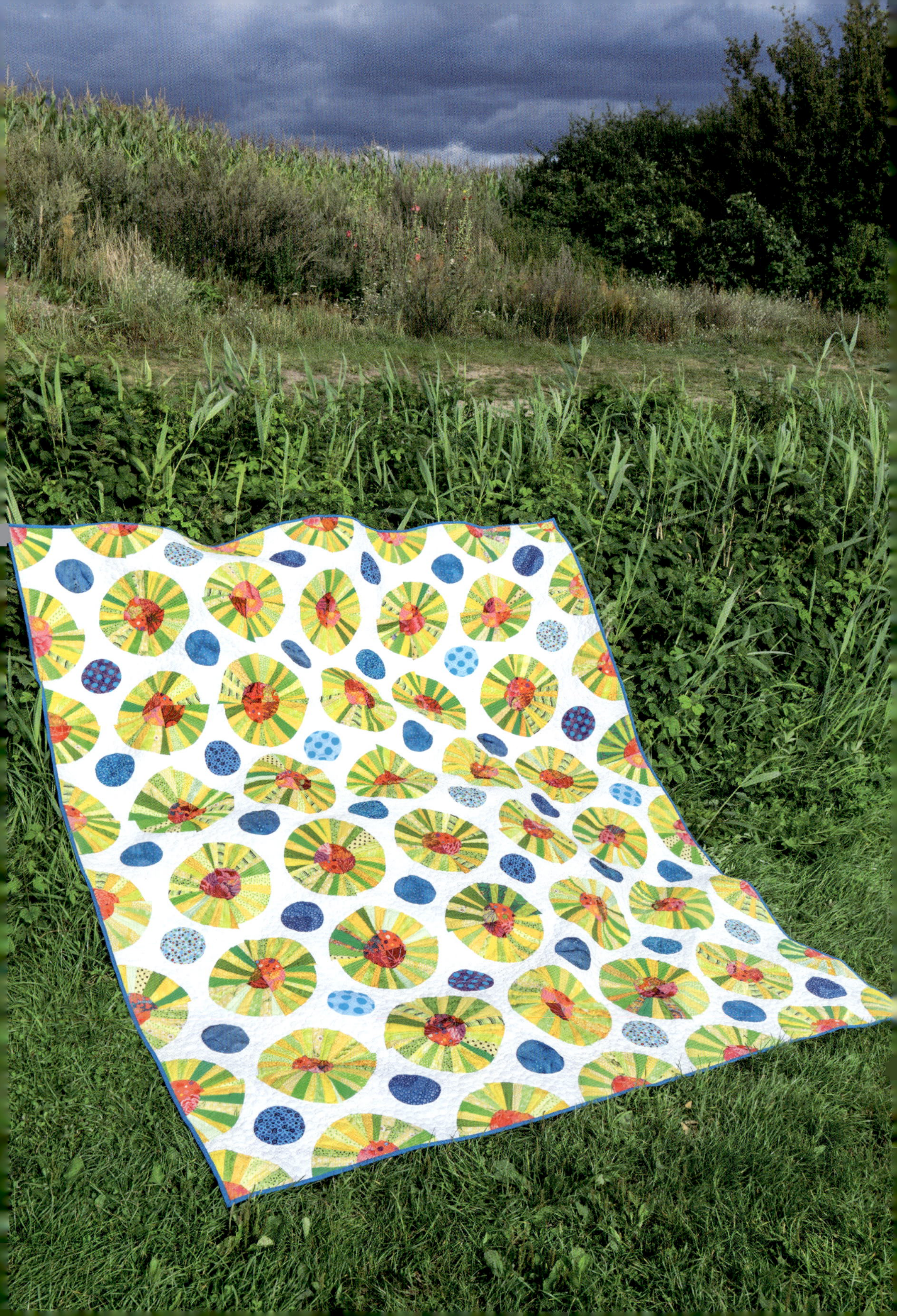

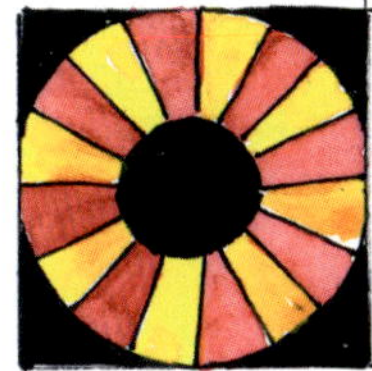

Windspiele

224 × 192 cm
mit: Fächer / Fan und: Glücksrad / Wheel of Fortune

Der klassische »Fächer«-Block ist sehr vielseitig, auch wenn er frei geschnitten wird. Je vier der Blöcke bilden das klassische »Glücksrad«. Durch die unregelmäßigen zweifarbigen Viertel werden die Blöcke in unserem Quilt in eine wirbelnde optische Bewegung versetzt. Es könnten Windrädchen oder ähnliche Windspiele sein. Dazu passen die fröhlichen Farben und die dazwischen gesetzten blauen Punkte.

MATERIAL

Stoffe

- je 0,25 m von ca. 15 Gelbtönen für die Kreise
- je 0,25 m von ca. 15 kräftigen Grüntönen für die Kreise
- insgesamt 2 m groß gemustertes Rot / Pink für das Zentrum der Kreise
- insgesamt 1 m Mittelblau bis Hellblau für die Punkte zwischen den Kreisen
- 8,8 m Weiß für den Hintergrund oder eine entsprechende Menge Wäschedamast

Sonstiges

- Trinkglas, Durchmesser ca. 11 cm (als Schablone) oder Zirkel, Pappe und Schere (für die Schablone)
- kleine Markierungszettel
- wasserlöslicher Stift
- 220 × 240 cm Rückseitenstoff
- 220 × 240 cm Volumenvlies
- Quiltgarn in Weiß, Hellrot und Hellgrün
- 8,5 m leuchtend blauer Schrägstreifen

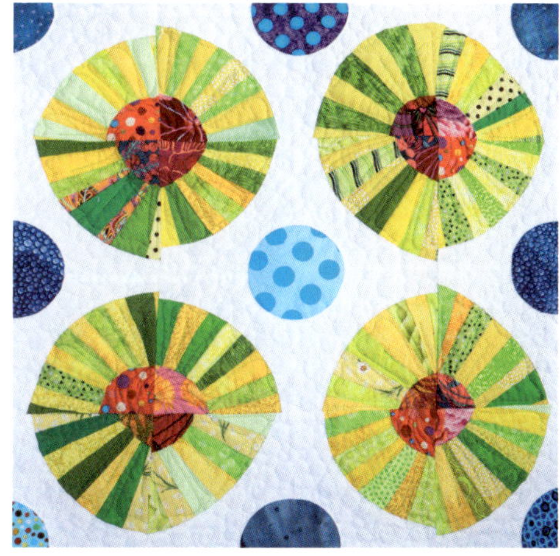

Zuschneiden

→ Lektion 1

- 216 weiße Quadrate, ca. 20 × 20 cm
- 216 rote Quadrate, ca. 8 × 8 bis 9 × 9 cm
- 42 blaue Quadrate, ca. 15 × 15 cm
- Für die weißen 42 Paspeln die Reste benutzen. (Ausgeschnittene Viertelkreise aus den weißen Quadraten, siehe *)

168 gestreifte Viertelkreise

→ Lektion 9

Schneiden Sie die gelben und grünen Stoffe von Webkante zu Webkante zu Streifen von ca. 12 cm Breite. Legen Sie die Stoffstreifen (bis zu 6 übereinander) quer vor sich auf die Schneidematte und schneiden Sie an der kurzen Seite keilförmige Teile ab. Jeder Keil misst an der schmalen Seite 2–3 cm, an der breiten 4–5 cm.

Nähen Sie gelbe und grüne Keile in wechselnden Farben aneinander, dabei liegt die schmale Kante immer unten, die breite immer oben. So ergibt sich ein Bogen. Nähen Sie so viele Keile aneinander, bis ein Viertelkreis erreicht ist. Prüfen Sie dies, indem Sie den Bogen an den Rasterlinien der Schneidematte anlegen. Bügeln Sie alle Nahtzugaben in eine Richtung.

Schneiden Sie die Außenkante des gelbgrünen Viertelkreises mit dem Rollschneider glatt. Legen Sie den Viertelkreis auf eine Ecke eines 20 × 20 cm großen weißen Quadrats. Rücken Sie den Viertelkreis etwas nach außen, so dass beide oberen Enden je 1 cm über die Kante des weißen Quadrats hinaus ragen. Schneiden Sie entlang der Außenkante des Viertelkreises den Bogen in das weiße Quadrat, wie an einer Schablone entlang. Legen Sie den ausgeschnittenen weißen Viertelkreis (*) beiseite. Nähen Sie den gelbgrünen Viertelkreis in den Ausschnitt des weißen Quadrats. Bügeln Sie die Nahtzugaben zum Weiß hin. Richten Sie an der Schneidematte die rechten Winkel aus und schneiden Sie die Kanten ggf. etwas nach.

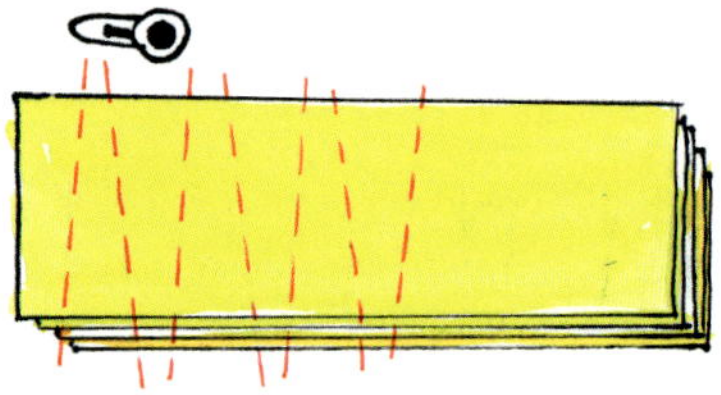

Gelbe und grüne 12 cm hohe Streifen keilförmig schneiden, am schmalen Ende 2–3 cm, am breiten 4–5 cm breit.

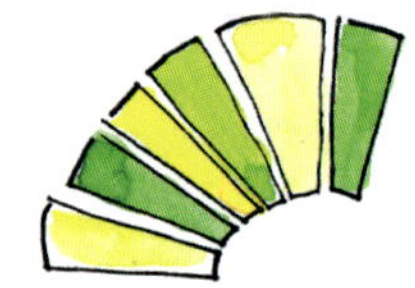

Keile in wechselnden Farben zusammenlegen, immer die schmale Kante unten. Es bildet sich ein Bogen.

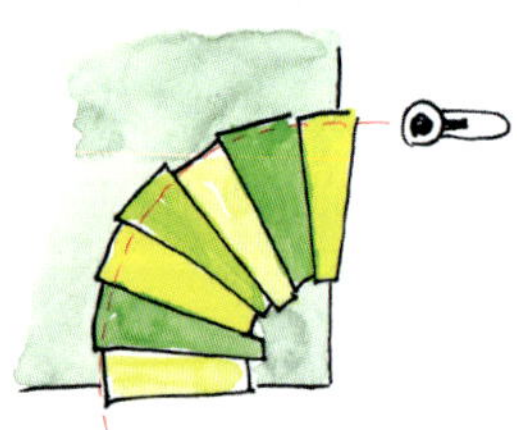

Keile zusammennähen, bis ein Viertelkreis erreicht ist. Dies an einer Ecke der Schneidematte überprüfen. Außenkante mit dem Rollschneider glatt schneiden.

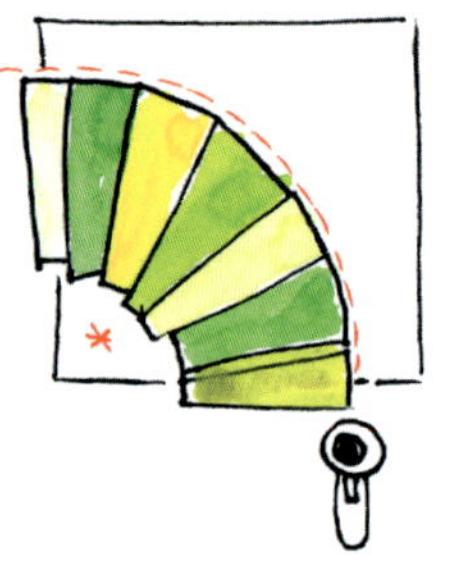

Gelbgrünen Bogen auf eine Ecke eines weißen Quadrats (20 × 20 cm) legen, 1 cm weit nach außen rücken. Am Bogen entlang schneiden. Das weiße Viertel unter dem Bogen (*) beiseite legen. Gelbgrünen Bogen in den weißen Ausschnitt nähen.

TIPP

Finden Sie eine bequeme Arbeitsrichtung zum Schneiden: Linkshänderinnen beginnen innerhalb der linken unteren Ecke, schneiden den Bogen nach rechts und enden unterhalb der rechten oberen Ecke.
Rechtshänderinnen beginnen innerhalb der rechten unteren Ecke, schneiden den Bogen nach links und enden unterhalb der linken oberen Ecke.

168 rote Viertelkreise einnähen

Schneiden Sie von den 9 × 9 cm großen roten Quadraten eine viertelkreisförmige Ecke ab. Nehmen Sie einen dieser Viertelkreise und legen Sie ihn auf die Innenkante des Viertelkreises. Lassen Sie beide Enden 1 cm weit überstehen. Schneiden Sie an der Außenkante des roten Viertelkreises wie an einer Schablone entlang. Nähen Sie den Viertelkreis in den Innenausschnitt des gelbgrünen Stoffes ein. Drücken Sie die Nahtzugaben zum Rot.
Bügeln Sie alle Blöcke und schneiden Sie sie auf ein gemeinsames Maß zu. Hier sind dies exakt 18 × 18 cm. Dabei von der roten eingesetzten Ecke möglichst wenig abschneiden.

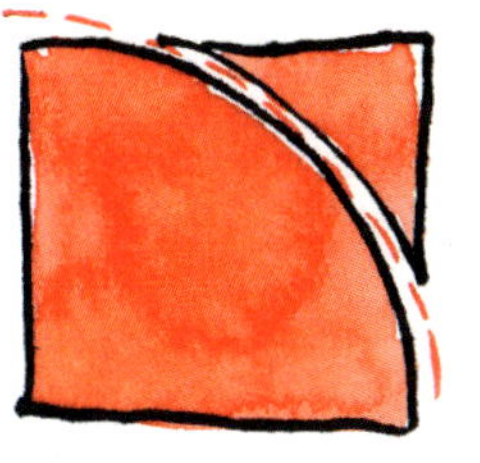
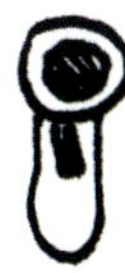

Von einem roten Quadrat (ca. 9 × 9 cm) eine Ecke runden.

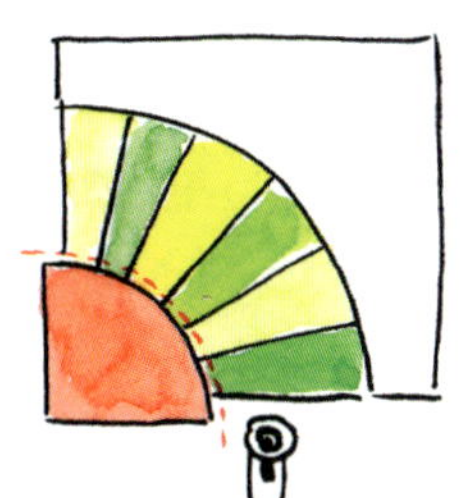

Rotes Viertel auf den Ausschnitt des gelbgrünen Viertelkreises auflegen, 1 cm nach außen rücken. An der roten Außenkante entlang schneiden. Rotes Viertel einnähen.

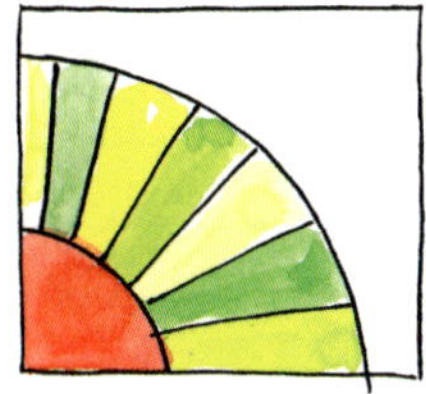

Fertigen Block exakt zuschneiden (hier 18 × 18 cm). 168 Blöcke nähen.

Anordnung

Ordnen Sie die Blöcke zu sieben Querreihen von je sechs Blöcken an. Lassen Sie die Viertelkreise an die Außenkanten des Quilts anstoßen (also je ein Viertel in den Ecken, je zwei Viertelkreise bilden einen Halbkreis an den Kanten). Kombinieren Sie in der Mitte gelbgrüne Kreise, bei denen vier verschiedene rote Teile in der Mitte aufeinander treffen. Verteilen Sie die Farben wie zufällig. Dass sich die Nähte an den Kanten der Blöcke nicht treffen ist gewollt und Teil des Designs.

Blöcke kennzeichnen

Befestigen Sie an jedem Block einen mit der Blocknummer beschrifteten kleinen Zettel. Die Längsreihen werden mit den Buchstaben A bis F bezeichnet, die Querreihen mit den Zahlen 1 bis 7. Der erste Block links oben trägt also die Bezeichnung A1, der rechts daneben bekommt die Zuordnung B1 und so weiter.

42 große Viererblöcke nähen

Nehmen Sie nun je vier zusammengehörige Blöcke und nähen Sie sie zu einem Viererblock, bei dem in der Mitte alle weißen Ecken aufeinander treffen. Diese Vorarbeit ermöglicht es, den nachfolgenden Arbeitsschritt in Ruhe und mit Bequemlichkeit vorzunehmen.

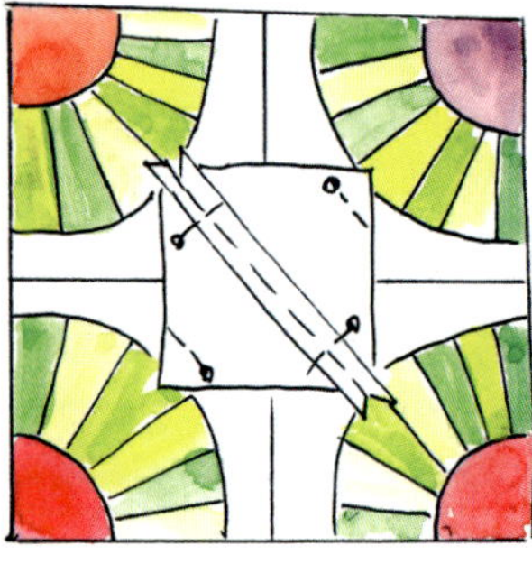

Je vier Blöcke zu 42 Gruppen nähen.
Hier ist bereits der zusammengesetzte Paspelstoff rechts auf rechts festgesteckt.

42 blaue Kreise vorbereiten

→ Lektion 10

Verwenden Sie die beiseite gelegten weißen Viertelkreise (*). Legen Sie jeweils zwei davon aufeinander und schneiden Sie mit dem Lineal die gebogene Kante gerade. Nähen Sie die beiden entstandenen Dreiecke an der diagonalen Kante zusammen und bügeln Sie die Nahtzugaben auseinander. Bereiten Sie 42 solcher weißen Stücke vor.

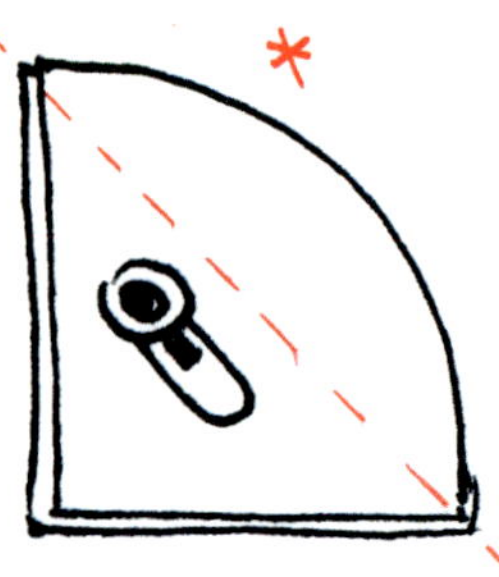

Für die Paspeln je zwei der weißen Viertelkreise aufeinander legen und die Rundung diagonal abschneiden.

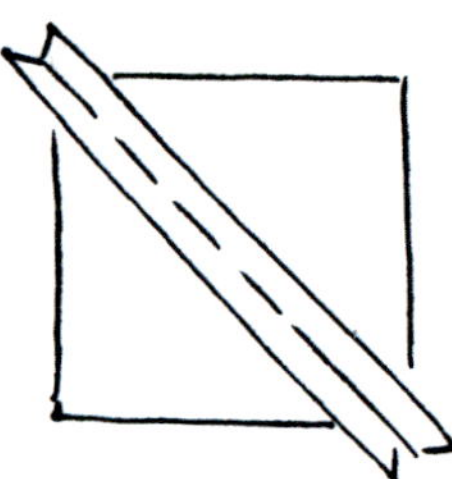

Je zwei der entstandenen Dreiecke an den langen Kanten zusammennähen. Nahtzugabe auseinander bügeln.

Arbeiten Sie den Kreis in Paspeltechnik. Legen Sie das weiße Quadrat zentriert rechts auf rechts über die weiße Mitte des Viererblocks und stecken Sie es fest. Wenden Sie den Block, so dass er mit den Nähten nach oben liegt, das weiße Quadrat liegt darunter. Wählen Sie ein Glas mit geeignetem Durchmesser (hier sind es 11 cm). Zeichnen Sie mit wasserlöslichem Stift den Umriss des Kreises mittig auf die Rückseite des Viererblocks. Sie können sich gut an den Nähten orientieren.

Nähen Sie auf der gezeichneten Linie einmal rundum. Schneiden Sie beide Stofflagen in der Mitte bis Nahtzugabenbreite an die Nählinie heran aus. Zwicken Sie mit einer guten Schere die Nahtzugaben bis an die Naht ein. Entfernen Sie die Linie durch Besprühen mit Wasser.
Ziehen Sie den aufgenähten weißen Stoff durch das Loch zur Rückseite. Streichen Sie die Kante glatt und bügeln Sie die Öffnung.

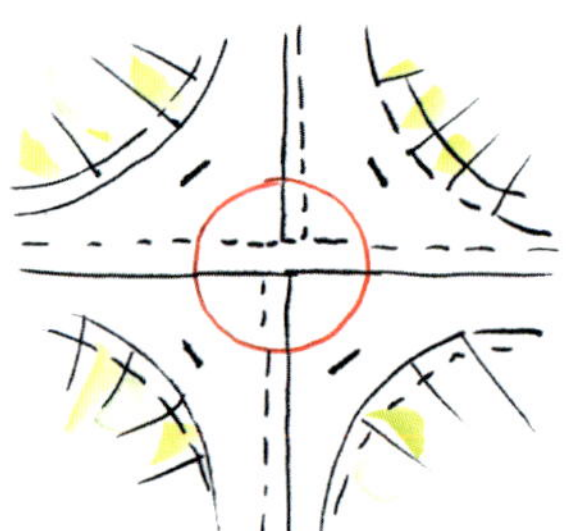

Auf der Vorderseite ein Paspelstoffquadrat rechts auf rechts feststecken. Auf der Rückseite einen Kreis aufzeichnen und auf der Linie ringsherum nähen.

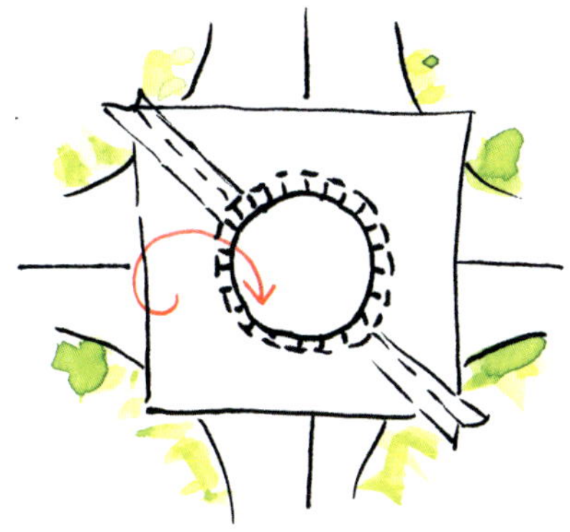

Innerhalb des Kreises beide Stofflagen ausschneiden. Nahtzugaben einzwicken. Paspelstoff durch die Öffnung nach hinten ziehen. Kanten bügeln.

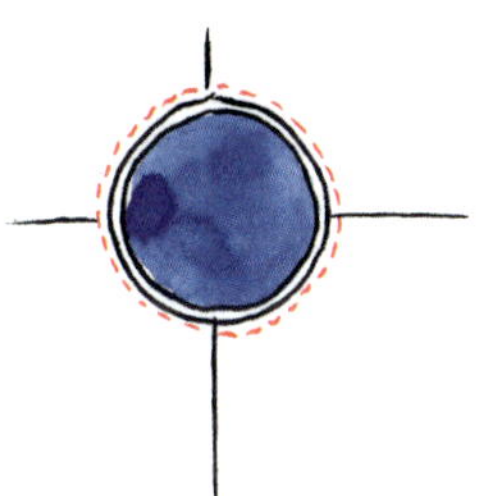

Blaues Quadrat hinter die Öffnung stecken. Auf dem Weiß knappkantig rundum steppen. Auf der Rückseite die überstehenden Stoffe zurückschneiden.

Blaue Farben verteilen

Schneiden Sie aus den blauen Stoffen 42 Quadrate von ca. 15 × 15 cm zu. Um die Farbverteilung festzulegen, stecken Sie an die Entwurfswand oder legen Sie auf der Arbeitsfläche sechs Quadrate quer und sieben Quadrate längs so aus, wie sie später im fertigen Quilt erscheinen sollen.

Blaue Kreise einnähen

→ Lektion 10

Stecken Sie jedes blaue Quadrat hinter die Öffnung im entsprechenden Block. Steppen Sie mit weißem Garn knappkantig ringsum. Schneiden Sie auf der Rückseite den blauen Stoff bis auf 0,5 cm, den weißen bis auf 1 cm an die Naht heran zurück, so schimmert vorne weniger Blau durch. Nähen Sie alle 42 Viererblöcke auf diese Weise.

Zusammensetzen

→ Lektion 12

Ordnen Sie die Blöcke wieder wie gekennzeichnet an und beachten Sie die zuvor gefundene Reihenfolge. Nähen Sie die Quiltoberseite zusammen.

Quilten

→ Lektionen 14 / 15

Montieren Sie Rückseite, Volumenvlies und gebügelte Oberseite aufeinander. Quilten Sie ein großes Blütenmuster in die gelbgrünen Kreise, ein »Feuerrad« oder eine Spirale in die roten Mittelteile. Lassen Sie die blauen Kreise unberührt, so dass sie plastisch hervortreten. Quilten Sie auf alle weißen Flächen »Kieselsteine«. Verwenden Sie jeweils eine passende Quiltgarnfarbe.

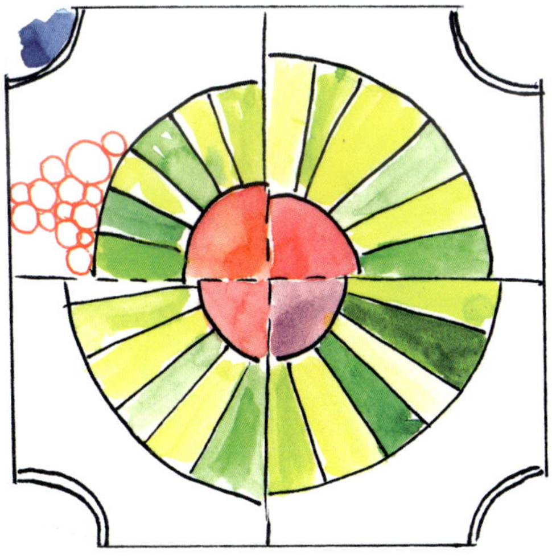

Quiltvorschlag

Einfassung

→ Lektion 16

Fassen Sie den Quilt mit einem blauen Schrägstreifen ein.

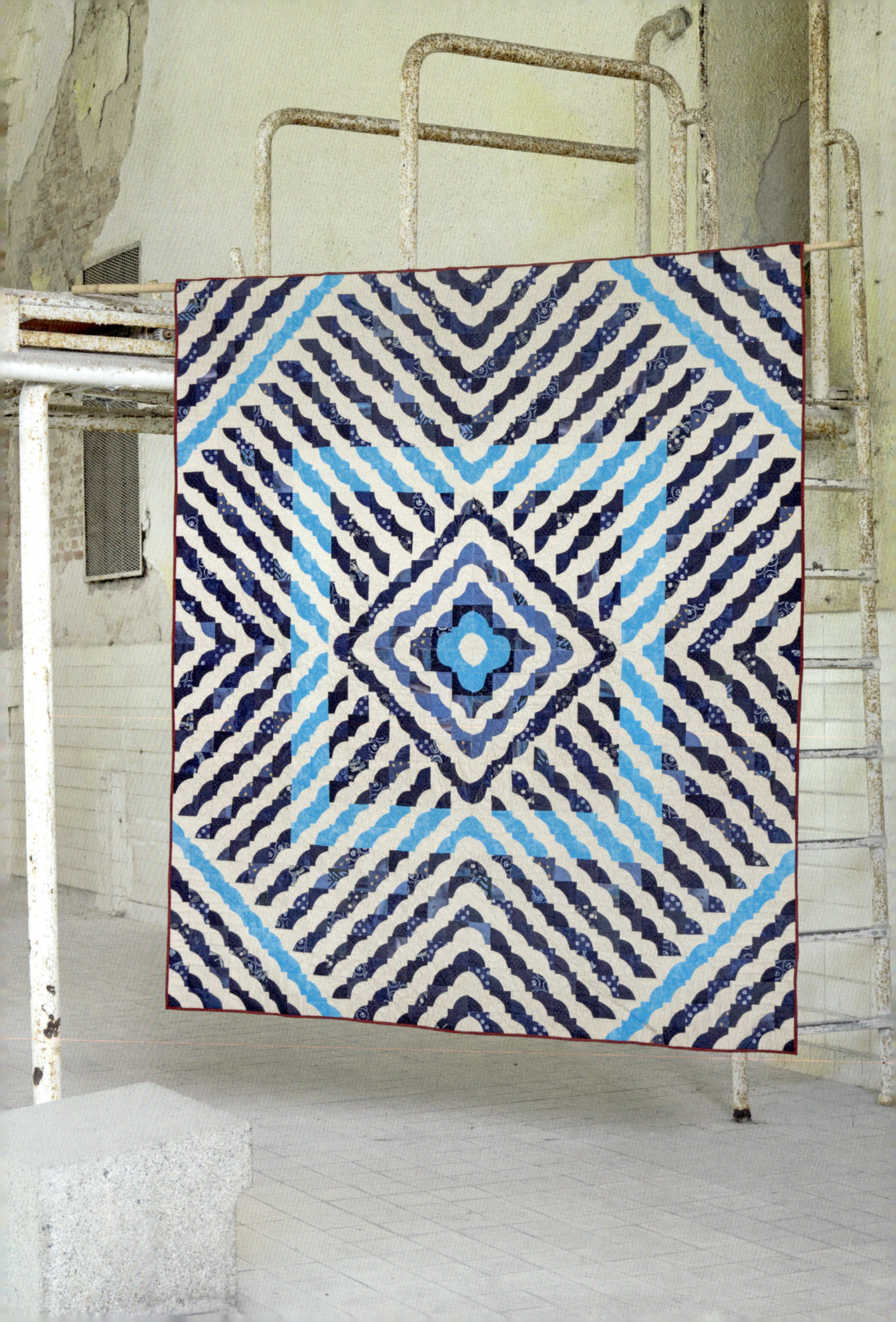

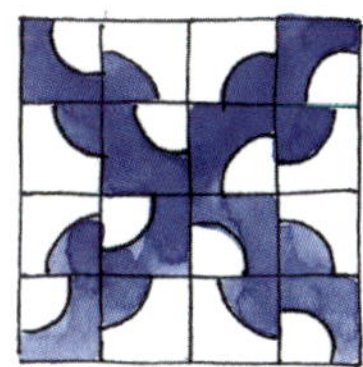

Beschwingte Schritte

213 × 188 cm
mit: Weg des Betrunkenen / Drunkard's Path

Die Farbzusammenstellung von Dunkelblau und Beige ist sehr edel. Als Auflockerung der Fläche sind einige Reihen in Türkis eingestreut. Die weinrote Einfassung wäre auch in Dunkelblau denkbar.

MATERIAL

Stoffe

- 3,8 m Beige (Farbe »Latte Macchiato«), uni, bei 140 cm Stoffbreite oder 5,4 m bei 110 cm Stoffbreite
- 3 m verschiedene Dunkelblautöne, uni oder leicht gemustert, auch Indigo-Blaudruck passt gut, bei 140 cm Stoffbreite, oder 4,2 m bei 110 cm Stoffbreite
- 0,9 m Türkis, uni, bei 140 cm Stoffbreite oder 1,2 m bei 110 cm Stoffbreite

Sonstiges

- 230 × 210 cm Rückseitenstoff
- 230 × 210 cm Volumenvlies
- beiges Quiltgarn
- 8,2 m weinroter Schrägstreifen

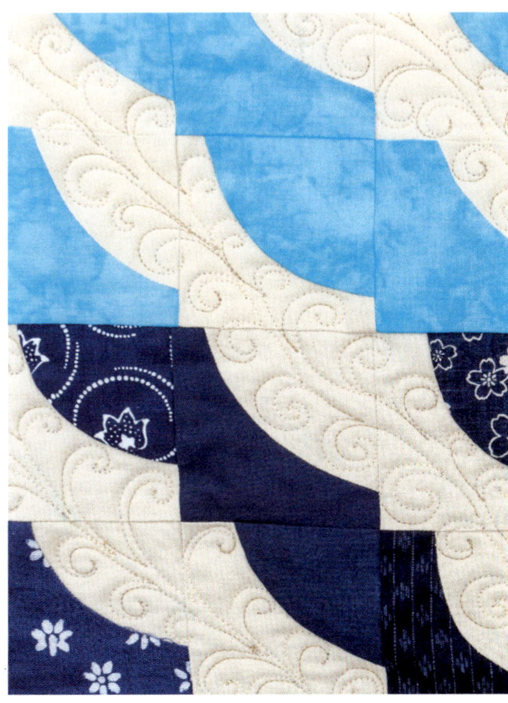

Zuschneiden

→ Lektion 1

Schneiden Sie alle Stoffe zu Quadraten von ca. 10 × 10 cm. Sie brauchen mindestens 515 beigefarbene, 110 türkisfarbene und 410 dunkelblaue Quadrate.

800 blau / beige Blöcke A

→ Lektion 9

Nähen Sie die Blöcke A aus 400 dunkelblauen und 400 beigefarbenen Quadraten wie in Lektion 9 beschrieben. Schneiden Sie alle Blöcke auf ein gemeinsames Maß zu, hier sind dies exakt 8 × 8 cm. Sie brauchen zwar nicht alle Blöcke, doch zum Farben Tauschen und für Randblöcke benötigen Sie immer einige mehr.

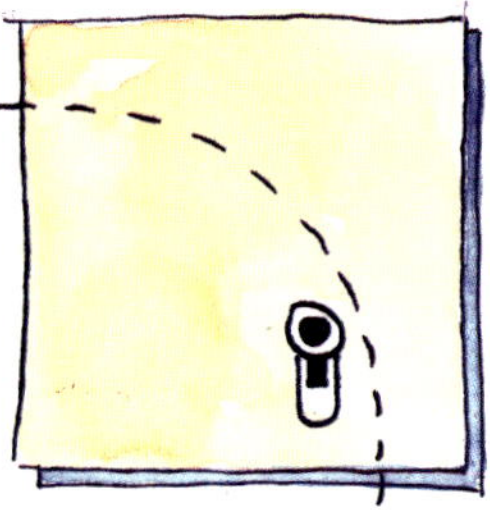

Beispiel: Ein blaues und ein beigefarbenes Quadrat (10 × 10 cm) aufeinanderlegen. Beide weisen mit der rechten Seite nach oben. Viertelkreis durch beide Lagen schneiden.

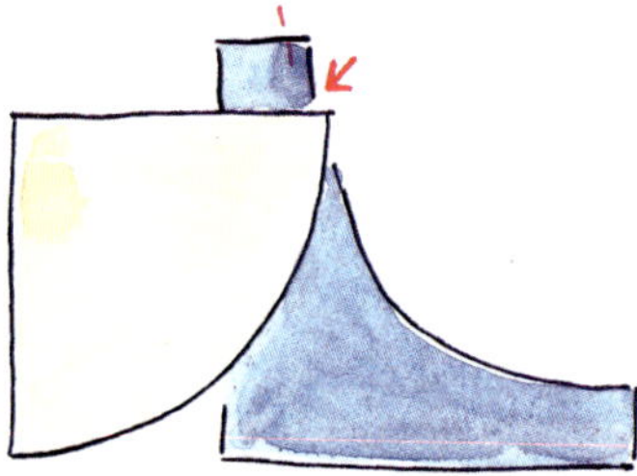

Farben tauschen: Blauen Viertelkreis in den beigefarbenen Ausschnitt legen und umgekehrt. Beim Einnähen den Viertelkreis ca. 1 cm nach unten versetzen. Mit knapper Nahtzugabe nähen.

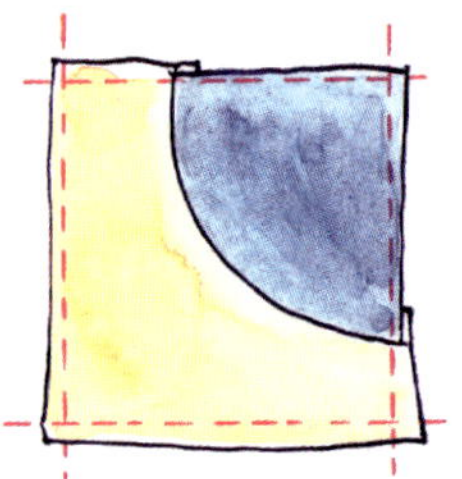

Nahtzugaben zum Viertelkreis hin bügeln. Block quadratisch zuschneiden (hier 8 × 8 cm).

200 türkis / beige Blöcke B

Arbeiten Sie aus 100 beigefarbenen und 100 türkisfarbenen Quadraten 200 Blöcke B. Sie benötigen zwar weniger, brauchen aber Tauschblöcke und Randblöcke.

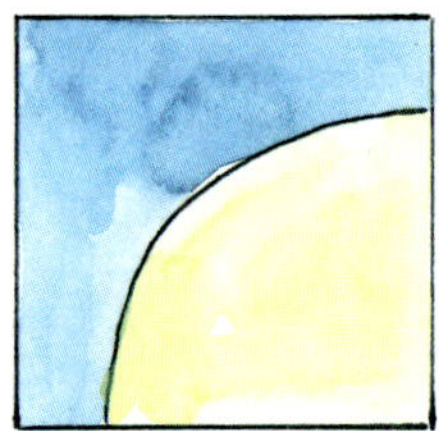

400 × Block B, beiger Viertelkreis im Türkis.

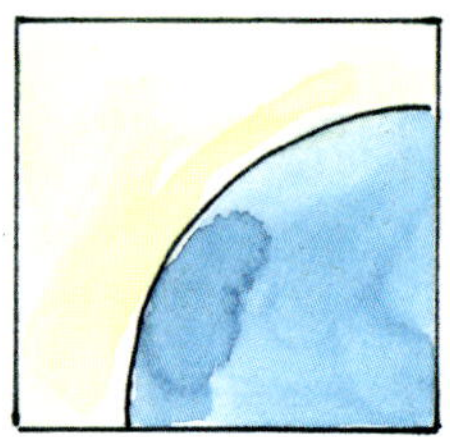

400 × Block B, türkiser Viertelkreis im Beige.

8 türkis / blaue Blöcke C

Für die Blöcke in der Mitte des Quilts arbeiten Sie aus 8 türkisfarbenen und 8 dunkelblauen Quadraten 16 Blöcke C, von denen Sie aber nur die mit eingesetztem türkisfarbenem Viertelkreis benötigen.

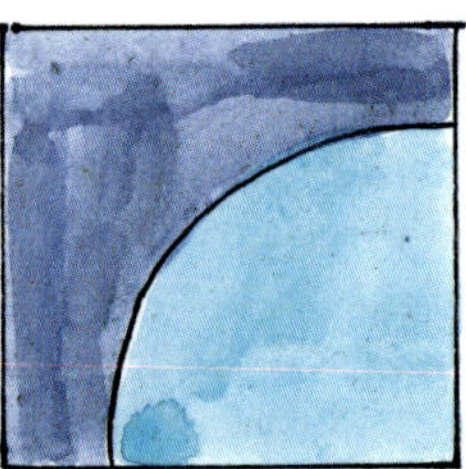

8 × Block C, türkisfarbener Viertelkreis im Blau.

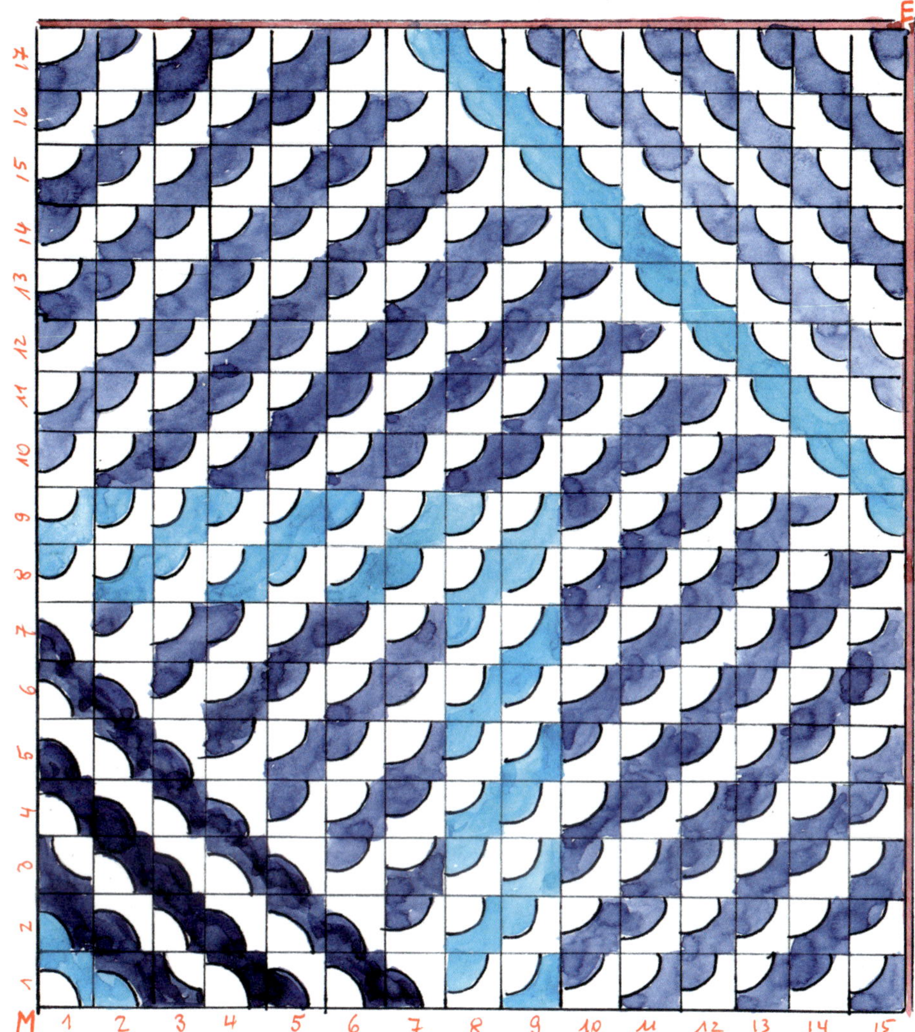

Anordnung:
Ein Viertel des gesamten Quilts.
M = Mittelpunkt,
E = Ecke.

Anordnung

Legen Sie die Blöcke auf einer ausreichend großen Fläche aus. Arrangieren Sie 34 Querreihen zu je 30 Blöcken. Orientieren Sie sich an der Abbildung oder finden Sie eine eigene Anordnung, die Ihnen gefällt.

Nähplan

Beginnen Sie im Zentrum (M). Ordnen Sie 4 Blöcke B (türkis / beige) symmetrisch an, der beigefarbene Viertelkreis weist jeweils zum Zentrum. Legen Sie oben, unten, rechts und links 8 Blöcke C (blau / türkis) paarweise dazu, die türkisfarbenen Stoffkanten liegen aneinander. Oben, unten, rechts und links folgen Blöcke A (blau / beige).

Legen Sie die Blöcke A wechselnd um die auf Spitze stehende Grundform. Bilden Sie zwei umlaufende blaue Bordüren wie abgebildet. Die Eckpunkte bestehen aus je zwei Blöcken A, die dort einen Halbkreis bilden. Es macht gar nichts, wenn sich dabei die Nähte nicht genau treffen.

Ordnen Sie diagonal nach außen verlaufende Bordüren aus Blöcken A hinzu. Beginnen Sie rechts und links der »Spitzen« der Grundform. Die längste Diagonallinie ist 6 Blöcke lang. Nun haben Sie wieder ein quadratisches Mittelteil, 14 Blöcke breit und 14 Blöcke hoch.

Arbeiten Sie nun mit den Blöcken B (türkis / beige) weiter. Die diagonale Richtung der Bordüren bleibt unverändert. Legen Sie zwei rundum laufende türkisfarbene Blockreihen an. Das Mittelquadrat ist nun 18 Blöcke breit und 18 Blöcke hoch.

Nun legen Sie wieder Blöcke A an alle Seiten, die diagonale Richtung der farbigen Reihen bleibt unverändert. Wenn Sie an den Ecken des Mittelquadrats beginnen und 5 Blöcke diagonal nach außen legen, haben Sie einen guten Anhaltspunkt für die weiteren Reihen. Rechts und links des Mittelquadrates liegen 6 Blockreihen, oberhalb und unterhalb davon 8 Blockreihen. Dadurch wird das Format des Quilts etwas rechteckig. Legen Sie die diagonal über die Ecke führenden Reihen zuerst als türkisfarbene Bordüre aus Blöcken B, dann wieder blaue Blöcke A. Die Eckbordüren werden von Reihe zu Reihe kürzer.

Zusammensetzen

→ Lektion 12

Nähen Sie die Quiltoberseite zusammen.

Quilten

→ Lektionen 14 / 15

Montieren Sie Rückseite, Volumenvlies und gebügelte Oberseite aufeinander. Quilten Sie auf den beigefarbenen Stoffen der Ecken ein grafisches Muster, hier sind es wechselnd dichte und lockere Linien. Quilten Sie auf den diagonal nach außen verlaufenden beigefarbenen Stoffen Bordüren- und Rankenmuster, z. B. Federmuster, Kringel, Blätter oder eine Kombination von allen. Lassen Sie die blauen und türkisfarbenen Stoffe unberührt. Quilten Sie im Zentrum des Quilts ein großes ausgeschmücktes Ornament über alle Blöcke, hier ist es eine mit Federmuster gestaltete vierblättrige Blüte.

Einfassung

→ Lektion 16

Fassen Sie den Quilt mit einem weinroten Schrägstreifen ein.

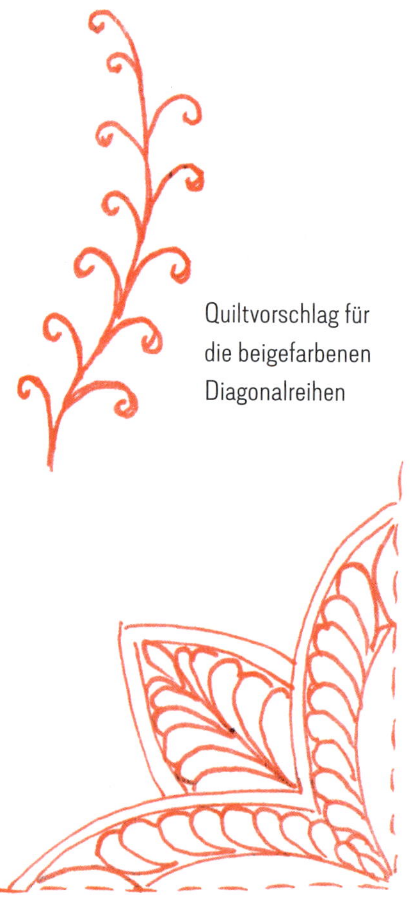

Quiltvorschlag für die beigefarbenen Diagonalreihen

Quiltvorschlag für das Zentrum

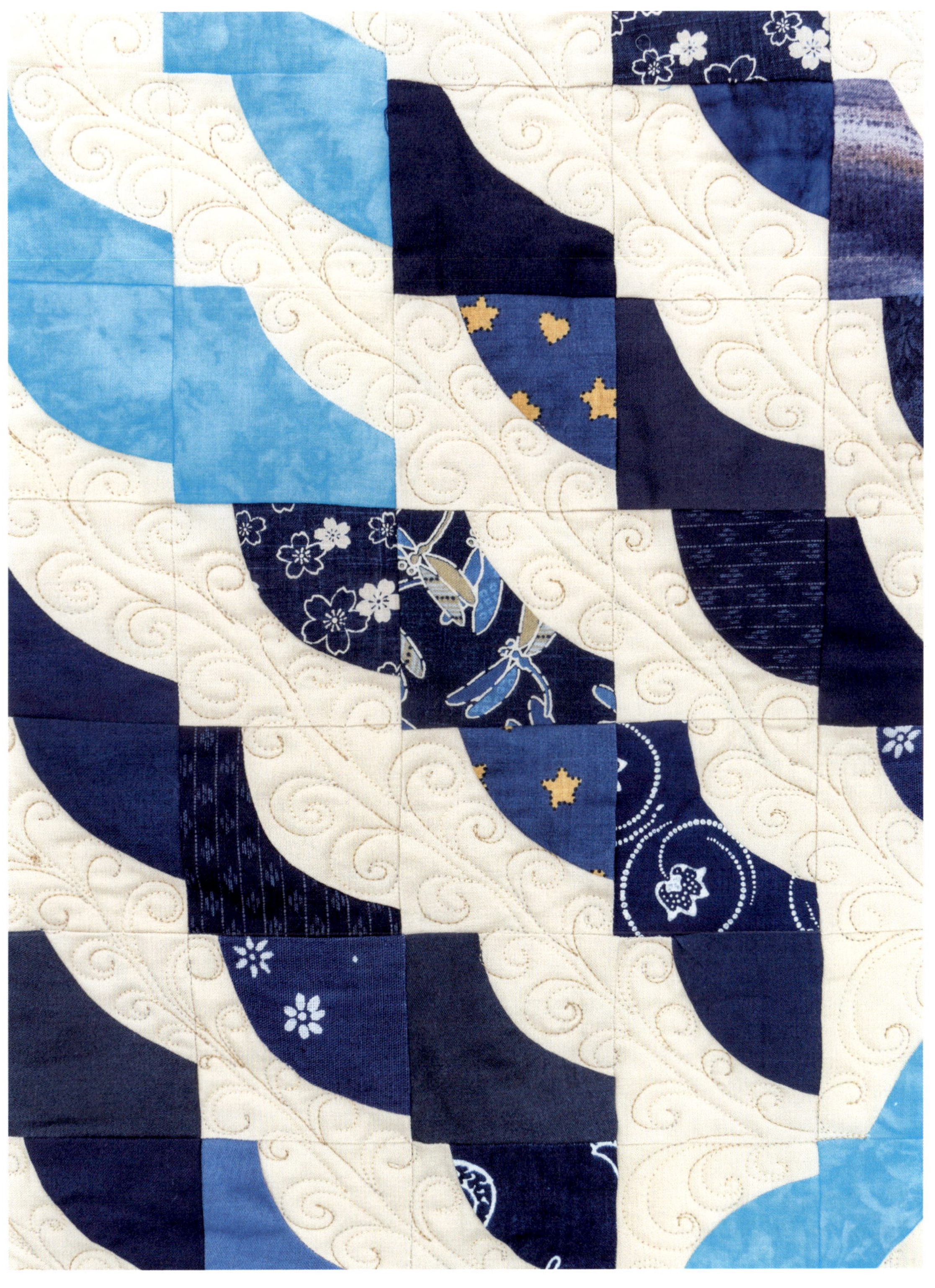

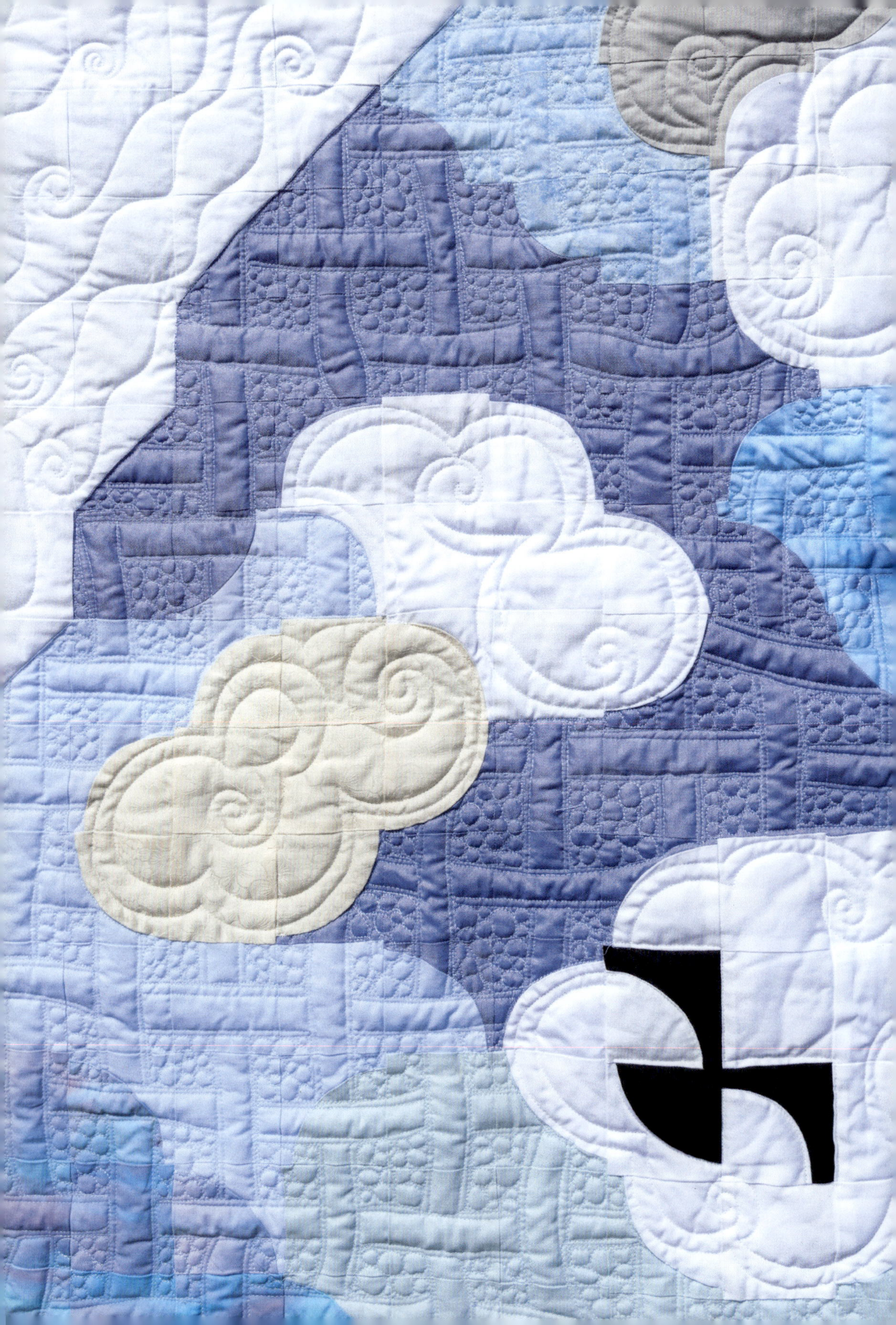

4. Kapitel

Lektionen

Lektion 1: Grundformen schneiden

Anzahl und Größe der Stoffteile entnehmen Sie der jeweiligen Anleitung für Ihren Quilt. Schneiden Sie ohne Lineal, nur nach Augenmaß.

Streifen

Legen Sie den Stoff, doppelt liegend, so wie er vom Ballen kommt, auf Ihre Schneidematte (wie rechts abgebildet). Richten Sie die gefaltete Kante nach einer Rasterlinie der Matte aus, um im rechten Winkel zu bleiben. Schneiden Sie den Stoff von Webkante zu Webkante in Streifen, so breit wie die Seitenlänge der geplanten Quadrate / Rechtecke / Streifen. Halten Sie den Stoff mit den Fingerspitzen auf der Schneidematte fest. Schneiden Sie freihand zügig durch den Stoff, ohne Lineal. Es kommt nicht auf den Millimeter an, und es macht nichts, wenn Ihre Schneidelinie etwas schief gerät.

Quadrate / Rechtecke

Schneiden Sie ggf. zuerst die Webkanten des Stoffes ab. Legen Sie einen einzelnen oder bis zu vier zugeschnittene Stoffstreifen übereinander auf die Schneidematte. Richten Sie die lange Kante entlang einer der Rasterlinien aus. Schneiden Sie von der kurzen Kante ab, die entweder nach rechts oder nach links weist (für Rechtshänderinnen oder Linkshänderinnen). Orientieren Sie sich an der Markierung, entsprechend der gewünschten Kantenlänge von Quadrat oder Rechteck. Setzen Sie den Rollschneider an der Unterkante der Stoffe an und schneiden Sie ohne Lineal zügig durch alle Stofflagen nach oben. Es macht nichts, wenn Ihr Schnitt etwas schief gerät.

Berechnung

Wenn Sie für ein Projekt exakt zuschneiden müssen, rechnen Sie zum gewünschten Fertigmaß 2 Nahtzugaben (je ca. 0,75 cm) dazu, also 1,5 cm. Wenn Sie also ein 8 × 8 cm großes Quadrat benötigen, schneiden Sie es im Format 9,5 × 9,5 cm zu. Das gleiche gilt für Rechtecke: An jeder Seite die Nahtzugabe hinzurechnen. Bei der freien Schneidetechnik rechnen Sie bitte großzügig.

Dreiecke

Schneiden Sie Stoffe in der angegebenen Größe zu Quadraten und teilen Sie sie einmal diagonal in zwei Dreiecke, sodass der gerade Fadenlauf entlang der kurzen Kanten verläuft. Teilen Sie größere Quadrate zweimal diagonal, entstehen vier Dreiecke, bei denen der gerade Fadenlauf entlang der langen Kante liegt.

Seien Sie vorsichtig beim Umgang mit dem Rollschneider: Sie könnten sich verletzen, da keine Linealkante Schutz bietet.

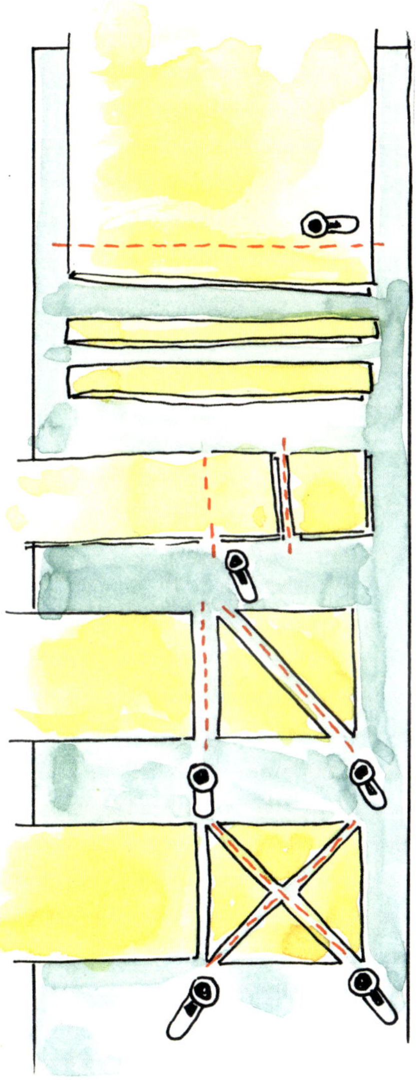

Stoff gefaltet auf die Schneidematte legen. Streifen in gewünschter Breite zuschneiden. Die Rasterlinien der Schneidematte dienen zur Orientierung. Streifen entweder freihand schneiden oder mit dem Lineal, aber ohne millimetergenau zu messen.

Von den Streifen die Quadrate bzw. die Rechtecke in gewünschter Breite schneiden. Rollschneider senkrecht von unten nach oben führen. Die Rasterlinien der Schneidematte dienen zur Orientierung.

Einmal geteiltes Quadrat für zwei Dreiecke, bei denen der gerade Fadenlauf entlang der kurzen Seiten liegt.

Zweimal geteiltes Quadrat für vier Dreiecke, bei denen der gerade Fadenlauf entlang der langen Seite liegt.

TIPP

Wenn Sie für einen großen Quilt sehr viele Teile zuschneiden wollen, nehmen Sie das Lineal zu Hilfe. So vermeiden Sie, dass die Stoffstücke unbeabsichtigt immer größer oder immer kleiner werden und dadurch unnötig Stoff verbraucht wird. Nutzen Sie das Lineal nur als Anlegekante für den Rollschneider. Sie brauchen nicht genau zu messen.

Lektion 2: Zweierblöcke

Farbe, Größe und Anzahl der Stoffteile entnehmen Sie der Anleitung für das betreffende Projekt (z. B. Block Butterfass im Quilt Lasagne Spezial, S. 88)

Rechtecke zuschneiden und teilen

Bereiten Sie Rechtecke in den Farben und Größen vor, wie in der Projektbeschreibung angegeben. Legen Sie zwei unterschiedliche Rechtecke aufeinander. Beide Stoffe liegen quer und weisen mit der rechten Seite nach oben.

Teilen Sie die aufeinander liegenden Rechtecke einmal. Schneiden Sie bewusst etwas schräg und beachten Sie NICHT die Rasterlinien der Schneidematte.

Führen Sie den Schnitt auf dem nächsten Stoffpaar etwas anders ausgerichtet durch, also mehr nach links geneigt, mehr nach rechts geneigt oder auch senkrecht.

TIPP

Wenn Sie mit dem Schnitt unsicher sind, legen Sie das Lineal auf und schneiden an dessen Kante entlang. Das Lineal dient als Schneidehilfe und die Stoffe verrutschen weniger. Sie brauchen aber nicht genau zu messen.

Farben tauschen

Sortieren Sie die Farben. Legen Sie den oben liegenden linken Stoff neben den unten liegenden rechten Stoff und umgekehrt. Sie erhalten zwei farbgespiegelte Blöcke.

Zweierblöcke nähen

Schließen Sie die Naht zwischen den beiden Hälften. Falten Sie den Block auf und bügeln Sie die Nahtzugaben zum dunkleren Stoff hin. Schneiden Sie alle Blöcke exakt quadratisch zu, die Maße entnehmen Sie der Projektbeschreibung.

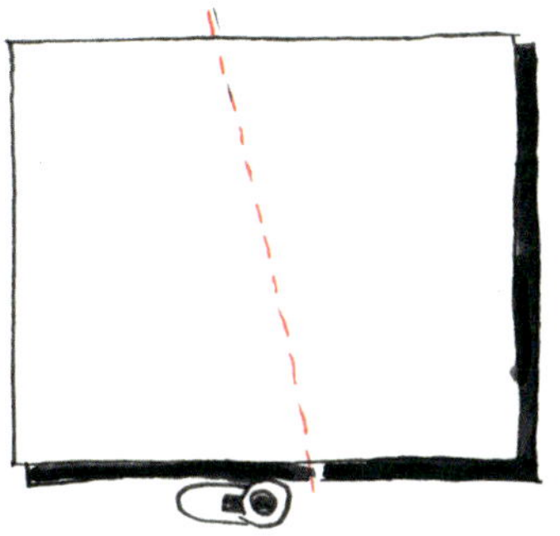

Zwei Rechtecke quer aufeinander legen, jeweils mit der rechten Seite nach oben weisend. Beide Stofflagen gleichzeitig leicht schräg durchschneiden.

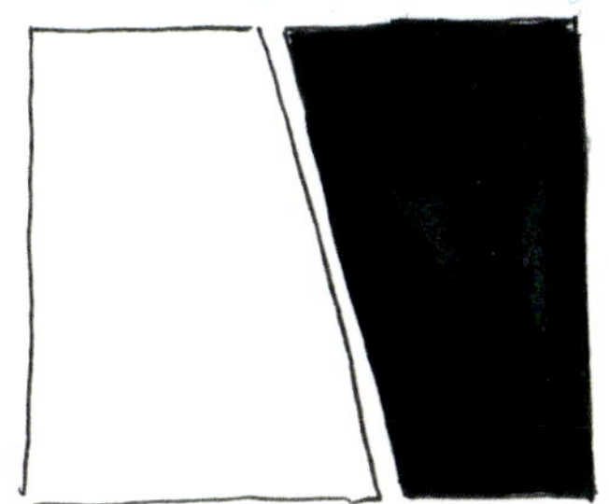

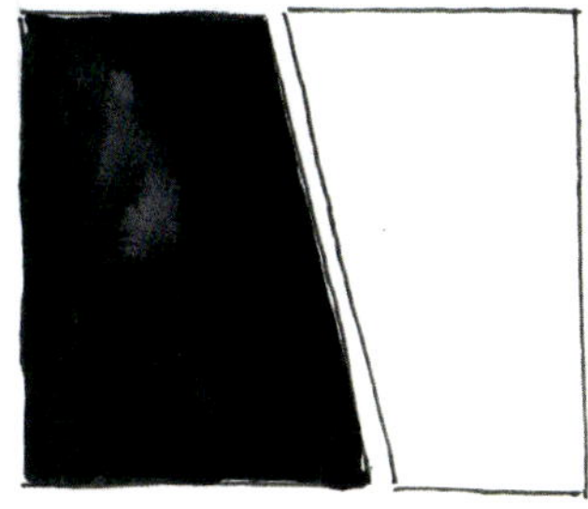

Farben tauschen: Zwei gegensätzliche Blöcke entstehen.

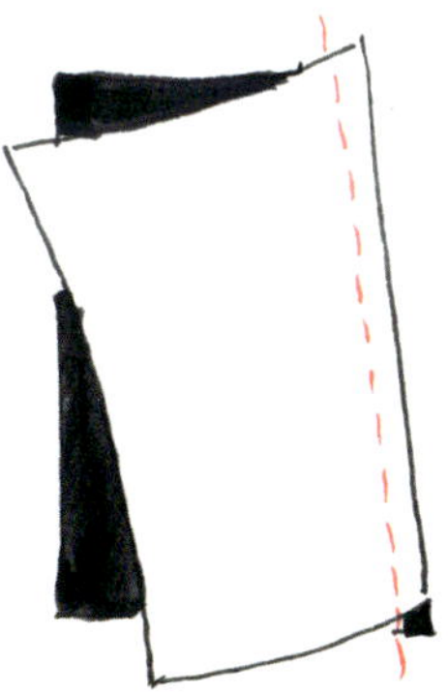

Das rechte Stoffteil rechts auf rechts über das linke legen. Naht entlang der rechten Kante schließen.

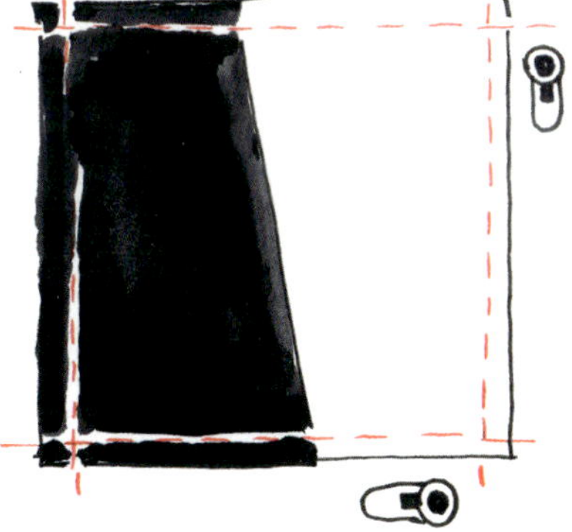

Block auffalten, Nahtzugaben zum dunklen Stoff hin bügeln, Block exakt quadratisch zuschneiden.

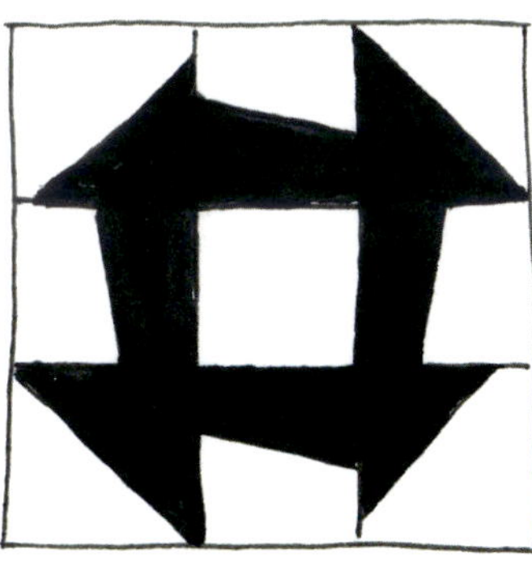

Beispiel: »Butterfass« aus vier Zweierblöcken, vier Halbquadrat-Dreiecken und einem weißen Mittelquadrat.

Lektion 3: Viererblöcke

Zweifarbige und Vierfarbige Viererblöcke

Farbe, Größe und Anzahl der Stoffteile entnehmen Sie der Anleitung für das betreffende Projekt (z. B. Lasagne Spezial, Herbstblau, Reihen-Sampler).

Schneiden

Stapeln Sie für zweifarbige Viererblöcke zwei Quadrate bzw. für vierfarbige Viererblöcke vier Quadrate jeweils in unterschiedlichen Farben aufeinander. Alle Stoffe weisen mit der rechten Seite nach oben. Schneiden Sie durch alle Stofflagen gleichzeitig je einmal längs und einmal quer. Führen Sie den Rollschneider etwa mittig und leicht schräg, die Schneidelinie wechselnd nach rechts oder links geneigt. Beachten Sie NICHT die Rasterlinien der Schneidematte. Wenn die Stofflagen sehr verrutschen, legen Sie ein Lineal auf und schneiden Sie an dessen Kante entlang. Führen Sie die Längs- und Querschnitte des nächsten Stoffstapels etwas anders ausgerichtet durch.

Farben tauschen

Legen Sie nun die Blöcke auf der Schneidematte zurecht. Bilden Sie zwei bzw. vier Blöcke, ohne die Lage der einzelnen Teile zu verdrehen. Nummerieren Sie in Gedanken die vier Stapel in Schreibrichtung, links oben beginnend. Nehmen Sie die Teile 1 und legen Sie sie in ausreichendem Abstand nebeneinander auf die Schneidematte. Ordnen Sie die Teile 2 an die gleiche Stelle jedes Blocks, aber legen Sie jeweils die andere Farbe neben das Teil 1. Machen Sie das gleiche mit den Teilen 3 und 4.

Nähen

Legen Sie die beiden rechten Stoffteile rechts auf rechts über die beiden linken Stoffteile. Nähen Sie füßchenbreit entlang der rechten Kante. Beginnen Sie unbedingt am oberen Stoffpaar. Schieben Sie sofort das zweite Stoffpaar unter das Nähfüßchen, ohne die Fäden dazwischen abzuschneiden – so kann sich nichts verdrehen. Falten Sie die zusammengenähten Stoffpaare auseinander und legen Sie die Quernaht rechts auf rechts zusammen. Nähen Sie wieder entlang der rechten Kante, drücken Sie die Nahtzugaben in entgegengesetzte Richtungen. Die mittlere Kreuzung muss sich nicht genau treffen. Falten Sie den Viererblock auf und bügeln Sie ihn zuerst von links, um die Nahtzugaben glatt zu legen, dann von rechts. Schneiden Sie den Block exakt quadratisch zu.

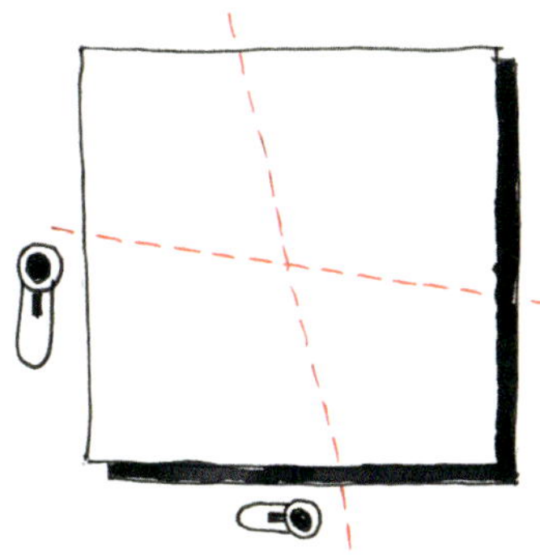

Zwei Stoffe aufeinander legen, längs und quer durchschneiden.

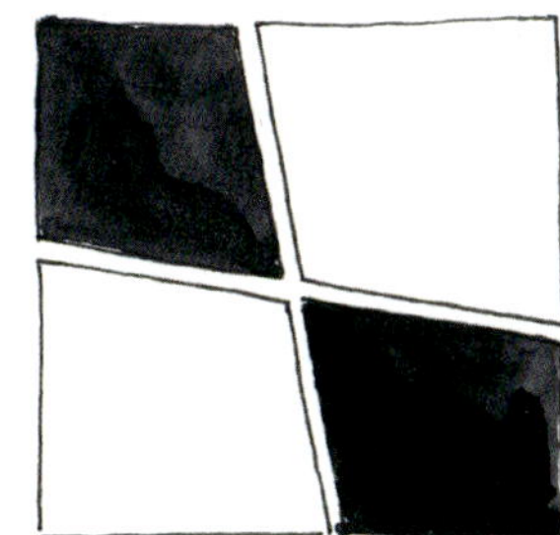

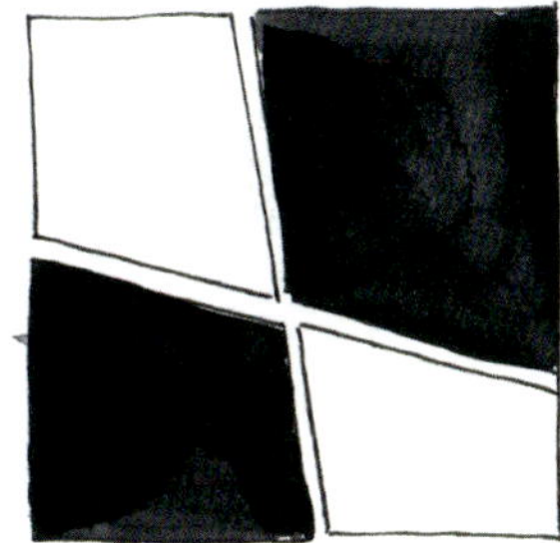

Zwei Farben tauschen, so dass sich immer zwei gleiche diagonal gegenüber liegen.

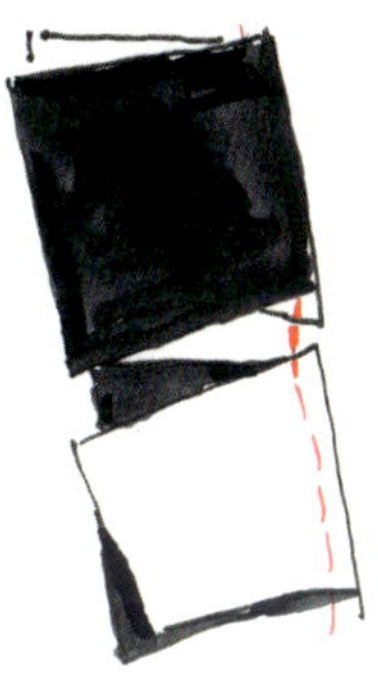

Rechte Teile über die linken legen. Rechte Stoffkante nähen, oben beginnen, Fäden zwischen den Teilen NICHT abschneiden.

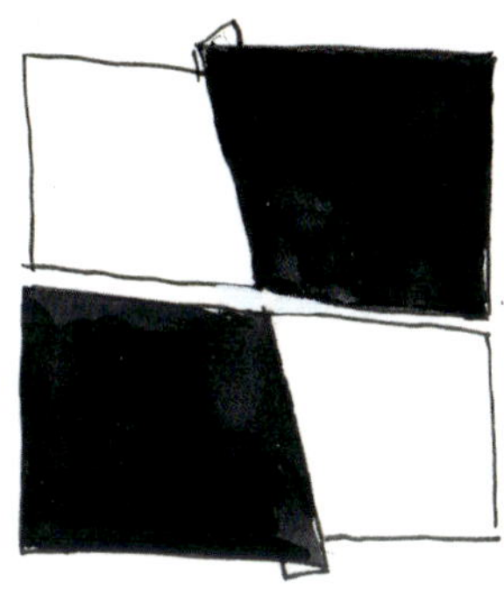

Teile auffalten, Quernaht schließen.

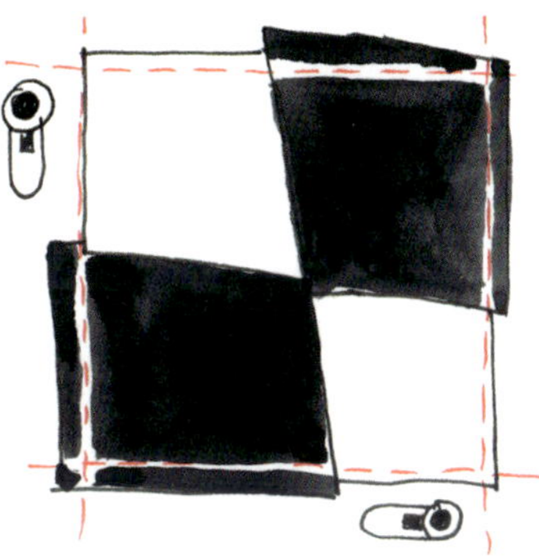

Block auffalten, bügeln und exakt quadratisch zuschneiden.

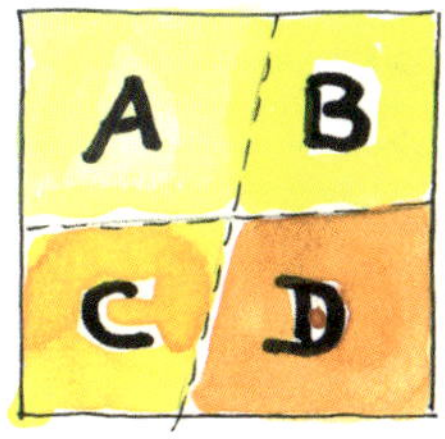

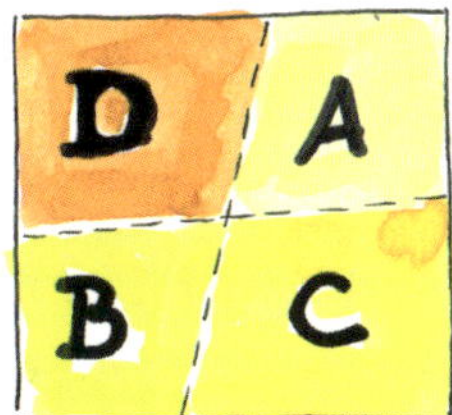

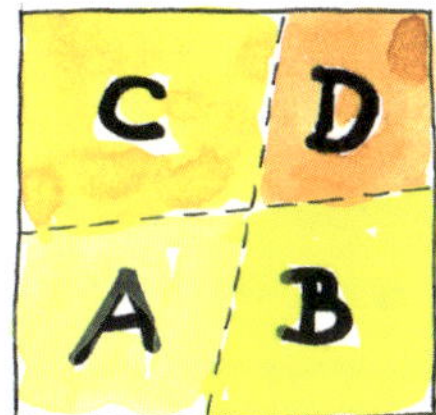

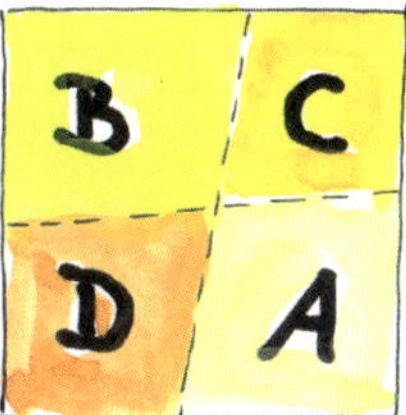

Viererblöcke aus vier unterschiedlichen Stoffen. In jedem Block liegen die vier Farben A bis D. Nähtechnik wie bei den zweifarbigen Blöcken.

Lektion 4: Neunerblöcke

Farbe, Größe und Anzahl der Stoffteile entnehmen Sie der Anleitung für das entsprechende Projekt (Neunerblöcke, Lasagne Spezial, Streifenkissen, Reihen-Sampler, Herbstblau). Beginnen Sie mit Quadraten, die ca. 4 cm größer sind als der gewünschte fertige Block. Bei dieser Technik entstehen gleichviele Blöcke A und B.

Schneiden

Legen Sie zwei Quadrate unterschiedlicher Farbe aufeinander. Beide Stoffe weisen mit der rechten Seite nach oben. Schneiden Sie durch die zwei Stofflagen gleichzeitig je zweimal längs und zweimal quer. Führen Sie die Schnitte leicht schräg aus, abwechselnd nach rechts oder links geneigt. Beachten Sie NICHT die Rasterlinien der Schneidematte. Wenn die Stofflagen sehr verrutschen, legen Sie ein Lineal an. Führen Sie die Längs- und Querschnitte des nächsten Stoffstapels etwas anders ausgerichtet durch.

Farben tauschen

Bilden Sie zwei Blöcke, ohne die Lage der einzelnen Teile zu verdrehen. Block A hat die Farbe 1 (hier Violett) in den Ecken und im Zentrum, Block B hat die Farbe 2 (hier Weiß) in den Ecken und im Zentrum.

Nähen

Legen Sie die drei mittleren Stoffteile rechts auf rechts über die drei linken Stoffteile. Nähen Sie ungefähr füßchenbreit entlang der rechten Kante. Beginnen Sie unbedingt am obersten Stoffpaar. Schieben Sie das zweite und das dritte Stoffpaar sofort anschließend unter das Nähfüßchen, ohne die Fäden dazwischen abzuschneiden.

Falten Sie die zusammengenähten Teile auf und legen Sie die rechte Reihe auf die mittleren Teile (evtl. mit Stecknadeln feststecken). Nähen Sie wieder füßchenbreit entlang der rechten Kante. Haben Sie die Fäden nicht abgeschnitten, kann sich nichts mehr verdrehen.

Schließen Sie die Quernähte und drücken Sie die Nahtzugaben in entgegengesetzte Richtungen. Falten Sie den fertigen Block auf. Bügeln Sie ihn zuerst von links, um die Nahtzugaben glatt zu legen, dann von rechts. Schneiden Sie den Block exakt quadratisch zu.

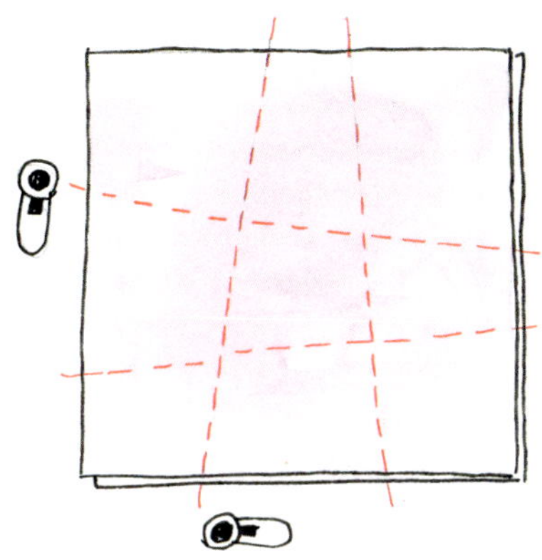

Zwei Quadrate unterschiedlicher Farbe aufeinander legen, alle Stoffe weisen mit der rechten Seite nach oben. Mit leicht schrägen Schnitten zweimal längs und zweimal quer durchteilen.

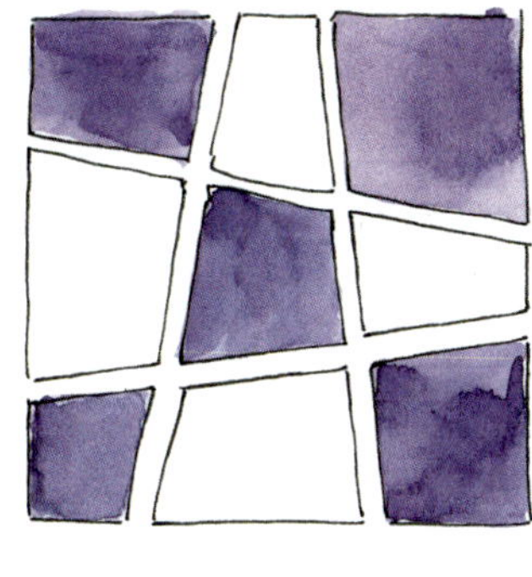

Farben tauschen: Block A.

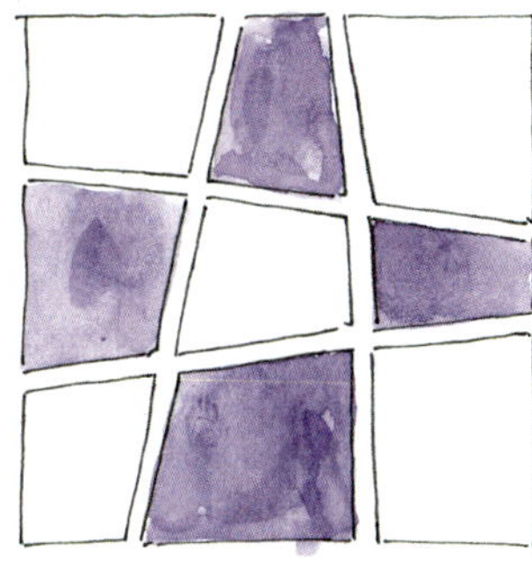

Farben tauschen: Block B.

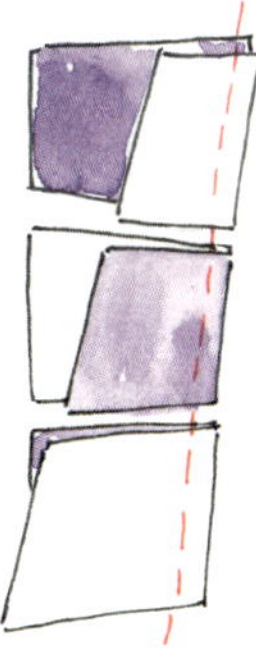

Die mittleren Stoffteile rechts auf rechts über die linken Stoffteile legen. Rechte Kante nähen, beim obersten Stoffpaar beginnen und bis nach unten nähen, ohne die Fäden dazwischen abzuschneiden.

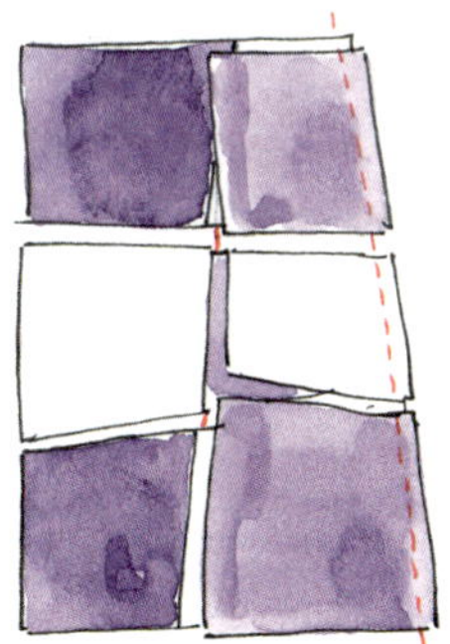

Teile auffalten und die rechte Reihe annähen, evtl. zuvor mit Stecknadeln fixieren.

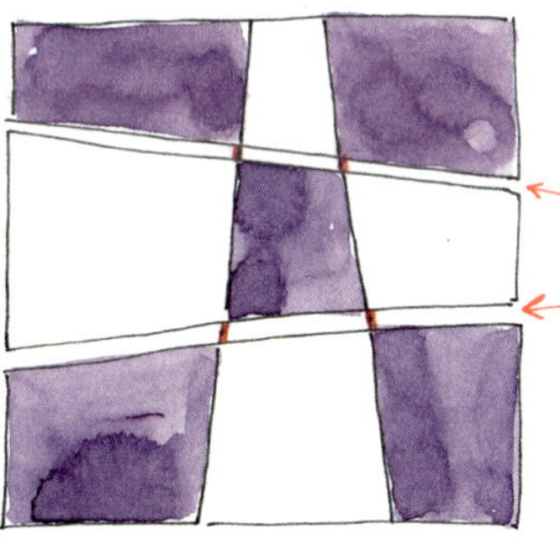

Teile auffalten, offene Quernähte schließen. Nahtzugaben in entgegengesetzte Richtungen drücken. Block quadratisch schneiden.

Lektion 5: Halbquadrat-Dreiecke

Farbe, Größe und Anzahl der Stoffteile entnehmen Sie der Anleitung für das betreffende Projekt (Lasagne Spezial, Streifenkissen, Krähenschwarm).

Größenberechnung

Rechnen Sie zur gewünschten Seitenkante (Fertigmaß) 2,5 cm dazu. Wenn Sie also in Ihrem Quilt ein 8 × 8 cm großes Quadrat brauchen, schneiden Sie zwei 10,5 × 10,5 cm großen Quadrate zu.

TIPP

Ich rechne gerne 3 cm dazu und schneide lieber das fertige Quadrat nach.

Zuschneiden

Legen Sie zwei gleich große Quadrate unterschiedlicher Farbe rechts auf rechts. Durchschneiden Sie beide Stofflagen gleichzeitig diagonal von Ecke zu Ecke. Legen Sie dafür ein Lineal als Schneidehilfe auf.

Nähen

Lassen Sie die entstandenen Dreiecke aufeinander liegen und nähen Sie nahtzugabenbreit an der diagonalen Kante entlang. Falten Sie die Stoffe auf und bügeln Sie die Nahtzugaben gemeinsam zum dunklen Stoff hin. Schneiden Sie das entstandene Quadrat mit Hilfe eines Quadratlineals exakt quadratisch zu.

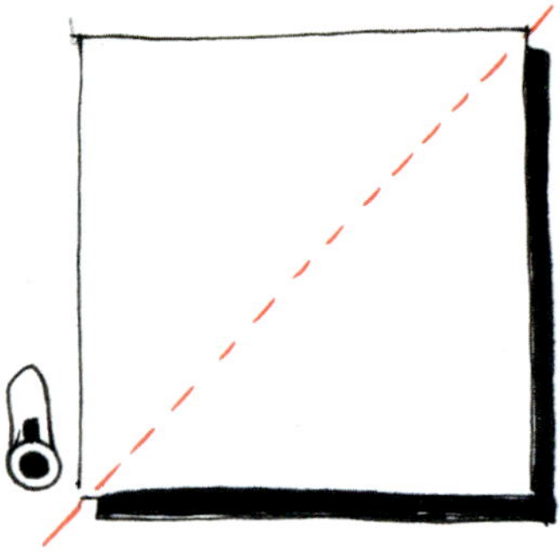

Zwei gleich große Quadrate unterschiedlicher Farbe rechts auf rechts legen. Beide Stoffe diagonal durchschneiden (Lineal).

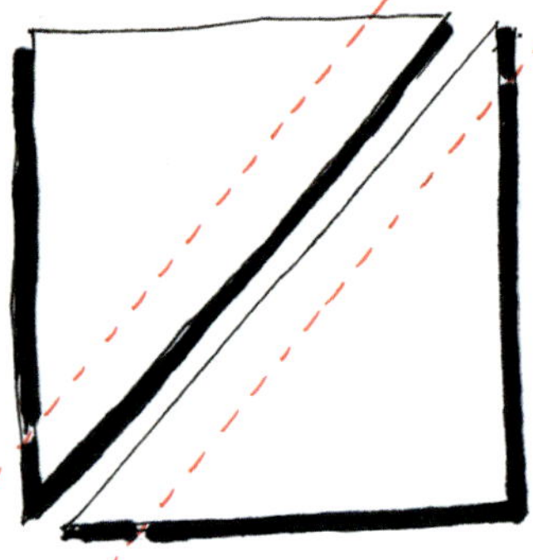

Entstandene Dreiecke aufeinander liegen lassen. Entlang der langen Kante zusammennähen.

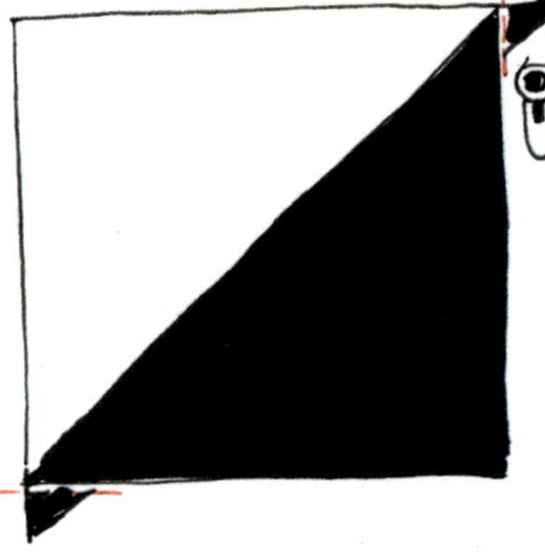

Block auffalten, Nahtzugaben gemeinsam zum dunklen Stoff hin bügeln. Block exakt quadratisch zuschneiden.

Lektion 6: Sanduhr-Block

Farbe, Größe und Anzahl der Stoffteile entnehmen Sie der Anleitung für das betreffende Projekt (Lasagne Spezial, Streifenkissen).

Größenberechnung

Rechnen Sie zur gewünschten Seitenkante (Fertigmaß) 3,5 cm dazu.
Wenn Sie also in Ihrem Quilt ein 8 × 8 cm großes Quadrat brauchen, schneiden Sie zwei 11,5 cm großen Quadrate zu.

TIPP
Ich rechne gerne 4 cm dazu und schneide lieber das fertige Quadrat zurecht.

Nähen

Der Sanduhrblock entsteht aus zwei fertigen »Halbquadrat-Dreiecken«.
Nähen und bügeln Sie diese, wie in Lektion 5 beschrieben.
Teilen Sie zwei fertige Halbquadrat-Dreiecke diagonal von Ecke zu Ecke.
Der Schnitt durchkreuzt die bestehende Diagonalnaht. Tauschen Sie die Farben.
Schließen Sie die diagonale Naht. Die Nähte sollten sich in der Kreuzung exakt treffen.
Bügeln Sie die Naht und schneiden Sie die überstehenden Ecken der Nahtzugaben ab. Kontrollieren Sie die Größe des entstandenen Quadrats und schneiden Sie bei Bedarf exakt nach.

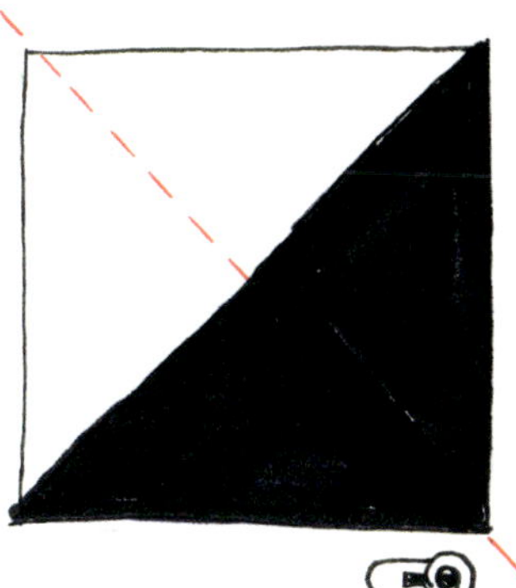

Halbquadrat-Dreieck in Gegenrichtung diagonal durchschneiden.

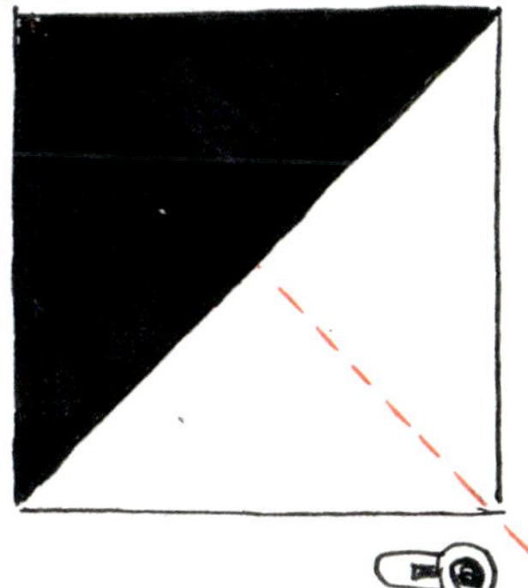

Das zweite Halbquadrat-Dreieck ebenso diagonal durchschneiden.

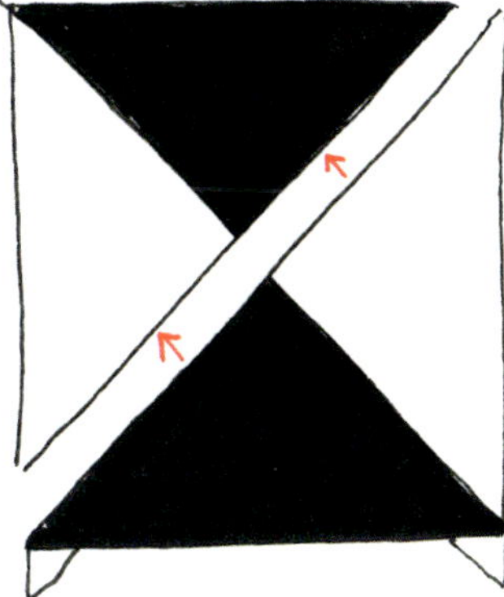

Teile / Farben tauschen und an der Diagonale zusammensetzen.

Lektion 7: Eck-Dreiecke annähen

Bei einigen Projekten wird an einen fertigen Block ein andersfarbiges Dreieck angesetzt, sie werden auch »Connector-Ecken« (Anschlussecken) genannt.

Ecke abschneiden

Wenn Sie ein Dreieck ansetzen möchten, schneiden Sie zuerst die betreffende rechtwinklige Ecke ungefähr im 45°-Winkel ab. Damit haben Sie eine Vorstellung, wie groß das anzusetzende Dreieck sein soll. Rechnen Sie die Nahtzugaben hinzu.

Dreiecke zuschneiden

Sie können entweder ein Quadrat einmal diagonal teilen oder ein etwas größeres Quadrat zweimal in beiden Richtungen diagonal teilen. Das einmal geteilte Quadrat hat den Vorteil, dass beim Dreieck die kurzen Kanten im geraden Fadenlauf liegen und somit auch dem Fadenlauf des Blocks folgen. Bedenken Sie, dass Sie zwei Nahtzugabenbreiten verlieren. Das heißt, die lange Kante des Dreiecks sollte ca. 2 cm länger sein als die der abgeschnittenen Ecke. Grundsätzlich: lieber zu groß zuschneiden und hinterher kürzen.

Dreieck ansetzen

Legen Sie das Dreieck rechts auf rechts mit der langen Kante über die abgeschnittene Ecke, die Spitzen des Dreiecks ragen über beide Blockkanten hinaus. Nähen Sie füßchenbreit an der langen Kante entlang. Falten Sie das Dreieck nach außen und bügeln Sie. Schneiden Sie jetzt den Block wieder auf seine exakte Größe zu, denn die Form kann sich etwas verschoben haben.

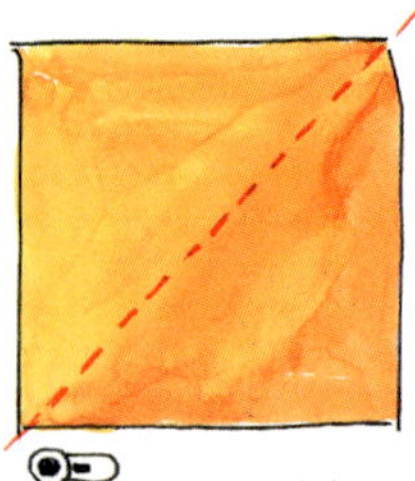

Quadrat einmal diagonal in zwei Dreiecke teilen.

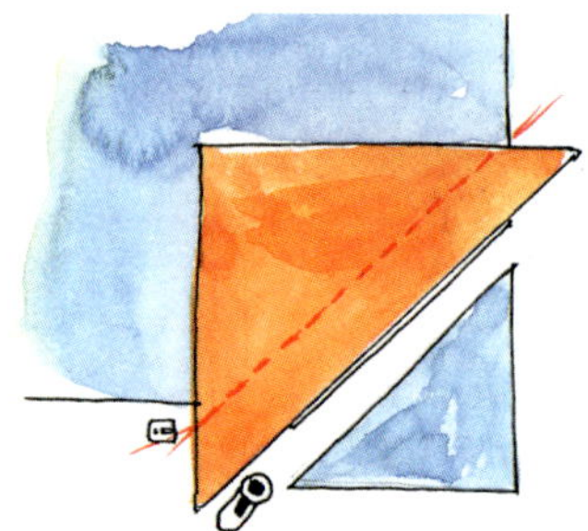

Von einem fertigen Block eine Ecke abschneiden, Nahtzugabe bedenken. Dreieck rechts auf rechts über die Ecke legen. Füßchenbreit an der langen Kante entlang nähen.

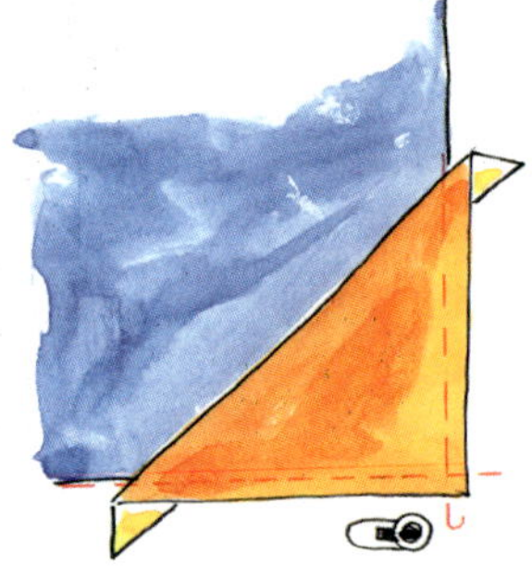

Dreieck nach außen falten. Bügeln. Block (erneut) exakt zuschneiden.

Lektion 8: Gebogene Nähte

Farbe, Größe und Anzahl der Stoffteile entnehmen Sie der Anleitung für das entsprechende Projekt (Sonne und Schatten, Sonnenaufgang).

Gebogenen Schnitt

Legen Sie die Stoffe aufeinander, alle weisen mit der rechten Seite nach oben. Führen Sie einen oder mehrere gebogene Schnitte durch alle Lagen. Sortieren Sie die Farben neu, ohne die Ausrichtung der einzelnen Stoffteile zu ändern.

Nähen

Beginnen Sie an der Ober- oder der Seitenkante. Zum Nähen legen Sie jeweils das rechte Stoffteil rechts auf rechts über das linke. Fixieren Sie den Nahtbeginn mit einigen Stichen, um die Teile aufeinander zu halten, lassen Sie ggf. eine Ecke der Nahtzugabe überstehen (bei Schnitten, die schräg an der Kante enden). Nehmen Sie das oben liegende Stoffteil locker in die linke Hand, das unten liegende Stoffteil locker in die rechte. Nähen Sie zügig von oben nach unten und schieben Sie die Kanten während des Nähens übereinander. Ungleich breite Nahtzugaben stören nicht. Bügeln Sie alle Nahtzugaben in eine Richtung und schneiden Sie den Block exakt auf die geplante Größe zu.

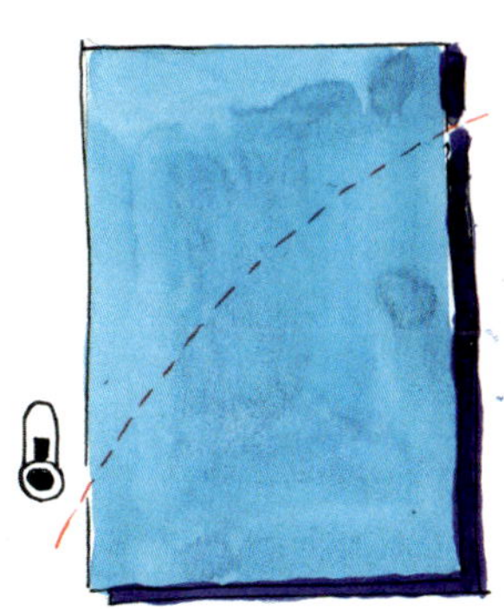

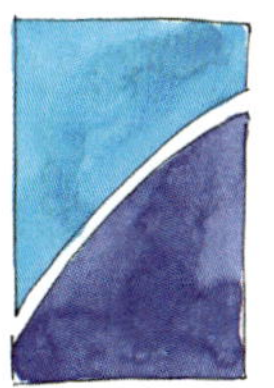

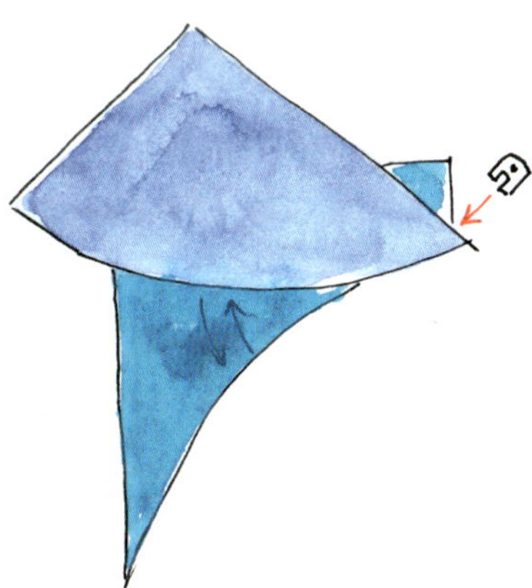

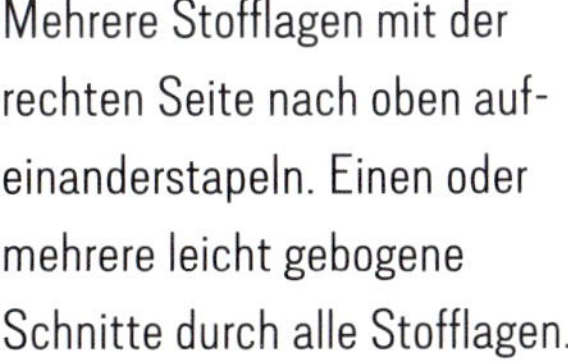

Mehrere Stofflagen mit der rechten Seite nach oben aufeinanderstapeln. Einen oder mehrere leicht gebogene Schnitte durch alle Stofflagen.

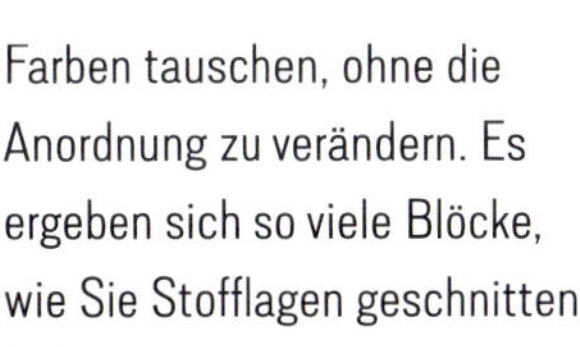

Farben tauschen, ohne die Anordnung zu verändern. Es ergeben sich so viele Blöcke, wie Sie Stofflagen geschnitten haben.

Stoffteile rechts auf rechts legen. Ecke der Nahtzugabe überstehen lassen. Nahtbeginn mit einigen Stichen fixieren. Nähen Sie zügig von oben nach unten und schieben Sie die Kanten während des Nähens übereinander.

Lektion 9: Viertelkreise

Farbe, Größe und Anzahl der Stoffteile entnehmen Sie der Anleitung für das entsprechende Projekt (Krähenschwarm, Ritterspiele, Beschwingte Schritte, Schrottplatz, Windspiele).

Schneiden

Legen Sie zwei Quadrate aufeinander, beide weisen mit der rechten Seite nach oben. Schneiden Sie einen Viertelkreis durch beide Lagen. Beginnen Sie an der Unterkante und führen Sie den Bogen an der Seite des Quadrats wieder hinaus. Ein paar Millimeter Ungenauigkeit machen nichts aus.
Rechtshänderinnen schneiden ab der Unterkante, ca. 2 cm von der rechten unteren Ecke entfernt, im Bogen nach links. Der Schnitt endet an der Seite des Quadrats, ca. 2 cm unterhalb der oberen linken Ecke. Linkshänderinnen beginnen an der Unterkante, ca. 2 cm neben der linken Ecke, schneiden den Bogen nach rechts und ca. 2 cm unterhalb der oberen rechten Ecke wieder hinaus.

Farben tauschen

Sortieren Sie die Stoffteile. Legen Sie den oben liegenden Viertelkreis in den darunter liegenden Ausschnitt und umgekehrt. Sie haben nun zwei Blöcke mit je zwei Farben.

Viertelkreis einnähen

Nähen Sie den Viertelkreis in den Ausschnitt des Außenteils. Legen Sie beide Stoffe rechts auf rechts und versetzen Sie das einzunähende Teil um ca. 1 cm nach unten, um den Stoffschwund durch die Nahtzugaben etwas auszugleichen. Machen Sie zu Beginn ein paar Stiche auf der Stelle, um die Teile zu fixieren. Nehmen Sie dann das oben liegende Stoffteil locker in die linke Hand, das unten liegende locker in die rechte. Beginnen Sie an der oberen Kante zu nähen und arbeiten Sie die gebogene Naht mit schmaler Nahtzugabe (ca. 0,5 cm). Lassen Sie die Stoffkanten durch Ihre Finger gleiten. Schieben Sie die Kanten während des Nähens übereinander und ziehen Sie sie dabei gleichzeitig ein wenig. Bügeln Sie die Nahtzugaben in Richtung der eingesetzten Ecke. Schneiden Sie alle Blöcke auf ein gemeinsames, quadratisches Maß exakt zu.

TIPP

Zum Nähen von gebogenen Nähten ist es praktisch, den Nähtisch der Nähmaschine zu entfernen. So können Sie die Stoffteile mit den Händen dicht vor der Nadel führen. Sie können nähen, ohne vorab die Teile mit Stecknadeln zu fixieren.

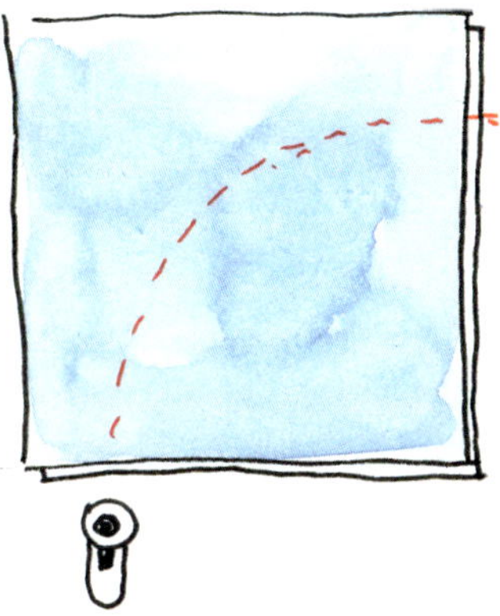

Gleich große Quadrate unterschiedlicher Farbe aufeinander legen. Viertelkreis schneiden.

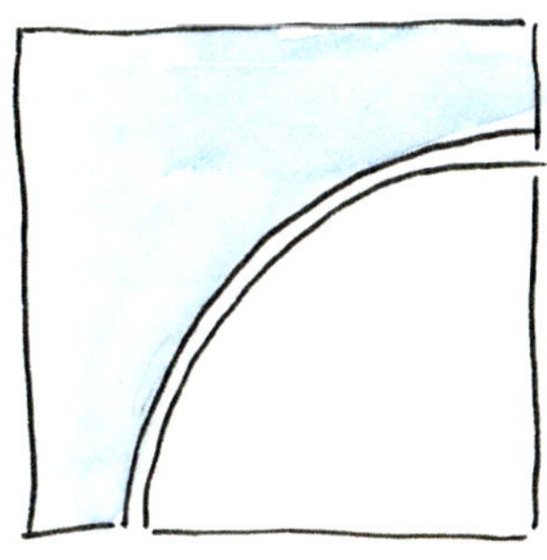

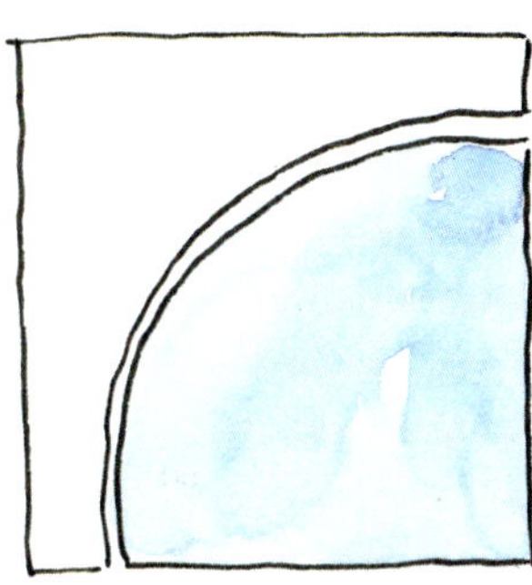

Farben tauschen. In jedem Block liegen zwei unterschiedliche Farben.

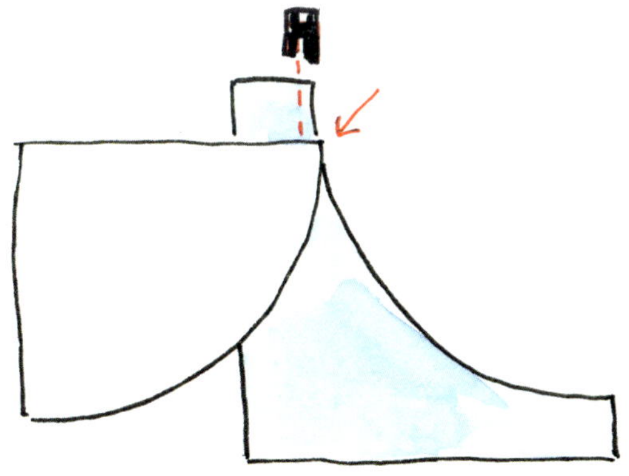

Einnähen des Viertelkreises. Nahtbeginn um ca. 1 cm nach unten versetzen. Mit schmaler Nahtzugabe arbeiten. Während des Nähens die Kanten leicht ziehen und übereinander schieben.

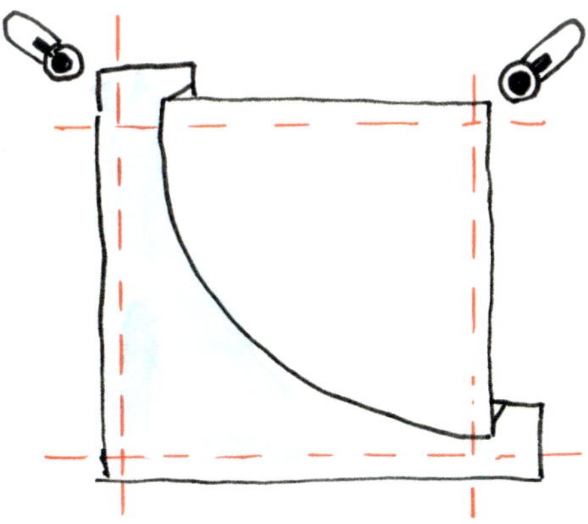

Blöcke bügeln und exakt quadratisch zurechtschneiden.

Lektion 10: Paspeltechnik

Die Paspeltechnik ist eine Variante der Revers-Applikation, auch »Mola« genannt, und wird mit der Nähmaschine gearbeitet. Leider brauchen Sie viel Stoff dafür, denn Sie benötigen neben dem Stoff für den Block und den Stoff, der darunter liegen wird, zusätzlich einen Paspelstoff. Es sieht allerdings sehr schön aus! Diese Technik eignet sich für geschlossene oder offene Formen. Farbe, Größe und Anzahl der Stoffteile entnehmen Sie der Anleitung für das betreffende Projekt (Gartenvögel, Schneckenhäuser, Zählmaschine, Reihen-Sampler).

Öffnung in Paspeltechnik

Legen Sie den Paspelstoff rechts auf rechts auf den Block. Der Paspelstoff sollte rundum ca. 5 cm größer sein als die geplante Form. Zeichnen Sie die gewünschte Form (Feder, Blatt, Schnecke) mit einem geeigneten Stift auf die Rückseite des Paspelstoffs und nähen Sie auf der gezeichneten Linie entlang. Schneiden Sie innerhalb der Form beide Stoffe bis auf Nahtzugabenbreite heraus. Zwicken Sie die Nahtzugaben in Abständen von 0,5 – 1 cm bis an die Naht vorsichtig ein, ohne die Naht zu verletzen (wichtig!). Ziehen Sie den Paspelstoff durch die Öffnung zur Rückseite und streichen Sie die Kante mit dem Fingernagel glatt. Es sieht bei einem farblich abgesetzten Paspelstoff sehr gut aus, wenn entlang der Kontur 1 mm davon sichtbar bleibt.

Öffnung hinterlegen

Nun legen Sie den Stoff in der gewünschten Farbe für die Form hinter die Öffnung. Stecken Sie ihn fest und nähen Sie knappkantig von der Vorderseite her um die Öffnung herum. Verwenden Sie dafür einen unauffälligen Faden in der Farbe der Quiltoberseite. Am Schluss schneiden Sie die auf der Rückseite überstehenden Kanten von Paspel und unterlegtem Stoff unterschiedlich zurück, den Paspelstoff ca. 1 cm bis zur Naht, den eingesetzten Stoff ca. 0,5 cm.

Doppelt gearbeitete Paspeltechnik

Legen Sie auf das fertige Motiv, bei dem Sie bereits die überstehenden Stoffe der Rückseite zurückgeschnitten haben, einen weiteren Paspelstoff rechts auf rechts. Zeichnen Sie eine kleinere Form auf die Rückseite des Paspelstoffs und bleiben Sie mit der Kontur innerhalb der ersten Form. Nähen Sie rundum und schneiden Sie, wie oben beschrieben, beide Stofflagen aus. Zwicken Sie die Nahtzugaben ein und ziehen Sie den Paspelstoff zur Rückseite.

Nun stecken Sie einen weiteren Stoff (neue Farbe) hinter die etwas kleinere Öffnung und steppen Sie knappkantig mit unauffälliger Fadenfarbe rundum. Schneiden Sie erneut überstehende Stoffe auf der Rückseite zurück.

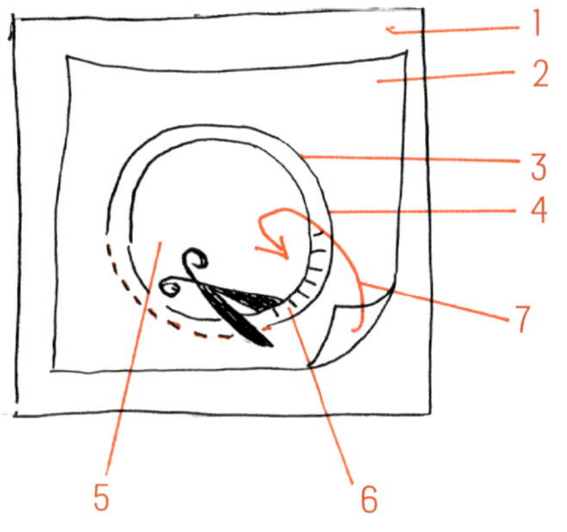

1/2: Paspelstoff (2) rechts auf rechts auf das größere Hintergrundquadrat (1) legen.
3: Gewünschte Form aufzeichnen. Hier ein Kreis.
4: Auf der Linie rundum nähen.
5: In der Mitte beide Stofflagen herausschneiden.
6: Nahtzugaben bis an die Naht einzwicken.
7: Paspelstoff durch die Öffnung nach hinten ziehen.

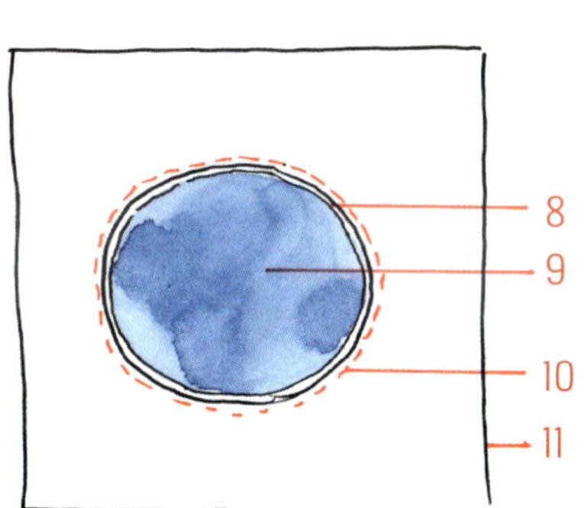

8: Kante bügeln, ggf. Paspelstoff herausblitzen lassen.
9: Gewünschten Stoff hinter die Öffnung stecken.
10: Knappkantig mit unauffälliger Fadenfarbe rundum steppen.
11: Auf der Rückseite den überstehenden Stoff der Paspel bis auf ca. 1 cm, den des eingesetzten Stoffes bis auf ca. 0,5 cm zurückschneiden.

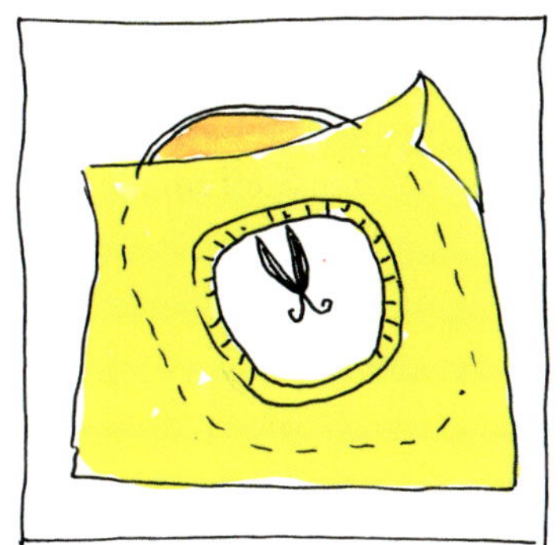

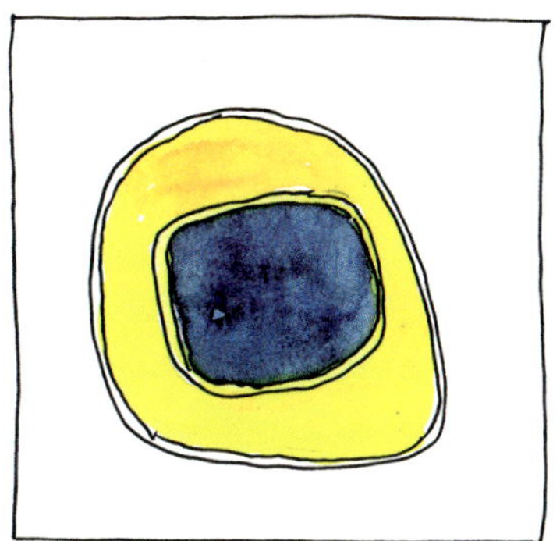

Doppelt gearbeitete Paspeltechnik: In die erste Fläche mit einer Paspel eine zweite, andersfarbige Fläche nähen.

Lektion 11: Klebeapplikation

Farbe, Größe und Anzahl der Stoffteile entnehmen Sie der Anleitung für das betreffende Projekt (Gartenvögel, Reihen-Sampler).

Stoffteile vorbereiten

Legen Sie beidseitig haftendes Klebevlies mit der Klebeseite nach oben auf das Bügelbrett und platzieren Sie Ihre Stoffstücke mit der linken Seite nach unten dicht an dicht darauf. Breiten Sie einen Bogen Backpapier darüber und bügeln Sie heiß und trocken. Durch die Hitze schmilzt die Klebeschicht und haftet auf dem Stoff. Lassen Sie das Ganze abkühlen und nehmen Sie das Backpapier ab. Nutzen Sie für die nächsten Stoffteile einen frischen Bereich des Backpapiers, da oft Klebesubstanz daran hängen bleibt. Mehrmals verwenden können Sie Anti-Haft-Backpapier.

Motive ausschneiden

Schneiden Sie dicht entlang der Konturen der aufgeklebten Stoffteile. Bei der Gelegenheit können Sie auch abstehende Randfusseln abschneiden. Schneiden Sie danach die Motive freihand zu, z. B. Körper, Flügel und Schwanzfedern von kleinen Vögeln oder Blätterformen aus Jeansstoff.

Applikation auflegen

Ritzen Sie mit einer kräftigen Nadelspitze oder der Spitze einer Scherenklinge die Papierschicht mittig ein. An dieser Stelle können Sie nun das Papier gut greifen und abziehen, ohne die geschnittenen Kanten zu strapazieren.

Applikation festbügeln

Legen Sie den Stoff mit der nun frei liegenden Klebeseite in der gewünschten Position auf den Hintergrundstoff. Beachten Sie, welches Teil über oder unter einem anderen Teil liegen muss. Dann breiten Sie wieder Backpapier darüber. Bügeln Sie heiß und trocken, bis alle Stoffstücke fest haften. Lassen Sie die Stoffe abkühlen. Zusätzliche Verzierungen (hier die Beine der Vögel) können Sie jetzt quilten, sticken oder mit wasserfestem Stift aufzeichnen.

Applikation fixieren

Sie müssen die geklebten Stoffstücke zusätzlich festnähen, denn sie könnten sich beim Waschen ablösen. Nähen Sie mit passendem Garn in freier Nähtechnik oder mit dem Applizierstich Ihrer Nähmaschine um die Kanten.

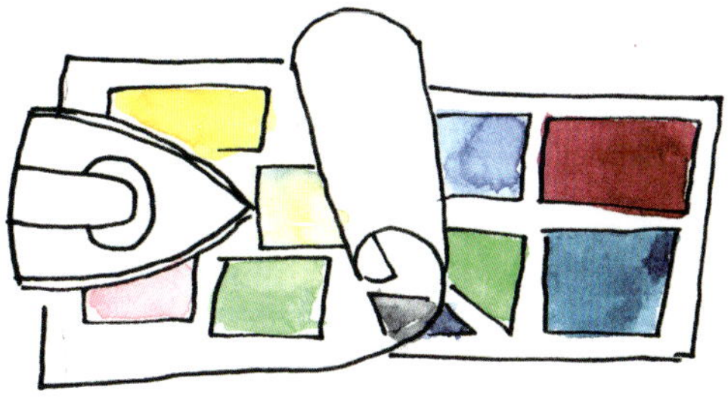

Stoffstücke mit Hilfe von aufgelegtem Backpapier auf die Klebeseite des Klebevlieses aufbügeln.

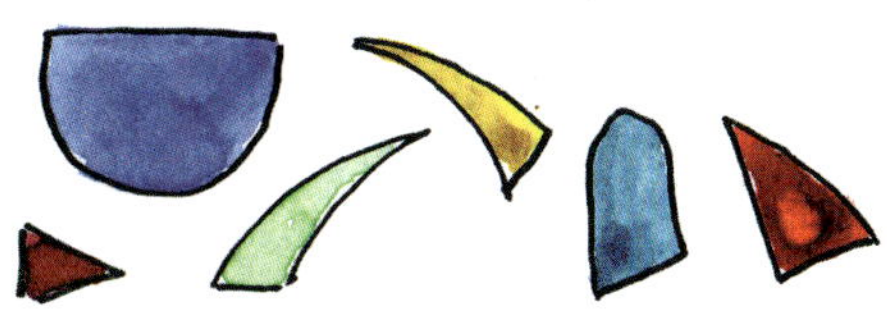

Stoffteile und -formen ausschneiden.

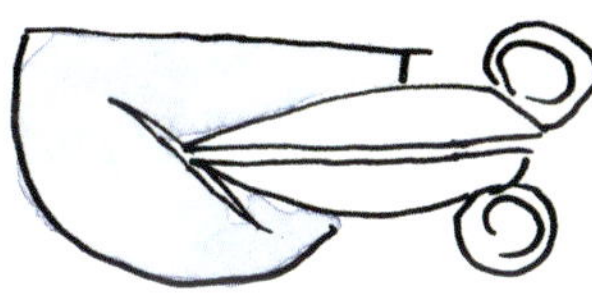

Papierschicht mit einer Scherenspitze oder einer Nadel einritzen und abziehen.

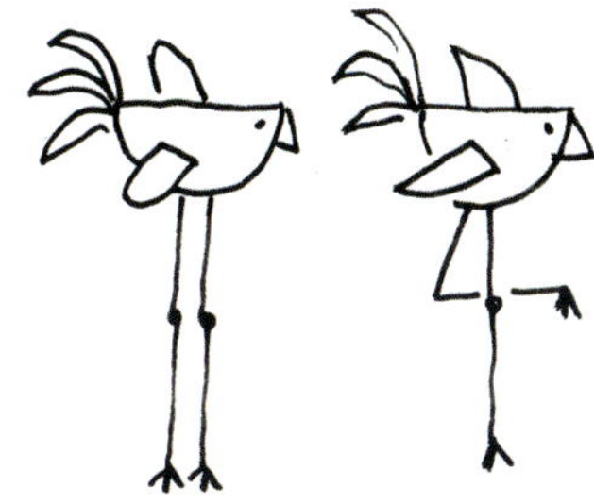

Stoffteile auf den Hintergrundstoff auflegen und festbügeln. Verzierungen mit Stift ergänzen oder aufsticken.

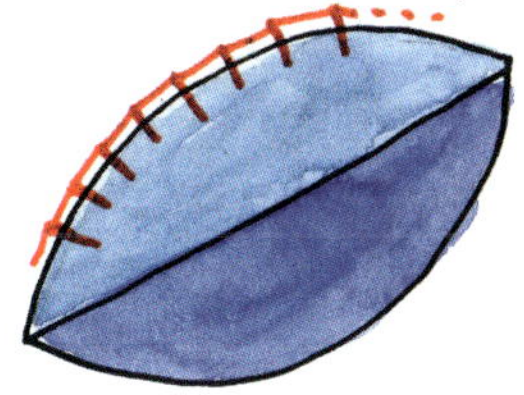

Umrisse mit Applizierstich umnähen, damit das Stoffteil auch einen Maschinenwaschgang übersteht.

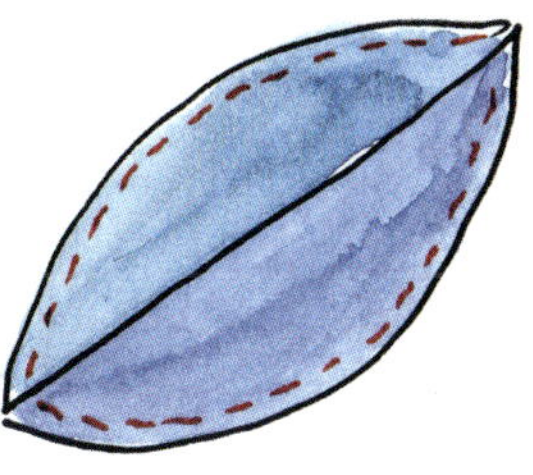

Sind die Umrisse mit Geradstich umnäht, werden die Kanten nach dem Waschen leicht ausfransen.

Lektion 12: Zusammensetzen

Diese rationelle Technik eignet sich für Blöcke mit rechten Winkeln, also für Quadrate und Rechtecke, die in Reihen liegen.

Vorbereitung

Arrangieren Sie sämtliche Blöcke Ihres Quilts auf der Arbeitsfläche, an der Entwurfswand oder auf dem Fußboden, bis Ihnen die Anordnung gefällt.

Nummerieren Sie in Gedanken die Längsreihen 1, 2, 3 usw. von oben nach unten. Markieren Sie die obersten Blöcke jeweils mit einer Stecknadel. Auf der Abbildung sind auch die Querreihen markiert, mit den Buchstaben A bis E. Legen Sie die Blöcke von Reihe 2 rechts auf rechts über die Blöcke von Reihe 1, die Blöcke von Reihe 4 über die Blöcke von Reihe 3 und so weiter. Legen Sie ein langes Quiltlineal als Transport-Tablett links neben die unteren Blöcke der ersten Längsreihe.

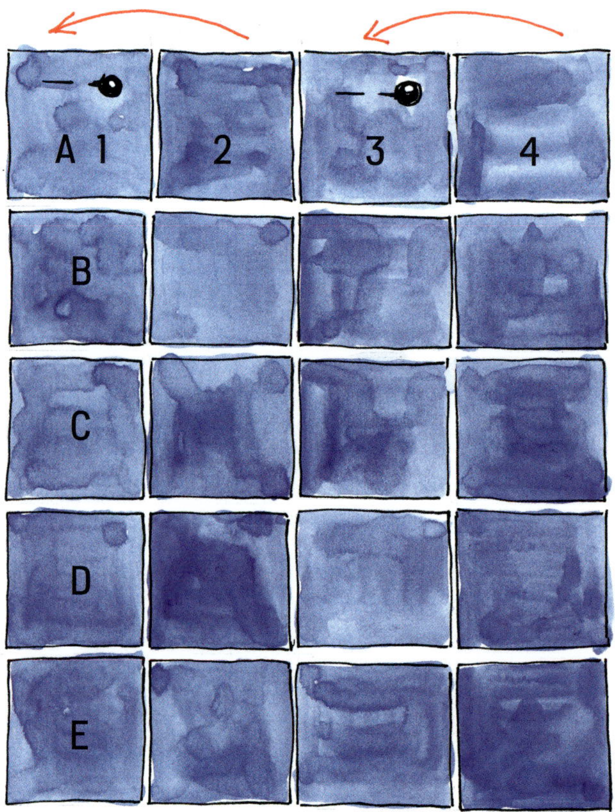

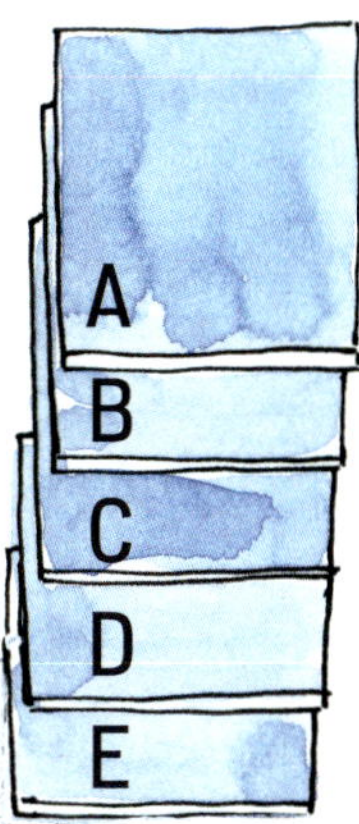

Stapeln Sie die zusammengelegten Blöcke etwas versetzt übereinander. Beginnen Sie mit den unteren Blockpaaren. Auf diese Weise liegt das oberste Blockpaar (A) zuoberst. Transportieren Sie die Reihe mit Hilfe des langen Quiltlineals zu Ihrem Arbeitstisch. Legen Sie die gestapelte Reihe links neben Ihre Nähmaschine. Kurze Wege zwischen Tischfläche und Nähmaschine helfen, das Verdrehen der Blöcke zu vermeiden.

TIPP
Vor dem nächsten Arbeitsgang sollten Sie die Unterfadenspule gut gefüllt haben, denn wenn jetzt der Unterfaden ausgeht, haben Sie ein Problem.

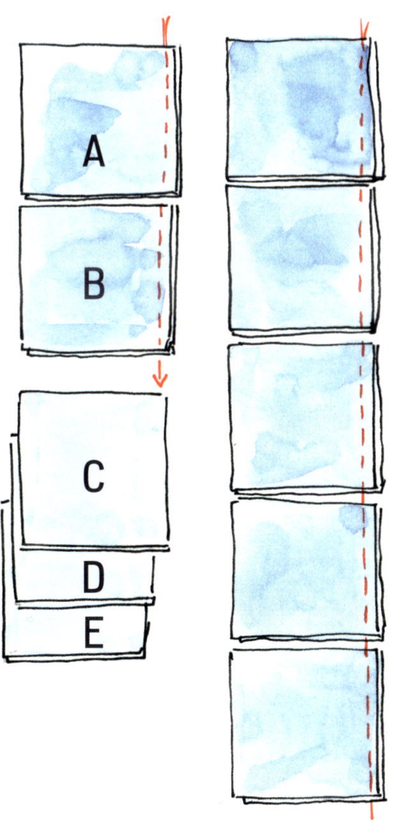

Beginnen Sie mit dem oben liegenden obersten Blockpaar (A). Nähen Sie an der zur Nähmaschine weisenden, rechten Kante der Blockpaare exakt füßchenbreit entlang. (Abbildung links)

Schneiden Sie die Fäden zwischen den Blöcken NICHT ab (= Kettennähen). (Abbildung rechts)

Nähen Sie weitere Doppelreihen aus den Reihen 3 und 4, 5 und 6 usw.

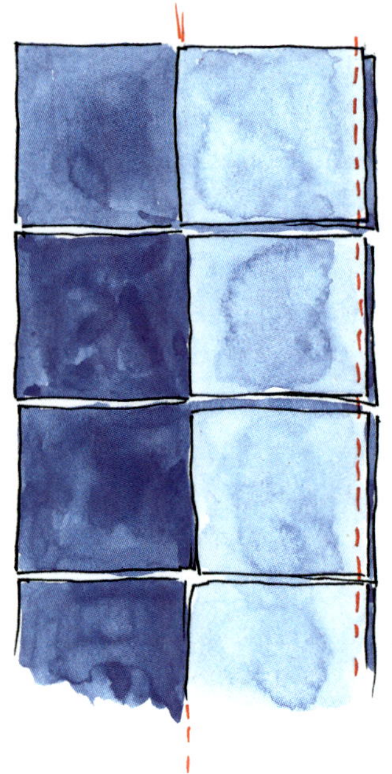

TIPP

Besteht Ihr Quilt aus einer ungeraden Anzahl von Längsreihen, arbeiten Sie die letzten drei wie folgt: Die Längsnähte der vorletzten beiden Reihen wie beschrieben zusammensetzen, auffalten und sofort die Blöcke der letzten Reihe anfügen. Schneiden Sie die Fäden zwischen den Blöcken nicht ab. Die nachfolgenden Quernähte reichen in diesem Fall über die Breite von drei Blöcken.

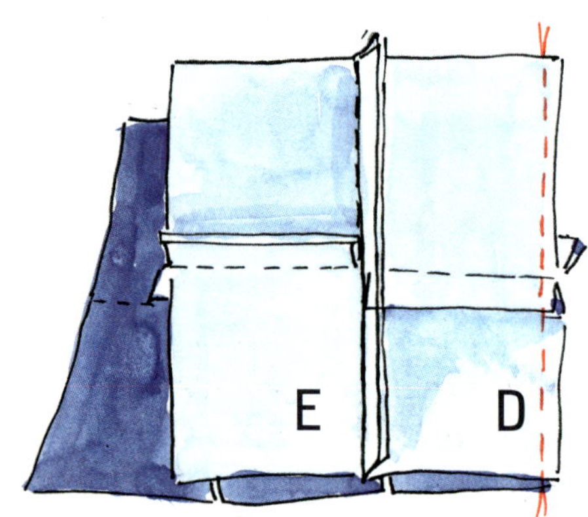

Schließen Sie dann die Quernähte der Blockkette. Beginnen Sie bei den beiden untersten Paaren (hier D an E). Legen Sie das erste Paar rechts auf rechts auf das nächste und nähen Sie die Kanten füßchenbreit zusammen. An der Nahtkreuzung drücken Sie eine Nahtzugabe nach oben, die andere nach unten. Die Zeichnung zeigt die nachfolgende Quernaht zwischen D und C.

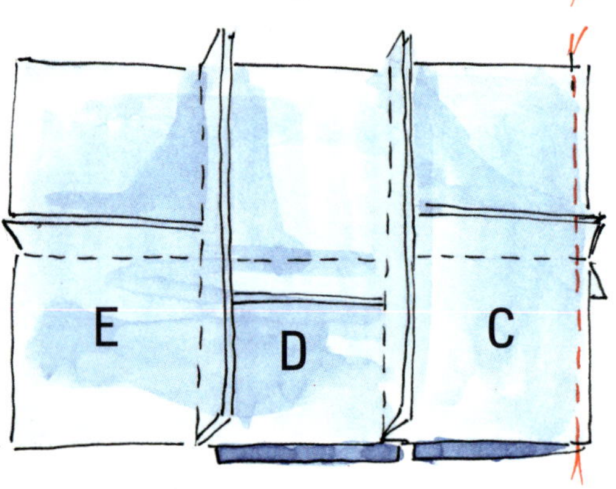

Arbeiten Sie so weiter und achten Sie darauf, dass immer das fertig genähte Teil der Doppelreihe oben liegt und das nächste anzunähende Paar unten. Dadurch haben Sie die Nahtzugaben im Blick und wissen, in welche Richtung die nächste Nahtzugabe gedrückt werden muss.

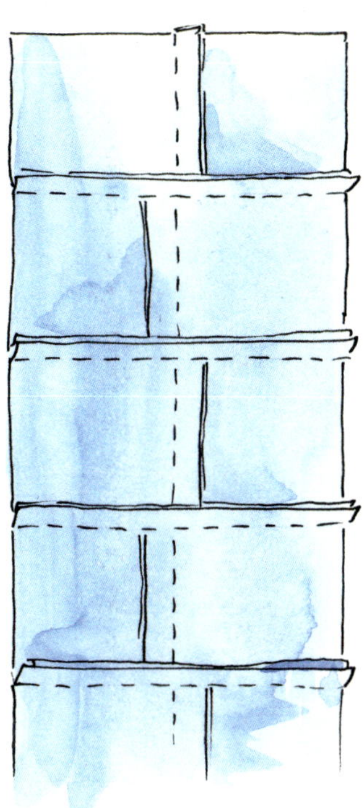

Arbeiten Sie die Doppelreihe fertig und bügeln Sie alle Nahtzugaben der Quernähte nach unten. Die anfangs angebrachte Stecknadel hilft Ihnen, das »Oben« der Reihe zu finden.

Bügeln Sie die Nahtzugaben an der zweiten Doppelreihe alle nach oben, die der dritten alle wieder nach unten usw.

Sind alle Doppelreihen fertig, setzen Sie diese an ihren Längskanten aneinander. Die umgebügelten Nahtzugaben liegen jetzt immer in entgegengesetzten Richtungen und ergeben flache Nahtkreuzungen.

Am Schluss bügeln Sie die Quiltoberfläche zuerst von links, dann von rechts.

TIPPS und HINWEISE

- Das systematische, versetzte Stapeln erlaubt Ihnen, die Quiltoberseite in einem anderen Raum auszulegen als dort, wo Sie die Nähmaschine stehen haben. Transportieren Sie die versetzt gestapelten Bockreihen auf dem langen Quiltlineal wie auf einem Tablett.
- Durch das systematische Zusammenlegen und Stapeln wird das Risiko, einen der Blöcke zu verdrehen, auf ein Minimum reduziert.
- Das Kettennähen, bei dem die Fäden zwischen den Blöcken nicht abgeschnitten werden, verhindert das Verdrehen der Blöcke.
- Liegen die Blöcke links neben der Nähmaschine, haben sie den kürzesten »Weg« zur Nadel. Auch das hilft, ein Verdrehen zu vermeiden.

Lektion 13: Randgestaltungen

Quilt ausmessen

Nehmen Sie das Maß Ihres Quilts grundsätzlich quer und längs durch die Mitte der fertigen, gebügelten Oberfläche, nie entlang des Randes. Die Länge der Randstreifen richtet sich nach diesen Maßen. Messen Sie die Quiltfläche zur Sicherheit nach dem Annähen jedes Randstreifens erneut nach.

Ränder mit geraden Ecken

Begradigen Sie wenn nötig die Kanten der Quilt- oder Kissenoberseite. Legen Sie eine passende Streifenbreite fest und schneiden Sie die Randstreifen zu. Setzen Sie mehrere Streifen aneinander, bis die benötigte Länge erreicht ist. Nähen Sie die Randstreifen zuerst an die beiden langen Seiten des Quilts. Die Länge der Streifen für die kürzeren Seiten ergibt sich aus dem Maß der Quiltkante plus der angenähten Streifen. Messen Sie dafür den Quilt erneut quer durch die Mitte.

Ränder mit Ecksteinen

Ecksteine sind in der Regel quadratisch und grundsätzlich so groß wie der Randstreifen breit ist. Schneiden Sie die Randstreifen genau so lang zu wie das Maß der Quiltkanten. Setzen Sie an beide Enden der Streifen für Ober- und Unterkante jeweils einen Eckstein. Bügeln Sie die Nahtzugaben zum Streifen hin. Nähen Sie zuerst die Streifen an die langen Seiten des Quilts und bügeln Sie die Nahtzugaben nach außen. Dann nähen Sie die beiden Streifen mit angesetzten Ecksteinen an Ober- und Unterkante des Quilts.

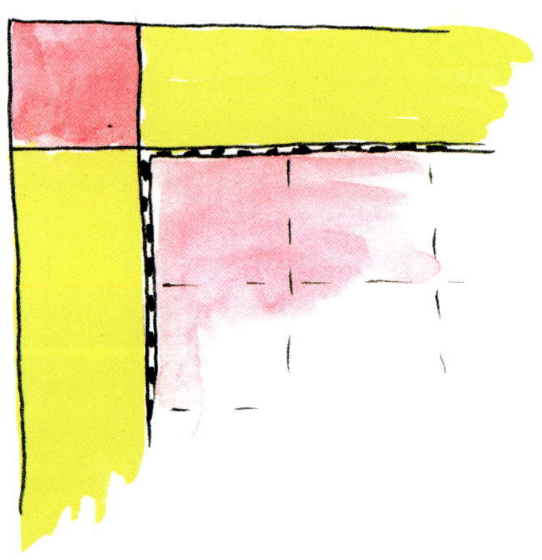

TIPP

Ein auffallender Akzentstreifen, zwischen Quiltfläche und Randstreifen genäht, wirkt immer gut.

Ränder mit diagonalen Ecken

Begradigen Sie wenn nötig die Kanten der Quilt- oder Kissenoberseite. Legen Sie eine passende Streifenbreite fest und schneiden Sie die Randstreifen zu. Setzen Sie ggf. mehrere Streifen aneinander, bis die benötigte Länge erreicht ist. Die Länge errechnet sich folgendermaßen: Länge der Quiltkante plus zweimal die Breite des Randstreifens, plus viermal die Nahtzugabe, plus ca. 5 cm Sicherheitszuschlag.

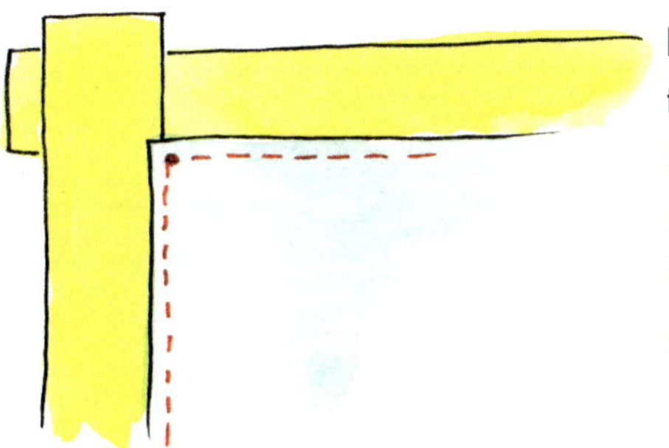

Nähen Sie die Randstreifen an die vier Kanten der Quiltoberfläche. Richten Sie die Randstreifen mittig aus, so dass an beiden Seiten gleichviel übersteht. Beginnen und enden Sie die Naht im Eckpunkt und verriegeln Sie sie dort. Nähen Sie nicht über die Nahtzugabe hinaus. Bügeln Sie die Nahtzugaben gemeinsam nach außen.

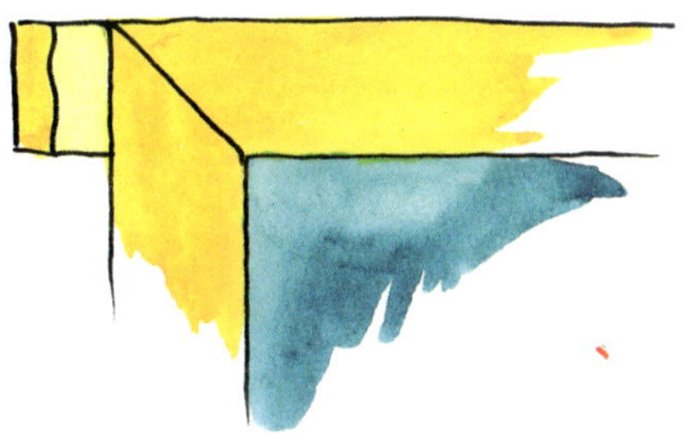

Bügeln Sie die Naht noch einmal von der rechten Seite her. Legen Sie die Ecke waagerecht auf das Bügelbrett und falten Sie das Ende des oben liegenden Streifens diagonal hinter diesen, so dass die Kanten parallel mit denen des unten liegenden Streifens liegen. Sie haben nun eine Diagonale von 45° geformt. Bügeln Sie die diagonale Falte ein.

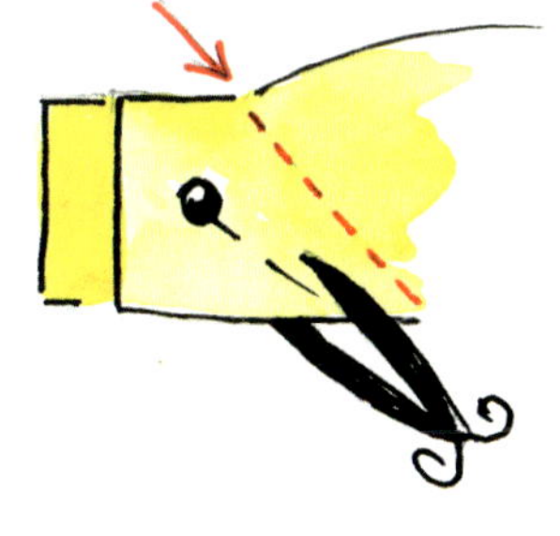

Heben Sie die gefaltete Ecke vorsichtig an und fixieren Sie die überstehenden Enden der Streifen mit einer Stecknadel aufeinander. Bereiten Sie alle vier Ecken auf diese Weise vor. Gehen Sie wieder an die Nähmaschine. Falten Sie eine Ecke auf und nähen Sie von außen nach innen in der diagonal eingebügelten Falte bis an den Eckpunkt. Drücken Sie an dieser Ecke die Stoffe und Nahtzugaben der Quiltoberseite weg. Nähen Sie nur auf den Randstreifen.

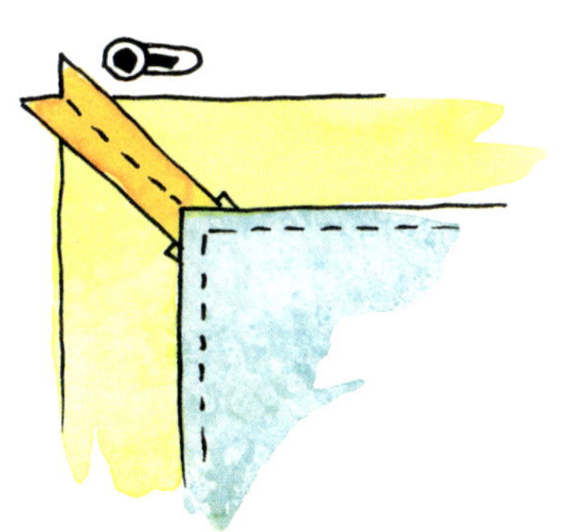

Entfernen Sie die Stecknadel. Schneiden Sie überflüssigen Stoff der Ecken ab und bügeln Sie die Nahtzugaben der Diagonalnaht auseinander. Arbeiten Sie alle vier Ecken des Quilts auf diese Weise.

Lektion 14: Quilt montieren

Bügeln Sie die fertig genähte Quiltoberseite sorgfältig. Bereiten Sie eine Quiltrückseite vor, die an allen Seiten etwa 10 cm größer ist als die Quiltoberseite. Ebenso groß muss das Vlies sein.

TIPP

Wenn Sie Vliesflächen aneinandernähen wollen, so verbinden Sie die Kanten mit großen Überwendlichstichen. Benutzen Sie normales Nähgarn und ziehen Sie die Stiche nicht zu sehr an, damit sich kein Wulst bildet.

Breiten Sie den Rückseitenstoff mit der rechten Seite nach unten auf einer großen Arbeitsfläche aus und fixieren Sie die Ecken mit Klebeband. Legen Sie darüber die Vliesfläche und streichen Sie sie glatt.

Die Quiltoberfläche wird mit der rechten Seite nach oben daraufgelegt und von der Mitte aus zu den Kanten hin glattgestrichen.

Heften Sie in handbreiten Abständen quer über die Quiltfläche. Stechen Sie mit der langen Heftnadel bis auf die Tischfläche oder auf den Boden durch und bringen Sie die Nadelspitze nach oben, ohne dass Ihre Hand unter den Quilt geführt wird. So vermeiden Sie Falten und Verschiebungen. Arbeiten Sie wenn möglich von der Mitte der Quiltfläche nach außen, oder beginnen Sie entlang einer Außenkante. Setzen Sie Heftreihe für Heftreihe fort bis zur gegenüberliegenden Kante. Dabei können Sie eventuelle Falten zur noch offenen Kante schieben. Entfernen Sie das Klebeband.

Schneiden Sie überstehenden Rückseitenstoff und überstehendes Vlies bis auf ca. 2 cm an die Kante der Quiltoberseite zurück. Quilten Sie jetzt das Projekt von Hand oder mit der Maschine. Danach entfernen Sie die Heftfäden.

TIPP

Kleine Quilts und Kissenflächen können Sie mit dem praktischen Sprüh-Zeit-Kleber aufeinander halten. Die klebrige Substanz verschwindet nach einiger Zeit von selbst, hält aber so lange, dass Sie das Maschinenquilten abschließen können.

Lektion 15: Quilten mit der Nähmaschine

Maschinengeführtes Quilten

Benutzen Sie den Stofftransport Ihrer Maschine. Nähen Sie entlang von vorgezeichneten geraden Linien (z. B. für das Rasterquilten) oder im Schatten der Naht (wird gern bei Randstreifen angewendet). Benutzen Sie die gleiche Farbe für Ober- und Unterfaden.
Zum Vorzeichnen eignet sich der blaue wasserlösliche Stift gut. Nach dem Quilten sprühen Sie die wasserlöslichen Linien weg und lassen den Quilt trocknen. Manchmal müssen Sie mehrmals sprühen. Für dunkle Stoffe eignet sich heller Kreidestift.

Freies Maschinenquilten

Setzen Sie den Stopffuß ein. Versenken Sie den Stofftransport oder/und stellen Sie den Druck der Nadelstange auf 0. Fädeln Sie als Ober- und Unterfaden gleiches Garn ein. Stellen Sie Geradstich ein. Die Einstellung der Stichlänge ist ohne Belang. Die drei Lagen des Quilts sind aufeinander geheftet oder mit Sprüh-Zeit-Kleber aufeinander geklebt. Üben Sie zuerst mit einem Probestück und testen Sie, ob die Fadenspannung richtig eingestellt ist.

Senken Sie den Nähfuß (wegen der Fadenspannung wichtig). Bei manchen Maschinentypen ist der Nähfuß halb zu senken. Geben Sie nun gleichmäßig »Gas« mit dem Fußpedal und führen Sie den Quilt mit beiden Händen, die rechts und links der Nadel liegen, in der Form Ihres Wunschmusters.

TIPP

Um den Quilt gleichmäßig unter der Maschine führen zu können, erweisen sich Gartenhandschuhe mit Gumminoppen oder mit Latexbeschichtung als nützliche Helfer. Zwei ca. 10 × 10 cm große Abschnitte von »Teppichstopper«, rechts und links der Nähmaschinennadel auf den Stoff gelegt, helfen ebenfalls.

Arbeiten Sie mit relativ hoher Nähgeschwindigkeit. Als erste Übung eignen sich Schlangenlinien, die Sie bis zum sogenannten Stippling (siehe nächste Seite) ausweiten. Mit etwas Übung werden die Stiche gleich lang und Ihre Bewegungen gleichmäßig. Die Fäden am Anfang und am Ende der Quiltlinie verriegeln Sie mit einigen Stichen auf der Stelle, oder Sie ziehen sie mit einer Nadel auf die Rückseite des Quilts und verknoten sie dort.

Beim Stippling führt eine geschwungene Linie in Schlangenlinien dicht über die Fläche und überkreuzt sich nicht. Erfinden Sie weitere Flächenmuster: Verschlungene Kreise, Kringel, Flammen, Gräser, Dreiecke, Vierecke, Wasserlinien, Tropfen, Spiralen, Bögen, Ranken, Blüten, Blätter. Arbeiten Sie in einer fortlaufenden Linie und unterbrechen Sie die Arbeit so selten wie möglich.

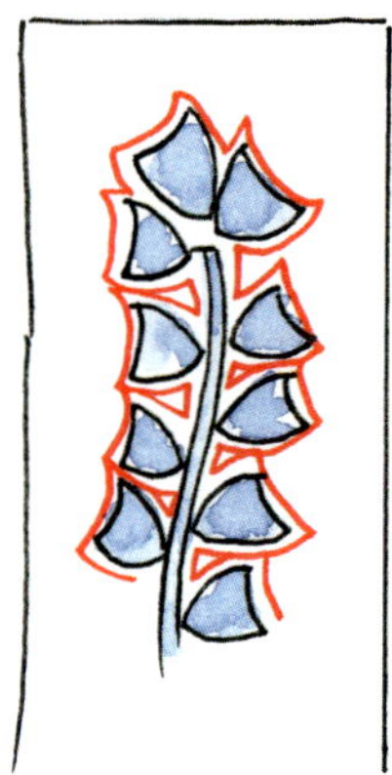

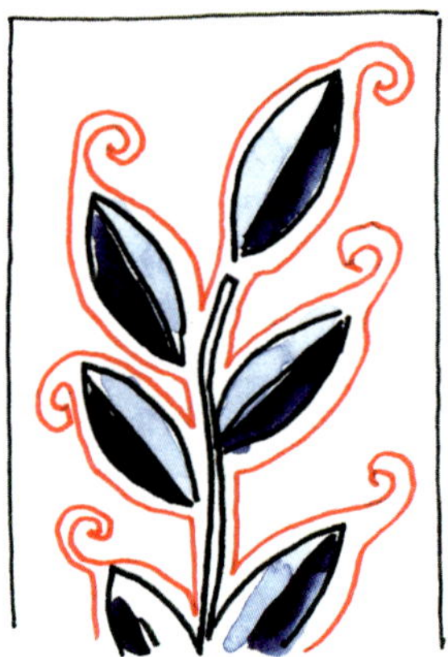

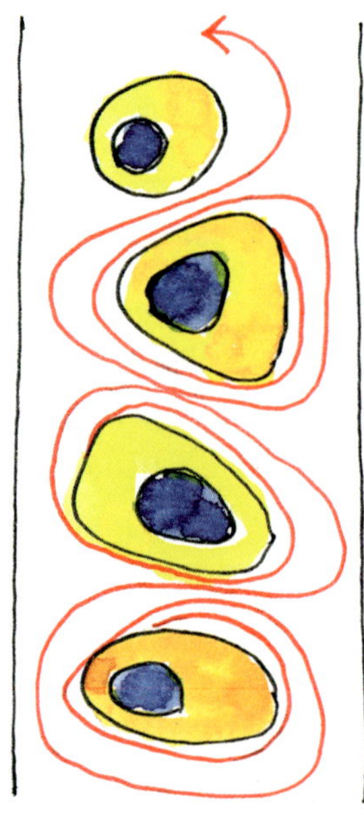

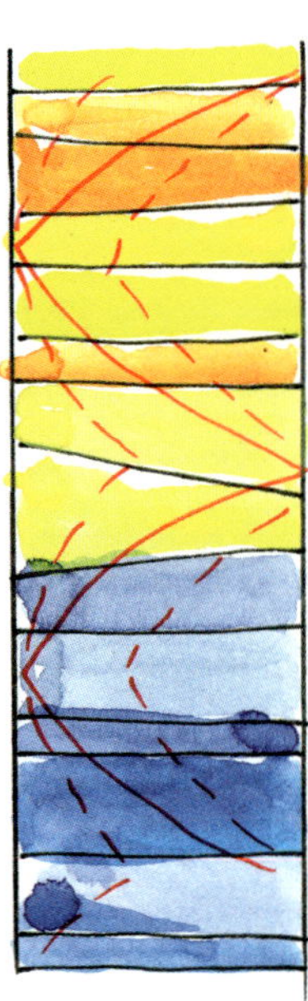

Quiltvorschläge für den Reihen-Sampler, Kapitel 2, ab Seite 109

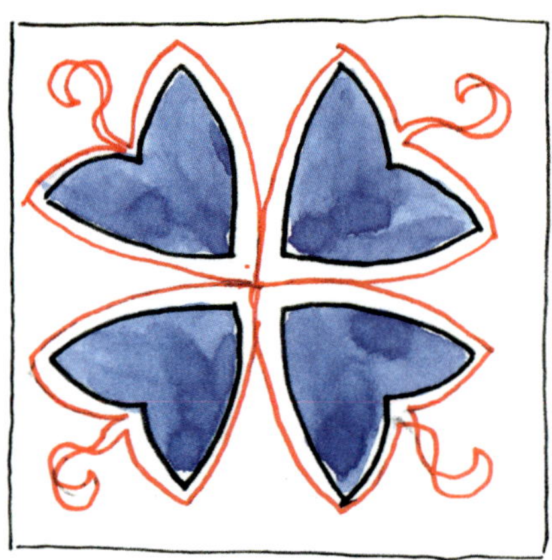

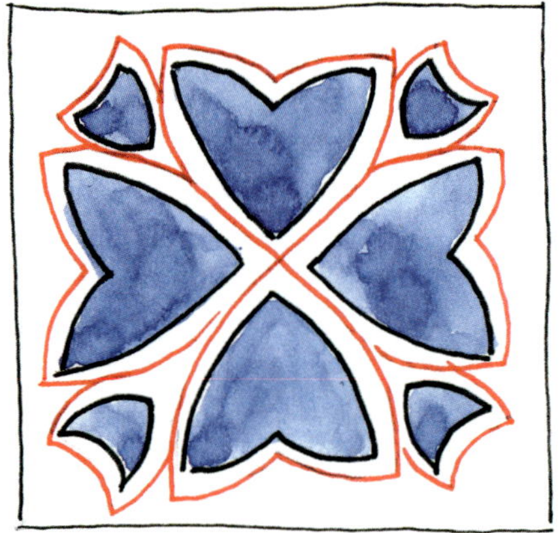

Lektion 16: Einfassung

Die Einfassung (das »Binding«) ist der äußerste Stoffstreifen, der die Quiltkante umschließt und versäubert. Er wird am fertig gequilteten Objekt angenäht.

Quilt vorbereiten

Zum Begradigen einer Quiltkante ziehen Sie mit einem Markierungsstift eine gerade Linie entlang aller Kanten. Benutzen Sie dafür ein langes Lineal. Für eine Ecke im 90°-Winkel legen Sie einen größeren Gegenstand mit rechtwinkliger Ecke auf (z. B. Pappe, Bilderrahmen etc.), oder Sie orientieren sich an der Ecke Ihres Arbeitstisches oder, bei kleineren Arbeiten, am Raster der Schneidematte. Heften Sie entlang der gezeichneten Linie um den ganzen Quilt und schneiden Sie dann knapp außerhalb dieser Linie alle überstehenden Stoffe und das Vlies zurück. Jetzt ist der Quilt für die Einfassung bereit.

TIPP

Als preisgünstiges langes Lineal leistet eine Aluminiumschiene aus dem Baumarkt gute Dienste.

Gerade geschnittene, doppelt gelegte Einfassung

Der Stoffstreifen für eine gerade Einfassung wird 6 cm breit zugeschnitten, wenn nicht anders angegeben. Setzen Sie so viele Streifen an ihren kurzen Kanten mit Diagonalnähten aneinander, bis die Länge des Quiltumfanges plus ca. 15 cm erreicht ist.

Bügeln Sie den Einfassstreifen der Länge nach mittig links auf links. Legen Sie den Streifen an den Quiltrand, die offenen Kanten weisen nach außen. Steppen Sie füßchenbreit entlang.

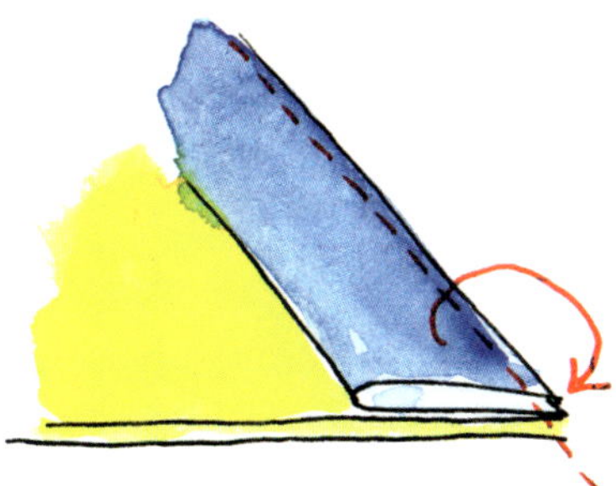

Gefalteten Streifen mit den offenen Kanten nach außen auf den Quiltrand legen. Füßchenbreit festnähen und die gefalteten Kanten nach hinten schlagen.

Gerade Ecke

Schneiden Sie den überstehenden Streifen am Ende der ersten Quiltkante bündig ab. Falten Sie die geschlossene Kante des Streifens zur Quiltrückseite und stecken Sie sie dort fest. Nähen Sie dann den nächsten Streifen an die anschließende Kante und lassen Sie zu Beginn ca. 2 cm überstehen, um später eine saubere Ecke falten zu können. Nähen Sie die ersten drei Streifen auf diese Weise an. Beim Annähen des vierten Streifens lassen Sie zusätzlich an der unteren Ecke 2 cm überstehen. Falten Sie den Streifen an allen Kanten sorgfältig zur Quiltrückseite. Stecken und säumen Sie ihn dort von Hand knapp über der Nählinie an. Formen Sie eine saubere Ecke und nähen Sie sie von Hand mit Saumstichen fest.

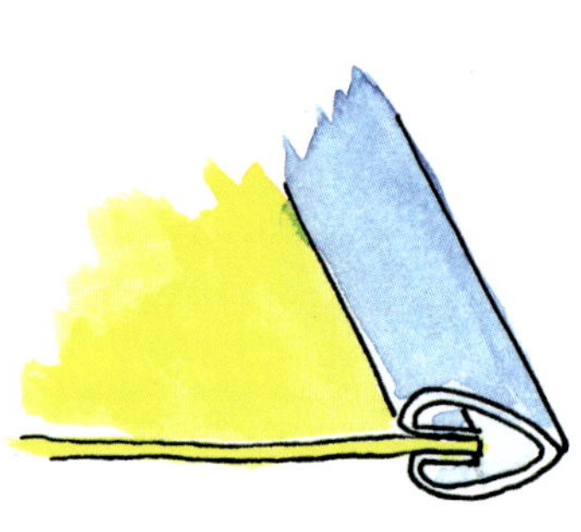

Gefaltete Kante auf der Rückseite mit Saumstichen festnähen.

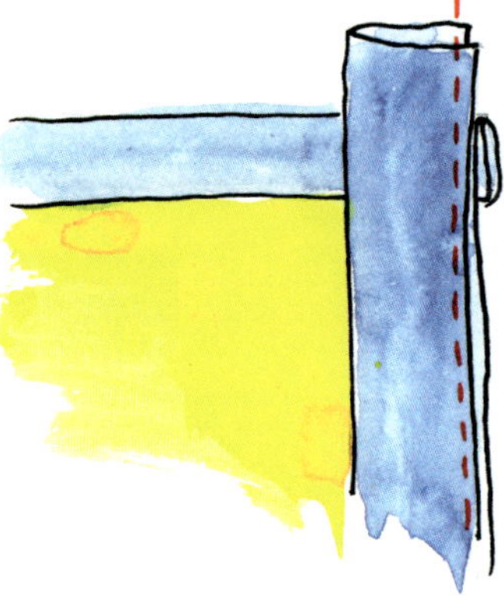

Anschließenden Streifen oberhalb der Kante überstehen lassen. Wieder füßchenbreit annähen.

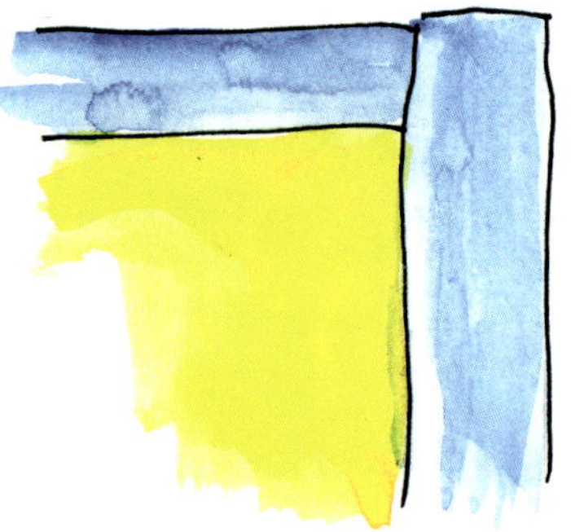

Für gerade Ecken die überstehenden Enden der Streifen sorgfältig nach hinten falten und festnähen.

Diagonale Ecke (Abbildungen 1 bis 4 rechts)

Nähen Sie den Streifen füßchenbreit an die Quiltkante. Enden Sie am Eckpunkt (Abb. 1, kleiner Pfeil), d. h. eine Nahtzugabenbreite vor der Unterkante. Legen Sie den Quilt auf die Arbeitsfläche, die soeben genähte Kante weist nach oben. Falten Sie den Streifen senkrecht nach oben (Abbl. 1 langer Pfeil) und fixieren Sie die Falte mit einer Stecknadel. Knicken Sie den Streifen auf Höhe der Quiltkante (Abb. 2 kleiner Pfeil) zur nächsten Kante hin zurück (langer Pfeil, Abb. 2). Nähen Sie die nächste Seite und beginnen Sie dafür ganz oben an der Quiltkante (Abb. 3). Entfernen Sie die Stecknadel. Wenn Sie später den Streifen zur Rückseite schlagen, formt sich eine diagonale Eckfalte (Abb. 4). Nähen Sie den Einfassstreifen mit Handstichen auf der rückwärtigen Naht fest.

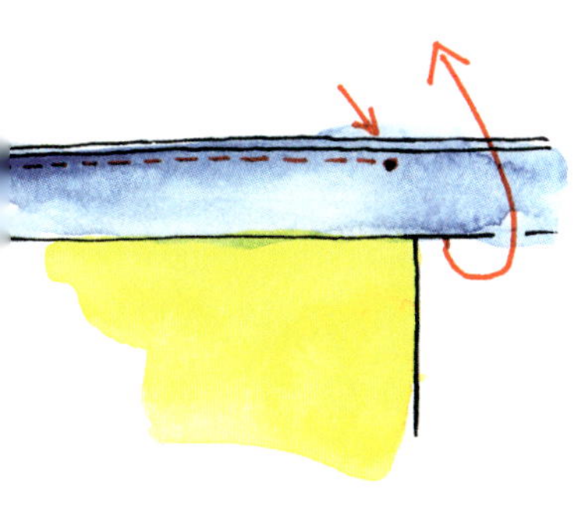

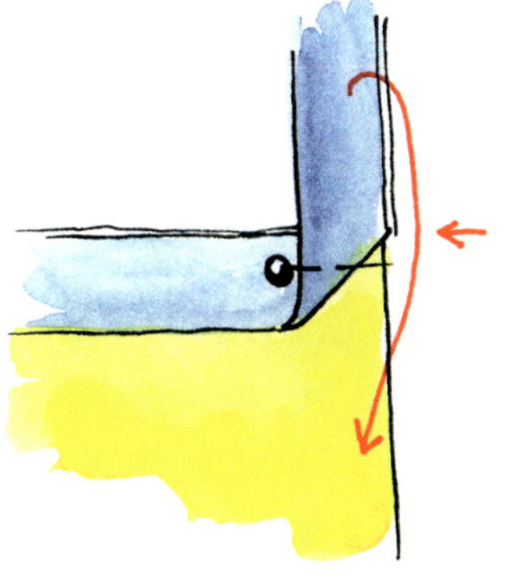

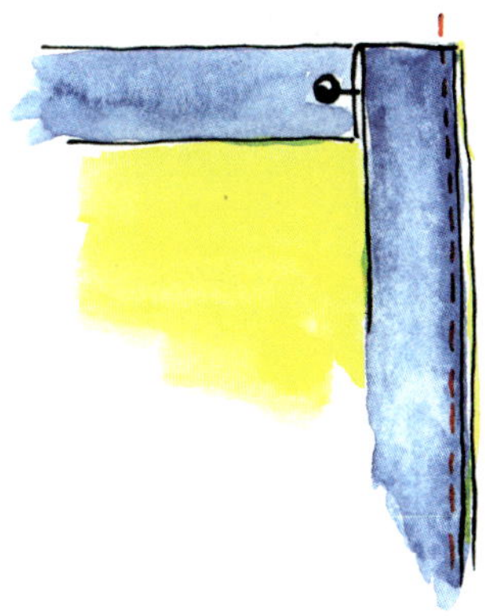

1. Gefalteten Einfassstreifen mit den offenen Kanten nach außen an die erste Quiltkante nähen. Am »Eckpunkt« (kleiner Pfeil) enden. Quilt aus der Maschine nehmen. Einfassstreifen senkrecht nach oben falten (langer Pfeil).

2. Diagonale Falte feststecken. Streifen entlang der angrenzenden Kante nach unten falten (langer Pfeil). Der Knick des Einfassstreifens liegt genau auf Höhe der ersten Kante (kleiner Pfeil).

3. Füßchenbreit entlang der angrenzenden Kante nähen. An der Oberkante beginnen.

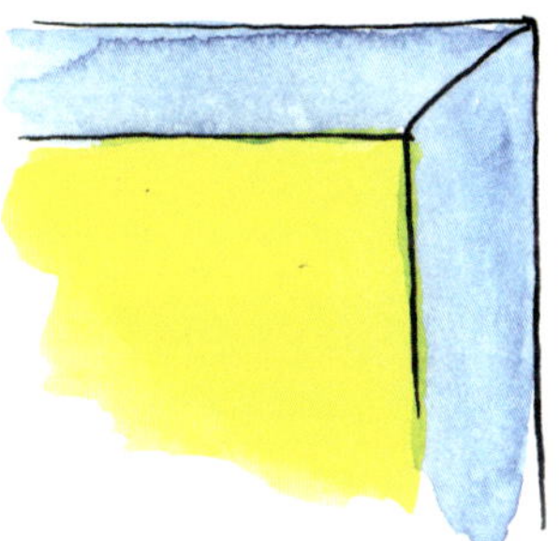

4. Einfassung zur Rückseite falten. Diagonale Ecke formen. Streifen auf der Rückseite von Hand ansäumen.

Einfassung mit fertigem Schrägstreifen.
Kaufen Sie einen farblich passenden, fertig gefalzten Schrägstreifen in der Länge des Gesamtumfanges des Quilts plus ca. 20 cm Sicherheitszuschlag. Legen Sie den Schrägstreifen mit der rechten Seite nach unten auf den Quilt und falten Sie die rechte Kante auf. Nähen Sie den Streifen entlang des rechten Bügelfalzes an die Quiltkante.
Für gerade Ecken lassen Sie zu Beginn der nachfolgenden Streifen jeweils 2 cm überstehen und am Ende des letzten Streifens ebenfalls, wie oben beschrieben. Falten Sie den Schrägstreifen zur Quiltrückseite und säumen Sie ihn an der Kante direkt auf der Naht von Hand fest. Diagonale Ecken nähen Sie, wie bei der doppelt gelegten Einfassung mit diagonaler Ecke beschrieben.

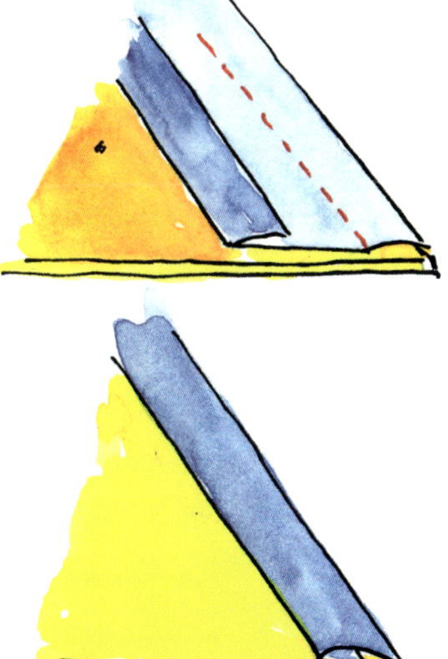

Lektion 17: Kissen mit Reißverschluss

Schneiden Sie den Kissenrückseitenstoff rundum ca. 5 cm größer zu als die Kissengröße und geben Sie an einer Seite 10 cm für den Reißverschluss dazu.

Legen Sie den Rückseitenstoff längs auf die Schneidematte. Teilen Sie die Fläche im unteren Drittel quer. Legen Sie diese Schnittkanten rechts auf rechts und markieren Sie 5 cm von der Kante entfernt mit je einer Stecknadel Anfang und Ende des Reißverschlusses, den Sie als Maß auflegen.

Nähen Sie 5 cm innerhalb der Kante in dieser Reihenfolge:
1. von der Oberkante bis zur oberen Reißverschlussmarkierung mit normaler Stichlänge
2. an der Markierung einige Rückstiche
3. bis an die untere Markierung mit größter Stichlänge (Heftstich)
4. an der unteren Markierung einige Rückstiche
5. bis zur unteren Kante mit normaler Stichlänge

Falten Sie die Naht auseinander und bügeln Sie sie. Schlagen Sie beide Kanten bis an die Naht um und bügeln Sie noch einmal darüber. Alternativ dazu können Sie die beiden Kanten auch mit Zickzackstich versäubern.

Trennen Sie die Naht am Beginn der locker genähten Strecke ca. 5 cm weit auf und schieben Sie den Schlitten des Reißverschlusses von hinten durch die Öffnung zur Vorderseite. Stecken Sie den Reißverschluss mit extra langen Stecknadeln auf der linken Stoffseite entlang der locker genähten Naht fest. Achten Sie darauf, dass die Zähne des Reißverschlusses genau auf der Naht verlaufen.

Setzen Sie den Reißverschlussfuß ein.
Arbeiten Sie von der rechten Stoffseite her:
1. am Startpunkt (Pfeil) beginnen
2. Reißverschluss 5 cm weit öffnen
3. bis an den Schlitten des Reißverschlusses nähen
4. Nähfüßchen anheben und Reißverschluss schließen
5. weiternähen bis an das untere Ende des Reißverschlusses

→ weiter mit Punkt 6 auf S. 204

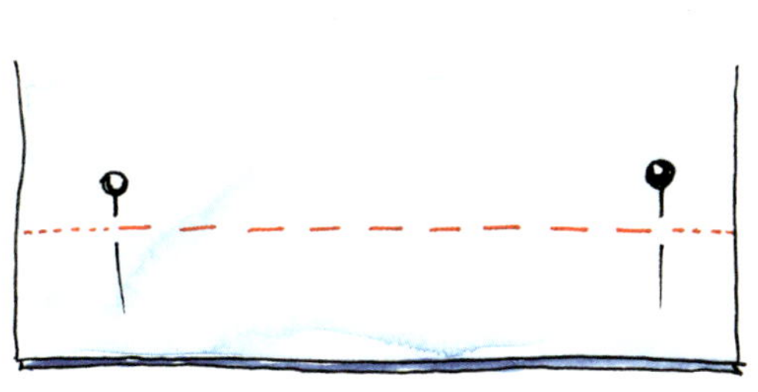

Naht für den Reißverschluss vorbereiten. Zwischen den Nadelmarkierungen mit sehr langen Stichen nähen.

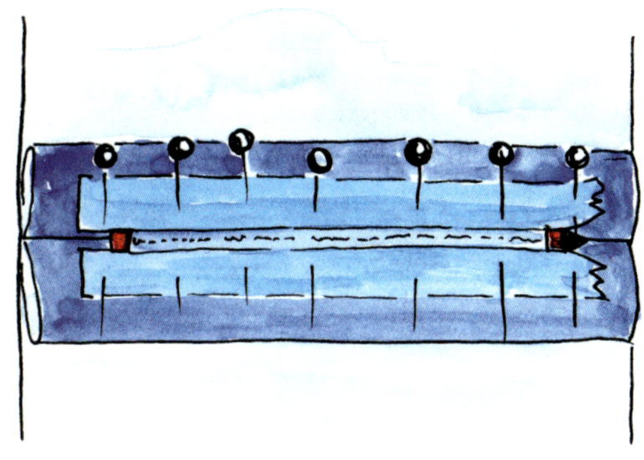

Reißverschluss von der Rückseite her mit langen Stecknadeln feststecken. Schlitten des Reißverschlusses durch ein Stück aufgetrennte Naht schieben.

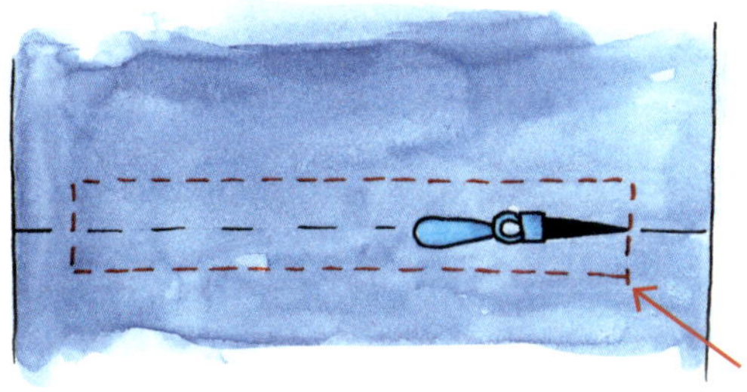

Reißverschluss einnähen. Pfeil = Startpunkt. Nach Bedarf den Reißverschluss ein wenig öffnen oder ganz schließen.

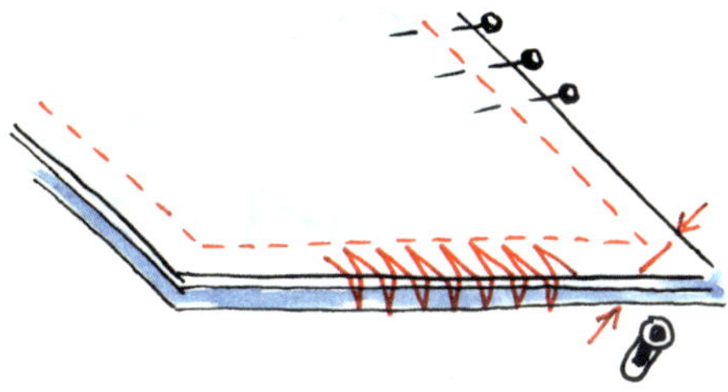

Fertige Kissenoberseite rechts auf rechts auf die Rückseite legen. Füßchenbreit entlang der Kante nähen. Überstehenden Rückseitenstoff abschneiden und Kante mit Zickzackstich versäubern. Nahtzugaben-Ecken entweder abschneiden oder falten (siehe Tipp).

TIPP

Schön ausgearbeitete Ecken erhalten Sie mit folgender Technik: Greifen Sie mit dem Zeigefinger in das Kissen bis in die Ecke. Falten Sie mit der anderen Hand die Nahtzugabe der Ecke zuerst waagerecht nach innen, dann die angrenzende Nahtzugabe senkrecht darüber. Drücken Sie den Daumen darauf und halten Sie die Ecke zwischen Daumen und Zeigefinger fest. Wenden Sie die Ecke, ohne den Griff zu lockern. Nach dem Wenden bleibt die Ecke stehen, ein Abschneiden der Nahtzugabe ist nicht nötig.

6. unten quer über den Reißverschluss einen Riegel nähen
7. Kissenrückseite in die neue Nährichtung drehen
8. an der anderen Seite des Reißverschlusses entlang nähen bis an den Schlitten
9. Nähfüßchen anheben und Reißverschluss öffnen
10. Naht bis zum Ende nähen
11. am oberen Ende wieder einen Riegel arbeiten

Entfernen Sie die Stecknadeln und trennen Sie die locker genähte Strecke der Naht mit Hilfe eines Pfeiltrenners auf. Zupfen Sie die Fadenreste aus den Stoffkanten.

Kissen fertig stellen

Beim Handquilten einer Kissenoberfläche achten Sie darauf, dass Sie nicht über das Maß von 50 × 50 cm hinaus quilten, damit beim Zurechtschneiden die Quiltfäden nicht durchtrennt werden. Schneiden Sie die fertig gequiltete Kissenplatte auf exakt 52 × 52 cm zu.

Haben Sie die Kissenplatte maschinengequiltet, so schneiden Sie sie jetzt auf 52 × 52 cm zu. Das Durchtrennen der Quiltlinien richtet keinen Schaden an.

Öffnen Sie den Reißverschluss etwa 10 cm weit. Legen Sie die mit Reißverschluss versehene Kissenrückwand mit der rechten Seite nach oben auf Ihre Arbeitsplatte und breiten Sie die 52 × 52 cm große Kissenoberseite mit der rechten Seite nach unten darüber. Achten Sie darauf, dass das Motiv der Kissenvorderseite nicht auf dem Kopf steht.

Stecken Sie Kissenoberseite und Kissenrückseite mit vielen Stecknadeln rechts auf rechts aufeinander fest und steppen Sie füßchenbreit rund um das Kissen. Entfernen Sie die Stecknadeln. Schneiden Sie erst jetzt die Kissenrückwand bis an die Kante der Kissenoberseite zurück. Versäubern Sie alle Kanten mit Zickzackstich.

Öffnen Sie den Reißverschluss ganz. Wenden Sie die Kissenhülle durch die Reißverschlussöffnung und füllen Sie ein Kissen ein.

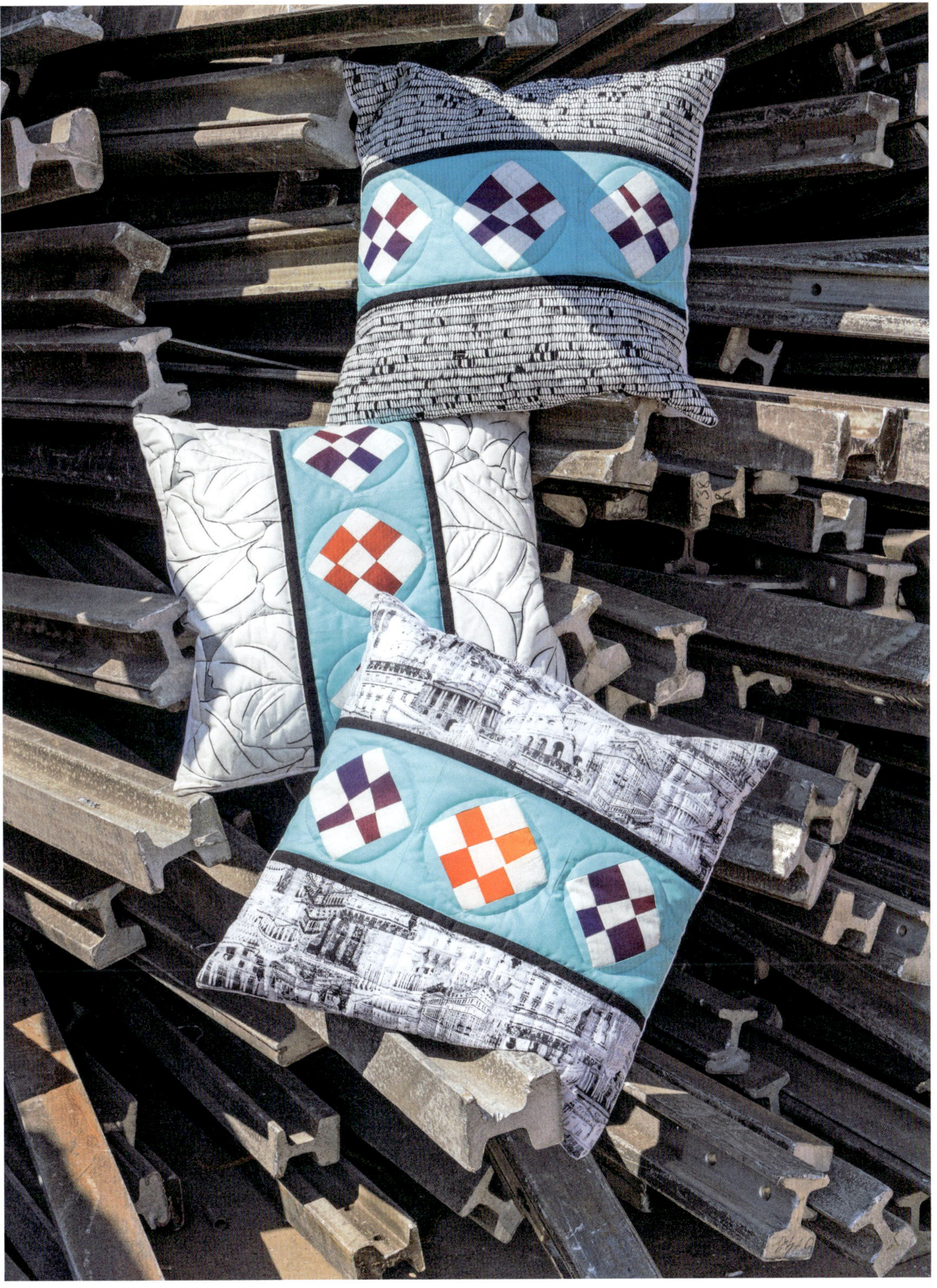

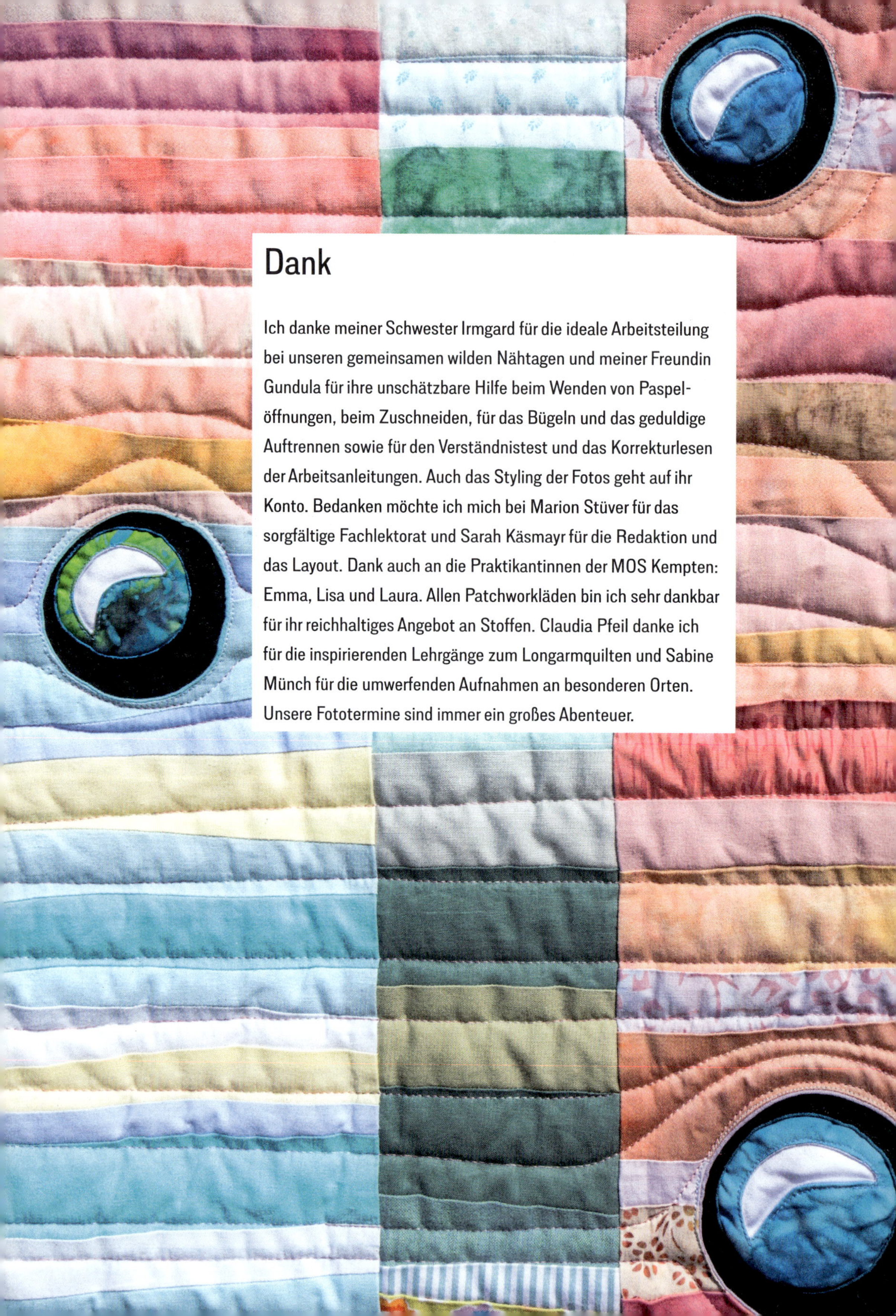

Dank

Ich danke meiner Schwester Irmgard für die ideale Arbeitsteilung bei unseren gemeinsamen wilden Nähtagen und meiner Freundin Gundula für ihre unschätzbare Hilfe beim Wenden von Paspelöffnungen, beim Zuschneiden, für das Bügeln und das geduldige Auftrennen sowie für den Verständnistest und das Korrekturlesen der Arbeitsanleitungen. Auch das Styling der Fotos geht auf ihr Konto. Bedanken möchte ich mich bei Marion Stüver für das sorgfältige Fachlektorat und Sarah Käsmayr für die Redaktion und das Layout. Dank auch an die Praktikantinnen der MOS Kempten: Emma, Lisa und Laura. Allen Patchworkläden bin ich sehr dankbar für ihr reichhaltiges Angebot an Stoffen. Claudia Pfeil danke ich für die inspirierenden Lehrgänge zum Longarmquilten und Sabine Münch für die umwerfenden Aufnahmen an besonderen Orten. Unsere Fototermine sind immer ein großes Abenteuer.

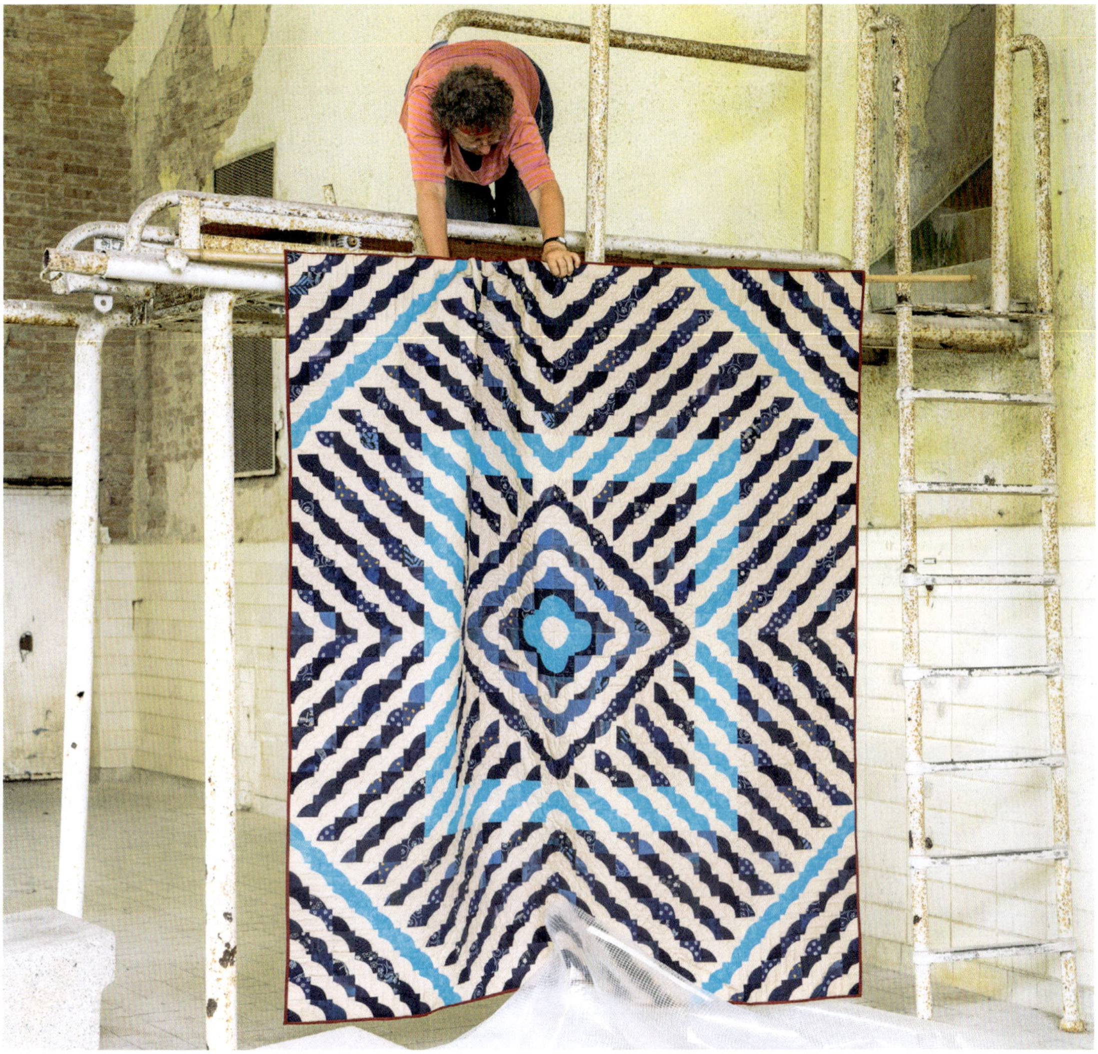

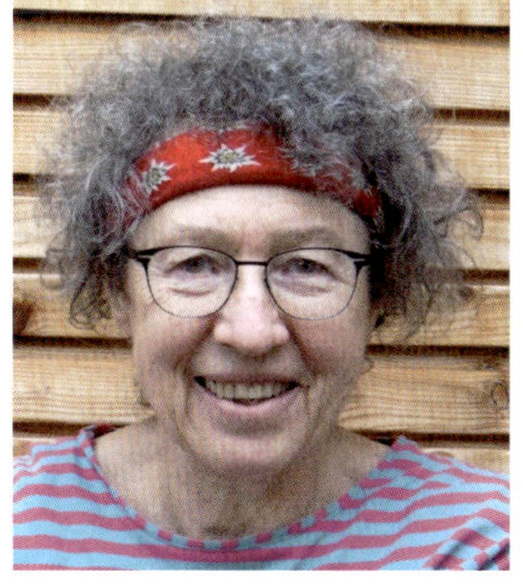

Bernadette Mayr,

1952 in Kempten / Allgäu geboren, wurde im Zeichnen, in der Malerei und in Textilgestaltung ausgebildet. 10 Jahre lang arbeitete sie in der Redaktion einer Patchworkzeitschrift. Ihre Quilts und Gemälde werden in Ausstellungen im In- und Ausland gezeigt. Sie ist Kursleiterin, Autorin von bislang acht Büchern zum Thema kreatives und modernes Patchwork und übersetzt Textilfachbücher aus dem Englischen. Bernadette Mayr arbeitet als freischaffende Künstlerin in Kempten. www.bernadette-mayr.de

Impressum

1. Auflage November 2021 · ISBN 978-3-87512-766-9
www.galeriebuch.de · www.maroverlag.de

Entwürfe, Realisation und Anleitungen: Bernadette Mayr
in Zusammenarbeit mit Gundula Manson und Irmgard Stängl
Technische Zeichnungen und Aquarelle: Bernadette Mayr
Fotografie: Sabine Münch
Styling: Gundula Manson
Lektorat / Korrektorat: Marion Stüver / Scherzad Taleqani
Satz: Sarah Käsmayr
Klimaneutral mit Ökofarben gedruckt bei deVega Medien GmbH, Augsburg,
auf LuxoArt® Samt, FSC-zertifiziert
Bindung: Thomas Buchbinderei, Augsburg

Der Verlag bedankt sich für den Druck- und Produktionskostenzuschuss dieser Publikation durch Neustart Kultur.